한
자
의

풍 경

彡　　　亻　　　丶　　　宀

屮　　　風　　　한자의　　尸

戶　　　彳　　　풍경　　　士

明　　　凵　　　卜　　　夂

예술과　변주에　문자의　사ㅁ계절　이승훈
상상력　담긴　탄생과　　　　지음

走　　　舌

일러두기

— 외래어 표기는 국립국어원 외래어 표기법을 따랐다. 단, 중국어는 한국 한자음으로
  표기하였으며, 한국에 처음 소개될 당시 중국어 발음으로 알려진 인명은 예외로 두었다.
  예) 탕누어(唐諾), 우훙(巫鴻)

— 이 책에 인용된 『시경』『사기』『설문해자』 등 대부분의 중국 고전은 필자가 우리말로
  옮겼으며, 그 외 번역서는 참고 문헌에 밝혀두었다.

— 도판 출처는 책의 뒷부분에 따로 실었다.

서

풍경(風景)은 한눈에 보이는 자연의 모습을 말한다. 여기에는 그것을 바라보는 사람의 시선이 포함된다. 지켜보는 사람이 없는 경치에는 풍경이라는 단어가 어울리지 않는다. 그래서 풍경이란 외부에 객관적으로 존재하는 자연 그 자체를 나타내기보다는, 그것을 바라보는 인간의 관점을 표현한 것이라고 보는 편이 적절할지도 모른다.

그런데 자연 경치를 나타내는 이 단어에 風 자가 들어간 이유는 무엇일까? 바람 부는 날에 바라본 것만 풍경이라고 하지는 않을 텐데 말이다. 이 글자의 기원을 보면 금세 의문이 풀린다.

갑골문 風 자를 보면 처음부터 바람을 나타내는 글자가 아니었음을 알게 된다. 風 자는 머리에 장식을 하고 깃털이 많은 봉황새의 모습이다. 지금의 봉(鳳) 자와 같은 글자였다. 이 글자는 사방(四方)을 다스리는 바람신들이 데리고 다

넜던 새를 표현한 것이다. 공기의 기압 차로 바람이 생기는 현상을 알 리 없었던 옛날 사람들은 바람이란 바로 이 바람 신들이 불어서 발생한다고 생각했다. 그리고 이 신들이 데리고 다닌 새를 나타내는 鳳 자로 바람을 표현했다. 한자를 만든 사람들은 보이지 않는 대상을 표현할 때 그것의 형태나 속성에 매몰되지 않고 발상의 전환을 통한 상상력을 발휘했던 것이다. 그런데 언제부턴가 사람들의 지식이 늘어나고 바람신에 대한 숭배도 시들해지면서 글자 한가운데에 벌레 충(蟲) 자가 들어간 지금의 초라한 風 자가 만들어졌다.

이런 사연을 가진 風 자는 그래서 자연 상태의 바람을 나타내기보다는 인간 세상의 다양한 모습을 표현하는 데 더 많이 사용된다. 바람신을 도와 세상을 다니며 사람들에게 깨우침을 주었던 鳳의 역할을 이어받아, 風 자는 주로 교육을 통해 세상을 교화한다는 의미로 사용된다. 여기서 풍속(風俗), 풍모(風貌), 풍격(風格)과 같은 단어들이 생겨났다. 곧 풍경이란 바람 부는 날의 경치가 아니라, 사람들을 깨우치기 위해 부지런히 다니던 신의 눈에 비친 세상의 모습이 된다.

풍경은 인간 세상에서 어떤 일이 벌어지는 장면을 나타내기도 한다. 그래서 풍경은 정적이다. 동영상으로 촬영된 역동적인 화면에는 풍경이라는 단어가 어울리지 않는다. 동적인 움직임 가운데 플래시가 터지며 포착한 정지된 순간이 풍경에 가깝다.

한자의 기원을 찾아가다 보면 빛나는 정지된 순간을 만나게 된다. 밝을 명(明) 자는 해와 달이 만나기 때문에 밝음을 나타낸 것이 아니었다. 고대인의 자연에 대한 감성은 단순하지 않았다. 갑골문 明 자는 창문 사이로 밝은 달빛이 스며드는 장면을 포착한 것이다. 어두운 밤, 창문 사이로 비치는 달빛이야말로 조명이 없던 시절 그 무엇보다 밝아 보이지 않았을까.

시계나 달력이 없던 시절, 일 년이 지났다는 것은 어떻게 실감했을까? 어느 가을날, 노을을 배경으로 수확한 곡식 다발을 손에 쥐고 허리를 펴는 순간을 포착한 글자가 바로 갑골문 년(年) 자이다. 이 순간이야말로 또 한 해가 흘렀음을 실감하는 가장 극적인 순간이었을 것이다.

이처럼 한자의 어원에는 사건이나 사물의 핵심을 포착한 정적인 풍경이 담겨 있는 것들이 적지 않다. 대만의 작가 탕누어(唐諾)는 한자의 어원을 찾아가는 작업에 이런 의미를 부여했다. 문자의 처음 단계로 돌아가 보는 것은 문자를 새롭게 인식하고, 문자를 살아나게 하는 좋은 방법이라고. 문자가 막 주조됐거나 처음 사용되었을 때의 경이감을 다시 불러일으킬 수 있기 때문이다. 이런 경이감은 당시에 문자를 생장시킨 현실적 토양, 구체적 도상과 연결되어 아직 소멸되지 않은 강력한 은유와 상상을 불러온다.

한자로 표현된 정적인 풍경을 포착하는 데는 상상력이 필요하다. 상상이란 지금 눈앞에 보이지 않는 어떤 대상을 떠올려보는 것이다. 그런데 한자의 어원을 따라가다 보면 의외의 장면에서 상상이라는 글자를 만나게 된다.

상상(想像)이라는 단어에는 코끼리 한 마리가 들어 있다. 오늘날 중국에는 코끼리 서식지가 거의 없는데도 한자에는 코끼리 관련 글자가 많다. 고대 한자가 만들어진 중원 지역의 자연환경은 지금과 달라서 코끼리가 많았기 때문이다. 그런데 환경이 변화하면서 어느 순간부터 코끼리가 눈에 보이지 않자, 사람들은 마음속으로 코끼리를 떠올려볼 수밖에 없었고 이것을 상상이라고 했다. 한자에 코끼리 관련 글자가 왜 이렇게 많은지 의문을 가져보지 않았다면 당신은 상상력이 없는 것이다.

이 책에서는 원시 한자가 탄생한 순간에서 시작해 한자가 체계적인 문자로 완성되는 과정까지 그 사이사이의 빛나는 풍경을 보여줄 것이다. 신석기 시대 도기 파편에 새겨진 부호들과 들판의 바위에 그려진 그림에서 고대 인류가 문자를 만들기 위해 고심하던 풍경을 마주하게 될 것이다. 동물의 뼈에 새겨진 갑골문의 거친 직선들 사이에서 신과 조상을 향한 상나라 사회의 경외감 가득한 풍경을 목도하게 될 것이다. 실용성이라고는 찾아볼 수 없는 화려한 청동기에 영원히 지워지지 않는 문자를 새긴 주나라 사람들의 과시욕 가득한 풍경을 지켜보게 될 것이다. 문서를 통한 행정 체계를 세워 거대 제국을 통치하기 위해 분투했던 진시황의 열정 넘치는 풍경, 평범한 사람들도 바위와 비석에 글자를 새겨 영원을 갈망하던 풍경, 그리고 종이에 문자를 기록했기 때문에 체계적인 법이 발전할 수 있었던 생각지도 못한 풍경을 마주하게 될 것이다.

이런 단편적인 풍경만으로는 과거 역사의 모든 시간을 다 보여줄 수는 없다. 일 년을 사계절로 나누는 것은 인간의 약속일 뿐이다. 반드시 넷일 필요는 없는 것이다. 실제로 춘(春)과 추(秋)는 아주 오래전부터 있었지만, 하(夏)와 동

(冬)은 한참 나중에 생겨난 글자이다. 춘추만 존재하던 시절에는 8월의 뜨거운 더위는 단지 조금 많이 더운 봄이었고, 한겨울 눈보라가 치는 날은 조금 더 많이 추운 가을일 뿐이었다. 그 당시 사람들에게 시간의 흐름을 알려주는 것은 계절의 변화밖에 없었다. 그래서 역사라는 단어가 생기기 전에는, 시간의 흐름 속에 인간 세상의 변화를 기록한 것을 춘추라고 불렀다. 춘추라는 두 단어만으로 일 년의 모든 시간을 나타냈던 것이다.

이 책에서 볼 수 있는 단편적인 한자의 풍경들도 서로 연결하고 섞어놓다 보면 어느 순간 춘추처럼 온전한 시간의 역사를 보여주게 될지도 모른다.

3부   청동기에 새긴 글자
          ―고대 국가의 한자 금문

4부   기축 시대의 한자
—육국고문

5부   제국의 한자
              ―전서와 예서

6부　　　최초의 한자 사전
　　　　　　—『설문해자』

한자 고문자의 흐름

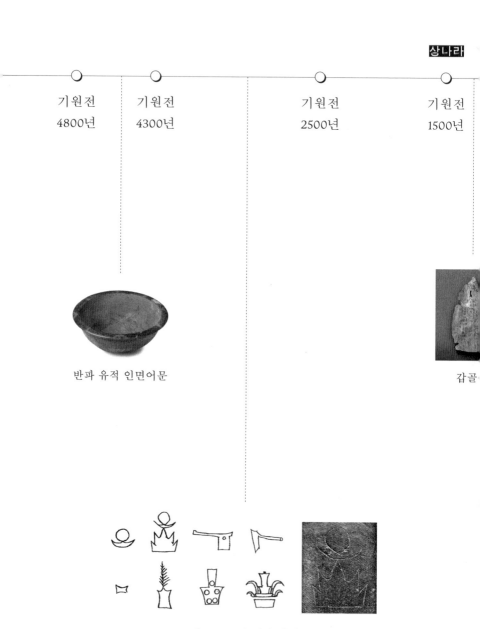

상나라

기원전
4800년

기원전
4300년

기원전
2500년

기원전
1500년

반파 유적 인면어문

갑골

대문구 문화 원시 한자

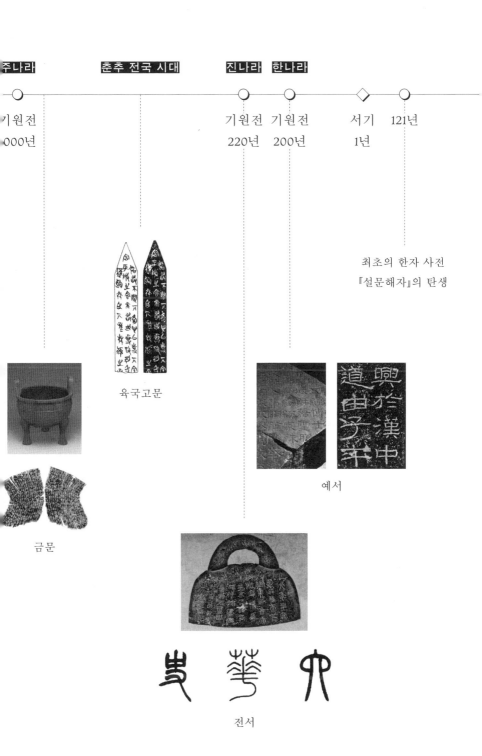

주나라

춘추 전국 시대

진나라 한나라

기원전
000년

기원전
220년

기원전
200년

서기
1년

121년

최초의 한자 사전
『설문해자』의 탄생

육국고문

예서

금문

전서

1부

바위와 도기에 새긴 글자

— 원시 한자의 탄생

1장

원시 한자의 출현

용이 전해준 문자

1914년 스웨덴의 지질학자 안데르손(Johan Gunnar Andersson)이 중국 정부의 초청으로 북경(北京)에 왔다. 3000년 동안 하나의 문자만 사용해온 중국의 왕조가 무너진 것이 불과 몇 년 전이었다. 그는 중국 지질조사단의 자문으로서 전국을 다니며 광물자원을 조사하고 지도를 작성했다. 지질조사를 하면서 고대 화석도 수집했는데, 당시 중국인들이 땅속에 묻힌 오래된 뼈를 용골(龍骨)이라고 부르며 약재로 채취한다는 이야기를 들었다. 그는 용골이 나오는 곳이라는 소문을 따라다니다가 북경 부근 주구점(周口店)이라는 마을의 계골산(鷄骨山)에서 오래된 조류 화석을 발견한다.

그런데 계골산 북쪽 용골산(龍骨山)에도 오래된 뼈의 화석이 많다는 이야기가 들려오자 그곳을 집중 발굴했다. 그러다 1918년에 인류의 뼈와 두개골 파편을 발견한다. 나중에 중국 조사단이 추가 발굴을 통해 뼈와 석기 주변에서 불에 그을린 돌들을 함께 찾아내게 된다. 약 50만 년 전에 생존했을 것으로 추정되는 이 원인(原人)을 주구점 북경원인(北京原人)이라고 부른다. 북경원인은 훗날 섬서성(陝西省) 남전(藍田)에서 발견된 70만 년 전의 남전원인(藍田原人)과 함께 호모에렉투스에 속한다.

중국인들은 이 원인을 말할 때 인류의 기원이라는 의미에서 근원 원(原) 자를 쓰지만, 이 원인을 생물학적으로 완전한 인류로 보기는 힘들기 때문에 원숭이 원(猿) 자를 써 표기하는 것이 정확하다는 주장도 있다. 북경원인은 인류 진화의 '잃어버린 고리'로 여겨져 세계인을 놀라게 했다. 소식을 듣고 몰려든 서양 고고학자들은 진화의 고리를 연결하는 고대 인류의 치아와 아래턱뼈를 발견한 것만으로도 흥분을 감추지 못하였다. 그들은 추가 발굴로 온전한 두개골을 발견할수 있으리라는 기대감을 안고 지층을 파기 시작했다. 하지만 더 이상 발굴되는 것이 없자 하나둘씩 철수했다.

그러나 모두가 철수한 텅 빈 발굴터를 떠나지 않은 한 사람이 있었으니 그가 바로 북경대를 막 졸업한 신참 연구원 배문중(裴文中)이었다. 그는 끈질기게 발굴에 전념하여 결국 극적으로 북경원인의 온전한 두개골을 발견한다. 하지만 중일전쟁(1937-1945)의 혼란 속에서 일제의 도발을 피해 두개골을 미국으로 이송하는 과정에서 그만 분실하고 말았다. 지금까지도 이 두개골의 행방에 대해서는 알려진 바가 없다고 한다.

용골산에서 발굴된 것은 여기에 그치지 않았다. 15만 년 전에 사용했으리라 추정되는 석기가 나온 것이다. 심지어 산 정상 부근에서는 또 다른 종류의 사람 뼈가 발견되었는데, 이것은 3만 년 전의 호모사피엔스로 판명되었다. 이를 북경 주구점 산정동인(山頂洞人)이라고 부르는데, 현생인류의 직계 조상으로 알려졌다. 결국 주구점 일대에서 50만 년 전부터 3만 년 전까지 호모에렉투스에서 호모사피엔스에 이르는 고대 인류가 살았던 사실이 밝혀진 것이다.

수십만 년 동안 인류가 살아온 이곳에서는 비가 많이 내려 표면의 흙이 쓸려 가면 어김없이 정체불명의 뼛조각들이 땅 위로 드러나곤 했다. 그 지역 사람들은 이것을 용의 뼈라고 생각했다. 이는 중국인들이 스스로를 용의 후손이라고 여겼기 때문이며, 오래된 뼈가 많이 나오는 산의 이름은 자연스레 용골산이 되었다.

그런데 용이 모든 중국인의 조상이 된 것은 그리 오래되지 않았다. 과거 중국 황제들은 스스로를 용의 후손이라고 칭했다. 건물 기둥에 용을 조각하는 것은 황제의 궁전에서만 가능했다. 또한 황제는 의복은 물론 일상생활에서 사용하는 다양한 기물들에까지 용의 이름을 붙여 용을 독점했다. 그러나 왕조가 무너지면서 용은 더 이상 황제의 전유물이 될 수 없었다. 왕도 평범한 인간에 불과하다는 자명한 사실을 뒤늦게 깨달은 사람들은 이제 자신도 용의 후손이라고 생각하기 시작했다. 특히 20세기가 시작되면서 외세의 침입에 맞서기 위해 민족 단결에 호소하는 상징이 필요해졌고 이런 시대적 분위기에서 용의 후손이라는 전설이 힘을 갖게 되었다.

용골산에서 초기 인류의 화석이 발견되기 20년 전 북경에서도 용골이 등장했다. 용의 뼈를 갈아 만든 약재가 날라리아 치료에 신통한 효과가 있다는 소문이 돌았다. 그런데 그 용골에는 이상한 글자가 새겨져 있었다. 세상에 알려지지 않았던 원시 한자가 기록된 뼛조각들이었다. 지금은 그것을 용골이라고 하지 않고 갑골(甲骨)이라고 부른다.

현재까지 알려진 가장 오래된 한자인 갑골문(甲骨文)은 이렇게 용과 관련된 전설과 함께 세상에 다시 등장했다. 만약 용의 전설이 없었다면 갑골문이 새겨진 뼈들은 들판에 묻힌, 그저 평범한 동물의 뼈로 간주되어 주목받지 못했을지도 모른다. 청나라 왕조가 몰락해가고 새로운 대안이 보이지 않던 암울한 시절에 불안한 민심은 이런 전설에라도 기대고 싶었을 것이다. 이들은 병 치료에 효과가 있다는 정체불명의 뼛조각을 보고 틀림없이 용골이라고 믿었다. 용은 실제로 존재하지 않지만, 용에 대한 믿음이 없었다면 땅속에 오랜 세월 묻혀 있던 한자의 뿌리가 세상에 등장하는 일은 없지 않았을까.

신석기 시대에도 문자가 있었을까

중국의 신석기 문화는 20세기 중반까지는 서쪽 섬서성의 앙소 문화(仰韶文化)와 동쪽 산동성(山東省)의 용산 문화(龍山文化) 2개의 유적만 확인되었다. 이때는 중국 최초의 왕조 상나라도 앙소 문화와 용산 문화를 직접 계승한 것이라고 알려졌다. 그런데 최근의 고고학 발굴 결과 다양한 신석기 유적이 추가로 확인되었다. 이 유적들은 서로 약간의 차이는 존재하지만 도기를 만들어 사용했고 가축을 사육했으며 곡물을 재배했다는 공통점을 보여준다.

황하(黃河) 상류에 분포하는 신석기 앙소 문화를 대표하는 곳은 서안(西安)의 반파 유적(半坡遺跡)이다. 반파 유적은 1954년부터 본격적인 발굴이 시작되어 총 57회에 걸친 발굴을 통해 그 전모가 드러났다. 이 유적은 기원전 4800년에서 기원전 4300년까지의 문명의 흔적을 보여주는 것으로 밝혀졌다. 여기서 발굴된 대표적인 생활용품으로 붉은색 토기의 표면에 검은색 안료로 물고기, 사슴, 사람 얼굴 등 다양한 문양을 그려 넣은 채도(彩陶)가 있다. 채도란 흙으로 빚은 도기에 색을 칠하고 그곳에 무늬나 그림 등을 새겨 넣은 것을 말한다.

돌을 갈아 도구로 사용하던 신석기 시대에 만들어졌다고는 믿기 힘들 정도로 화려한 색상과 다양한 문양을 지녀 이 시기 중국의 신석기 문화를 채도 문화라고 부르기도 한다.

반파 유적의 도문(陶文) 가운데 가장 유명한 것은 사람 얼굴에 물고기 몸을 한 문양이라는 의미의 인면어문(人面魚紋)이다. 인면어문의 얼굴은 원형이고, 오른쪽 이마는 검은색으로 칠해졌으며, 왼쪽 이마에는 오른쪽의 절반 크기의 검은색 호가 그려졌다. 양쪽 눈은 직선으로 가늘게 찢어졌고 콧대는 높이 솟았으며 입 양쪽으로는 물고기 문양의 그림이 연결되어 있다. 양쪽 귀에는 작은 물고기가, 머리 위에는 물고기 몸통 모양의 삼각형 뿔이 그려진 독특한 모습이다. 상상력 넘치는 이런 인면어문의 모습은 중국의 교과서에서 중국 고대 문화를 대표하는 상징으로 자주 사용된다.

이 물고기 모양의 그림은 어린아이를 매장할 때 사용한 작은 옹관묘의 덮개 안쪽에 그려진 것인데, 당시 부족들이 숭배했던 물고기 토템을 이용해 사후 세계의 안녕을 기원한 것으로 추정된다. 반파 유적의 대규모 매장지에서는 소년기 이상의 사람들 묘만 발견되었다. 어린아이는 대부분 옹관에 넣어 집 주위에 매장했던 듯하다. 일정한

인면어문

갑골문 어(魚)

다양한 금문 어(魚)

나이에 이르러 특정한 교육을 받은 다음에야 공동묘지에 묻힐 자격을 얻은 것이다. 인면어문은 아직 사회의 정식 구성원으로 인정받지 못하고 죽은 어린아이를 매장한 옹관묘 덮개에 사용된 문양인 셈이다.

그런데 여기에 그려진 인면어 문양이 최초의 한자인 갑골문의 어(魚) 자와 유사하다는 이유에서 이를 한자의 기원으로 봐야 한다는 주장이 제기되기도 한다. 실제로 많은 한자 관련 서적에서는 한자의 기원이 이 도안에서부터 시작된다고 소개하고 있다.

한자 魚 자의 경우 갑골문보다 나중에 만들어진 금문(金文)에도 문자적인 추상화가 완성되지 않은 인면어 문양 수준의 물고기 형태가 그대로 남아 있다. 다른 동물을 나타내는 글자들은 대부분 금문 단계에서 추상적인 문자의 형태를 갖추었는데, 물고기만은 예외였던 이유는 무엇일까?

강 가까운 곳에서 문명을 일구었던 사람들에게 물고기는 일상적인 양식이었을 것이다. 그런데 갑골문과 금문의 기록을 보면 물고기는 제사용 제물이나 특정 부족을 상징하는 부호로는 사용되지 않았다. 힘들게 사냥해서 잡은 짐승이나 도축해야 하는 가축은 부족의 용맹함을 나타내거나 신에게 바치는 제물로서 가치를 가지지만, 쉽게 잡히는 물고기는 그 가치가 떨어진다고 생각했기 때문일 것이다. 뒤에서 살펴보겠지만 제사용 동물을 나타낸 글자들은 다른 문자적 요소와 결합하여 다양한 의미로 확장되었다. 이 과정에서 글자는 단순하고 추상적인 형태로 변해야만 했다. 하지만 물고기는 이런 문자적 확장의 기회가 별로 없었기 때문에 구체적 형태를 유지한 것으로 보인다.[1] 그렇지만 갑골문에 반파 유적의 인면어문과 비슷한 글자가 있다는 사실만으로 한자의 기원설을 주장하기에는 무리가 있다.

그런데 이 둘 사이의 형태적 유사성을 그저 우연으로 남기기에는 아쉬웠던 것일까? 한자의 초기 형태와 물고기 문양인 어문과의 연관성을 보다 구체적으로 설명한 '어문 기원설'이 제기되기도 한다. 곽말약(郭沫若)은 반파 유적에서 발굴된 물고기 문양을 보고 고대 전적(典籍)에 기록된 내용을 떠올린다. 한나라 때 발간된 고대 한자 동의어 사전인 『이아(爾雅)』의 갑을병정(甲乙丙丁)에 대한 설명이 그것이다. 고대 중국에서 시간의 순서를 셀 때 사용하던 천간(天干)의 시작 글자인 갑을병정 네 자는 흥미롭게도 『이아』에서 물고기 관련 단어를 설명하는 「석어(釋魚)」편에 배치되어 있다. 甲은 물고기의 비늘, 乙은 물고기의 내장, 丙은 물고기의 꼬리, 丁은 물고기의 머리뼈를 본떴다는 말이다. 한자 문화권에서 순서를 표시하는 기본 글자가 모두 물고기의 특정 부위의 모습에서 비롯된 것이다.

곽말약은 甲乙丙丁 네 글자야말로 가장 오래된 상형문자로서 원시 어문이 한자 상형자로 진화했음을 보여주는 증거라고 주장한다. 수렵 채집 시기 숫자를 세는 데 필요한 단위를 만들 때, 곧 생활에서 자주 사용하는 중요한 글자를 만들 때 주변에서 가장 쉽고 익숙하게 관찰할 수 있는 물고기 모양에서 힌트를 얻었다는 것이다.

하지만 그 누구도 이 네 자를 제외한 나머지 글자에서 물고기와 관련된 추가 단서를 찾아내지 못했다. 갑골문에 비슷한 글자가 있다는 사실에서 영감을 얻고 고대 사전을 뒤져 물고기와 관련된 내용을 발견했지만, 어문 기원설이라는 낭만적인 상상력은 더 이상의 증거를 찾지 못하고 한자의 기원에서 잊히고 말았다.

도기 파편에 남은 원시 한자

도기는 흙을 구워 만든다. 흙은 어디에나 존재했지만 불 사용법을 발명하고 오랜 세월이 흐른 다음에야 인류는 도기를 구울 수 있었다. 점토로만 빚은 그릇은 물을 담으면 표면이 물을 흡수해 쉽게 뭉개진다. 하지만 불에 굽고 유약을 바른 도기는 오랫동안 물을 저장할 수 있었다. 물 저장이 가능해지면서 인간은 강에서 점점 더 멀리 떨어진 곳까지 생활 반경을 넓혀갔다. 이처럼 도기의 발명은 문명의 공간적 범위를 확대하는 데 중요한 역할을 했다. 구석기와 신석기 시대의 경계를 도기 사용 여부로 구분하기도 하는 것은 바로 이런 이유 때문이다.

도기는 그 용도에 따라 제작 기술이 세분화되기도 했다. 강서성(江西省) 선인동(仙人洞)에서는 약 1만 년 전에 사용된 협사도(夾沙陶)라는 조리용 도기가 출토되었는데, 특별히 점토에 작은 모래를 섞어 열을 쉽게 전달하고 갑작스러운 냉각에도 균열이 생기지 않도록 하였다. 즉 직접 불에 올려놓는 조리용 도기는 음식물을 담는 데 사용한 진흙질 도기와 다른 방식으로 제작되었던 것이다.

초기에 만들어진 도기는 노천에서 낮은 온도로 구웠기에 쉽게 깨졌다. 하지만 가마 제작 기술이 발전하면서 높은 온도에서 도기를 구울 수 있게 되었다. 상나라 초기 유적에서 발견된 도기 조각들은 섭씨 1000도에서 구운 것으로 보인다. 이렇게 좀 더 단단한 도기를 만들기 위해 개발되었던 가마 개량 기술은 나중에 청동기를 녹이는 야금술(冶金術)의 발전으로 이어진다.

그런데 상나라 시절의 도기는 미적 측면에서는 오히려 그보다 앞선 신석기 시대의 단단하고 윤택이 나는 도기의 수준에 미치지 못한다고 평가된다. 개량된 가마는 도기를 굽는 것보다는 청동기를 주조하여 제사용 도구를 만드는 데 주로 쓰였기 때문이다. 신석기 시대에 도기는 이미 실용적·미적 측면에서 상당한 수준에 올라 있었다.

당시 채도의 파편 가운데 기호가 새겨진 것이 다수 발견되었다. 이 기호들 대부분은 도기의 바깥 주둥이의 테두리 부위처럼 식별하기 쉬운 곳에 새겨졌다. 아무 곳에나 넣은 장식이 아니라 특별한 의미를 표시하기 위해 의식적으로 특정 부위에 새긴 것이다. 유사한 기호가 여러 점의 토기의 동일한 부위에 반복적으로 나타나고 있어 이는 기물 소유자의 소속을 나타내는 부호로 추측되기도 한다.

한편으로 유사한 기호가 다른 지역의 도기에서도 공통적으로 발견되면서 이 기호들은 시간과 공간을 뛰어넘어 쓰이던 일종의 문자였으며, 이를 중국 문자의 기원으로 봐야 한다는 주장도 있다. 이 도기의 성분을 분석해본 결과 지금부터 약 6000여 년 전에 제작된 것으로 판명되었다. 학자들의 최신 연구에 의하면, 갑골문이 체계적인 문자로 완성되기까지는 2000여 년 이상의 시간이 필요했을 것으로 추정된다. 반파 유적의 부호들과 갑골문 사이에도 비슷한 시간적 거리가 있다. 도기의 부호들이 갑골문의 기원이라고 주장할 나름의 근거가 되는 것이다.

최근에는 이보다 시기적으로 앞선 새로운 형태의 그림문자가 발견되면서 반파 유적의 도기 부호에서 한자가 시작되었다는 단일 기원설에 대한 믿음이 흔들리게 되었다. 하남성(河南省) 무양현(舞陽縣)에서 발굴된 7000여 년 전의 거북 껍데기 위의 부호는 반파 유적의 기호보다 더 복잡하고 갑골문의 형태에 보다 가깝다. 이처럼 도기 부호들이 한자의 기원으로 인정받기 위해서는 좀 더 충분한 자료가 뒷받침되어야 했다. 대다수의 문자학자들이 한자의 기원으로 인정할 만한 도기 부호는 이것들보다 한참 후대에 만들어졌다.

문명의 시작 단계에서부터 도기를 굽기 시작했다면 그것을 표현하는 글자 역시 일찍부터 만들어졌을 것이다. 오늘날 우리가 사용하는 도기(陶器)에서 도(陶) 자의 원래 글자는 도(匋)이다. 匋의 갑골문 형태는 사람이 허리를 숙이고 그릇을 만드는 생동감 있는 모습이다. 현재의 陶 자는 여기에 재료를 나타내는 부수가 추가된 글자이다.

갑골문 匋 자에서 사람이 만들고 있는 것은 부(缶)이다. 부는 우리나라에서는 장군이라고 부르는 것으로, 물을 담는 그릇이다. 현대인에게는 생소한 물건이지만 고대인에게는 없어서는 안 될 생활필수품 가운데 하나였다.

우리가 사용하는 그릇을 가리키는 글자 가운데 도기로 만든 항아리 항(缸), 독 옹(甕), 두레박 관(罐)과 같은 것들은 모두 缶 자를 부수로 사용한다. 또한 이런 그릇들이 갈라지고 깨진 상태임을 나타내는 결(缺) 자는 '부족함'과 '결함'이라는 추상적 의미를 드러낸다. 이

갑골문 도(匋)　　　　　갑골문 부(缶)

와 비슷한 구조로는 물이 새는 결(決) 자, 옥의 표면이 갈라진 결(玦) 자도 있지만, 결국 '결함'이라는 추상적 의미를 나타내는 데에는 缺 자가 선택되었다. 이는 아마도 결함이라는 의미를 표현하고 싶을 때 가장 먼저 떠오르는 대상이 매일같이 사용하는 도기에 금이 간 모습 이었기 때문일 것이다.

　　결함을 표현하는 단어 가운데에는 완벽한 옥에 난 미세한 홈을 지칭하는 하자(瑕疵)도 있지만, 도기에 구멍이 나서 정상적으로 사용 할 수 없다는 뜻의 결함(缺陷), 도기의 깨진 틈으로 내용물이 흘러내 려 부족하다는 의미의 결핍(缺乏)과 같은 낱말들은 모두 도기의 상태 에서 연상한 어휘이다. 원시인류의 관찰력에서 비롯된 단어들이 플라 스틱 용기를 사용하는 21세기까지 쓰이는 것이다.

원시 한자의 발생

반파 유적의 도기 파편에서 발견된 도문은 한자의 기원으로 인정받기 에는 부족함이 많았다. 하지만 그보다 후대에 해당하는 대문구 문화 (大汶口文化)의 도문이 한자의 기원이라는 데에는 많은 학자의 견해 가 일치한다.

　　대문구 문화란 1959년 산동성 태안현(泰安縣) 대문구에서 발

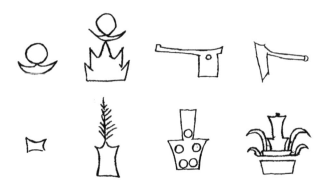

대문구 도문

굴된 황하 하류의 신석기 유적을 말한다. 서안의 반파 유적이 황하 상류의 문화였다면 대문구 문화는 황하 하류에서 장강(長江) 유역에 이르는 보다 광범위한 지역을 포괄한다. 대문구 문화는 대략 기원전 4300년에 시작되어 기원전 2500년 무렵에 용산 문화로 발전했다고 알려졌다.

반파 유적의 사회가 모계제 혹은 그 영향이 남은 씨족제 사회로 혈연 의식에 의해 결합된 것이라면, 대문구 문화 사회는 부계 사회를 기초로 하고 빈부 격차에 의한 계층 분화가 존재했던 것으로 보인다. 대문구 유적에서 다량의 부장품을 갖춘 남성의 묘가 발견되었다는 점이 이를 뒷받침해준다.

대문구 유적에서 발굴된 도기에는 중국 문자 역사에서 가장 유명한 도상이 그려져 있다. 이 항아리 모양의 도기는 높이 50센티미터 정도이며, 위는 나팔 모양으로 열려 있고 아래는 뾰족하여 바닥에 세울 수 없다. 부드러운 모래나 흙에 박아서 사용했기 때문일 것이다.

도기 표면에는 산에서 해가 떠오르는 장면이 도상으로 새겨져 있다. 비슷한 모양의 도상들이 다른 몇 점의 도기에서도 발견된 것으

대문구 도문 단(旦)

로 보아 특정한 의미를 가진 부호였던 듯하다. 이 부호는 유적지에서 70킬로미터 정도 떨어진 다른 유적지에서도 발견되었다. 부호들은 반파 유적의 도문 부호와 마찬가지로 도기 외벽의 주둥이 부근의 눈에 잘 띄는 곳에 새겨져 있다.

　　대문구 유적에는 매장된 부장품이 많은 것으로 보아 매장자는 아마도 상당한 권력을 가진 사람이었던 듯하다. 새겨진 도상 역시 그의 고귀한 신분을 표시하는 문장(紋章)이었을 가능성이 높다.

　　반파 유적의 단순한 직선 기호와 달리 대문구 유적의 도상은 곡선을 포함하며 실제 사물의 외형을 재현한 그림 형태를 띤다. 산의 윤곽선과 해와 도끼의 구체적이고 사실적인 모습은 나중에 생겨난 갑골문의 산(山), 일(日), 근(斤) 자와 상당히 비슷하여 중국 문자학자들은 이것이야말로 한자의 기원이 분명하다고 주장한다. 중국 교과서에서는 가장 오래된 한자의 원형으로 이 도상을 소개하기도 한다.

　　대문구 도문 가운데 가장 유명한 위 그림은 지평선 위로 떠오르는 태양의 모습을 표현한 것으로 아침 단(旦) 자의 초기 글자라고 알려졌다. 가장 오래된 한자로 이름나면서 많은 사람이 이 도상에 관

갑골문 단(旦)   금문 단(旦)

심을 가졌고 각자 자기만의 주장을 제기하기도 했다. 특히 둥그런 태양 아래 놓인 것이 무엇인지에 대해 누군가는 산이라고 하고, 누군가는 일렁이는 파도 모양으로 수평선을 표시한 것이라고 한다. 물이 가까운 구릉지대나 강가에 모여 살던 고대인들에게 아침을 표현하는 데 강이나 산 위로 떠오르는 태양보다 더 적절한 대상은 없었을 것이다. 한나라 때 편찬된 최초의 한자 사전인 『설문해자(說文解字)』에서는 旦 자를 日과 一로 구성된 글자로서 태양이 지평선 위로 떠오르는 모습을 표현한 것이라고 설명한다.

그런데 갑골문에 오면 旦 자의 해 모양은 사각형에 가깝고 아래에는 직선이 아닌 또 다른 네모형 도형이 등장한다. 해를 원형으로 표현하지 않은 까닭은 딱딱한 뼈에 새긴 갑골문으로는 곡선을 구현하기 쉽지 않았기 때문일 것이다. 태양 아래 네모난 도형은 대지라고 설명되기도 한다.

금문에 오면 旦 자는 네모난 태양 아래로 무언가가 흘러내리는 모양으로 변한다. 이것은 태양 아래 무언가가 붙어 있는 대문구 도문의 旦 자와 다르지 않다. 혹자는 이것을 이제 막 솟아오른 태양 아래로 늘어진 햇무리라고 한다.

대문구 도문에서 시작해 갑골문과 금문까지 旦 자는 태양 아래로 산, 물결, 대지, 햇무리 등 다양한 요소가 결합되는 일관된 구조를

갑골문 산(山)   금문 산(山)

떤다. 이런 형태적 연관성 때문에 대문구 도문은 갑골문 이전 한자의 초기 형태로 인정받게 된 것이다.

지금도 중국에서는 새해 첫날을 원단(元旦)이라고 한다. 해가 떠오르는 모습으로 한 해의 시작을 표현하는 것이다. 원단은 원래 옛날부터 음력 새해 첫날을 나타내는 단어였다. 그런데 신해혁명 후 서구식 양력을 채택하면서 양력 1월 1일을 원단이라고 하고, 음력 첫날에는 춘절(春節)이라는 새로운 이름을 붙여주었다. 1949년 중화인민공화국 성립과 함께 원단과 춘절이라는 새로운 명명법은 법적으로 공표되기까지 했다. 왕조의 멸망과 함께 연호가 사라지고 대신 도입된 양력에 맞추어 태양이 있는 旦 자가 제자리로 돌아간 것이다.

대문구 도문에 대한 이야기는 여기에 그치지 않는다. 혹자는 이것을 5개의 뾰족한 봉우리 모양이 있는 山 자의 원형이라고 주장한다. 그렇지만 갑골문과 금문의 山 자의 봉우리 숫자는 하나의 예외도 없이 모두 3개로만 구성되었다. 초기 한자의 다섯 봉우리가 갑골문에서 셋으로 줄어든 이유는 무엇일까? 이 질문에 대한 답은 예상치 못한 곳에서 나왔다. 대문구 문화 후기에 해당하는 양저 문화(良渚文化)의 옥벽(玉璧)에서 이 다섯 봉우리와 유사한 문양이 다량으로 발견되었다.

양저 문화는 기원전 3000년 무렵 장강 하류에 위치한 중국 동

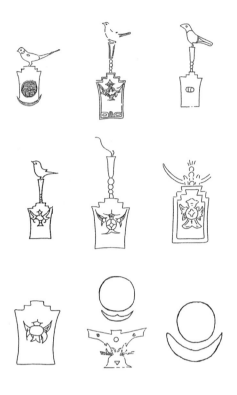

양저 문화 제례용 옥기에 새겨진 휘장

부 해안 지역에서 번성하였다. 이곳에서 발굴된 옥종(玉琮)은 상당히 세련되어 방사성 탄소 연대 측정법에 따라 확인되기 전까지는 실제보다 1000년 뒤인 한나라 시대의 것으로 오인될 정도였다.

양저 문화의 유물에서는 제단 위에 서 있는 새의 모습을 표현한 휘장이 많이 발견되었는데, 이것은 장강 하류 중국 동쪽 해안 지대에 광범위하게 존재했던 새 숭배 문화의 흔적으로 알려졌다.

그런데 제단의 모습이 독특하다. 바로 대문구 도문에서 보았던 5개의 봉우리 모양과 유사하지 않은가. 그전까지 산이라고 생각했던 모양이 사실은 제단일 가능성이 높아진 것이다. 곧 현대인들이 旦 자의 초기 글자로 해석했던 부호는 태양과 신이 아니라, 태양과 제단이 결합된 휘장의 모습일 가능성이 크다. 대문구 도문이 한자의 원형이었다는 주장에 위기가 찾아온 것이다.

대문구 도문을 한자의 초기 형태라고 한다면 최소 기원전 3000년 전부터 이미 일정한 체계를 갖춘 문자가 존재한 셈이 된다. 몇 개의 도문 부호가 반복적으로 새겨져 있지만 이것을 문자로 보기에는 추가적인 자료가 부족한 것이 사실이다. 하지만 중국 학술계에서는 대문구 도문을 한자의 기원으로 봐야 한다는 주장이 날로 늘어나고 있다. 심지어 몇몇 애국주의를 표방하는 매체에서는 한자의 기원은 갑골문이 아니라 도문이라고 주장하기도 한다.

우리가 한자의 기원으로 알고 있는 갑골문은 기원전 1500여 년에 시작되어 지금까지 약 3500년 정도의 역사를 가진다. 그러나 대문구 도문을 기원으로 한다면 한자의 역사는 5000년을 훌쩍 넘기게 된다. 21세기가 시작되면서 중국에서는 중화 문명 5000년을 완성하기 위해 다양한 역사 복원 프로젝트를 진행했다. 동북 공정(東北工程)처럼 중국사의 공간을 확장하기 위한 노력과 함께 역사의 시간을 최대한 과거로 앞당기려고 한 것이다. 아직 충분한 자료가 확보되지 않았음에도 불구하고 대문구 도문을 한자의 출발점으로 확정 지으려 서두르는 모습에는 중화 문명 5000년이라는 숫자를 맞추려는 조급함도 없지 않을 것이다. 하지만 우리는 이런 압박감에서 벗어나 좀 더 다양한 실증 자료를 바탕으로 과학적인 관점에 서서 느긋하게 바라볼 필요가 있다.

최근에는 고고학 발굴을 통해 기원전 6000년에 제작된 것으로 보이는 복잡한 형태의 문자들이 확인되고 있다. 1992년 산동성 추평현(鄒平縣) 정공촌(丁公村) 유적에서, 1993년 강소성(江蘇省) 용규장(龍虯莊) 유적에서 지금까지 알려진 것과는 다른 형태의 도문들이 발견되었다. 이 도문들은 특이하게도 한자의 초기 형태에서 보이는 상형적인 형태가 아니라 한자 발전의 정점에서 완성된 초서(草書)와 유사한 형태를 띤다. 이 발견은 기원전 대문구 도문이 갑골문으로 발전했다는 기존의 단선적인 진화 모델로는 설명할 수 없는 것이기에, 일부 학자는 이 발굴 자료의 신빙성에 대해 문제를 제기하기도 한다.

정공촌에서 발굴되어 정공 도문(丁公陶文)으로 불리는 이 도문에 대한 평가는 중국 문자학자들 사이에서도 일치하지 않는다. 어떤 학자는 이것이 대문구 도문에서 갑골문으로 진화하는 중간 단계의 문자일 것이라고 추정한다. 그런데 초기 한자의 형태가 대부분 사각형의 틀 안에 직선으로 구성된 것과 달리 정공 도문은 글자의 크기도 일정하지 않고 필획 역시 행서(行書)나 초서처럼 자유자재로 휘어지는 곡선이 많아서 갑골문의 전 단계로 보기에는 무리가 있다. 그래서 당시 주류 사회의 문자와 같은 시기에 지방에서 사용되었던 일종

정공 도문

의 속자이거나 심지어는 한자의 흐름과 상관없는 동이 문화권(東夷文化圈)에서 쓰이던 다른 계통의 문자라고 주장하는 사람도 있다.

어느 주장이 사실인지 아직까지는 확인할 방법이 없다. 다만 이처럼 새로운 형태의 글자가 계속 발견되는 현상은 한자의 발전이 단방향의 직선적 계승이 아니라 어떠한 형태가 창조되고 변형되고 또 일부는 도태되는 복잡한 과정의 산물이었으리라는 점을 상기시킨다.

하남성 정주시(鄭州市) 부근의 이리강(二里岡) 유적은 기원전 1800년에서 기원전 1350년까지 상나라 초기 유적으로 하남성 안양(安陽) 소둔촌(小屯村)에서 발견된 은허(殷墟)의 갑골문보다 약 300여 년 앞선 시기의 것으로 보인다. 여기에서 10여 개의 부호를 새긴 뼛조각이 발견되었는데, 고고학자들은 이것을 글자를 연습한 흔적으로 본다. 이곳에서도 도자기 파편에 새겨진 부호들을 다수 찾아냈는데, 이들 가운데 몇몇은 수백 년 뒤에 출현한 은허의 갑골문과 비슷하다.

한편 하북성(河北省) 태서(台西) 유적과 강서성 오성(吳城) 유적 등에서도 도기 파편에 새겨진 부호들이 등장했는데, 이것들은 은허의 갑골문보다 앞선 상나라 초기의 유적으로 밝혀졌다. 그전까지의 도문들이 대부분 도기 파편에 개별적으로 새겨져 서로 연결된 문자열이라고 보기 어려웠으나 태서 유적과 오성 유적에서는 문자열처럼 연결된 부호들이 발견되었다.

그동안 상나라의 영향권은 황하를 중심으로 하는 중원(中原) 지역에 한정되었다고 알려졌다. 그런데 오성 유적이 만약 상나라 초기 유적에 해당한다면 그 영향권이 장강 남쪽까지 확대되는 것이다. 현재 중국에서는 오성 유적을 장강 이남에서 처음으로 발견된 상나라 유적지로 확정하고 있지만 세계 고고학계에서는 아직 신중한 태도를 보인다. 심지어 최근에는 오성 문화가 하나라의 존재를 증명하는 것이라는 주장까지 대두되기도 한다.

    태서 유적은 상나라 중기의 유적으로 은허의 갑골문보다 조금 앞선 시기의 것이다. 여기에서 표면에 선이 그려진 도기 파편 수십 점이 발견되었는데, 그 선들은 도기를 굽기 전 날카로운 무언가로 새긴 듯이 보인다. 그 가운데에는 갑골문의 도(刀), 신(臣), 어(魚)와 유사한 형태의 부호들이 포함되어 있었다.

    이처럼 상나라 초기와 중기 유적에서 발견된 문자의 흔적들은 갑골문이 상나라 말기에 갑자기 생겨난 문자 체계가 아니었음을 다시 한번 확인시켜준다.

동굴과 바위에 새겨진 원시 한자

전 세계 거의 모든 지역에서 고대 인류는 동굴이나 바위에 그림을 남겼다. 수렵 채집 시절 주거지로 천연 동굴보다 이상적인 곳은 없었을 것이다. 물론 나무와 돌과 같은 원시적인 재료로 주거지를 만들었을지도 모른다. 하지만 지금까지 남아 있는 흔적은 깊은 동굴이나 바위에 새긴 것밖에 없으니 정확한 실태를 확인할 방법은 없다. 이런 그림들은 선사 시대 사람들이 남긴 유일한 기록이다. 그런데 그 수준이 우리를 놀라게 한다.

    최근 과학자들의 연구에 의하면 인류가 동굴에 들어가 살기 시작했던 것은 전 지구적 차원의 자연현상과 관련 있다고 한다. 원래 지구의 자기장은 30만 년에 한 번 정도 역전된다. 이것을 지자기 역전이라고 한다. 그런데 지금부터 약 4만 년 전에 대략 500년 동안 지구의 자북극이 남쪽으로 잠시 이동했다. 지구 자기장이 완전히 역전되지는 않았지만 짧은 기간 동안 정상상태에서 벗어났다가 원래 상태로 되돌아오는 이런 현상을 지자기 회유(geomagnetic excursion)라고 하며, 라샹 사건(Laschamps event)이라고도 부른다. 프랑스 라샹 마을의 용암 흐름에서 그 흔적을 발견하면서 이름 붙인 것이다. 이때 지구 자기장은 현재 수준의 6퍼센트 이하로 약화되었다. 그 후 약 250년 동안 다시 역전되어 지금과 같은 상태로 돌아왔다고 한다. 지구 자기장이 약해지면 더 많은 우주선(cosmic ray)이 대기로 들어와 오로라가 북극뿐만 아니라 지구 전역에서 관찰될 만큼 대기 변화가 컸을 것이다.[2]

고대 인류는 지구 곳곳에서 나타나던 오로라를 바라보며 공포를 느꼈을 것이다. 자외선이 매우 높은 수준으로 쏟아졌으며 번개와 고온 등으로 인해 생물이 적응하기 어려운 극한의 기후가 계속되었을 테니 말이다. 그런데 라샹 사건이 일어난 시기는 바로 유럽을 포함한 전 세계 지역에서 동굴벽화가 처음으로 그려진 시기와 일치한다고 한다. 악천후와 높은 자외선 수치로 인해 인류의 조상들은 동굴에 들어가서 살아야 했고 이때부터 동굴에 그림을 남기기 시작했다는 주장이다. 라샹 사건 직후인 약 4만 년 전에는 네안데르탈인도 멸종했다. 호모사피엔스에 비해 협업 능력이 떨어졌던 그들은 이런 악천후를 견뎌 내지 못했다.

고대 인류가 깊은 동굴에 자신들의 흔적을 남기고 사라진 지 수만 년이 지났다. 이 동굴벽화들은 우연한 기회로 다시 세상에 모습을 드러냈다. 그중 대표적인 것이 스페인의 알타미라 동굴벽화와 프랑스의 라스코 동굴벽화이다. 이 벽화들은 고대 인류가 사물의 핵심을 파악하는 예리한 능력과 뛰어난 미적 감각을 지녔음을 보여준다.

그런데 이 벽화들은 대부분 등불을 비추지 않으면 아무것도 보이지 않는 동굴 깊숙한 곳 암흑 세상에 그려졌다. 일상생활에서 감상하기 위한 것이었다면 이렇게 사람이 다가가기 어려운 곳에 그려지는 않았을 것이다. 그래서 고고학자들은 이 그림들이 소수의 제사장에게 만 접근이 허락되는 신성한 구역에 주술적 용도로 그려진 것이라고 추측한다.

동굴 입구의 그림은 오랜 세월 동안 사람들에 의해 훼손되고, 깊숙한 곳의 그림만 남은 것인지도 모른다. 실제로 최근 발견된 동굴 벽화들은 자연현상으로 인해 동굴 입구가 막히면서 접근이 차단되었 기 때문에 보존될 수 있었다. 어쩌면 입구가 막히지 않은 수많은 동굴 에 그려졌던 벽화는 사람들이 그곳에 계속 거주하면서 훼손되거나 지 워진 것일지도 모른다. 중국 고대 문명의 중심인 중원 지역에서는 동 굴벽화가 발견되지 않은 것도 이런 이유 때문이 아닐까.

동굴 깊숙한 곳이 아니라 노천의 바위에 물감으로 그린 그림들 은 풍화 과정을 견딜 수 없었을 것이다. 그림을 제작한 사람들도 이를 예상했을까? 고대 인류는 노천의 바위에는 그리는 대신 날카로운 도 구로 깊게 새기는 방식을 선택했다. 이것을 암각화(巖刻畫)라고 한다.

암각화란 바위 표면을 쪼아내거나 파내서 어떤 형상을 새긴 것 을 말한다. 암각화의 새김법은 바위를 쪼아낸 것(pecking), 갈아낸 것 (grinding), 깎아낸 것(carving) 세 가지 유형으로 분류된다. 암각화 는 지금까지 전 세계 120여 개 나라와 지역에서 발견되었고, 수천 개 의 바위에 2000만 개에 달하는 도상과 부호가 그려져 있다고 한다.

한편 유럽에서는 주로 물감을 이용해 동굴 벽에 그림을 그렸다 면 중국이나 시베리아 일대에서는 노천의 바위 위에 물감을 이용해 그림을 그리기도 했다. 이것을 암각화와 구별하기 위해 암채화(巖彩 畫)라고 한다.

알타이산맥 일대는 암각화가 많이 발견되는 지역이다. 이곳의 암각화도 대부분 사람이 접근하기 어려운 절벽에 위치한다. 이곳에 그림을 남기기 위해서는 위험을 무릅쓰고 많은 시간과 노력을 들여야 했을 것이다. 일상생활 공간이 아닌 험한 산지에 암각화를 남긴 까닭 역시 동굴 깊은 곳에 벽화를 그린 이유와 비슷하지 않을까. 예술적 감상의 목적이 아니라, 자연이 주는 두려움과 불안정한 상태를 극복하려는 의지를 표현하기 위해 제작했다고 보아야 할 것이다. 자연현상이나 사물들을 함축적으로 표상한 그림들은 단순한 상징의 차원을 넘어 주술적 기능을 가진다고 믿었던 것이다.

중국의 암각화

중국에서는 동굴벽화보다 노천의 암각화가 많이 발견된다. 중국의 고대 암각화는 출토 지역에 따라 북방형, 서남부형, 남방형 세 가지 유형으로 분류된다.

중국의 암각화가 표현하는 것은 아주 다채롭다. 야생동물과 가축을 주로 새겼으며, 사냥하거나 목축하는 인간의 활동, 해와 달과 같은 자연계 사물을 표현하기도 했다. 간혹 보이는 추상 기호들은 고대인이 숭배하는 어떤 대상을 나타낸 것으로 보인다. 하지만 이런 그림들은 아직 문자 수준으로는 발전하지 못했다고 평가된다.

대표적인 유적은 내몽고(內蒙古) 음산(陰山)의 암각화이다. 음산 암각화는 5세기 북위(北魏)의 역도원(酈道元)이 편집한 지리서 『수경주(水經注)』에도 관련 기록이 남아 있다. 이미 아주 오래전에 발견되어 전해진 것이다. 『수경주』에 의하면 황하가 동북으로 흘러 음산산맥 남쪽을 지나는 지점에서 북쪽으로 500리에 이르면 산 위의 바위에 그림들이 그려져 있는데, 대부분 호랑이나 말과 같은 형상이 선명하게 드러나 있다고 한다. 이미 5세기 무렵에 암각화가 세상에 알려졌지만 그 후로는 그곳을 찾아 확인했다는 기록이 더 이상 등장하지 않는다. 오랜 세월 동안 사람들의 관심에서 멀어졌던 것이다.

이 암각화가 다시 주목받은 것은 최근의 일이다. 20세기에 고고학 발굴단이 『수경주』 기록을 참고하여 암각화를 찾아 나섰다. 실제로 현장을 찾아보니 1500년 전 기록에 틀림이 없었다. 그들은 동서로 300킬로미터 남북으로 40-70킬로미터에 이르는 음산산맥과 황하의 만곡부가 만나는 방대한 지역에서 약 1만 폭의 암각화를 발견했다. 구석기 시대부터 원나라 후기 몽고족이 남긴 것으로 보이는 그림까지 다양한 암각화가 확인되었다.

암각화는 그림으로 어떤 의미를 표현한 것이지만, 언어와 연관되지 않고 또 독음이 없기 때문에 문자가 아닌 단순한 부호에 불과하다. 하지만 자연계의 다양한 사물과 인간의 활동을 표현한 이 부호들은 어떤 형태로든 후대의 한자 형성에 영감을 주었을 것이다.

암각화는 도형에 대한 근원적인 시각을 보여준다. 암각화를 제작한 고대 인류는 추상적인 도형과 일정한 패턴을 만드는 양식화의 원리를 알았던 것이다. 그런데 구석기인의 그림이 신석기 시대의 그림보다 더 구체적이고 사실적인 경우가 많다고 한다. 시간이 흐르면서 대상의 핵심을 추출하여 추상화하는 능력을 쌓았기 때문이다. 이렇게 그림이 추상적 도형으로 발전하는 과정 어딘가에서 원시 한자가 시작되었을 것이다.

암각화에 나타난 원시 한자의 흔적

중국에서 암각화가 주로 발견된 서북 지역은 과거에는 수렵과 목축을 주로 하는 곳이었다. 중앙아시아의 유목민 문화와 접경한 이 지역에서 발견된 암각화에 가장 많이 등장하는 동물은 사슴이다.

사슴은 유라시아 대륙 유목 문화의 상징이었다. 중앙아시아 평원에는 사슴돌이라는 거석문화(巨石文化)가 존재한다. 사슴돌이란 우랄산맥에서 바이칼호에 이르는 광대한 평원에 분포하는 거석을 말하는데 지금까지 약 1500개 정도가 발견되었다. 수직으로 솟은 돌 표면에 사슴을 새긴 것이라 사슴돌이라고 부른다. 대부분 기원전 14세기에서 기원전 8세기 사이에 만들어졌다고 알려졌으며 히르기수르(Khirgisuur)라는 적석묘(積石墓) 앞에 세워졌다. 사슴은 청동기 시대 중앙아시아 평원 지대에 분포했던 유목민의 문화를 대표하는 상징으로 사용되었던 것이다.[3]

음산 암각화에 등장하는 사슴 그림은 나중에 생겨난 갑골문의 사슴 글자와 비슷하다. 암각화와 마찬가지로 갑골문의 사슴 록(鹿)자는 뿔이 가지처럼 넓게 퍼져 있고 긴 목과 가는 다리를 가진 수컷의 모습을 상형하고 있다. 심지어 발굽까지 세밀하게 묘사되어 있다. 이 글자를 들여다보고 있으면 바로 화면을 뚫고 앞으로 달려 나올 것 같

음산 암각화의 사슴

갑골문 록(鹿)

은 생동감이 느껴진다.

사슴은 번식이 빠르고 인간 사회와 가까운 곳에 서식하여 친근했던 동물로 성질이 사납지 않아 사냥하기에도 쉬웠다. 갑골문 기록에 의하면 상나라 사람이 가장 많이 잡은 동물이 사슴이었다고 한다.

그런데 사슴 鹿 자는 갑골문과 금문에서 코끼리나 호랑이, 돼지, 개와 같은 대부분의 동물 관련 글자들이 옆으로 누운 것과 달리 똑바로 서 있다. 동물 글자 중에서 유일하다. 『설문해자』의 주석에서는 사슴이 앞다리와 뒷다리 사이의 거리가 좁아서 다리 사이가 넓은 다른 동물들과 다르다는 점을 강조한다. 글자를 똑바로 세워 표시한 것은 몸통이 긴 다른 동물과 달리 옆으로 눕히기에 적합하지 않다고 보았기 때문이다. 다른 한편으로는 그만큼 위로 높이 솟은 사슴의 화려한 뿔을 강조하고 싶었기 때문일 것이다. 몸통을 눕히면 화려하게 자란 뿔을 표현할 공간이 부족해지지 않겠는가.

원시 한자를 만든 사람들의 사슴뿔에 대한 애정은 여기에서 멈추지 않았다. 아름다울 려(麗) 자의 갑골문은 멋진 2개의 뿔을 자랑스럽게 드러내고 서 있는 사슴의 모습이다. 뿔을 강조하는 鹿 자에 장식을 더한 확장형이라고 할 수 있다. 이 글자가 처음 만들어질 당시에는 대칭되는 2개가 짝을 이룬다는 의미였다. 이 뜻은 지금도 '한 쌍'을 의미하는 짝 려(儷) 자에 남아 있다. 원래 한 쌍을 가리키던 麗 자가

갑골문 마(馬)　　　　갑골문 호(虎)　　　　갑골문 상(象)

언제부터 '아름답다'는 의미를 가지게 되었는지는 확실하지 않다. 다만 중국인들이 안정적으로 대칭을 이룬 것에서 아름다움을 찾아냈음을 알 수 있다.

중국 전통 시의 가장 중요한 미적 기준인 대구(對句)는 균형과 대칭이 주는 아름다움을 말한다. 중국 전통 산문에서 형식의 완결성을 특별히 강조한 것 가운데 4자나 6자로 구성된 문장이 대칭을 이루는 변려문(騈儷文)이 있다. 騈 자는 네 마리 말이 끄는 수레를 나타내고, 儷 자는 한 쌍의 사슴이 대칭을 이루는 모습을 표현한 것이다. 중국 고전문학 작품에서 대표적인 미적 기준이 바로 대칭미였던 것이다.

『설문해자』에서는 麗 자를 '짝을 이루어 다니다[여행(旅行)]'라는 의미로 풀이한다. 사슴은 먹을 것을 발견하면 기뻐하는 소리를 내며 무리를 불러 함께 그곳으로 이동한다고 하니 이 풀이에서는 동료와 함께하는 사슴의 성품을 강조한 것이다. "사슴의 울음소리[녹명(鹿鳴)]"라는 제목의 『시경(詩經)』 구절 가운데 "사슴이 기쁜 소리를 내며, 들판의 풀을 먹으러 가네(呦呦鹿鳴, 食野之苹)"라는 문장이 있다. 먹이를 발견한 사슴이 기쁜 마음으로 동료를 부르는 모습을 표현한 것인데, 주석가들은 이를 두고 친구를 진심으로 대하는 아름다운 마음을 비유한 것이라고 해석한다. 대칭으로 자란 사슴뿔의 외적인 모습이 아니라, 동료와 생사고락을 함께하려는 사슴의 아름다운 성품에 주목했다.

갑골문 려(麗)

『설문해자』 려(麗)

　　그런데 『설문해자』에서 소개하는 麗 자의 고문 가운데 사슴은 사라지고 2개의 뿔만 남은 것도 있다. 대칭이라는 기본 의미만 나타낸 것이다. 이렇게 간소해진 형태는 오랜 시간이 지난 뒤 현대 중국어에서 아름다움을 의미하는 麗의 간체자 려(丽) 자로 소환되었다. 고대 중국인들이 서북 평원을 뛰어다니던 사슴을 바라보며 느꼈던 미적 감흥의 여운이 현대 중국어에 고스란히 남은 것이다.

언어는 어떻게 생겨났는가

중국 각 지역에서 발굴된 도기 파편의 부호들이 과연 체계적인 문자의 일부라고 볼 수 있는지에 대해서는 논쟁이 계속되고 있다. 지금으로선 구체적으로 어느 시기에 문자라는 기호 체계가 완성되었는지 특정하기가 쉽지 않다.

문자가 등장하기 위해서는 우선 언어 체계가 갖추어져야 한다. 그렇다면 언어는 과연 어떤 조건에서 만들어지는 것일까? 인간이 다른 동물과 달리 언어를 사용할 수 있는 것은 FOXP2라고 부르는 특정 유전자의 돌연변이 때문이라는 주장이 한때 제기되기도 했다. 2002년에 제기되어 한동안 생명과학 교과서에도 소개될 정도로 정설이었던 주장이지만 최근에는 그 가설이 뒤집혔다. 내용을 간단히 요약하면 다음과 같다.[4]

과학자들이 언어장애를 가진 사람이 많은 가계의 유전자를 분석한 결과, 이들의 특정 유전자 구조가 장애가 없는 사람과 다르다는 점을 찾아냈다. 이 특정 유전자는 FOXP2로서 말하기와 관련된 근육의 세밀한 움직임을 담당한다. 연구진은 더 깊은 연구 결과 다른 동물과 달리 인간은 FOXP2에 돌연변이가 생겨 말을 할 수 있게 되었음을 알아냈다. 이 돌연변이가 발생한 때는 20만 년 전 현생인류의 조상이 출현했던 시기와 일치한다. 그 후손들은 약 10만 년 전 아프리카를 떠나 세계로 흩어지면서 서로 다른 언어를 사용하는 집단으로 분화되었다.

그러나 최근 연구 결과 인간만이 가지는 특별한 언어 유전자는 없다는 사실이 밝혀졌다. FOXP2 유전자가 언어와 관련이 있기는 하지만 직접 언어를 구사하게 하는 것이 아니라 신경세포의 성장을 촉진하는 광범위한 역할을 담당한다는 것이다. 특히 언어능력을 갖추지 못했다고 알려진 고생인류 네안데르탈인의 유전자에서도 FOXP2 유전자가 발견되면서 언어능력을 단순히 유전적 요인으로만 볼 수는 없다는 것이 드러났다.

인류가 음성언어를 사용하게 된 것은 서로 협력하기 위해 모여 살기 시작했기 때문이라는 주장은 이미 오래전부터 제기되었다. 사회적 조건의 변화에서 언어의 기원을 찾는 이 주장은 네안데르탈인이 멸종한 여러 가지 원인 중 하나를 설명해주기도 한다. 네안데르탈인은 호모사피엔스보다 골격이 크고 근육이 발달했으며 뇌도 더 컸지만, 우월한 신체적 능력만 믿고 서로 협력하지 않았기 때문에 의사소통 도구인 언어능력을 갖추지 못했고 그에 따라 결국 사라지고 말았다.

가라타니 고진(柄谷行人) 역시 『철학의 기원』에서 모든 인류 문명의 언어와 문자는 사람들이 서로 모여 살기 시작하면서 발생했다고 말한다. 그가 인용한 그리스 역사가 디오도로스 시켈로스(Diodorus Siculus)의 『역사총서』에는 언어를 갖지 못한 최초 인류의 야수와 같은 모습이 생생하게 묘사되어 있다.

최초의 인류는 야수와 마찬가지로 되는대로의 생활을 하고 있었다. 그들은 각자 단독으로 유목 생활을 하고 어디에서든 먹을 수 있는 식물에 이끌렸고 야생의 과일을 얻기 위해 이동했다. 하지만 생활의 편의를 위해 그들은 협동해서 일하기 시작했다. 왜냐하면 개개인 단독으로는 야수의 먹이가 되었기 때문이다. 이런 공포가 그들을 결집시키고 난 후에야 비로소 그들은 서서히 그들 사이에 공통성이 있다는 것을 인정하기 시작했다. 그들이 말하는 음성은 처음에는 의미가 없는 것이었지만, 시간이 흐르면서 서서히 분명한 분절적인 음성이 되었고, 각각의 사물에 대한 자의적인 음성 표현이 그들 사이에 정해졌고, 일상사에 대한 대화를 통해 서로를 이해할 수 있게 되었다.[5]

초기 인류는 각자 먹을 만한 자원이 있는 곳이면 어디든 찾아다니는 단독 채집 생활을 했다. 하지만 무리를 짓지 않고 혼자만 다니면서 야생의 포식자들에게 쉽게 노출되고 공격받았다. 그들은 생존을 위해 서로 협력할 수밖에 없다는 사실을 깨달았다. 상호 협력을 위해서는 의사소통 수단이 필요했고 이때부터 음성언어가 발전하기 시작했다. 처음에는 울음소리나 단순한 음성신호의 수준에 불과했지만 차츰 연속적인 음성을 분절하고 구분할 수 있는 능력을 갖추게 되면서 본격적인 언어 체계를 만들게 되었다.

고대 그리스의 디오도로스가 실제로 자신보다 오래전에 살았던 고대 인류에 대한 기록이나 유적 자료를 참고해서 이렇게 서술한 것인지는 알 수 없다. 하지만 그가 묘사하는 초기 인류의 모습은 동물 수준에서 크게 벗어나지 않는다. 다윈의 진화론이 나오기 2000년 전의 기록이지만 여기에는 이미 진화론적 세계관의 단서가 들어 있다. 인간의 진화 과정에서 언어는 진화를 더욱 촉진시켰고, 언어를 사용해 서로 소통이 가능한 자들만 살아남을 수 있었다는 것이다.

그렇다면 중국의 옛 기록은 언어의 기원을 어떻게 설명하고 있을까? 디오도로스와 거의 비슷한 시기에 살았던 사마천(司馬遷) 역시 초기 인류 사회에 대해 이야기한다. 그러나 그는 그들의 구체적 모습이나 특징에는 크게 관심을 갖지 않았다. 다만 아직 문명화되지 못한 이런 원시인들을 구원해준 몇몇 영웅과 제왕의 업적만 상세하게 서술할 뿐이다.

『사기(史記)』의 첫 권인 「오제본기(五帝本紀)」는 전설적인 황제(黃帝)의 이야기에서 시작하는데, 이 시대에 이미 왕과 신하 그리고 제후가 있었다. 사실 사마천이 묘사한 원시시대 생활환경은 그가 살던 한나라의 모습을 투영한 것이었다. 황제에게는 스물다섯 명의 아들이 있었지만 무슨 이유인지 그들에 대한 이야기는 생략되고 대신 손자 전욱(顓頊)과 증손 제곡(帝嚳)의 이야기가 이어진다. 둘 모두 현명했으며 조상 제사에 충실했고 변방 지역을 정복하여 영토를 넓혔으며 자신보다 백성을 위한 정치를 시행했다. 제곡에 이어 왕이 된 요(堯)임금과 순(舜)임금은 후대의 유학자들이 모두 숭앙하는 황금시대의 주인공이다.

사마천이 묘사한 초기 인류 사회는 약육강식의 약탈적 혼돈의 시대가 아니었다. 그곳은 현명한 왕에 의해 이해관계가 합리적으로 조정되고 구성원 모두가 지도자의 영도 아래 서로 협력하는 이상적인 사회였다. 그가 묘사한 원시사회는 제도와 규칙이 현재와 크게 다를 것이 없었고 심지어는 닮아야 하는 모본이기도 했다. 이는 인간 문명이 후대로 갈수록 발전한다는 디오도로스의 진화론적 관점과 다른 것이었다. 이처럼 비슷한 시대를 살았던 두 역사가가 상상했던 고대 인류 사회의 모습은 서로 상반되었다.

사마천이 묘사한 원시시대는 이미 모든 것이 다 갖추어진 완성된 사회였기 때문에 여기에서 언어의 기원을 찾을 수는 없다. 고대 사회에 대한 이런 관점은 문자의 기원에 대한 인식에도 영향을 미친다. 문자 역시 사회의 발전과 함께 생겨난 것이 아니라 황제 시대에 이미 존재해야 했다. 다만 창힐(蒼頡)이라는 황제의 신하가 백성을 위해 만들었다는 극적인 스토리가 추가되었을 뿐이다. 고대 중국에서 언어와 문자의 기원에 대한 상상력은 황제 이전으로 거슬러 올라가지 못했다.

문자는 어떻게 생겨났는가

인류가 수렵 채집 단계를 벗어나 농경 중심의 정착 사회를 선택했던 이유에 대한 고전적 주장은 이렇다. 수렵 채집 단계에서 이미 많은 자원을 소진한 결과 늘어난 인구를 감당하기 위해서는 자연 상태에 의존하지 않고 스스로 농사를 지으면서 생산을 늘려야 했다. 덴마크 경제학자 에스테르 보세럽(Ester Boserup)이 말한 '농경에 관한 궁지 이론(backs to the wall)'으로 알려진 이 주장은, 인류는 자원의 고갈이라는 궁지에 몰려 다른 어떤 대안도 없는 상태에서 농경을 선택했다고 본다. 인구는 증가하는데 수렵과 채집으로 얻는 야생 자원은 줄어드는 상황에서 사람들은 어쩔 수 없이 제한된 땅에서 많은 열량을 얻기 위해 고된 노동에 종사하게 되었다는 말이다. 에덴동산에서 나무 열매나 따 먹으며 편하게 지내던 아담과 하와가 쫓겨난 이야기는 고된 노동의 세계로 몰려난 인류의 이런 불가피한 여정을 비유한 것으로 풀이되기도 한다.

하지만 인류가 최초로 농경 생활을 시작했던 메소포타미아 초승달 지역은 강 하구의 비옥한 토지와 습지에 다양한 자원이 넘치는 곳이었다. 자원이 결핍된 곳이 아니라 풍요로운 지역에서 최초로 농경과 정착 생활이 시작되었던 것이다. 농경은 수렵과 채집이 끝난 곳에서 출발한 것만은 아니었다.

농경이 시작된 지역이 오히려 비옥한 곳이었다는 사실을 설명하기 위해서는 전 지구적 차원의 기후 환경 변화를 고려해야 한다는 주장도 제기된다. 루이스 다트넬(Lewis Dartnell)은 『오리진』에서 농경 사회로의 진입은 기후 변동에 따른 불가피한 선택의 결과였다고 설명한다.

그에 따르면 지금부터 1만 3000년 전에 시작된 급작스러운 기후 변동이 1000년 이상 지속되면서 북반구 전체의 기온이 크게 떨어지고 강수량이 감소했다. 그전까지 숲이 무성했던 지역이 스텝(steppe)으로 되돌아갔고 풍부하던 야생 식량 자원도 줄어들었다. 이와 같은 조건하에서 인류는 이전의 수렵 채집 생활 방식을 버리고 정착 농경을 시작하게 되었다고 한다.[6]

농업을 시작한 이후 기원전 6000년까지는 아직 빙하기의 한랭한 기운이 지배적이었다. 한번 농업을 선택한 것은 불가피한 일이었지만 돌이킬 수도 없었다. 빙하기가 끝나고 인류의 수가 증가하면서 자원이 부족해지자 부족 간 갈등이 고조되었다. 전쟁에서 지면 멸절당한다는 위기감 때문에 집단의 규모를 늘려야 했고, 전쟁에 동원할 수 있는 전사의 수를 확보하기 위해 어쩔 수 없이 다시 농사를 선택해야만 했다. 이제는 수렵 채집의 상태로 더 이상 돌아갈 수 없는 순환의 고리에 빠지게 된 것이다. 이처럼 인류가 농경 사회로 정착하게 된 데에는 기후 환경의 영향과 사회 구조의 변화라는 복합적 요인이 작용했다.

그러다 다시 온화한 기후가 기원전 6000년에서 기원전 2000년까지 지속되는데 이때를 기후 최적기라고 부른다. 이 시기에 지구 전체적으로 기온이 상승하여 농업 생산성이 높아지고, 메소포타미아 비옥한 초승달 지역에서 최초의 도시 국가를 중심으로 고대 문명이 탄생한다. 인류 최초의 문자로 알려진 수메르문자 역시 이 시기에 만들어진다.

비옥한 토지와 풍부한 수자원을 토대로 곡식을 대량 생산하는 기술을 갖추게 된 수메르인들은 남는 식량을 다른 지역의 자원과 맞바꾸는 교역을 시작했다. 그들은 곡식을 제외한 나무와 석재 그리고 청동기의 재료인 구리 등 거의 모든 필수품을 수입해야만 했다. 기원전 4000년부터 원거리 무역이 시작된 것이다.

원거리 교역 시 기억에만 의존하는 데는 한계가 있었다. 늘어난 정보를 저장하고 먼 곳 사람들과 연락하기 위해서는 문자 기록이 필요해졌다. 초기 수메르문자로 기록된 내용은 주로 곡식의 수량이나 소와 양 같은 가축과 관련된 것이었다. 또한 식량 수급이 안정되면서 직업의 분화가 진행되고 장인들을 중심으로 기술 개발이 이뤄졌다. 많은 정보를 기록해야 할 필요성이 늘면서 문자 역시 초기의 상형적 형태에서 단순한 기호로 발전해갔다.

한편 그릇을 만드는 데 주로 쓰였던 섬토는 문자 정보를 기록하는 중요한 매체로 활용되었다. 점토판은 시간이 지나면 썩어 없어지는 나무판이나 파피루스와 달리 한번 굳으면 잘 변형되지 않아 오랫동안 기록을 보존할 수 있었다. 그 결과 점토판 위에 뭉툭한 쐐기 모양의 도구로 꾹꾹 눌러 새긴 수메르문자는 5000년이 넘는 세월 동안 땅속에 보존되었다가 다시 세상에 나타날 수 있었다. 수메르문자의 특성은 그 지역만의 특수한 사회적 환경을 반영한 것이었다.

고대 중국의 갑골문은 수메르문자와는 다른 탄생 배경을 가지고 있다. 갑골문이 만들어진 상나라는 본격적인 농경 사회로 진입했으나 아직 고대 국가의 단계에는 이르지 못했다. 왕은 백성을 통치하는 것이 아니라 다양한 씨족 세력을 통솔하는 수준에 불과했다. 다양한 씨족 세력을 통합하고 영향력을 행사하기 위해 각 씨족에 왕족을 파견하는 느슨한 네트워크를 구축한 상태였다.

이렇게 구속력이 약한 구조에서 씨족들을 통제하기 위해서는 또 다른 절대적 권위가 필요했다. 이때 등장한 상제(上帝)와 같은 초월적 존재는 느슨한 씨족 연합체를 단단하게 해주는 구심력이 될 수 있었다. 상나라 왕이 천상의 절대자의 권위를 자신의 통치권력으로 바꾸는 도구가 바로 갑골문이라는 문자였다. 갑골문은 세속적인 국가를 통치하는 데 사용되는 실무적 수단이라기보다는 신의 권위를 확인하기 위한 용도로 제작된 것이었다.

수메르문자가 정보를 기록하고 유통하기 위해 만들어졌다면 갑골문은 신과 소통하기 위해 만들어졌다. 수메르문자가 제작과 휴대가 편리하도록 점토에 새긴 것이었다면, 갑골문은 신에게 전하는 말씀을 뼈에 새겨 오랫동안 은밀한 곳에 보관했다.

기원전 1000년 무렵 전 지구적인 화산 폭발로 다시 기후가 한랭해졌고 이로 인해 식량이 부족해져 문명 간 갈등이 고조되었다. 이 시기 고대 이집트 왕조는 물론 비옥한 초승달 지역을 지배하던 히타이트 제국이 멸망했다. 고대 중국에서는 상나라가 무너졌다. 동서양의 대표적인 고대 문명국가가 비슷한 시기에 멸망했던 것은 우연이 아니었다. 전 지구적 환경 변화와 무관하지 않았다.

이처럼 인류 역사를 전 지구적 차원에서 살펴보면 수메르문자와 갑골문은 인류가 농경 생활에 정착하면서 문명을 일으키는 과정에

갑골문 농(農)　　　갑골문 신(辰)　　　금문 농(農)

서 만들어졌다는 공통점을 가진다.

　　상나라 때 만들어진 갑골문 농(農) 자는 한 손에 신(辰)을 잡고 숲에 서 있는 모습이다. 갑골문 辰 자는 나무를 베어낼 때 사용하던 날카로운 도구를 나타낸 것이다. 주나라 때 만들어진 금문 農 자에는 농지의 경계를 표시한 전(田) 자가 추가되었다. 갑골문 農 자는 농경 생활을 처음 시작할 때 숲의 잡목들을 베어내고 농지를 개척하는 모습을 표현한 것인 데 비해, 나중에 생겨난 금문에는 가지런하게 정리된 농지가 추가되어 농경 생활이 안정적으로 정착된 모습을 보여준다. 초기 농경 사회의 거친 노동의 흔적이 사라지고 그 자리에 토지 소유의 경계선이 들어선 것이다.

수렵 채집 사회에서 농경 사회로의 전환

고대 중국에서 수렵 채집 사회가 농경 사회로 전환한 구체적 과정에 대해서는 알려진 바가 많지 않지만, 전 지구적 환경 변화의 흐름에서 크게 벗어나지는 않았을 것이다. 농경 사회로의 전환이 어느 정도 마무리된 상나라 때 만들어진 갑골문 가운데 수렵 채집 시절의 흔적이 남은 것이 적지 않다. 그중 대표적 글자인 갑골문 기(棄) 자의 모습은 충격적이다. 갓 태어나 아직 피를 흘리는 영아를 바구니에 담아 버리

갑골문 기(棄)

갑골문 육(毓)

는 모습을 그대로 표현하고 있다.

자신의 능력으로 무언가를 감당할 수 없을 때 포기(抛棄)라는 단어를 쓴다. 쉽게 포기하는 사람은 도전 정신이 부족하거나 의지력이 약하다며 비난의 대상이 되곤 한다. 그런데 이 글자에 표현된 포기의 대상은 도전 정신이나 의지의 문제를 넘어서서 윤리적으로 용납하기 어려운 존재이다. 이런 비인간적이고 잔인한 문화를 표현한 글자가 생겨난 내력을 살펴보자.

갑골문 棄 자는 두 손으로 바구니를 받치고 있는 모습이다. 그 위로 아기가 보이고 주위에 3개의 점이 표시되어 있다. 이 3개의 점은 아기를 낳아 기르다라는 의미의 갑골문 육(毓) 자에도 등장한다. 거꾸로 태어나는 아기의 모습과 흘러내리는 피 혹은 양수를 점으로 표시했다. 글자의 오른쪽에 흘러내리는[류(流)] 무언가를 강조한 毓 자는 나중에 육(育) 자로 간소화된다. 棄 자의 세 점은 이 글자가 태어난 지 얼마 되지 않은 영아를 버리는 상황을 나타냈음을 알려준다.

왜 이런 비인간적 행위에 대한 글자가 생겨났을까? 글자가 만들어질 당시에 수렵 채집 시절의 습속이 남아 있었기 때문일 것이다.

제임스 C. 스콧(James C. Scott)은 『농경의 배신』에서 인류가 정착 생활을 하기 전 단계에서는 영아 살해가 드물지 않은 현상이었다고 강조한다.

정착 생활을 하지 않는 사람들은 인구 재생산을 의도적으로 제한한다. 이들은 야영지를 규칙적으로 옮겨야 해서 둘 이상의 아이를 동시에 데리고 다니는 것에 부담을 느낀다. 그 결과, 수렵 채집민은 자녀 터울을 대략 4년씩 두는데, 이 터울을 맞추기 위해 젖떼기를 늦추거나, 낙태를 유도하거나 심지어는 영아를 방치하거나 살해하는 방식을 취했다. 반면 농경 사회에서 자녀는 노동력이 되는 만큼 그 가치는 더욱 컸다.[7]

이동을 위한 기동력이 중요한 사회에서는 새로 태어나는 생명이 언제나 환영받지는 않았다. 하지만 농경 사회로 전환되면서 노동력을 제공한다는 이유에서 아이들의 가치는 높아졌다.

오늘날에는 영아 살해와 유기가 끔찍한 범죄이지만 대부분의 인류 문명에는 이와 관련된 전설과 신화가 내려온다. 관습으로 전해지던 이런 잔인한 행위에 대한 기억을 숨기지 못하고 적절히 윤색해 영웅 탄생의 이야기로 만들기도 했다.

유명한 설화 중 하나는 아기 때 버려진 모세 이야기다. 히브리 아이들을 모두 죽이라는 파라오의 명령을 피해 모세의 어머니는 역청을 바른 바구니에 아기를 담아 강물에 띄워 보냈다. 다행히 모세는 이집트 공주에게 발견되어 왕실에서 자라고 훗날 히브리 민족의 출애굽을 선도하는 영웅으로 성장한다.

한편, 상나라를 무너뜨리고 주나라를 세운 주 민족의 시조 이름이 기(棄)였다는 점 역시 단순한 우연은 아닐 것이다. 『사기』에 따르면 주나라 선조 후직(后稷)의 어머니 강원(姜嫄)이 들판에 나갔다가 거인의 발자국을 발견하고는 호기심에 밟았는데 그 순간 임신을 했다고 한다. 열 달이 지나 아기를 낳았는데 불길하다고 여겨 들판에 버렸고(抛棄) 이름을 기라고 했다고 한다.

『시경』「대아(大雅)·생민(生民)」에도 후직의 신비스러운 탄생에 대한 송가가 기록되어 있다. 버려진 후직을 주위 동물과 백성이 돌봐주었다는 내용이다.

그들이 아이를 좁은 골목에 버렸는데, 소와 양들이 그 아이를 소중히 돌봐주었다. 그들이 그 아이를 먼 숲에 버렸는데, 나무꾼이 아이를 주웠다. 그들이 그 아이를 차가운 얼음 위에 버렸는데, 새들이 날아와 날개로 아이를 덮어주었고, 마침내 새들이 날아가자 그제야 후직이 울기 시작했다. ─『시경』「대아·생민」

이렇게 세 번이나 버려진 후직은 다시 세상에 돌아와 주나라의 조상신이 되었다. 『시경』에 수록된 이 노래는 종묘 제사 때 불렀던 송가였다. 주나라 후손은 조상제를 지내는 동안 이 노래를 부르며 자신들의 근원과 정체성을 확인했다. 버려진 아이가 영웅이 되어 자신들의 조상이 되었다는 비극을 공유하며 서로의 연대를 다졌다.

씨족 사회의 탄생을 보여주는 글자

혈연을 중심으로 구성된 친족 집단을 씨족이라고 한다. 씨족이 처음 생겨났을 때는 소규모 집단으로 시작되었기 때문에 구성원을 분별하는 일이 어렵지 않았을 것이다. 하지만 시간이 지나면서 세대가 늘고 씨족을 구성하는 인구도 증가하였으며 거주 공간도 확대되면서 구성원을 확인하기가 점점 어려워졌을 것이다. 이때 자신의 혈족을 구별할 표지를 만들기 시작했다. 갑골문 씨(氏) 자는 허리를 숙인 채 씨를 뿌리는 사람의 모습을 표현한 것이다.

갑골문 씨(氏)

氏는 식물의 근원을 나타내는 것으로 나중에는 동일한 지역에
사는 같은 혈통의 사람들을 지칭하게 되었다. 주나라 봉건 시대에 천
자(天子)가 덕이 있는 사람을 제후로 봉하고 그 지역의 이름으로 하
사한 성씨를 氏라고 했다. 곧 혈통의 공간적인 표지를 나타낸 것이다.
씨를 뿌리는 행위와 관련된 氏 자는 그 아래에 지사 부호를 더해 씨를
뿌린 땅을 강조하여, 아래 혹은 근본이라는 의미를 나타내는 저(氐)
자에도 흔적을 남겼다.

봉건 시대 초기에는 귀족과 제후 등 상류계급에게만 성(姓)이
하사되었는데 성은 모계의 출생 계통을 나타내고 씨는 부계를 나타냈
다. 시간이 지나면서 일반 백성들도 자신의 성씨를 가지게 되었는데
이것은 부계의 계통을 나타낸 것이었다.

갑골문 족(族) 자는 깃발이 휘날리는 깃대 아래 화살이 놓인
모습이다. 깃발은 사람이 모이는 모습을 나타내고 화살은 그들을 방
어하는 무기였다. 깃발은 자신의 혈족을 확인하는 표식이었으며 화살
은 그 조직을 보호하는 군사를 상징한다. 이 글자는 고대의 씨족 집단
이 혈연으로 구성된 군사조직이었음을 보여준다.

한편 화살은 고대 사회에서 일종의 약속 징표로서 중요한 서
약을 할 때 사용되기도 했다. 깃발 아래 화살은 단순한 방어용 무기가
아니라 씨족 구성원의 결속과 신뢰를 상징했다. 族 자에 포함된 화살

갑골문 족(族)   『설문해자』족(族)

시(矢) 자에는 군대를 상징하거나 아니면 집단 내부의 결속을 상징하는 고대 문화의 흔적이 남은 것이다. 『설문해자』에서는 族 자를 화살촉의 모습이라고 풀이하면서, 군대의 깃발이 있는 곳에 화살이 집중되듯이 사람들이 모인다는 의미를 가지게 되었다고 한다.

　　내부 구성원에게는 편안한 안식을 제공해준 씨족 집단은 외부 구성원에게는 배타적일 수밖에 없었을 것이다. 혈연 집단이 가지는 이런 배타적인 태도는 영어 단어에도 그 흔적이 남아 있다. 영어로 kin은 혈족이나 친족이라는 의미를 나타낸다. 이와 관련된 단어인 king은 고대 영어에서 혈연관계의 자녀를 나타내는 cyning에서 나왔다. cyn은 혈연을 뜻하며 ing는 관련 있는 것들을 표시한다. 왕을 나타내는 단어 king에서 가장 중요한 것은 역시 혈연이다. 왕은 혈연에 의해 결정될 뿐 능력과는 상관없는 존재인 것이다. 그런데 이 혈연이라는 cyn에서 비롯된 또 다른 단어가 바로 kind이다. 친절함이란 애초에 모르는 사람들 사이에서는 기대할 수 없고 오로지 혈족 간에만 존재하는 태도를 말하는 것이었다.[8]

　　그러나 사람들 간 교류가 늘어나고 상대에 대한 지식과 정보가 누적되면서 미지의 대상에 대한 두려움이 점차 줄어들게 된다. 상대의 행동을 예측할 수 있게 되면 좀 더 과감하게 타인을 포용할 여유가 생긴다. 아직 상대에 대한 정보가 충분치 않았던 고대 사회에서 타인에게 친절하라는 것은 스스로를 무장해제하리는 말과 다름없는 위험한 일이었다. 그래서 고대 사회에서 친절함은 오로지 혈족 내부에서만 가능했다. 특히 이동을 계속하던 수렵 채집 단계를 지나 농경 중심의 정착 사회가 구성되면서 혈연 중심의 배타적인 공동체의 성격이 강화된다.

초원에서 유목 생활을 하는 민족들은 지금도 외부에서 온 처음 본 손님을 오히려 환대한다. 광활한 대지 한가운데 고립된 채 소수의 혈족끼리만 오랜 시간 함께 지내야 하는 그들로선 유전적 다양성을 확보해야 한다는 본능에 충실한 것인지도 모른다.

농경 사회에 찾아온 불청객, 역병

그동안 농경 사회의 성립은 인간 진화의 결과로 간주되었다. 수렵과 채집은 아직 정착하지 못하고 떠도는 불완전한 삶의 형태라는 전제에서 나온 생각이다.

인류의 과거사에 대한 이런 선입견은 우리의 삶에 대한 인식에도 영향을 미친다. 젊은 시절의 방황과 떠돌이 생활은 아직 안정을 찾지 못한 위기로 간주된다. 이런 방랑 생활은 인생에서 한 번쯤 경험할 만하지만 오래 지속되어서는 안 되며 나이가 들면 훌훌 털고 그만둘 줄도 알아야 한다, 철이 들어 안정적으로 살아야 비로소 무르익은 삶이 본격적으로 시작된다고 여겨진다. 정착하지 않은 수렵 채집 시절을 아직 진화하지 못한 미성숙 단계로 평가하는 데는 방황과 정착에 대한 이런 은유적 도식이 작용했을 수도 있다.

인류가 수렵 채집 단계를 지나 정착 농경 사회로 전환한 것을 단선적인 발전 과정으로만 볼 수는 없다는 주장도 있다. 제임스 C. 스콧은 『농경의 배신』에서 농부가 된 인간의 생활환경이 수렵 채집 시기에 비해 더 좋아진 것은 아니었다고 주장한다. 사람들은 영양 상태도 나빠지고, 폐쇄적 공간에서 가축들과 함께 생활하면서 만성적인 질병에 시달리기 시작했다. 신석기 혁명을 통해 정착 생활과 농경이라는 문명을 이루었음에도 인구는 폭발적으로 늘지 않았는데, 이런 인구학적 병목현상은 역설적으로 이 당시가 인류 역사에서 역학적으로 가장 치명적인 시기였기 때문이라는 것이다.

농업 혁명 결과로 고대 문명사회는 만성적이고 치명적인 전염병 확산의 중심이 되었고 주민들은 주기적으로 파멸을 거듭하였다. 정착 공동체에서 키우는 가축의 배설물은 기생생물이 번식할 환경을 조성하였고, 해마다 반복되는 경작 활동은 식물 관련 해충이 번식할 배양장을 마련해주는 것이나 다름없었다. 경작민을 괴롭힌 병충해는 역설적으로 영양분이 풍부한 농업 생태계를 유리하게 이용하려고 진화한 새로운 병원체였다. 그리스어에 뿌리를 둔 '기생생물(parasite)'이란 축자적으로 풀이하면 '곡물 곁에(beside the grain)'라는 뜻이다.[9]

이런 폐쇄적인 정착 사회에 역병이 돌기 시작하면 치명적이다. 병의 원인이 무엇인지 알지 못했던 시대에는 환자들을 쫓아내는 방법 말고는 다른 대안이 없었다.

수전 손태그(Susan Sontag)는 『은유로서의 질병』에서 병에 대한 은유를 통해 전염병에 대처하는 인간들의 전형적인 행동 양상을 설명한다. 인간 사회는 질병 그 자체는 물론 질병에 걸린 사람들에게 도덕적인 책임을 덧씌워 그 질병으로 인해 발생하는 사회적 혼란과 긴장을 해소하려고 했다. 아직 병의 원인이 밝혀지지 않은 시대에 불안한 마음과 걱정을 털어내기 위해서는 누군가에게 책임을 전가하는 것이 가장 쉽고 편한 방법이었다. 지배자의 입장에서도 병의 원인을 누군가에게 전가할 필요가 있었다. 병자들이 도덕적으로 문세가 있거나 신의 말씀에 복종하지 않았기 때문에 전염병에 걸린 것이라고 주장했다. 유일한 해결책은 이들을 그 사회에서 격리시키는 것이었다.

검역(檢疫)을 의미하는 quarantine이라는 단어는 서양 중세 시대 페스트에 걸린 사람을 40일간 격리시킨 데에서 유래했다. 40일을 의미하는 이탈리아어에서 온 것이다. 기독교 역사에서 40은 속죄와 정화를 상징하는 숫자였다. 노아의 대홍수 기간이 40일이었고, 모세는 시나이산에서 40일 동안 몸과 마음을 정화한 다음 십계명을 받았다. 이스라엘 민족은 이집트를 탈출한 뒤 40년 동안 광야에서 정화의 시간을 가져야 했다. 역병에 걸린 사람을 격리할 시간을 정할 때 과학적 원리에 근거하지 않고, 기독교적 관점에서 속죄와 정화에 필요한 시간을 제시한 것이다. 한자에도 이와 유사한 배타와 축출의 야만적 습속이 남은 글자가 있다.

전염병을 의미하는 역(疫) 자의 갑골문은 병에 걸려 침상에 누운 환자의 모습[녁(疒)]과 수(殳) 자가 결합된 회의자이다. 기대어 누울 녁(疒) 자는 침대 위에 환자가 피를 흘리며 누워 있는 모습이다. 병(病)과 관련된 글자들은 모두 이 疒 자를 부수로 한다.

갑골문 질(疾) 자는 겨드랑이 아래 화살을 맞은 사람의 모습이다. 화살을 맞아 생긴 외상을 가리켰다. 그런데 이 글자는 시간이 지

갑골문 녁(疒)

갑골문 질(疾)

갑골문 수(殳)

나면서 疒 자와 결합하여 지금의 疾 자가 되었다. 동시에 가벼운 병은 疾로, 중한 병은 병(病)으로 표현하게 된다. 그래서 疾 자가 들어간 질 환(疾患), 안질(眼疾), 학질(瘧疾), 치질(痔疾)과 같은 단어들은 주로 외부의 상처나 가벼운 병을 나타낸다.

殳는 손에 몽둥이를 든 모습이다. 2개의 의미 요소가 결합된 疫 자는 침대에 누운 환자를 손에 몽둥이를 들고 내리치거나 쫓아내는 모습이다. 역병에 걸린 사람을 그 사회에서 축출하는 것 말고는 별다른 대책이 없었던 시대의 흔적이 남은 글자인 것이다.

농경 사회에 정착하면서 단일성과 밀집성으로 인해 인간 사회가 떠안은 고통은 지금까지도 계속되고 있다. 만약 농경 사회로 진입하지 않고 소수의 인간들이 수렵과 채집 생활을 하며 적절한 규모의 인구를 유지했다면 지금과 같은 대도시 중심의 밀집 생활 형태로 문명이 발전하지는 않았을 것이다. 또한 오늘날처럼 밀집 생활에서 비롯한 역병의 습격에 아무런 대응도 하지 못하고 칩거하는 일도 없었을 것이다.

눈에 보이지 않는 바이러스에 대처하는 유일한 방법은 정착 생활의 기본 패턴을 버리는 것이다. 최근에 '사회적 거리두기'로 표현되는 이 말은 사실 도시적 생활환경을 의식적으로 포기하는 일과 같다. 밀집 환경에서 벗어나 스스로 고립을 택하는 것이다.

또 하나의 방법은 도시적 생활 패턴의 속박에서 벗어나는 것이다. 수렵민의 생활 리듬은 그들이 의존하던 식량 공급원의 자연적 주기에 지배되었다. 반면 농경민은 자신이 기르는 식물의 생장 주기에 종속된 삶을 살았다. 수렵민이 자연을 대상으로 이용했다면, 농경민은 일 년 내내 식물에 의해 길들여졌다.

스콧은 호모사피엔스가 한번 숙명적 발걸음을 옮겨 농경의 세계로 들어간 이상, 우리 인류는 곡물을 포함한 몇 가지 식물의 까다로운 유전적 시계태엽 장치가 고된 노동을 시키는 엄숙한 수도원에 들어간 것이나 다름없다고 표현한다. 현대인은 주기적으로 반복되는 일정을 따라야 하는 도시적 삶의 패턴에 얽매여 있다. 이 반복적인 패턴을 잘 따르는 사람은 근면하고 성실하다고 칭찬하며, 본인 기분에 따라 자유롭게 삶의 패턴을 유지하는 사람은 게으르고 나태하다고 비난한다. 정해진 시간 순서에 따라 사는 사람을 우월한 존재로 치켜세우는 도덕은 모두 농경 사회에서 제도화되었다.

씨족 연맹 하나라는 실제로 존재했을까

고대 중국의 왕조는 하상주(夏商周) 순으로 존재했다고 알려졌다. 이 가운데 상나라는 갑골문 발견과 고고학 유적 발굴을 통해 실존 왕조였음이 확인되었다. 주나라는 『춘추(春秋)』의 역사 기록으로 그 존재가 전해졌다. 그런데 가장 앞선 하나라가 과연 실존 왕조였는지에 대해서는 아직도 이견이 존재한다. 현재 중국 교과서에서는 하 왕조가 기원전 2070년 우(禹)가 순으로부터 씨족 연맹의 수령 자리를 넘겨받아 건국했으며 기원전 1600년까지 존재했다고 기술하고 있다.

그전까지 존재 자체가 의심의 대상이었던 하나라가 실존 왕조로 최종 확정된 것은 21세기 벽두에 완성된 역사 프로젝트의 연구 성과 덕분이었다. 1996년부터 약 5년 동안 전문가 200여 명이 참여한 하상주 연대 구축 프로젝트[하상주단대공정(夏商周斷代工程)]는 하 왕조의 실존 여부를 확인하고 상 왕조의 재위 기간을 좀 더 구체적으로 실증하기 위한 것이었다. 이 프로젝트의 연구 성과에 기초하여 현재 중국 역사 교과서에서는 공식적으로 하 왕조를 실존 왕조로 기술한다. 이렇게 하여 중국인들이 자랑스럽게 내세우는 중화 문명 5000년 의 역사는 신화나 전설이 아닌 실제 역사로 채워지기 시작했다. 최근 에는 5000년을 채우는 데 필요한 남은 1000년을 메우기 위해 새로운 프로젝트인 중화문명탐원공정(中華文明探源工程)에 돌입했다.

하지만 중국을 제외한 전 세계 고고학자와 역사학자는 하나라 의 실존에 대해 여전히 유보적 태도를 보인다. 아직 하나라의 존재를 공식으로 인정할 만한 유적이 발굴되지 않았기 때문이다. 여기에 대 해 중국의 하상주단대공정 책임자들은 하남성 언사현(偃師縣)의 이 리두(二里頭) 유적을 하나라의 공식 유적으로 선언했다.

이리두 유적에서는 기원전 17세기 황하 중류의 용산 문화 말기 의 다양한 청동기가 발굴되었다. 아직 초보적인 주조 기술로 제조된 것들이지만 그 종류가 다양하다. 이리두의 청동기는 중국 최초의 청 동기 유적이라고 할 수 있다. 하지만 기술적·미적 수준으로 볼 때, 청 동기에서 동의 분리가 불완전하여 조잡하다고 평가된다. 한편 이리두 와 같이 하남성에 속한 정주시 이리강 유적에서는 이보다 품질이 한 층 개량된 청동기들이 발견되었다. 이런 청동기 기술은 갑골문이 발 견된 소둔 지역의 청동기로 바로 이어진다.

이런 발굴 성과를 기초로 중국의 청동기 기술 발전 순서는 이 리두, 이리강, 소둔기로 구분된다. 소둔기는 갑골문이 사용되었던 상 나라 후기의 것이며, 그보다 앞선 이리강 유적은 상나라 초기의 유적 으로 판명되었다. 이 순서에 입각해, 중국 학계에서는 이리강보다 앞 선 이리두 유적이야말로 하나라 유적이라고 주장한다. 하지만 세계 고고학계에서는 이리두 역시 상나라 초기 유적으로 간주하면서 이곳 이 하의 유적이라는 주장을 일축한다.

하나라의 존재를 판명하는 데 관건이 되는 이리두 지역은 산서성(山西省) 남부와 하남성 중부의 황하 남북 양안에 걸쳐 있다. 이 지역은 옛날부터 대홍수를 다스려 치수에 성공한 우임금과 그가 개국한 하 왕조의 14대 왕들에 대한 설화가 전해지던 곳이다. 현대 중국 연구자들은 이 역시 이리두 지역에 하 왕조가 실존했던 증거라고 주장한다. 하지만 이런 간접적 증거 이외에 결정적 유물이나 문자 기록이 발견되지 않아서 하 왕조의 실존 여부에 대해서는 여전히 논쟁이 진행중이다.

현대 중국에서는 역사 프로젝트를 동원하여 하의 존재를 과학적으로 증명하려고 애쓰고 있지만, 중국인들의 마음속에서 하나라는 이미 오래전부터 의심할 여지없이 존재하는 나라였다. 2000년 전 사마천은 광범위한 자료와 구전을 토대로 중국 역사의 기원을 하나라부터 서술했다.

우리에게 夏 자는 계절 가운데 여름을 뜻하는 것으로 익숙하지만, 고대 중국에서 夏는 중원 지역의 국가 혹은 그곳에 사는 사람을 지칭하는 글자로 사용되었다. 옛날 문헌에 나오는 구하(九夏), 제하(諸夏), 방하(方夏) 등은 모두 고대 중국의 영토를 나타내는 말이었다. 『설문해자』에서도 夏는 중국에 사는 사람을 의미한다고 설명한다.

지금도 중국인들은 스스로를 화하(華夏) 민족이라고 부른다. 이런 단일 기원론을 체계적으로 완성시킨 사람이 바로 사마천이다. 중국은 물론 주변 민족들은 모두 황제라는 하나의 뿌리에서 기원한 하족이라는 씨족 공동체의 구성원이라는 내용이다. 이를 사마천의 대일통(大一統) 사상이라고 부르기도 한다.

대일통 사상에 의하면 사마천이 살던 시절 한나라의 가장 큰 적수였던 북방 유목민 흉노족도 하족의 후손에 포함된다. 『사기』「흉노열전(匈奴列傳)」은 하나라 마지막 왕 걸(桀)의 서자 순유(淳維)가

금문 화(龢)

북방으로 이주하여 건립한 집단이 흉노라고 기록하고 있다. 중국 영토 안의 모든 사람을 단일한 화하 민족으로 동일시하는 이런 전통은 사마천에 의해 체계적으로 완성되었고 지금까지도 이어진다.

과거에는 하나의 뿌리에서 자라는 모습을 강조했던 단일 기원론이 이제는 하나의 중심을 두고 겹쳐진 여러 개의 동심원의 모습으로 변화한다. 이러한 생각은 중국 내 모든 소수민족을 포괄하는 거대한 중화 문명을 조화로울 화(和) 자로 나타내는 방식으로 표현된다.

和 자는 원래 여러 가닥의 대나무관이 줄로 묶인 관악기의 모습을 상형한 화(龢) 자가 간략해진 것이다. 관악기의 여러 개 관과 구멍으로 소리를 조율한다는 의미에서 서로 다른 구성 요소들이 조화(調和)롭게 공존한다는 의미가 생겨났다.

21세기 시작과 함께 현대 중국 사회가 내세웠던 화해(和諧)라는 슬로건은 다양한 모순이 공존하며 어울리는 조화로운 사회를 건설하자는 뜻이다. 중국 고속철도의 이름으로 사용되고 길거리 선전 문구에서 흔히 볼 수 있는 이 단어는 지금도 중국의 정치적 슬로건으로 중요하게 쓰인다. 和는 夏의 현대적 버전이라고 할 수 있다. 중국이라는 국가는 여전히 夏라는 거대한 씨족 공동체라는 연대의식 위에 존재하는 것이다.

오래전부터 중원의 제 민족을 상징해오던 夏 자의 문자적 기원을 살펴보면 다소 의외의 모습과 만나게 된다. 갑골문 夏 자는 뜨거운 태양 아래에서 비가 오기를 기원하며 기우제를 지내는 무당의 모습이다. 위대한 하 민족을 나타내는 글자의 기원으로 삼기에는 무언가 부족해 보인다.

금문에 오면 夏 자의 형태는 남과 북 두 가지 계통으로 분화된다. 북방의 글자는 갑골문의 자형을 계승하지만 남방의 글자는 이와 다른 다소 복잡한 형태로 변화한다.

북방 계통의 夏 자는 손과 다리에 화려한 장식을 하고 춤추는 사람의 모습이 좀 더 구체적으로 표현된다. 무(舞) 자와 마찬가지로 춤추는 사람을 나타낸 것이다. 음악에 맞추어 춤을 추는 모습을 표현한 夏 자는 구하(九夏)나 소하(韶夏)처럼 중국 고대의 악장(樂章) 이름에 자주 사용되었다.

한편 남방 계통의 夏 자는 이전의 갑골문 형태와 많이 달라진다. 어떤 사람은 남방의 夏 자가 여름철에 기승을 부리는 벌레의 모습을 나타낸 것이라고 한다. 남방에서는 중원을 상징하던 夏 자의 권위가 사라지고 대신 여름이라는 계절을 가리키는 글자로만 사용되었던 것이다. 심지어는 夏 사를 토템 신앙과 관련지어 원숭이라고 보는 견

갑골문 하(夏)

북방 계통 금문 하(夏)

남방 계통 금문 하(夏)

해도 있다.

중국 북서 지역은 하 왕조가 일어난 곳으로 알려져 이후에도 이 지방에 나라가 세워지면 夏 자를 사용하는 경우가 많았다. 夏는 공간적 의미에서의 중원을 나타냈기 때문이다. 그래서 夏는 중원의 정통을 나타내는 아(雅)의 개념으로 발전했다고 보기도 한다.

춘추 전국 시대에는 중원을 雅라고 했다. 雅는 문화적 정통이나 표준을 나타내는 단어였다. 지금도 우아(優雅)하다, 단아(端雅)하다와 같이 雅 자는 주로 고상하고 세련된 문화를 표현하는 데 쓰인다.

> 월나라 사람은 월나라에 있을 때 마음이 편안하고, 초나라 사람은 초나라에 있을 때 마음이 편안하지만, 군자는 중원에 있을 때 마음이 편안하다(越人安越, 楚人安楚, 君子安雅). ─『순자(荀子)』「영욕(榮辱)」

雅는 그 자체로 중원을 나타내었다. 그래서 중원의 표준음은 아음(雅音)이라고 했다. 고대 중국의 표준어와 방언의 차이는 현재보다 심했다. 현대 중국에서도 개별 방언의 차이로 서로 의사소통이 불가능한 경우가 적지 않은데 고대에는 그 차이가 더 컸을 것이다. 현대 중국은 보통화(普通話)라는 표준어를 지정하여 서로 다른 방언을 사용하는 지역의 사람들이 의사소통할 수 있게 했다.

고대 중국에서는 주로 수도가 있는 지역의 방언을 표준어로 정하고 관리들에게 이것을 익히게 했다. 이 표준어를 아음 혹은 아언(雅言)이라고 했다. 『논어(論語)』에 의하면 공자(孔子)는 평소에 고향인 노나라 방언으로 말했지만 경서를 읽거나 예를 행할 때는 아언을 사용했다고 한다. 공자도 공적인 자리에서는 표준어를 사용했던 것이다.

雅가 이런 공간적인 중심을 나타내게 된 것은 夏와 비슷한 발음으로, 글자가 서로 통용되었기 때문이다. 현대 중국에서 夏가 和로 대체되었다면, 고대 중국에서는 중원을 상징하는 夏가 유사한 발음의 雅로 대체되었다고 볼 수 있다.

역사서에 기록된 하나라 이야기

중원 문명의 기원으로 하상주를 "삼대(三代)"라고 표현한 기록은 『예기(禮記)』는 물론 『논어』와 『맹자(孟子)』를 비롯한 전국 시대의 각종 문헌에서 찾아볼 수 있으며 보다 구체적인 대상과 계보는 사마천의 『사기』에서 완성된다.

　『사기』「하본기(夏本紀)」에 따르면 하나라를 세운 사람은 황제의 후손인 우왕이다. 천하에 큰 홍수가 났는데 요임금이 주위의 추천을 받아 곤(鯀)에게 치수를 맡겼다. 곤이 9년 동안 물을 다스렸지만 성과가 없었다. 요임금은 실망하여 새로운 사람을 물색하다가 순에게 치수를 맡겼다. 공자가 이상적인 사회로 꿈꾸었던 고대 태평성대의 주인공이 바로 요임금과 순임금이다.

　순은 우선 치수의 성과를 내지 못한 곤을 죽였다. 세상 사람들이 곤을 죽인 일은 잘한 처사라고 평가했다. 순은 다시 곤의 아들 우에게 치수를 맡겼다. 우는 의지가 강하고 부지런한 사람이었다. 우는 곧바로 사람들을 동원해 공사를 시작했다. 우는 자신의 아버지 곤이 공을 이루지 못한 것을 늘 부끄러워하며 13년 동안 밖에서 지냈는데 아홉 차례나 집 앞을 지나면서도 한 번도 들어가지 않았다. 누추한 곳에 살면서 절약한 비용을 도랑을 파는 데 사용했다. 왼손에는 측량기와 먹줄을 들고 오른손에는 그림쇠와 직각자를 들고 다녔다. 사계절을 측량하고 구주(九州)를 개척하고, 구도(九道)를 뚫었으며, 구택

금문 우(禹) ①

금문 우(禹) ②

(九澤)을 조성하고, 구산(九山)에 길을 냈다. 백성들에게 볍씨를 주어 낮고 습한 땅에 심도록 명했다. 이렇게 물을 통제하여 백성들은 그때부터 평지에 내려와 살게 되었다. 구주는 하나가 되고 사방 모두가 살 수 있는 땅이 되었다. 순은 하늘에 우를 천거하여 후계로 삼았고, 순이 세상을 뜨자 우가 천자의 자리에 올라 천하를 다스렸으니 이때부터 나라 이름을 하라고 했다.

상나라 말기에 만들어진 금문 禹 ① 자는 뱀의 모습이다. 주나라 시절에 만들어진 금문 禹 ② 자는 삼지창 같은 도구로 뱀을 눌러서 잡고 있는 모습이다. 고대에 습지나 강가에서 뱀을 잡을 때는 이런 도구를 사용했다. 뱀의 모습에서는 하나라 영웅이자 치수의 달인이었던 우의 전설적인 권위와 위엄을 찾아볼 수 없다. 그래서 사람들은 이 글자에서 창으로 누르는 것이 평범한 뱀이 아니라 머리에 뿔이 하나인 규(虬)라는 용이라고 믿기 시작했다. 규는 신비한 연못에 사는 신령스러운 뱀으로 구름과 비를 만들 수 있었다고 한다. 이렇게 대단한 용을 잡은 사람이야말로 용기와 담력을 가진 우임금의 이미지와 부합했다.

하지만 중국 고대사를 실증주의적 관점에서 비판했던 의고파(疑古派) 고힐강(顧頡剛)의 주장에 의하면 우리가 아는 우에 대한 전설은 전국 시대에 와서야 비로소 체계적으로 구성된 것이다. 제자백가(諸子百家) 가운데 묵가(墨家)의 무리가 자신들의 사상의 시조로 우왕을 내세웠고 맹자도 우왕의 이야기를 자세히 전하고 있다. 그렇다면 머리에 뿔 달린 용에 대한 이야기는 어쩌면 만들어진 지 1000년이 지난 오래된 글자에 상상을 덧붙인 것인지도 모르겠다.

하나라의 마지막 왕은 걸이다. 걸이 다스릴 당시 제후들이 그를 배반하기 시작했는데도 걸은 덕치에 힘쓰지 않고 무력으로 백성을 억압하였다. 이때 탕(湯)이 덕이 있어 제후들이 모두 그에게 모여들었다. 탕이 군대를 일으켜 걸을 죽이고 천자에 올라 하 왕조를 대신하여 상 왕조를 세웠다. 탕은 하의 후손들을 제후에 봉했고 주 왕조에서는 이들을 기에 봉했다. 하나라 마지막 순간의 이야기는 주인공만 바꾸면 상나라 마지막 왕의 운명과 너무나 유사하다. 사마천은 하와 상 왕조의 시작은 물론 끝을 거의 닮은꼴로 묘사하고 있다.

하나라에 대해 자세히 기록한 역사서로 전국 시대에 편찬되었다고 알려진 『죽서기년(竹書紀年)』이 있다. 한나라 제국의 관점에서 서술된 『사기』와는 다른 전국 시대 특유의 역사관을 반영한 이 책에는 하나라에 대한 다양한 내용이 기록되어 있다. 하지만 이 책을 위서로 간주하는 학자들이 적지 않은 데서 알 수 있듯이 객관적인 사료로 인정받기에는 부족한 점이 없지 않다.

갑골문은 상당히 발전된 형태의 문자로서 상나라 때 처음 발생했다고 볼 수는 없다. 분명히 그 이전 문명의 토대에서 발전했다. 그리고 하남성 이리두 유적은 탄소 연대 측정으로는 기원전 1700년 이전의 것으로 확인되었다. 그것을 하 문명이라고 단정할 수는 없지만 분명히 상 이전에 문명이 존재했던 것은 사실이다. 단지 문자 기록이 남지 않았기 때문에 확정할 수 없는 것이다. 상나라의 존재가 확정된 지는 사실 100년이 조금 넘는다. 하 왕조의 존재도 언젠가 밝혀질지 모른다. 다만 어떤 형태로든 문자 기록이 있어야 한다.

구체적 유물이 없어 그 실존이 의심받는 하나라와는 달리 비슷한 시기 또 다른 문명의 유적과 유물은 세속해서 빌굴되고 있다.

중국 서북 신강(新疆) 위구르(Uighur) 타림분지의 사막지대 한가운데에서 지금으로부터 3500년에서 4000년 전에 존재했던 문명의 흔적이 발견되었다. 로프노르(Lopnor) 지역으로 알려진 이곳에서는 오래전부터 모래언덕 위에 있는 신비한 유적이나 마른 시신에 대한 소문이 전해졌다. 고대 문명 유적에 대한 호기심으로 유럽의 탐험가와 도굴꾼의 발걸음이 이어졌으나 접근하기 쉽지 않았다. 매년 3월에서 9월까지는 모래 폭풍이 불어 사람이 접근하기 불가능한 지역이라 20세기 동안 겨우 몇 번의 발굴만 시도되었다.

1980년 본격적인 발굴이 시작되면서 사막 한가운데 주위보다 높고 평탄한 곳에 백양나무 기둥 수십 개가 솟은 이곳이 고대 문명의 묘지군이라는 사실이 밝혀졌다. 반경 3-4킬로미터 안에 아무런 문명의 흔적도 없는 고립된 묘지에서 4000년 전에 매장된 '누란(樓蘭)의 미녀'라는 미라가 발견되어 세계를 놀라게 했다.

2005년에 3차 발굴이 마무리되면서 이곳에서는 모두 360여 기의 고분이 확인되었다. 이 지역은 기후가 몹시 건조하고 비도 거의 내리지 않아 웬만한 부장품들은 부패되지 않았고 시신들 역시 머리털 색깔이 고스란히 남았을 정도로 잘 보존되어 있었다. 보존 상태가 가장 완벽해서 누란의 미녀로 명명된 미라는 현대 중국인과 외모나 체형이 너무나 다르고 머리카락 역시 금발로 확인되어 발굴에 참여한 중국인 고고학자들이 매우 당혹했다고 한다. DNA 검사 결과 매장된 미라는 약 4000년 전에 살았던 코카서스 인종의 특징을 가진 사람들로 밝혀졌다.

하지만 문자 관련 유물이 발견되지 않아서 그들이 어떤 언어를 사용했는지 파악할 수는 없다. 고고학계에서는 이곳을 인도·유럽 문화가 전해진 동쪽 한계선으로 보고 있으며 어느 정도는 이웃 중원 지역에도 영향을 주었을 것으로 추측한다. 중국 영토에서 가장 오래된 청동기 그릇도 이 부근에서 발굴되었으며 바퀴가 달린 수레 역시 근방 타림분지에서 발견되었다. 이는 중국 문명이 고립된 상태에서 자생적으로 발전한 것이 아니라 서쪽 지역에서부터 이동해온 사람들과의 접촉을 통해 발전했음을 보여준다.[10]

로프노르는 몽고어로 '많은 물이 모여 있는 호수'라는 뜻이다. 지금은 말라버렸지만 이 지역은 과거 호수가 깊어 수초와 갈대가 풍성하고 동물도 많았을 것으로 추정된다. 이곳에서 발견된 미라들은 모두 몇 겹의 소가죽으로 둘러싸인 상태로 매장되었다. 과거에는 물과 풀이 풍부하여 소를 키울 수 있을 정도로 지금의 사막과는 다른 기후 환경이었던 것이다.

이후 많은 인구가 유입되면서 백양나무 등 자연을 무분별하게 개발하여 생태 환경이 악화되었다. 여기에 전 지구적인 기후 환경 변화로 급격하게 건조해지면서 더 이상 문명이 유지되지 못했다.

로프노르 일대의 타림분지는 건조한 지역이라는 기후 환경 요소와 더불어 표층에 다른 문명이 추가되지 않았다는 조선 덕분에 오래전 문명의 유물이 원래 상태 그대로 보존될 수 있었다. 이에 반해 중원 지역은 4000년 전부터 지금까지 한 장소에서 계속해서 새로운 왕조가 교체되면서 사람들이 살아왔기 때문에 고대의 유물이 보존되기 어려웠다. 실령 하나라가 실존했다고 하더라도 유적이 남기는 쉽지 않았던 것이다.

한편 이집트는 물론 메소포타미아 문명의 유적은 사막이라는 메마른 환경에서 보존되었고 또 고대 문명의 쇠퇴 이후 같은 장소에 새로운 문명이 이어지지 않았기 때문에 비교적 온전한 상태로 출토될 수 있었다. 로프노르 누란의 미녀 역시 이와 비슷한 환경과 조건이 지속된 덕분에 우리 앞에 갑자기 나타날 수 있었다.

한자 창제 전설에 숨은 문자 탄생의 비밀

전설에 의하면 한자를 처음 발명한 사람은 황제(黃帝)의 사관(史官) 창힐이다. 우리 상식으로는 한 사람이 방대한 양의 한자를 창조했다는 말을 믿기는 쉽지 않지만 고대 중국인은 전국 시대 때부터 이미 그렇게 생각했다. 전국 시대 말기 『한비자(韓非子)』와 『여씨춘추(呂氏春秋)』 등에 창힐이 최초로 문자를 만들었다는 기록이 나온다. 진(秦)나라 때 재상 이사(李斯)가 만든 최초의 한자 교과서는 "창힐이 문자를 만들었다(蒼頡作書)"라는 문구로 시작해서 책의 이름을 『창힐편(蒼頡篇)』이라고 불렀다.

　　『설문해자』는 창힐이 새나 짐승의 발자국을 보고 영감을 얻어 문자를 발명했다고 기록하고 있다.

　　옛날에 복희씨(伏羲氏)가 천하의 왕이었을 때, 위로는 하늘에서 형태를 　　살피고, 아래로는 땅에서 표본을 찾았다. 조수(鳥獸)의 형상과 땅의 모

습을 관찰하며, 가까이는 자기 주위에서 취하였고, 멀리는 사물의 모습
에서 취하였다. 이에 비로소 역(易)의 팔괘(八卦)를 완성하였으니, 이것
으로 주요 형상을 나타낼 수 있었다. 신농씨(神農氏)에 이르러서는 새끼
에 매듭을 지어 나라를 다스리고 만사를 총괄하였으니, 이때부터 잡다
한 일이 더욱 번거로워지고 꾸밈과 겉치레가 생겨나기 시작했다. 황제
의 사관인 창힐이 조수의 발자국의 자취를 보면서 그 원리를 따져보니
서로 다르다는 것을 알게 되었고 이로써 처음으로 서계(書契)를 지었다.
이로써 모든 신하와 백성을 잘 다스리고 만물을 살펴볼 수 있게 되었다.
— 『설문해자』 「서」

창힐은 『설문해자』에서 처음으로 황제의 사관이라는 직함을
가진다. 중국 고대사를 황제에서 기원한 단일한 계통으로 설명한 대
일통 역사관은 전한 시기 사마천의 『사기』에서 확립된다. 여기에 맞
추어 한자를 창조한 창힐 역시 황제의 신하가 된 것이다. 제국의 관료
제도가 정착되면서 창힐은 영웅적인 개인보다는 신하로서 관리가 되
는 것이 적절해 보였을지도 모른다.

　사관이란 물론 한나라 시대의 사관이라는 직함을 전제로 한다.
하지만 갑골문에서 史 자는 역사를 기록하는 관리를 나타낸 것이 아
니었다. 史 자는 상나라 갑골문에서부터 보이는 오래된 글자이지만
그 당시에는 왕실 내부에서 행해지는 특정한 제사를 가리키는 글자였
다. 처음 한자를 만들었다는 창힐에게 사관이라는 직함을 내린 것은,
사마천이 살았던 한나라를 기준으로 이야기를 윤색한 것이다.

　갑골문 史 자는 관리를 나타내는 리(吏), 일을 뜻하는 사(事)
자와 동일한 구성 요소를 가진 글자이다. 각각의 갑골문 모두 손에 무
엇인가를 쥐고 있는 모습이다. 그것이 무엇인지에 대해서는 의견이

갑골문 사(史)　　　　　갑골문 리(吏)　　　　　갑골문 사(事)

다양하다. 혹자는 事 자에서 Y 자형 막대기가 사냥용 작살이라고 주장한다. 고대에는 사냥이 본업이었기에 손으로 사냥 도구를 잡고 있는 모습이 일반적인 일(事)을 나타냈다고 보는 것이다. 혹자는 史 자에서 손에 잡은 것은 가운데 중(中) 자로서, 역사를 서술할 때는 중립적인 관점을 취해야 한다는 것을 나타낸다고 주장한다. 하지만 이런 해석으로는 이 세 글자의 의미가 파생되는 연관성을 설명하지 못한다.

　　손에 쥔 것은 제사를 지낼 때 사용하는 축문용 그릇이었다는 주장이 가장 설득력 있어 보인다. 상나라 때 史 자는 원래 한정된 왕실 가족들만 모여 지내는 비공개 제사를 나타내는 글자였다. 그래서 갑골문 史 자는 축문이 들어 있는 그릇을 손으로 쥔 모습을 표현한 것이다. 吏 자는 이 제사를 주관하는 관리를 나타낸 것이고, 事 자는 왕실에서 행하던 제사가 나중에 일상적인 일이라는 의미로 확대된 것이다. 史가 역사 기록관이라는 관리를 의미하게 된 것은 훨씬 후대의 일이다. 아주 옛날에 한자를 창제했다는 창힐이 사관이었다는 이야기는 애초 시작부터 전제가 잘못되었던 것이다.

　　이와 관계없이 창힐이라는 영웅 혼자서 한자를 만들었다는 전설은 새로운 내용들이 추가되면서 부풀려진다. 위대한 문자를 만든 사람이 황제의 신하에 불과했다는 이야기를 믿을 수 없는 사람들은 그를 왕으로 추대하기도 했으며, 심지어 도교에서는 문자를 만든 신으로 추앙하기도 했다.

그의 외모 역시 평범한 사람들과 달라야 했다. 창힐의 눈이 4개였다는 기록은 후한 왕충(王充)의 『논형(論衡)』 「골상(骨相)」 편에 처음 나온다. 비슷한 시기에 만들어진 후한의 화상석(畵像石)에도 눈이 4개인 창힐의 기이한 모습이 묘사되어 있다. 문자를 만들기 위해 천상의 별자리에서부터 땅 위 조수의 발자국에 이르기까지 세상 모든 사물을 관찰하고 그 특성을 추출하려면 눈이 넷이라도 부족할 것이다. 어떤 기록에는 창힐의 4개의 눈에서 신비로운 빛이 나온다는 이야기도 있을 정도이니, 미개한 사회를 청산하고 문명의 기초를 열어준 문자의 신을 추앙하는 정도를 가늠해볼 수 있다.

고대인들은 창힐이 실존 인물이라 믿으며 사당과 탑을 만들고 그곳에서 제사를 지내기도 했다. 지금도 하남성 남악현(南樂縣) 서북쪽 오촌(吳村)에는 2000년 전 한나라 때 만들어졌다고 전해지는 창힐묘와 사당이 남아 있어 문자를 처음으로 만든 조자성인(造字聖人)을 기념한다. 1976년 대만에서 개발된 한자 자판 입력법의 이름도 창힐 입력법이다.

창힐의 단독 창제설을 그대로 믿는 사람은 없을 것이다. 한 사람이 그 많은 문자를 모두 발명할 수는 없지 않겠는가. 『순자』의 기록은 이런 전설과 실제 사실 사이에서 가장 그럴듯한 주장을 한다. 한자를 만든 사람은 많았지만 후세에 전해진 이는 창힐이 유일한데, 그 이유는 그만이 그 일에 꾸준히 몰두했기 때문이라고 한 것이다. 노신(魯迅)도 창힐은 특정한 한 사람을 가리키는 것이 아니라 문자를 만든 수많은 사람을 대표하는 이름이라고 이야기한다.

옛날에 창힐은 한두 명은 아니었을 것이다. 어떤 사람은 칼자루에 부호

를 새기고, 어떤 사람은 창틀에 그림을 그렸는데, 글자가 나타내는 것에 대해 서로 이심전심으로 통하게 되었고, 이것이 입에서 입으로 전해졌을 것이다. 이렇게 만들어진 문자가 점점 많아지자 사관이 이를 수집하여 정리했고, 이것으로 세상의 여러 가지 일들을 기록했을 것이다. 중국의 문자가 생겨난 것은 아마도 이런 과정이 누적된 결과일 것이다.

—「문외문담(門外文談)」

『설문해자』 서문에는 창힐의 문자 창제설이 진화론적 관점에서 체계적으로 정리되어 있다. 옛날에 복희씨가 처음으로 주역의 팔괘를 만들었고, 신농씨가 결승(結繩)을 만들어 사물을 표시했다. 그러나 사물의 종류가 많아지고 정보의 양이 늘어나면서 이것으로는 과장과 사기가 발생하는 상황을 막을 수가 없었다. 이때 황제의 사관이었던 창힐이 새와 짐승의 발자국 모양이 서로 다르다는 사실에서 영감을 얻어 문자를 발명했으니, 이를 통해 과거의 혼란을 극복할 수 있었다.

현재 우리가 사용하는 한자에서도 새와 짐승의 발자국을 보고 문자를 발명했다는 전설의 흔적을 찾을 수 있다. 횟수를 나타낼 때 사용하는 번(番) 자는 원래 짐승의 발을 의미하는 글자였다.『설문해자』에서는 番 자 윗부분의 변(釆) 자는 짐승의 발톱을 나타내고 아랫부분

갑골문 변(釆)

금문 번(番)

의 田의 형태는 짐승의 발자국이 땅에 찍힌 모양이라고 설명한다. 釆 자는 분별할 변(辨) 자의 원형이다. 한자를 처음 만들 때 새와 짐승의 발사국을 보고 형태를 만들었고 이로 인해 인간이 시물을 변별할 수 있게 되었기 때문이다. 釆 자는 '자세히 관찰하다', '분석하다'라는 의미 요소가 되어 심[(審) 자세히 살피다], 석[(釋) 분석하다], 실[(悉) 자세히 알다] 자에 사용되었다.

인간의 지적 활동의 기본인 사물을 관찰하고 변별하는 능력을 표현하는 글자에 새와 짐승의 발자국을 관찰하던 고대 인류의 흔적이 남아 있는 것이다. 고대 인류에게 조수의 발자국을 구별하는 것은 생존에 필수적인 활동이기도 했다. 발자국을 통해 사냥감의 위치를 파악하거나 맹수의 접근을 사전에 알아챘기 때문이다.

원시 한자의 형태가 대부분 단순한 직선으로만 구성되었던 이유가 새와 짐승의 발자국을 보고 만들었기 때문만은 아닐 것이다. 인류의 거의 모든 문자의 초기 형태는 대체로 직선이다. 단순한 우연일까? 풀리지 않는 이 의문은 최근 뇌 과학자들이 문자의 작동 원리를 파악하는 과정에서 해결의 실마리를 찾을 수 있었다.

뇌 과학으로 보는 문자 창조의 원리

인간의 진화 과정에서 문자가 만들어지고 사용된 시기는 그렇게 오래되지 않았다. 길게 잡아도 약 30만 년 전에 등장한 현생인류가 언어를 사용하게 된 때는 호모사피엔스가 등장한 10만 년 전으로 추정된다. 호모사피엔스가 자신들보다 우월한 신체 조건을 가졌던 네안데르탈인을 이기고 생존할 수 있었던 이유는 언어를 사용하면서 협업의 체계를 갖추었기 때문이라고 알려졌다. 협력 기반 사회는 공유하는 가치와 원칙이 있어야 가능하다. 또한 서로의 복잡하고 정교한 생각을 교환할 수 있어야 한다. 언어가 이런 역할을 해주었다.

사회적 협업 네트워크를 발전시킨 호모사피엔스는 4만 년 전 인지 혁명을 이루게 되면서 본격적으로 문명사회를 건설하기 시작한다. 그러나 이들이 문자를 사용하기 시작한 때는 지금부터 약 5000년 전에 불과하다. 인류의 진화에서 문자를 사용한 기간은 전체의 1퍼센트 남짓인 것이다. 이 정도 시간은 인간의 진화적 관점에서 보면 순간에 불과하다고 해도 과언이 아니다. 그러나 인간은 문자를 사용하기 시작하면서 본격적으로 인지능력을 확대시킬 수 있었다.

문자를 사용했던 5000년이라는 시간은 인간 진화의 전체 과정에서 볼 때 너무나 찰나이기 때문에, 뇌에 문자를 읽기에 적합한 구조가 만들어질 여유가 없었다. 인간의 뇌는 오랜 기간 동안 수렵 채집자로서 생존에 적합한 구조로 진화되었다. 그래서 『글 읽는 뇌』의 저자 스타니슬라스 드앤(Stanislas Dehaene)은 인간의 뇌와 문자의 관계를 간명한 한 문장으로 설명한다. 우리는 아프리카 초원에서 생존하도록 설계된 뇌를 이용하여 셰익스피어를 즐기고 있는 것이라고.[11]

문자를 사용하도록 뇌 조직을 재편성할 수 있었던 것은 인간의 뇌가 기존 구조 안에서 새로운 연결을 확장해가는 유연성을 갖추었기 때문이다. 새로운 것을 배울 때마다 뇌의 신경세포들이 새로운 연결과 경로를 만들어내는 뇌의 가소성(可塑性, plasticity) 덕분에 한정된 뇌의 자원을 효과적으로 사용할 수 있다.

인간은 문자를 읽을 때 우리 조상이 약탈자와 먹이를 구별할 수 있도록 특화시켰던 시각적 인지 영역 가운데 특정한 회로를 재활용한다. 우리의 뇌에서 시각을 인지하는 부위는 각 영역별로 특화되어 있다. 건물이나 풍경과 관련된 시각 정보는 뇌의 중앙부에서, 사람의 얼굴에 관련된 정보는 그보다 바깥 영역에서, 물체나 도구에 관한 정보는 더 바깥 영역의 뇌 피질에서 처리된다. 서로 다른 대상을 보여주면서 뇌를 촬영해보면 활성화되는 영역이 다름을 알 수 있다. 뇌의 피질 영역 각각이 선호하는 시각 정보가 다르기 때문이다.

추상화된 문자 기호를 읽고 인식할 때 활성화되는 이 영역을 스타니슬라스 드앤은 문자 상자(letter box)라고 부른다. 문자를 인식하는 문자 상자는 얼굴과 물체를 인지하는 영역 사이에 있다. 문자의 차이에 상관없이 모든 인간은 뇌의 같은 위치에 문자 상자가 있다.

최근에는 이 문자 상자 이론을 적용하여 손발을 쓸 수 없는 사람이 머릿속으로 상상한 내용만으로 문자를 쓰는 실험에 성공하기도 했다. 연구팀은 목 아래가 마비되어 움직일 수 없는 환자의 대뇌 피질의 문자 상자 부위의 특정 지점에 전극을 설치했다. 그리고 환자에게 머릿속으로 문자를 쓰는 모습을 상상하게 했더니 실제로 컴퓨터 화면에 의도한 문자가 출력되었다. 뇌의 문자 상자에 이식된 전극에서 감지되는 신호를 알고리즘으로 변환하여 문자별 활동 패턴을 디코딩해 출력한 것이다. 뇌의 특정 영역이 특정한 문자 신호를 처리한다는 원리를 활용한 것이다.

우리가 문자의 서체나 크기의 차이를 무시하고 모두 같은 것으로 인식하는 것도 이 문자 상자 덕분이다. 우리는 단어의 모양에 관계없이, 인쇄된 것이든 손으로 쓴 것이든, 대문자든 소문자든, 크든 작든 상관없이 모두 같은 문자로 인식한다. 글자의 기울기가 다르고, 밑줄이 그어져 있고, 진한 글씨체로 쓰이고, 심지어는 손 글씨의 독특한 변이 형태에도 불구하고 같은 문자로 인식하는 것은 문자 상자 때문이다. 이런 문자들이 일반 시각 영역에서 인식된다면 우리는 GET과 get을 전혀 다른 것이라고 생각하게 된다.

그런데 문자 상자는 특이하게도 T, F, Y, O, △ 같은 몇 개의 기호들을 인식할 때 활성화된다. 이 기호들은 자연계에서는 그 모습을 찾기 어렵다. 나뭇가지를 아무렇게나 던졌을 때 이런 모양으로 떨어지는 경우는 거의 없다. 그리고 이 기호들은 사물의 접지 기호로서 물체의 위치와 윤곽을 결정하는 중요한 단서를 제공한다.

뇌의 문자 상자 영역은 원래 문자를 처리하는 곳이 아니라 사물의 윤곽선을 구성하는 T, F, Y, O, △ 같은 몇 개의 기호들을 인지하는 데 특화된 곳이었다. 이런 윤곽선들을 인식하는 곳을 문자 상자로 전용하기 시작하면서 인간은 추상적인 기호로 구성된 문자를 사용할 수 있게 된 것이다.

인류가 발명해낸 초기의 문자들이 대부분 이런 직선의 윤곽선으로 구성되었던 까닭은 바로 처음 문자를 발명한 사람들이 본능적으로 문자 상자에 적합한 기호들만을 사용했기 때문이다. 그렇다면 인간이 문자 모양을 발명한 것이 아니라 문자 상자에 적합한 것을 선택한 것에 불과하다고 볼 수도 있다. 그 모양들은 뇌에 수백만 년 동안 잠재해 있었으며, 현생인류가 재발견해낸 것일 뿐이다. 수메르 문명의 설형문자(楔形文字)는 물론 고대 한자의 초기 형태는 대부분 이런 직선의 윤곽선들의 조합으로 이루어져 있다. 곡선으로 이루어진 다양한 필획을 갖춘 아랍문자와 같은 문자가 생겨난 것은 한참 후의 일이다.

헨리 로저스(Henry Rogers)는 문자가 무(無)의 상태에서 발명된 경우는 많지 않다고 주장한다. 아무것도 참고하지 않고 처음으로 문자를 만들어낸 것은 5000여 년 전 메소포타미아에서 수메르인이 발명한 설형문자와 그 후로 약 1500년 뒤 고대 중국인이 발명한 한자, 그리고 다시 그 후로 1500여 년 뒤 중앙아메리카의 마야인이 발명한 것이 전부이다. 설형문자는 이집트의 문자 체계를 만드는 데 영감을 주었고, 이집트문자는 다시 셈문자로, 셈문자는 그리스문자에 차용되었고, 이탈리아의 에트루리아인에 의해 차용된 다음 최종적으로 로마에 전래되어 라틴어를 표기하는 알파벳이 되었다. 알파벳은 다시 널리 퍼져 전 세계의 수백 가지 언어를 표기하는 데 응용되었다. 그리하여 헨리 로저스는 현재 사용되는 거의 모든 문자는 궁극적으로 한자 또는 셈문자에서 유래한 것이라고 봐도 무방하다고 주장한다.[12]

그의 주장대로라면, 인간이 사용하는 모든 문자의 계통을 거슬러 올라가면 설형문자와 고대 한자를 만나게 된다. 한글을 비롯하여 나중에 생겨난 많은 문자의 사용자들이 선뜻 동의하기 어려운 지나친 단순화라고 할 수도 있다. 그런데 이 두 가지 원형의 문자는 모두 뇌의 문자 상자가 선호하는 단순한 직선의 윤곽선으로 구성되었다는 공통점을 가진다. 인간의 뇌가 아직 문자를 받아들일 준비가 되지 않은 상태에서, 문자 상자라고 불리는 특정 시각 인지 영역에 윤곽선의 인식을 임시로 할당했기 때문이다. 원시 한자가 대부분 직선으로 구성된 이유는 조수의 발자국을 보고 만들었기 때문이 아니라 인간의 뇌에 할당된 문자 상자의 특성에 따른 결과였다.

문자를 얻고 잃은 것

문자 상자는 원래 일반적인 시각 인지를 담당하던 곳이었다. 즉 문자를 읽는 데 본래 그 용도가 아닌 신경회로를 전용한 것이다. 인간이 문자를 만들어 뇌의 문자 상자를 활성화시키면 본래 뇌의 그 영역이 담당했던 시각 인지능력은 약해질 것이다.

시각 인지 가운데 어느 부분이 약해졌는지 확인하는 방법은 문자를 배우지 않은 문맹자와 비교해보는 것이다. 아직도 지구 어디에

선가 수렵 채집 생활을 하는 오지의 문맹자들은 이 문자 상자가 활성화되지 않았다. 그들은 아무렇게나 부러진 것처럼 보이는 나뭇가지, 보통 사람의 눈에는 보이지도 않는 희미한 발자국만 보고도 어떤 크기의 동물이 언제 어디로 이동했는지 금세 알아챈다.

　자연계의 미세한 윤곽선을 포착하는 행동은 포식자의 공격에서 살아남고 먹이의 위치를 파악하기 위한 생존의 필수 조건이었을 것이다. 수백만 년 동안의 진화 과정에서 인간의 뇌는 이러한 윤곽선의 미세한 차이를 구별할 수 있는 시각 인지 영역을 발전시켜왔고 그렇지 못한 존재들은 자연선택 과정에서 도태되었다.

　그러나 문자를 배운 도시인들은 이런 자연의 신호 앞에 까막눈이 되어버린다. 한번 문자 상자를 활성화시킨 사람은 문맹자가 쉽게 구별해내는 자연계의 변화를 알아채지 못한다. 우리는 a와 A가 같은 문자임을 인식하지 못하는 문맹자를 무시하지만, 그들은 바로 눈앞에 찍힌 맹수의 발자국도 구별하지 못해 곧 죽을 운명이 닥쳐오는 것도 모르는 우리를 보면서 한심하다고 생각한다. 문자를 얻은 인간은 생존에 필요했던 섬세한 시각 분별 능력 하나를 잃어버린 것이다.[13]

　중국의 문자 창제 전설에도 인간이 문자를 습득하면서 자연 세계를 읽어내는 중요한 능력 하나를 잃어버렸다는 내용이 나온다. 창힐이 문자를 만들자 하늘은 곡식을 뿌리고 귀신은 밤새 울었다는 이야기가 바로 그것이다. 『회남자(淮南子)』에 나온 이야기인데, 이에 대한 해석은 크게 두 가지로 나뉜다.

　첫 번째 해석은 문자가 만들어짐에 따라 장차 절대자로서 권위가 떨어질 것을 염려한 하늘이 곡식을 마구 뿌려서 인간들의 배를 부르게 하여 창조적 사고를 마비시키려고 했다는 것이다. 귀신들 역시 문자를 가진 인간이 이제는 현명해져서 자신들이 설 자리가 없어질 것을 알고 슬피 울었다는 것이다.

두 번째 해석은 『회남자』의 주석에 나오는 고유(高誘)의 다음 풀이이다.

창힐이 처음으로 새의 발자국 모양을 보고 서계를 만들었다. 그러자 사기와 허위가 생겨났다. 사기와 허위가 생겨나자 세상 사람들은 근본을 버리고 말단을 뒤쫓으며, 농사를 버리고 송곳과 칼을 날카롭게 연마하는 데 힘을 쏟게 되었다. 하늘은 세상 사람들이 굶주리게 될 것을 걱정하여 곡식을 뿌려주었다. 귀신은 문서로 탄핵받을까 두려워서 밤새 울었다. ―『회남자』

흥미롭게 고유는 창힐이 문자를 만들어서 오히려 세상이 더 혼란스러워졌다고 평가한다. 앞서 『설문해자』에서는 팔괘와 결승만으로는 늘어나는 정보의 양을 감당할 수 없어 세상에 사기와 과장이 넘쳐났고, 그것을 해결하기 위해 창힐이 문자를 만들어 이를 통해 문명이 발전하게 되었다고 평가했다. 문자를 사용하며 인류 문명이 진보했다는 『설문해자』의 주장과 반대로, 고유는 문자가 생기면서 이 세상에 사기와 허위가 넘쳐났다고 탄식한 것이다.

『회남자』에 나타난 이런 부정적인 관점은 제자백가 가운데 신농학파의 세계관을 바탕으로 한 것으로 알려졌다. 그들이 생각하는 이상적인 고대 사회는 계급의 분화나 사회적 분업이 존재하지 않는 곳이었다. 통치자도 스스로 농사를 지으면서 소박한 생활을 영위하던 이런 원시 공동체는 문자가 생기면서 파괴되기 시작했다. 문자로 인해 사람들은 다른 사람들을 속이고, 세상의 본업보다는 말단을 뒤쫓게 되었으며, 그 결과 칼을 날카롭게 갈아 전쟁을 통해 타인을 착취하는 데 몰두하게 된다. 고유가 보기에, 사람들이 문자를 얻고 잃은 것은 단순한 시각적 인지능력이 아니라 평화롭게 살아가는 인간 고유의 본성이었다.

2부

뼈에 새긴 글자

— 한자의 완성 갑골문

1장

갑골문의 탄생

상나라의 역사

기원전 17세기 무렵 탕이 세운 상나라는 현재의 하남성 황하 유역에서 성립하여 주변 민족들을 흡수하면서 세력을 키운 것으로 알려졌다. 하남성 정주시 이리강 유적지에서 발굴된 성곽 유적이 상나라 최초의 도읍지일 가능성이 높다고 한다. 상이라는 나라 이름은 하나라 우왕이 탕의 선조 설(契)을 상 땅에 봉하면서 비롯되었다.

상(商) 자의 갑골문 자형에 대한 해석은 여러 가지이다. 그 가운데 커다란 탁자 위에 왕을 상징하는 노끼가 근엄하게 박힌 모습을 표현한 것이라는 해석이 가장 대표적이다. 제사용 장작더미가 제단 위에 올려진 모습이라고 해석하는 사람도 있다. 이 주장은 상나라에서 제사의 대상으로 숭배되던 제(帝)의 갑골문 자형이 제사용 장작 다발을 표현한 것이라는 해석의 근거로 제시되기도 한다.

중국의 고대 국가에서 가장 중요한 일은 제사와 전쟁이었다. 주나라 때 작성된 역사서 『좌전(左傳)』의 기록에도 "국가의 대사는

갑골문 상(商)　　　　갑골문 제(帝)

제사와 전쟁이다(國之大事, 在祀與戎)"라는 기록이 있다. 商 자는 도끼와 같은 현세의 강력한 무기 혹은 하늘의 帝에게 제사를 지내는 제단의 모습을 통해 통치자의 권위와 힘을 표현한 것이다.

　전설에 의하면 상나라의 시조 설은 아버지 없이 태어났다. 설의 어머니가 목욕을 하는데 제비 한 마리가 가져다준 알을 삼켜 그를 낳았다고 한다. 사람들이 이를 두고 하늘이 현조(玄鳥)를 내려보내 상나라를 세우게 했다고 칭송했다. 설은 나중에 우왕의 치수를 도와 공을 세웠다. 이에 우왕은 그를 상 땅에 봉하고 자씨(子氏)라는 성을 하사했다. 설에서 탕의 시대까지 모두 여덟 번 천도를 했다. 나중에 탕이 재상 이윤(伊尹)의 도움으로 상을 건국했다.

　중국 역사 교과서에는 기원전 17세기에서 11세기까지 약 600년간 존재했던 상나라의 역사를 크게 두 단계로 구분한다.

　첫 단계는 탕이 상을 건국한 후 스무 명의 왕이 여러 차례 천도를 거듭하다가 기원전 1300년 무렵 19대 왕 반경(盤庚) 때 현재의 하남성 안양의 은(殷)으로 천도하기까지 350여 년의 기간을 말한다.

　두 번째 단계는 은으로 천도한 다음부터 기원전 1046년 주왕(紂王) 때 왕조가 멸망하기까지 열두 명의 왕이 즉위하였던 270여 년의 기간을 말한다. 『사기』를 비롯한 많은 고대 전적에서 이 시기를 은으로 부르는데, 이는 상을 멸망시켰던 주나라가 앞선 왕조를 비하하기 위해 일부러 수도의 이름으로 낮추어 불렀던 것에서 유래했다. 갑골문이 발굴된 은허는 바로 이 은의 유적이라는 의미이다.

지금까지 전해지는 상나라의 전설과 역사는 대부분 사마천의 『사기』「은본기(殷本紀)」에 근거한다. 사마천 역시 이 왕조를 상이라 부르지 않고 은이라고 한 것은 상을 멸망시킨 주나라의 관점을 따른 것이다. 사마천이 기록한 상나라의 건국 과정은 유덕한 군주와 현명한 재상의 만남에서 시작된다.

탕이 어느 날 들판에 나갔다가 새를 잡고 있는 사냥꾼을 만났다. 그 사냥꾼은 사방에 그물을 치고 새를 잡으려고 하고 있었다. 탕왕이 이것을 보고 그물의 한쪽 면만 닫고 나머지 세 곳은 열어주라고 했다. 왼쪽으로 가려는 새는 왼쪽으로 가게 하고, 오른쪽으로 가려는 새는 오른쪽으로 가게 놔두고, 나머지 말을 듣지 않는 새들만 그물로 들어오게 하라고 했던 것이다. 이 소문을 들은 제후들은 탕의 덕이 높아 심지어 금수에까지 이르렀다며 모두 탕에게 귀순했다고 한다. 이런 고사를 통해 새로운 왕조를 개창하는 군주가 갖추어야 할 덕성을 강조한 것이다.

이제 현명한 재상이 등장할 차례이다. 이윤은 탕왕을 만나기 위해 솥과 도마를 들고 와 스스로 요리사가 되기를 청하였다. 한비자는 설득의 기술을 설명하는 글에서 이윤의 이런 행동을 극찬한다. 설득이란 자신의 주장을 잘 설파하는 데 있는 것이 아니라, 상대의 마음을 잘 읽는 데에서 출발한다는 것이다. 이윤이 스스로를 낮추어 요리사가 되어 왕의 곁에 머물면서 설득의 대상인 왕의 마음을 얻는 데 유리한 위치를 차지할 수 있었다는 말이다.

유덕한 군주 탕과 현명한 재상 이윤은 함께 하나라의 폭군 걸을 정벌했다. 탕은 걸왕을 치기 전에 백성들에게 하나라의 덕이 쇠하였으니, 내가 하늘의 뜻을 대신하는 것이라고 말했다. 이런 주장은 나중에 상나라를 정벌한 주 무왕(武王)이 내세웠던 천명사상을 그대로 적용한 깃이다. 사실 사마천이 기록한 하상주 삼대 교체 시기의 역사에는 유사한 패턴이 많이 반복된다. 왕조를 개창할 때는 유덕한 왕과 현명한 재상이 만나고, 왕조 말기에는 음탕한 여자와 유혹에 넘어간 불운한 폭군이 매번 등장한다. 이를 단순한 우연으로 볼 수는 없을 것이다. 역사 서술이 실제 존재했던 사실의 기록이 아니라, 기록자의 현재적 관점에 의해 왜곡될 수도 있음을 보여주는 것이다.

상나라는 건국 후 10대 왕 중정(仲丁) 때 지금의 하남성 정주시로 천도했다고 기록되어 있는데, 최근에 이 시기의 성벽이 발굴되었다. 성은 한 변이 2킬로미터 정도의 사각형 모양으로 설계되었으며 판축 기법으로 조성되었다. 성의 규모를 볼 때 이 성을 쌓기 위해서는 매일 1만 명의 인부가 동원되고 공사 기간만 18년이 소요되었을 것이라고 한다. 대규모 노동력을 통제할 강력한 권력이 존재했음을 나타낸다. 이후로도 동쪽과 남쪽으로 여러 차례 천도했다고 전해지는데, 이는 아마도 왕실 권력을 둘러싼 다툼과 제후들과의 갈등이 심했기 때문일 것이다.

기원전 13세기에 19대 왕 반경이 현재의 안양 소둔의 은허라고 불리는 지역으로 천도하였고 상 왕조가 멸망한 30대 주왕 때까지 이곳에 도읍을 두었다. 반경이 천도하려고 했을 때 주위의 반대가 심했다. 이런 정황은 반경이 상 왕조의 부흥을 위해 새로운 땅으로 도읍을 옮길 것을 역설했던 『상서(尙書)』에 기록된 연설문에 나타나 있다. 기록에 의하면 당시 백성과 귀족들이 모두 안락한 생활에 익숙해져 나태해졌고, 관리들의 부패 역시 심각한 상태에 이르렀기에 이런 분위기를 일신하기 위해 과감한 결단이 필요했다고 한다.

그런데 은허로의 천도는 상당한 모험이었다. 상나라의 중심은 동쪽에 있었는데, 은허가 있는 안양 지역은 당시로는 서쪽 변경이었기 때문이다. 고대 중국에서는 태항산맥(太行山脈)을 중심으로 산동과 산서를 나누었는데, 산서의 고원 지대는 융족이라는 산악 부족이 지배하고 있었다. 안양은 산동의 서쪽 끝자락에 위치해 산서의 산악 지역과 바로 접하는 곳이었다. 갑골문 기록에 의하면 안양으로 천도한 이후 서쪽 산악 부족과의 전쟁이 잦았다고 한다.

22대 왕 무정(武丁)은 노비 출신 재상 부열(傅說)과 함께 서북 산악민들을 토벌하여 상 왕조를 안정시켰다. 무정은 상나라의 부흥을 꿈꾸었으나 자신을 도와줄 사람을 찾지 못해 3년 동안 부왕의 빈소에서 아무 말도 하지 않고 지냈다. 어느 날 꿈에서 그를 도울 것이라는 성인 열을 만났다. 잠에서 깨어나 주위 신하들 가운데 꿈에서 본 성인의 모습을 찾았으나 없었다. 할 수 없이 성인을 그림으로 그려 사람들로 하여금 찾아보게 했는데, 마침내 공사장에서 일하는 인부 가운데 비슷한 사람을 발견했다. 무정은 그가 바로 꿈속에서 본 성인임을 단번에 알아보았다. 말을 시켜보니 과연 시대를 꿰뚫는 혜안을 갖춘 현명한 사람이었다. 무정은 주저하지 않고 그 자리에서 바로 노비 출신 부열을 재상으로 임명하고 함께 상나라의 부흥을 이끌었다.

이런 신화가 어디까지 사실인지 확인할 방법은 없다. 하지만 무정이 계급과 신분을 뛰어넘어 나라의 부흥을 이끌 현명한 인재를 구하는 방법으로 꿈이라는 수단을 사용했음은 분명해 보인다. 모든 것을 점에 의지하는 상나라 사회에서 왕의 꿈에 나타난 성인이라는 존재를 당시 기득권 귀족들도 인정하지 않을 수 없었을 것이다.

천자문의 일흔 번째 문장 "열감무정(說感武丁)"은 부열이 무정을 감복시켰다는 의미이다. 부열과 무정왕의 이야기는 천자문 문구로 활용될 정도로 고대 중국인에게 익숙한 내용이었다. 이 이야기에도 역시 유덕한 군주는 뛰어난 신하 없이는 완성될 수 없다는 세계관이 적용되었다.

무정 치세는 전쟁이 거듭되었으나 사회 전반적으로 힘이 넘치는 시대였다. 반경에서 무정으로 이어지는 시기의 청동기 역시 역대 가장 우수한 것으로 평가된다. 특히 무정 시기부터 복점(卜占)의 기록을 거북의 등뼈나 소의 견갑골에 새기기 시작했는데, 나중에 이것을 발견한 후대인들은 갑골문이라는 이름을 붙여주었다. 무정 시기에 기록된 갑골문은 힘 있는 커다란 문자로 쓰인 것이 많다.

19세기 말, 상나라 후기의 갑골문이 대량으로 발견된다. 이때부터 사람들은 갑골문이야말로 한자의 기원이라고 생각하게 되었다. 그러나 갑골문을 자세히 살펴보면 그 형태와 구조 측면에서 문자의 초기 형태라고 볼 수 없을 만큼 많은 요소들이 완비되어 있다. 갑골문은 그전까지 존재했던 다양한 원시 한자가 발전된 것으로, 어느 정도 완성된 문자 체계란 뜻이다. 반경에서 무정 시대의 갑골문은 단단한 뼈에 새겨져 잘 보존된 상태로 땅속에 묻혀 있다가 우연한 기회에 우리에게 나타났다. 그전 시대 한자들은 아마도 풍화되어 사라져버렸거나 아니면 아직도 어디엔가 묻혀 있을 것이다.

갑골문은 어떻게 발견되었나

갑골문은 19세기의 마지막 해 1899년에 발견되었다. 엄밀히 말하면 갑골문은 발굴이 아니라 발견된 것이라고 해야 한다. 땅속에 묻힌 유물을 의도적으로 찾아내는 것을 발굴이라고 하는데, 갑골문은 이미 오래전부터 땅 밖으로 나와 떠돌고 있었기 때문이다. 누군가 그 가치를 인정해주면서 존재가 알려진 것이기에 발견이라는 표현이 더 정확하다. 갑골문의 극적 발견에 관해 정확하게 남은 기록은 없지만, 신비한 원시 한자의 발견에 대한 이야기는 사람들 사이에서 다양하게 윤색되어 지금까지 전해진다. 일반적으로 많이 알려진 갑골문의 발견에 대한 이야기를 요약하면 이렇다.

북경의 왕의영(王懿榮)이라는 사람이 말라리아에 걸려 치료제를 수소문하고 있었다. 그를 진료한 의원이 처방을 내려주었는데 용골을 쓰면 효과가 있을 것이라고 했다. 그러나 전설의 동물인 용의 뼈가 실재할 리 없다. 하지만 당시 북경에는 흙에서 나온 이상한 뼈를 갈아 약재로 쓰면 효험이 있다는 소문이 돌고 있었다. 왕의영은 북경 선무문(宣武門) 밖 시장에 자리한 명나라 때부터 유명했던 전통의 약방 달인당(達仁堂)에 사람을 보내 그것을 구해 오게 했다.

그런데 왕의영은 용골에 이상한 부호들이 새겨진 것을 무심결에 보게 되었다. 그는 사실 당대 최고 지성이라고 할 수 있는 국자감 좨주(祭酒)로서 상당한 학문적 소양을 갖추었으며 특히 청동기 명문(銘文) 등 금석학에 정통한 학자였다. 어느 누구보다도 고대 문자를 잘 알았기 때문에, 아마 평범한 사람이라면 그냥 지나쳤을지도 모를 부호를 남다른 시각으로 살펴볼 수 있었다. 그는 새겨진 부호들이 범상치 않음을 깨닫고는 그 약방에 사람을 보내 용골의 출처를 묻고 남은 것들도 모두 사 오게 하였다.

이 사실이 알려지자 학술계의 많은 사람들이 용골이 도대체 무엇인지 조사하기 시작했다. 알고 보니 북경의 다른 유명한 약방에서도 소위 용골이라고 알려진 뼛조각을 취급하고 있었다. 용골의 출처를 수소문한 결과 대부분이 하남성의 약재상으로부터 구입한 것이었다. 하남성 안양 일대의 농민들이 밭을 경작할 때 우연히 주운 뼈들을 약재상에게 용골이라고 팔았던 것이었다.

왕의영은 이 뼛조각은 용골이 아니며, 그 위에 새겨진 부호는 딩시끼지 알려진 것보다도 훨씬 오래전에 사용된 옛 문자라고 확신했다. 지금 우리가 갑골문이라고 부르는 이 오래된 문자는 이렇게 우연한 계기로 발견된 것이다.

얼마나 많은 용골이 왕의영이라는 학자의 눈에 띄기 전까지 평범한 약재로 갈려 사라졌을까? 중국 최초의 약재 관련 경전인 『신농본초경(神農本草經)』에는 용골이 기침, 설사, 뇌전증 등의 질병에 효험이 있다고 기록되었다. 언제부터 이 용골이 약재로 소비되었는지에 대해 정확한 기록은 없지만 당나라 시절 『본초』에 용골에 대한 기록이 있는 것을 보면, 1000년이 넘는 세월 동안 수많은 갑골 파편들이 약재로 증발해버렸을 가능성도 없지 않다.

갑골학자 호후선(胡厚宣)은 심지어 최초로 갑골이 출토된 시기는 전국 시대까지 거슬러 올라갈 수도 있다고 한다. 그는 『설문해자』의 서문에 적힌 "전국의 산악이나 하천에서 각종 종정(鐘鼎)과 이기(彝器)들을 얻었는데, 거기에 새겨진 명문은 전 시대의 고문자이다"라는 기록이야말로 이를 설명하는 것이라고 주장한다.

정확히 언제부터인지는 알 수 없지만, 갑골문은 상당히 오랜 시간 동안 가치를 제대로 알아보는 사람이 없어 대량으로 파기되거나 훼손되었을 것이고, 그래서 이 시기를 아예 '갑골 파괴 시기'라고 부르자고 주장하는 학자들도 있다.

갑골이 처음 발견된 뒤 10여 년이 지난 1911년에 안양의 소둔촌을 직접 방문 조사한 나진상(羅振常)의 보고서에 의하면 현지에서는 1881년부터 이미 많은 뼈 조각들이 발굴되었다고 한다. 농부들이 밭을 갈다가 우연히 뼈들을 발견했는데 이것이 무엇인지 몰라 약재상들에게 팔았고, 글자가 새겨진 것은 상인들이 구입하지 않았기에 일부러 대패로 글자들을 깎아내고 팔기도 했다는 것이다. 심지어 자잘한 조각이나 깎기 쉽지 않은 것은 모두 구덩이에 내버렸다고 한다. 실제로 나중에 이 소문을 듣고 찾아가 수집한 갑골들은 작은 조각으로 잘게 부서져 있었고 문자는 대부분 깎여나간 것이 많았다. 용의 뼈라는 천연 약재가 되기 위해서는 사람의 흔적이 있어서는 안 되기 때문에 일부러 문자가 있는 부분을 갈아 없애버렸던 것이다.

이처럼 흥미로우면서도 안타까운 갑골문 발견 이야기는 중국 문자와 관련한 거의 모든 책에서 다룬다. 하지만 이 이야기는 갑골문이 처음 발견된 지 30여 년이 지난 1931년 북경에서 발행된 『화북일보(華北日報)』에 처음 실린 것으로, 그 이전의 기록은 아직까지 확인된 바가 없다. 『화북일보』의 기사는 갑골문의 발견 사실을 간략하게 서술하고 있다.

이해(1899년) 유악(劉鶚)이 북경을 여행하면서 왕의영의 사저에 머물렀다. 이때 왕의영이 학질에 걸려서 약으로 쓸 귀판을 야채 시장 입구에 있는 달인당에서 구입하였다. 철운(鐵雲, 유악의 자)이 귀판에 전문(篆文)이 새겨져 있는 것을 발견하고 이를 왕의영에게 보였는데, 두 사람은 크게 놀랐다. 왕의영은 예전에 금문을 배워 이것이 고대의 물건임을 알고, 약방에 가서 이 귀판의 내력을 캐물었더니 하남의 탕음(湯陰)과 안양에 사는 주민들이 땅에서 파낸 것이라고 하였다.[1]

안타깝게도 왕의영은 갑골문을 확인한 그다음 해 의화단의 난이 일어나 서양 연합군이 북경에 쳐들어왔을 때, 방어하지 못한 책임을 지려고 우물에 몸을 던져 자결했다. 주인공이 사라져버린 이 이야기가 어디서부터 어디까지가 사실인지 더 이상 확인할 방법이 없다.

하지만 3000년 전의 문자가 20세기 벽두에 느닷없이 등장한 이 갑작스럽고 당황스러운 사태를 설명하기 위해서는 이런 드라마틱한 이야기라도 만들어내야 했을지도 모른다. 지금도 대부분의 중국인들은 한자의 기원이라고 할 갑골문이 처음 세상에 나타나는데 이 정도의 극적 스토리는 당연한 것이라고 믿고 있다.

말라리아 치료제로 구입했던 용의 뼈가 알고 봤더니 갑골문이었다는 극적 요소를 빼고, 검증 가능한 실제 사실만 추려 갑골문의 발견 과정을 재구성하면 대략 이렇다.

1880년대부터 하남성 농촌에서 농부들이 땅에서 글자가 새겨진 뼛조각을 발견했는데 산동성의 골동상 범유경(范維卿)이 소문을 듣고 이것들을 구입했다. 그는 이 조각들이 상당한 가치가 있을 것이라 생각하여 그 가운데 상태가 좋은 열두 편의 갑골을 골라 북경의 유명한 금석학자 왕의영에게 보여주었다.

청나라 광서(光緒) 25년 1899년 가을에 왕의영은 그것이 고대 문자임을 확신했고, 갑골의 존재가 세상에 알려지게 되었다. 그는 갑골의 가치를 알아보고는 비용을 아끼지 않고 뼛조각들을 사들였다. 그러나 이듬해 의화단운동의 책임을 지면서 가족과 함께 우물에 투신하여 죽음을 맞이했다.

왕의영이 수집하고 정리했던 갑골들은 그의 제자 유악에게 전해졌다. 유악은 추가로 갑골을 수집한 다음 5000점이 넘는 갑골 가운데 글자가 크고 선명한 1058점을 골라 탁본하여 1903년 『철운장귀(鐵雲藏龜)』라는 책을 발간한다. "철운이 소장한 거북 뼈[귀갑(龜甲)]"라는 제목의 이 책은 갑골문을 세상에 알리는 최초의 책이 되었다.

고대 문자의 발견에는 모두 약속이나 한 것처럼 극적인 스토리가 빠지지 않는다. 인류가 만들어낸 최초의 체계적 문자로 알려진 수메르문자는 19세기 헨리 롤린슨(Henry Rawlinson)이 이란의 오지에서 90미터의 절벽에서 밧줄 하나에 의지한 상태에서 목숨을 걸고 필사해낸 베히스툰 비문(Behistun Inscription)을 통해 해독이 가능해졌다. 이집트 고대 문자 역시 로제타석(Rosetta Stone)에 대한 장 프랑수아 샹폴리옹(Jean-François Champollion)의 집념 덕분에 그 의미가 해독되었다. 땅속에 묻혀 있던 로제타석은 우연한 기회로 프랑스 병사들에게 발견되었고, 위태로운 절벽 구석에 오랫동안 버려졌던 베히스툰 비문은 서양 고고학자와의 만남으로 세상에 알려졌다. 갑골문은 뼈 위에 새겨진 부호가 문자임을 알아봐줄 어느 노학자와의 우연한 만남을 기다리고 있었다. 고대 문자의 발견과 해독은 이처럼 모두 우연하고 극적인 만남에서 시작되었다.

갑골이라는 단어의 기원

중국에서는 옛날부터 용과 거북이 문자를 만들어주었다는 하도낙서(河圖洛書)의 전설이 전해진다. 문자가 없던 시절 복희씨가 황하에 출현한 용의 등에 있는 점을 보고 우주 만물의 이치를 깨달아 팔괘를 만들었다고 한다. 하나라 우임금 때에는 낙수(洛水)에서 홍수가 났을 때 갑자기 나타난 신령스러운 거북의 등껍질 무늬를 보고 세상 만물을 표현하는 부호로 삼았다고 한다.

문자의 기원과 관련해서 신령한 거북[신귀(神龜)]이 등장하는 이야기가 오래전부터 전해졌던 것이다. 갑골문의 발견은 마침 이 거북의 전설과 겹치면서 사람들로 하여금 다양한 상상을 하게 만들었다. 갑골문이라는 단어는 귀갑수골(龜甲獸骨)의 약자이다. 甲 자는 거북이 등껍질을 의미하는 귀갑의 약자이고, 骨 자는 짐승의 뼈를 의미하는 수골의 약자이다.

그런데 보통 천간의 첫 번째 순서를 나타내는 甲 자가 어떻게 거북의 등껍질을 의미하게 되었을까?

갑골문 甲 자는 갑옷의 조각들을 끈으로 엮고 있는 모습이다. 나중에 이것을 간소화하여 그냥 십(十) 자 형태로 표시하기도 했다. 이 당시 甲은 갑옷을 나타내는 글자였으며 시간이 지나면서 동물의 몸통을 보호하기 위한 딱딱한 껍질을 의미하는 귀갑, 갑각(甲殼)과 같은 용어에도 사용되었다. 고대 전쟁에서 군인들의 신체를 보호하기 위해 입는 옷을 갑옷이라 했으며, 현대에는 금속처럼 단단한 재료로 표면을 보호하는 자동차를 장갑차(裝甲車)라고 한다. 사람의 손발톱은 조갑(爪甲)이라고 일컫는다.

甲은 고대는 물론 현대에도 날짜나 달 그리고 연도와 같은 시간의 순서를 셀 때 사용하는 천간의 첫 번째 글자이다. 이 글자는 지금도 다양한 방면에서 쓰인다. 우리나라 국회의원 선거구의 구분은 갑을병정의 순서를 따르며, 일상생활의 계약서에도 계약 당사자들은 갑과 을로 서로를 구분한다.

그렇다면 甲이라는 글자가 어떤 이유로 첫 번째 순서를 나타내는 단어로 사용되었는지 궁금하지 않을 수 없다. 『설문해자』에서는 甲 자의 자형을 초목이 막 발아할 때 껍질이 갈라지는 모습을 상형한 것이라고 해석한다.

이 모습에 근거해 甲 자는 껍질을 가르고 나오는 모습에서 사물이 시작됨을 의미하게 되었다는 것이다. 봄이 되어 날씨가 온화해지면 초목의 껍질에서 싹이 터 오르기 시작하는데, 옛날 사람들은 이를 보며 세상 만물의 순환이 다시 시작됨을 실감했을 것이다. 사물의

갑골문 갑(甲)

『설문해자』갑(甲)

갑골문 골(骨)

첫 시작을 보통 甲으로 지칭하는 것은 이런 생동감 넘치는 장면에서 비롯되었다. 자연현상을 섬세하게 관찰하고 그 안에서 사물의 원리를 유추해내는 상상력이 돋보이는 해석이다.

사람이나 짐승의 뼈를 나타내는 骨 자의 갑골문은 살점이 모두 제거되고 앙상하게 남은 뼈대의 모습이다. 이 갑골문은 원래 과(冎) 자의 고문자였으나, 시간이 지나면서 아래에 고기 육(肉)을 의미하는 月 자가 추가되어 지금의 骨 자가 되었다.

갑골문이라는 명칭은 20세기 사람들이 마음대로 붙인 것이다. 등껍질과 뼈에 새겨진 글자라는 외면적인 현상만을 표현한 것이라면 별다른 감흥이 없는 평범한 이름이라고 할 수 있다. 이 글자를 처음 만들고 기록했던 옛사람들이 가졌을 고뇌의 깊이와 글자가 표현하고 있는 풍부한 상상의 울림을 살리지 못한 것이다. 하지만 『설문해자』의 설명대로, 봄날 새순의 모습을 표현한 甲 자를 통해 원시 한자가 처음 태동했던 역동적인 순간을 담아낸 것이라면 상상력 넘치는 이름이라고 볼 수도 있지 않을까. 이 글자를 처음 만들었던 상나라 사람들은 갑골문이라는 이름에 어떤 반응을 보일지 궁금하다.

왕의영에 의해 뼈 조각들이 고대의 유물로 감정되었다는 사실이 알려지자 골동품 상인들은 갑골을 싼 가격에 구입하여 비싼 가격에 팔기 시작했다. 골동상 범유경은 갑골을 독점하기 위해 출토 지점을 속이거나 감추기도 했는데, 유악이 정확한 출토 지점을 묻자 하남 탕음현에서 출토된 것이라고 거짓말을 하였다. 유악은 이 말을 그대로 믿고 『철운장귀』 서문에 잘못된 장소를 그대로 기록하기도 했다.

나중에 나진옥(羅振玉)이 여러 해 동안 수소문하고 범유경을 추궁한 끝에 그 출토 지역이 하남성 안양현 원수(洹水) 강변의 작은 마을 소둔촌이라는 사실을 알게 되었다. 이곳은 옛날부터 상나라 후기 수도였던 은허라고 전해지던 곳이다. 소둔촌을 둘러싼 강변의 이름인 원수는 갑골문에도 등장하는 아주 오래된 지명으로, 은허의 위치를 추적하는 단서로 자주 언급되던 곳이다. 『사기』 「항우본기(項羽本紀)」에도 "항우가 진나라 장군과 원수의 남쪽 은허에서 만나기로 했다"라는 기록이 나온다. 은허는 상나라 왕 반경이 도읍을 옮기고 마지막 왕 주왕 때 멸망할 때까지 273년 동안 왕도(王都)였다.

소둔촌이라는 명칭이 사용된 것은 400년이 넘지 않았다고 한다. 명나라 이전에는 약 1000년 동안 묘지로 쓰였던 황량한 곳이었고, 청나라 때부터 농경지로 이용되었지만 이미 오랜 기간 묘지였던 터라 뼛조각이 출토되더라도 농민들은 대수롭지 않게 생각했다.

그런데 갑자기 뼛조각의 흠집이 수천 년 된 문자였다는 사실이 밝혀지고 비싼 값에 팔린다는 소문이 돌자 마을 주민들은 혼란에 빠졌다. 갑골 발굴 장소에 대한 권리를 둘러싸고 다툼이 생겨나고, 흠집이 없는 뼛조각을 발견해 실망한 사람들은 일부러 몰래 흠집을 새겨 팔기도 했다.

소둔촌의 남보광(藍葆光)이라는 사람은 아편을 살 돈을 구하려고 일부러 골동 상인들과 짜고 뼛조각에 가짜로 글자를 새겨 몇 배의 폭리를 취했다. 그럴싸한 모양새를 갖추고 있었기 때문에 구별해내기가 쉽지 않았다고 한다.

동작빈(董作賓)은『갑골학육십년(甲骨學六十年)』에서 당시 위각(僞刻)에 가장 뛰어났던 남보광에 대해 자세히 서술하고 있다.

갑골에 가짜로 글자를 새긴 위작의 수량은 놀라울 정도였으며 종사하는 사람도 한둘이 아니었다. 그 가운데 가장 뛰어난 사람이 남보광이었는데, 나는 1928년 은허 발굴 작업 때 그를 본 적이 있다. 당시 그의 나이는 불과 30세 정도였으며, 영리하고 손재주가 뛰어났지만 안타깝게도 아편에 물들어서 유랑한 지 이미 오래되었다. 처음에는 장난삼아 위조를 했지만 골동품 상인이 그 재주를 높이 사 가짜를 많이 만들게 했다고 한다. 그는 자신이 위조한 작품을 보여주기도 했는데, 출토된 갑골 가운데 글자가 없는 뼛조각을 싼값에 사서 그 위에 다시 글자를 새긴 것이었다. 그는 또 괴상한 무늬를 새겨 넣기도 했는데 이런 것들은 골동품 상인들이 좋아하였다. 그는 유악과 나진옥이 출판한 서적을 가지고 다니면서 베끼기도 했는데, 위조하는 동안 글자를 하나도 제대로 알지 못했고, 심지어는 거꾸로 놓고 베끼는 통에 뒤집힌 글자를 쓰기도 했다. 베끼는 데 익숙해지자 어떤 글자가 생각나면 책을 보지 않고 바로 그 글자를 새겼는데 솜씨가 좋아 문외한들이 보면 글자 하나하나가 진짜 갑골문처럼 보였다. 그가 나에게 보낸 것 가운데는 출토된 진품과 차이가 없는 것도 있었다.[2]

갑골문 발굴 초기에 등장한 이런 가짜 글자들은 지금도 갑골문을 연구하는 데 방해가 되고 있다.

갑골이 발견되고 그 소문이 학계는 물론 일반인 사이에도 퍼져 나가자 갑골의 가치가 갑자기 높아지게 되었다. 그러나 청나라 말기 혼란의 시대에 이런 중요한 문화유산을 제대로 발굴하고 보존하는 데 에는 한계가 있었다. 1928년 중앙연구원 주도로 정식 발굴이 이루어 지기 전까지 10여 차례 사적인 발굴이 진행되었는데, 대부분 토지 소 유주나 마을 주민들 주도로 진행되었다. 심지어 가뭄이나 기근 등 생 활고를 해결하기 위해 몰래 발굴하여 판매하는 경우도 적지 않았다. 출토된 갑골은 골동품 상인을 통해 나진옥과 같은 학자들은 물론 미 국과 영국 등 외국에까지 판매되었는데 총 수량이 대략 10만여 편으 로 추산된다고 한다.

사적인 발굴로 유적지가 손실되거나 파괴되었고, 암거래나 해 외 유출로 갑골의 체계적 보존이 힘들어지자 보다 과학적이고 공식적 인 발굴 작업에 대한 요구가 늘어났다. 이에 중앙연구원이 주도하여 1928년부터 1937년까지 총 15회 발굴을 진행했다. 특히 13차 발굴에서 는 완전무결한 갑골 편 저장고인 YH127갱이 발견되어 갑골문의 보존 과 저장 상태를 완벽하게 파악할 수 있게 되었다.

1937년 항일 전쟁의 시작과 국공 내전의 시기에 안양 지역은 일본군의 수중에 들어가고, 이 기간 동안 일본인에 의해 발굴된 갑골 은 일본으로 이송되었다. 혼란기에 관리가 부재한 틈을 타 지역 주민 들도 수시로 생계를 위해 갑골을 도굴했는데, 이 기간 동안 사적으로 출토한 양이 얼마나 되는지는 지금까지도 알려지지 않았다.

1949년 중화인민공화국 건국 이후 은허의 발굴과 보존은 법으 로 규정되었고, 정부의 공식 기관에 의해서만 발굴이 가능하게 되었 다. 발굴은 문화대혁명 시기에 잠시 중단되기도 했다. 1973년 소둔 남쪽에서 갑골 4000여 편이 발굴되었고, 간헐적으로 이어진 정식 발굴은 1991년 화원장(花園莊) 동쪽 갑골 갱에서 갑골 1583편을 발굴할 때까지 진행되었다. 그 이후로도 2004년 몇몇 작은 갱에서 갑골이 우연히 발견되었지만 더 이상 과거와 같은 대량 발굴은 이뤄지지 않았다.

갑골문이 만들어질 당시 중원의 모습

그렇다면 갑골문이 만들어진 이 지역은 3000년 전에는 어떤 모습이었을까? 갑골문이 사용되던 시절의 중원 지역은 지금과는 기후와 환경이 달랐다. 갑골문 자료 가운데 사냥 관련 내용을 분석하면 총 19종, 6400여 마리의 동물을 포획했다고 한다. 이 동물들의 종류와 수량으로 볼 때 상나라 시기 황하 유역에는 광대한 면적의 삼림과 초원이 있었던 것으로 보인다.

　　과학 자료가 보여주는 지표에 의하면 당시 상나라가 있던 중국 북방의 기후는 현재의 장강 유역 혹은 훨씬 더 남쪽의 기후와 비슷했다. 상나라의 기후 환경적 조건이 지금과 크게 차이가 났음을 드러내는 극적인 글자가 있으니 바로 코끼리 상(象) 자이다.

　　우리는 보통 象 자를 코끼리 상으로 읽으며 이 글자가 실제 코끼리를 지칭한다는 것을 의심하지 않는다. 초와 한의 전쟁이라는 설

갑골문 상(象)

정을 기반으로 만들어진 중국의 장기판에도 象이 있다. 장기판의 象은 마(馬)보다 한 걸음씩 더 움직이며 광폭으로 적을 공격한다. 고대 한자에서부터 글자가 존재했고 장기 같은 다양한 문화 매체에도 등장하는 코끼리는 사실 현재 중국 남쪽의 동남아 접경 지역 일부를 제외하면 살지 않는다. 정확히 말하면 중국 영토 대부분은 코끼리가 살지 않는 기후 환경이 되었다.

그런데 중원 지역에서 만들어진 갑골문에는 象 자가 아주 자주 등장한다. 고대 중국의 중원 지역에는 코끼리가 흔했거나 혹은 매우 중요한 역할을 하는 존재였다는 뜻이다. 그렇지 않았다면 갑골문에 이렇게 많은 글자가 나타날 리 없지 않겠는가.

그럼 코끼리는 어떻게 활용되었을까? 식용은 아니었던 듯하고, 기록에 의하면 주로 상아를 이용해 장식품을 만들었던 것으로 보인다. 상아로 만든 고급스러운 젓가락은 당시에도 사치의 대표적인 상징이었다.

상아로 만든 젓가락과 옥으로 만든 술잔이라는 상저옥배(象箸玉杯)라는 성어는 상나라 마지막 왕 주왕의 사치와 향락을 비판하는 의미로 사용되었다. 『좌전』의 기록에도 상아 때문에 코끼리들을 잡아 죽였다는 기록이 나온다. 상나라 유적에서도 코끼리의 목에 달았던 것으로 보이는 방울이 발굴되었는데, 『여씨춘추』에 상나라 사람들은 코끼리를 부릴 줄 알았으며, 이를 이용하여 동이의 백성들을 잔혹하게 박해했다는 기록이 나온다. 상나라 때부터 코끼리를 길들여 일을 시키는 것이 일상적인 상황이었음을 보여준다.

현대 중국에서는 찾을 수 없는 이 다소 낯선 모습은 의외로 지금 우리가 자주 사용하는 글자에 그 흔적이 남아 있다. 일반적으로 무언가 일을 한다는 의미의 동사 위(爲) 자의 갑골문 자형은 누가 보더

갑골문 위(爲)

라도 한 손으로 코끼리를 끌고 있는 모습이다. 길들인 거대한 동물의 힘을 그냥 허비하지는 않았다는 뜻이다. 나진옥은 코끼리를 부려서 노동에 도움이 되게 한 것은 소나 말을 길들인 일보다 앞섰다고 주장하기도 한다. 갑골문에는 코끼리를 포획하여 조정에 진상했다는 기록이 자주 등장한다. 그저 신기한 동물을 잡아 헌상한 것이 아니라 중장비가 필요한 거대한 토목공사에 활용할 동력 자원을 공급한 것이었다. 이처럼 고대 중원 지역에서 코끼리는 실제로 생존했으며 생활에 중요한 존재였다.

마크 엘빈(Mark Elvin)은 3000년에 걸친 장대한 중국의 기후환경 변화를 다룬 책의 이름을 『코끼리의 후퇴』라고 지었다. 중국 환경사의 대표적 역작으로 평가되는 이 책에 의하면 실제 고대 북중국 지역은 지금과 달리 온화하고 습한 환경이었다고 한다. 그런데 농경문화가 확대되는 과정에서 코끼리들이 서식하던 숲을 개간하여 경작지로 바꾼 결과 비옥했던 삼림 지역이 파괴되어 다시는 회복되지 못했다. 현재 황하 중상류 지역의 척박한 황토 고원은 처음부터 이런 모습이 아니었던 것이다. 경작지 조성을 위해 수목이 파괴된 토양 위로 빗물이 반복해서 흘러내리면서 회복 불가능한 상태에 이른 결과가 지금의 모습인 셈이다.

한편 경작지를 확대하면서 농작물을 해치는 코끼리를 포획하기 시작했다. 여기서 부수적으로 얻은 상아가 진귀한 공예품의 원료로 인기를 얻는 상황은 남획을 부추겼다. 환경 파괴와 무분별한 남획의 결과 코끼리는 점차 중원 지역에서 자취를 감추었고 기원후 1세기 무렵에는 이미 중국에서 찾아볼 수 없는, 말 그대로 상상(想像)의 동물이 되고 말았다.

동한 시기 기록에서 코끼리를 남월(南越, 지금의 베트남)에서 온 체구가 큰 동물로 묘사하는 것을 보면 이때도 중국의 남방 지역에서는 코끼리를 찾아보기 어려웠음을 알 수 있다. 이렇게 중원에서 코끼리가 사라지자 사람들은 눈으로 직접 볼 수 없는 소문 속 동물에 대해 상상력을 발휘할 수밖에 없어졌다.

지금 눈앞에 보이지 않지만 소문과 이야기로 들은 바를 머릿속에서 조합하여 이미지를 만들어내는 것을 상상이라고 한다. 코끼리를 머릿속에서 그려내던 이 당시 사람들의 습관에서 비롯된 단어이다. 이때부터 象은 특정한 동물을 지칭하는 단어에서 '닮다(像)'라는 의미로 사용되며, 형상(形象), 기상(氣象), 현상(現象)에서와 같이 일반적인 대상의 외형을 두루 지칭하는 단어로 그 의미가 확장된다. 지금 우리가 사용하는 한자 단어 가운데 형태를 표현하는 다양한 말에 코끼리의 흔적이 남아 있다.

갑골문은 어떻게 제작했을까

갑골문은 거의 모든 종류의 동물 뼈를 사용한 것으로 보인다. 하지만 대부분 조각난 상태로 출토되었기 때문에 어떤 동물인지 판별하기 쉽지 않다. 거북의 등뼈는 물론, 사슴, 돼지, 양, 소, 코끼리 등 각종 동물의 견갑골을 다 활용했는데 아직까지 말의 뼈는 발견되지 않았다. 은허에서 발굴된 뼈 가운데 가장 많은 것은 거북의 복갑이며 그다음은 소의 견갑골이다. 간혹 호랑이, 사슴, 물소의 뼈 등도 발견된다. 그리고 사람의 머리뼈에 문자가 각인된 경우도 있는데, 아마도 적의 머리를 취하여 새긴 듯하다.

점복에 사용된 거북 뼈를 채취하고 다듬는 과정에 대해서는 『주례(周禮)』에도 자세히 기록되었다. 귀갑은 주로 가을에 채취하고, 봄이 되면 껍질을 손질하여 다듬었다고 한다. 가을에 채취했던 이유는 만물이 완성된 때를 맞추기 위함이며, 봄에 손질한 이유는 해빙 후 건조하여 흠이 생기지 않기 때문이라고 한다. 거북을 죽이기 전에는 제사를 지냈는데, 이때 소 한 마리를 희생으로 사용했다는 갑골문 기록도 있다. 다른 동물의 뼈들은 제사에 희생되었거나 사냥에서 잡은 것을 활용한 듯 보인다.

뼈를 이용해 점을 치던 습속은 신석기 시대에 시작되어 수천 년이 지난 춘추 시대 말기까지 지속되었다. 고고학 발굴 결과 거북점 역시 아주 오래전부터 행해졌음이 확인되었다. 기원전 4000년의 유적에서 뼈에 구멍을 뚫은 천착(穿鑿)의 흔적이 발견되었다. 기원전 2000년 무렵 용산 문화 유적에서도 귀갑과 수골에 점복을 행한 흔적이 나타나니, 거북점은 상나라 훨씬 이전부터 이뤄졌음을 알 수 있다.

상나라 초기의 왕도인 정주 상성(商城)에서는 점복용 갑골 재료 가운데 소의 견갑골이 상대적으로 많이 출토되었으나, 후기 왕도인 은허에서는 견갑골과 귀갑이 골고루 발견되었다.

초기에는 뼈를 불에 달구지 않고 그대로 점을 보는 방식을 사용했다. 시간이 지나면서 뼈를 불에 달구어 갈라진 무늬를 보고 길흉을 판단하였다. 나중에는 견갑골 등 두께가 두꺼운 부분이 불에 갈라지지 않자 뼈의 뒷면에 구멍을 뚫는 찬착(鑽鑿)의 방법을 사용했다.

원형의 구멍을 찬이라 하고, 대추씨 모양의 홈을 착이라고 한다. 이 구멍에 불을 달구고 지지면 열기에 의해 뼈의 반대 면에 갈라진 틈이 생기는데 이를 보고 점을 친 것이다. '점을 치다'는 복(卜) 자와 점이 예측하는 징조(徵兆)와 조짐(兆朕)을 의미하는 조(兆) 자는 뼈의 갈라진 틈의 모습을 그대로 상형한 것이다.

찬착한 구멍을 지져 틈이 생기면 그 방향과 배열을 보고 길조인지 흉조인지 판단한다. 그다음 그 내용을 뼈의 표면에 날카로운 도구로 기록하는데 이것을 복사(卜辭)라고 한다. 복사는 갈라진 틈의 방향에 맞추어 바로 옆에 새긴다. 이 찬착의 형태와 배열 방식은 시대에 따라 차이를 보이는데 갑골의 시대를 판별하는 데 중요한 단서가 되기도 한다.

이처럼 점을 치고 그것을 새기는 과정을 담당했던 사람을 정인(貞人)이라고 한다. 은허에서 발견된 갑골 가운데는 칼로 새긴 것 말고 붓으로 글자를 쓴 것도 발견된다. 붉은색이나 검은색으로 붓을 사용해서 갑골 뒷면에 써넣은 것이다. 또 이미 새겨진 글자 위에 주사(朱砂)나 묵(墨)으로 도색한 것도 있는데 각각의 색깔은 특별한 의미가 있었던 것으로 추정된다. 마지막으로 점을 친 내용이 실제 효력이 있었는지를 기록하는 험사(驗辭)를 아래쪽에 보충해서 새겨 넣었다.

『설문해자』에서 점이란 복조를 살피고 묻는 것이고, 복은 발라낸 귀갑을 불로 달구는 것이라고 설명한다. 상나라 시절 점을 보는 것은 귀갑이나 수골(獸骨)을 불로 지져서 나타난 무늬를 보고 신의 의지를 묻거나 길흉화복의 징조를 예측하는 것이었다. 『사기』에도 상고 시대 오제와 삼왕은 국가의 대사를 시작할 때면 반드시 시점(蓍占)과 귀복(龜卜)을 행하여 결정했다고 기록하고 있다. 시점이란 시초(蓍草)라는 풀을 손으로 집어 그 묶음의 수와 배열에 근거해 길흉을 예측하는 것인데 거북점과 함께 중국 고대에 가장 많이 사용되던 점복의 방법이었다.

『사기』와 『설문해자』에 기록된 내용을 요약하면 시초는 100년 동안 한 뿌리에서 100개의 줄기가 나오며, 자라는 곳 주변에 맹수나 독충이 없는 신성한 식물이다. 시초가 무성히 자라는 곳 밑에는 반드시 신령한 거북이가 있어 그곳을 지켜주며 그 위로는 항상 푸른 구름이 덮고 있다. 이렇게 신성한 풀을 손으로 잡고서 그 배열과 숫자로 미래를 예측하는 방법은 나중에 『주역(周易)』에서 길고 짧은 막대기로 표시된 음과 양이라는 괘효(卦爻)의 구성 원리로 발전된다. 이처럼 시점은 나중에 『주역』에 흔적을 남겨서 그 실행 방법을 유추해볼 수 있었지만, 귀복점에 대해서는 알려진 바가 별로 없었는데 갑골의 발견으로 구체적인 방법을 파악할 수 있게 되었다.

갑골문의 구성

상나라 사람들은 간지로 날짜를 기록하였다. 은허에서 출토된 10만 편이 넘는 갑골은 모두 60개의 간지로 날짜를 기록하고 있다. 간지란 10개의 간[십간(十干)]과 12개의 지[십이지(十二支)]를 순서대로 하나씩 짝을 지어 조합해낸 것인데, 이 60개의 간지를 순환 반복하며 날짜를 기록하였다.

십간은 갑(甲), 을(乙), 병(丙), 정(丁), 무(戊), 기(己), 경(庚), 신(辛), 임(壬), 계(癸)를 말하며, 십이지는 자(子), 축(丑), 인(寅), 묘(卯), 진(辰), 사(巳), 오(午), 미(未), 신(申), 유(酉), 술(戌), 해(亥)를 말한다. 십간과 십이지를 조합하여 만든 간지는 일반적으로 연도를 세는 기시법(記時法)으로 사용된다.

갑골문 순(旬)

그런데 갑골문이 사용되던 상나라 시절에 이 60개의 간지는 날짜를 세는 데만 쓰였다. 간지의 중심축이 되는 십간은 10을 1회로 삼기 때문에 날짜를 세는 데도 열흘을 한 주기로 했다. 이를 순(旬)이라고 한다. 현대인은 7일을 주기로 생활하는 데 익숙하지만 한 달을 10일씩 각각 상순, 중순, 하순으로 묶어 날짜를 계산하기도 한다.

갑골문은 대부분 열흘 즉 순 단위로 점을 친 내용을 기록한 것이다. 각 순의 마지막 날에 다음 순의 첫 번째 날부터 무슨 일이 생길지 정기적으로 점을 쳤는데 이것을 복순(卜旬)이라고 한다. 상나라 사람들은 기본적인 생활 주기를 10일 단위로 했던 것이다. 갑골문은 旬을 기준으로 점을 친 기록이기에 현재 발견된 갑골문 글자 가운데 가장 많고 다양한 것이 바로 이 旬 자이다.

갑골문의 旬 자가 무엇을 형상한 것인지에 대해서는 아직도 이견이 많다. 벌레의 형태라는 주장과 손으로 무언가를 감싼 모습에서 손가락으로 셀 수 있는 10을 표현한 것이라는 주장도 있는데 아직 정설로 인정되지는 않았다. 나중에 금문에서 시간을 나타내는 글자임을 강조하기 위해 손 안쪽에 日 자를 추가하여 지금의 형태에 이르렀다.

중국국가박물관에 전시된 갑골대판(甲骨大版)은 바로 이 복순의 형식과 내용이 온전히 갖춰진 것으로 갑골문의 전체 구성을 잘 보여준다. 각 순의 마지막 날에 무당[정(貞)]이 점을 쳐서 다음 열흘 동안 좋지 않은 일이 일어나지 않을까 신에게 묻는다. 이 부분을 정사(貞辭) 혹은 문사(問辭)라고 한다. 뼈를 불 위에 올려놓고 뼈에 갈라진 금의 방향과 형태를 보고 점을 친 결과를 기록하는데 이것을 점사(占辭)라고 한다. 그리고 마지막으로 실제 일어난 사건을 통해 점의 효력이 있었는지 나중에 추가로 기록한 것을 험사라고 한다.

갑골의 99퍼센트 이상이 이런 점과 관련된 기록이지만 은허에서 발굴된 갑골 가운데 문사, 점사, 험사 이 세 가지 요소를 모두 갖춘 경우는 많지 않다. 아마도 점치기를 마친 후 내린 판단이 실제 현실에서 정확히 들어맞은 경우에만 험사를 기록했기 때문일 것이다. 예측한 점의 내용이 실증되지 않은 경우 험사를 기록하지 않았다.

실제로 어떤 갑골문의 경우 점을 치고 179일이 지난 다음에야 그 점의 결과가 맞았다는 내용을 기록하기도 했다. 점의 예지가 검증되기만을 기다리는 기대와 초초함 속에서 갑골을 폐기하지 않고 보존

갑골대판

했다가, 나중에 예견된 사건이 발생하면 그때 갑골에 새겼던 것이다.

이처럼 점을 치는 데 사용된 뼈는 신탁을 받은 후 필요 없어졌지만, 그것을 일정한 장소에 보관했기 때문에 오랜 세월이 지난 후 다시 우리 앞에 나타날 수 있었다. 실제로 발굴된 갑골 가운데 여러 장을 정중하게 겹쳐서 땅에 묻은 경우가 많다는 사실은 점의 기록을 소중히 보존했음을 드러낸다.

또한 갑골에 새긴 문자 사이에 붉은 먹을 칠한 것도 발견되었는데, 이는 붉은색이 악령을 막아주는 주술적 벽사의 효과가 있다고 믿었기 때문일 것이다. 뼈에 새겨진 글자는 단순한 글자의 가치를 넘어 신탁 능력을 갖춘 왕의 권위를 보증해주는 증거로 간주되었다.

상나라 때는 뼈에 새긴 갑골문 외에도 대나무나 나무 조각 등에 쓴 공적 기록이 존재했던 것으로 보인다. 죽간(竹簡)을 나타내는 책(冊) 자나 붓을 나타내는 율(聿) 자가 갑골문에도 등장하기 때문이다. 하지만 이 글자들이 쓰인 죽간이나 목간(木簡) 등은 시간이 지나면서 모두 썩거나 풍화되어 흔적도 없이 사라져버렸다. 이에 비해 땅속에 보관해둔 뼛조각 위의 글자들은 3000년의 세월을 견디며 지금까지 살아남았으니 그 영험한 능력이 전혀 없지는 않았던 것 같다.

갑골문의 주요 내용

은허에서 출토된 갑골 복사의 내용을 보면, 상 왕조의 통치자들은 생로병사, 전쟁, 관직, 수렵, 농업, 천문 기상, 혼인 등 거의 전 분야에서 점으로 그 길흉화복을 묻거나 어려운 선택을 하는 데 도움을 받았다.

갑골 복점의 내용은 크게 네 가지로 구분된다. 첫째, 조상이나 산천의 자연신에 대한 제사를 언제 지낼지 이들 신이 벌을 내릴지 점친다. 둘째, 군대를 움직여 전쟁을 벌이는 상황에 대해 묻는다. 셋째, 수렵지를 묻거나 안전 여부를 판단한다. 넷째, 질병이나 기후를 살핀다. 예를 들면 갑골문 가운데는 왕이 치통을 앓는데 이것이 선왕의 벌 때문인지 묻는 것도 있었다.

복점을 기록할 때에는 같은 내용을 긍정의문문과 부정의문문 두 가지로 구성하여 대칭으로 새긴다. 예를 들면 갑골의 중앙선을 중심으로 왼쪽에는 "내가 결실을 얻을 수 있는가?"라는 긍정의문문으로, 오른쪽에는 "내가 결실을 얻지 못하는가?"라는 부정의문문으로 기록한다. 긍정과 부정 의문문 모두를 사용했다는 것은 그만큼 결과를 알고 싶은 마음이 간절했음을 나타낸다. 한번 묻기보다 반복해 물어보는 쪽이 더 정성을 다하는 것이라 생각했을지 모른다.

이런 점들은 대부분 순석(旬夕)의 방법을 따랐다. 순이란 앞서 이야기한 10일간의 일에 대해 점을 치는 것이다. 10일 단위의 점치기는 상나라의 거의 전 시기에 걸쳐 공통으로 보이는 기본 방법이었다. 앞서 시간을 표시할 때 사용했던 십간은 대표적인 십진법 단위이다.

상나라인들은 10일을 단위로 하는 시간 개념을 가지고 있었다. 전통적으로 중국인은 세상에서 가장 큰 수를 9로 여겼다. 그래서 세상을 구주라 불렀고 천자가 가질 수 있는 정의 숫자도 최대치인 9였다. 9는 10에 이르는 과정에서 가장 큰 숫자이다. 10은 모든 것이 완성된 상태로 가장 커 보이지만 동시에 다시 순환하는 시작점이기 때문에 가장 작은 수이기도 하다. 10을 넘으면 새로운 숫자를 나타내는 이름이 없으며 10에 기존 숫자 이름을 붙여 사용한다. 그래서 가장 큰 숫자는 9라고 생각했을 것이다. 갑골의 점복을 10일 단위로 물은 까닭은 이처럼 세계가 10일을 단위로 순환한다고 여겼기 때문일지 모른다.

한편 석이란 밤에 점을 치는 것을 뜻한다. 왜 밤인지에 관해선 구체적 이유가 기록된 바가 없으나, 아마 점복을 하거나 해석하는 과정에 별자리 정보가 활용되었기 때문일 것으로 추측된다.

갑골문의 형태적 특징

갑골을 새길 때는 청동이나 옥으로 만든 도구를 사용했다. 글자를 새기는 방법으로는 처음부터 뼈 위에 글자를 새겼다는 주장과 먼저 붓으로 쓴 다음 그 위에 글자를 새겼다는 주장이 맞선다. 붓으로 쓰고 나서 미처 새기지 못한 갑골이 발견되어 후자의 주장에 무게가 실리지만, 아마도 큰 글자는 먼저 붓으로 쓴 뒤 새겼고 작은 글자는 직접 새겼던 것으로 보인다.

글자는 세로로 새겨졌으며 이 세로줄은 왼쪽에서 시작해 오른쪽으로 향하기도 하고 그 반대 방향으로 진행되기도 해서 일정하지 않다. 세로쓰기한 이유는 대나무와 나무 판을 엮어 글자를 쓰던 습관이 반영된 것으로 보인다. 갑골문 冊 자는 바로 이런 죽간과 목간을 끈으로 엮은 모습이다. 죽간은 폭이 가늘기 때문에 글씨를 한 줄만 쓰고 여러 개를 끈으로 엮었다.

약 270년 동안 새겨진 갑골문의 글자체는 그것을 새긴 정인의 개성이 그대로 반영되어 각기 특색을 갖추었다. 갑골의 글자체는 그 특징에 따라 다섯 단계로 구분된다. 1기는 웅대하고 씩씩하며, 2기는 신중하고 절도 있으며, 3기는 위축된 모습이고, 4기는 거세고 날카로우며, 5기는 엄정하다.

갑골문은 주로 왕실을 중심으로 개인적인 문제 혹은 통치행위와 관련된 사건을 점복을 통해 표현한 것으로서 중요한 역사적 자료의 가치를 지닌다. 하지만 제한된 시간과 장소의 사람들 사이에서만 유통되는 글자였기 때문에 그 모양의 복잡성, 획수, 필획의 위치와 방향 등 형식적인 측면에서 통일성을 갖추지 못하였다. 그러다 보니 자형에 이체(異體)가 비교적 많이 나타났다. 하지만 글자를 새긴 정인의 필사 습관에 따라 서로 다른 특징의 글자체가 생겨나기도 했다. 그래서 매 시기마다의 글씨체 특징을 구별하기 쉬워서 발굴된 갑골문의 연대를 판별하는 기준이 되기도 한다.

또한 갑골문은 대부분 칼로 새겼기 때문에 자획은 칼날이 나가는 방향의 영향을 받게 된다. 그리하여 원형이나 곡선으로 구성된 자획이 드물고 사각형이나 다각형의 직선으로 구성된 자획이 많다. 이로 인해 같은 시기에 완성된 청동기에 새겨진 명문에 비해 완성도가 떨어지기도 했다.

한편 뼈라는 작고 한정된 공간에 제한된 글자만으로 표현한 것이기 때문에 허사(虛辭)와 같은 문장의 문법적 요소가 과감히 생략된 간결한 문체로 작성되었다.

갑골문 해석의 역사

1911년 신해혁명이 발발하고 이때 잠시 일본으로 망명했던 나진옥과 왕국유(王國維)는 갑골문을 체계적으로 정리하기 시작한다. 당시 금석학의 권위자였던 나진옥은 골동 상인으로부터 1만 점이 넘는 갑골을 구입하여 1914년 『은허서계전편(殷墟書契前編)』 20권을 간행한다. 그가 구입한 갑골 가운데 아름답고 학술적 가치가 높은 2000여 점을 골라 탁본 인쇄한 것이다.

유악의 『철운장귀』가 단순히 탁본들을 나열해놓은 데 비해, 나진옥은 자신만의 기준으로 갑골을 분류하고 정리하였다. 1914년 나진옥은 다시 『전편』 가운데 최상품 68점을 골라 당시 최고의 기술인 사진제판(寫眞製版)을 사용하여 『은허서계청화(殷墟書契菁華)』라는 탁본 인쇄본을 일본에서 간행하였다. 이 『청화』의 맨 앞 장에 실린 사진이 바로 중국국가박물관에 전시된 갑골대판이다.

갑골대판은 갑골문의 모든 내용이 갖추어진 완전한 형태의 갑골판을 말한다. 그런데 실제로 발굴된 갑골 가운데 이렇게 온전한 모습을 유지한 것은 많지 않았다. 특히 발굴된 갑골의 수는 편으로 계산되는데, 뼈가 가지는 속성 때문에 쉽게 쪼개지거나 부서져서 온전한 하나의 갑골판이 수십 개의 조각으로 발굴되는 경우가 적지 않았다.

이런 이유로 지금까지 발굴된 갑골문의 수량은 학자들의 기준에 따라 차이가 난다. 갑골문 발굴에 직접 참여했고 통계에서 가장 권위를 갖는 학자 호후선은 은허에서 발굴된 갑골의 총수를 대략 16만여 편이라고 했다. 하지만 동작빈은 10만여 편, 진몽가(陳夢家)는 8만여 편이라고 했다. 지금도 동작빈과 호후선의 주장을 따르는 두 부류로 나뉘어 정론을 정하지 못하고 있다.

한편 현재까지 발굴된 갑골에서 발견된 4600자의 글자 가운데 1600자 정도가 해독되었다고 한다. 그중 대부분 학자들이 동의하여 완벽하게 해독되었다고 평가되는 글자는 1300여 자로 알려졌다.

갑골문을 수록한 책들은 초기에는 탁본에 의존하여 글자를 찍어내 편집 인쇄하였으나, 시간이 지나면서 사진을 찍어 출판하기도 했다. 유악의 『철운장귀』로부터 시작된 갑골문 저록은 지금까지 약 50여 종이 출판되었고, 주요 서적에는 모두 각각 약칭이 붙어 갑골문 관련 논문에 출처 표기로 사용되고 있다.

이처럼 출토된 갑골을 수록한 책이 많이 발간되었으나 갑골 편이 사적으로 매매되는 과정에서 동일한 탁본이 여러 저작에 중복 수록되는 경우도 적지 않았다. 또 공식 발굴이 아닌 경우 그 정확한 출토 지점을 특정할 수 없기도 해 갑골에 대한 체계적이고 종합적인 정리의 필요성이 대두되었다.

이에 중국과학원은 1956년에 중국 국내 소장 갑골을 모두 종합 정리하여 출판한다는 계획을 세웠다. 상당한 분량의 갑골이 개인 소장품이 되어 그 전모를 파악하기가 쉽지 않았지만, 중국 국내에 있는 것만이라도 정리한다면 갑골학 연구에 큰 도움이 되리라 생각했기 때문이다. 중국과학원 원장 곽말약의 주도로 시작된 이 사업은 1967년 완성을 목표로 추진되었지만, 문화대혁명 등의 난관으로 인해 1979년에야 첫 번째 책이 간행되었다. 이것이 바로 유명한『갑골문합집(甲骨文合集)』으로, 1983년 제13권이 완성되어 모두 4만 1956편의 갑골문 탁본이 수록되었다. 이 책은 갑골문 관련 논문 등에서『합집』으로 표기되며 현재까지도 갑골문 연구에서 가장 중요한 저작으로 인정받는다.

그런데 이 프로젝트를 기획하고 총괄했던 곽말약은 이 대작이 출간되기 한 해 전에 사망한다. 갑골을 처음 발견한 왕의영도 그로부터 일 년 만에 세상을 뜨고 말았는데, 갑골문 전모에 대한 최종적 종합과 분류를 책임졌던 곽말약 역시 자료집의 출간 일 년 전에 세상과 이별했던 것이다.

갑골학의 탄생과 발전에 가장 큰 공헌을 했던 네 명의 학자를 보통 갑골학 사당(四堂)이라고 부른다. 설당(雪堂) 나진옥, 관당(觀堂) 왕국유, 언당(彦堂) 동작빈, 정당(鼎堂) 곽말약 이렇게 네 사람 모두 자나 호에 堂 자가 포함되었기 때문이다. 이런 전통에 따라 후대 갑골학 연구자들도 스스로 아호에 堂 자를 붙이는 경우가 적지 않다.

堂은 원래 고대 중국의 건물에서 다른 방보다 높은 곳에 있는 신령에게 제사를 드리는 전당(殿堂)을 나타낸 글자였다. 이곳은 신성

금문 당(堂)

하고 권위 있는 곳으로 간주되었기 때문에 당 위로 올라간다는 당상 (堂上)이라는 단어는 사회적으로 인정받는 신분이 되었음을 뜻했다. 조선 시대에는 정3품 이상 고위급 관리를 당상관(堂上官)이라고 했다. 갑골학 대가들이 자신의 호에 堂 자를 붙인 이유는 신성한 갑골학의 전당에 올라서고 싶은 마음의 반영이었을 것이다.[3]

갑골문에 얽힌 다양한 해석

갑골문은 고대 중국에서 사용되었던 문자이지만, 갑골문이 세상에 본격적으로 등장한 것은 20세기 초 일본으로 유학했던 몇몇 학자가 갑골을 정리하고 탁본으로 발간한 덕분이었다. 당시 중국 현지는 중일전쟁과 중화인민공화국의 성립이라는 정치적 격변 과정에서 발굴 자료를 제대로 정리하지 못했고, 심지어는 중요한 갑골 편들이 해외로 유출되기도 했다. 차분하게 고대 사회를 연구할 사회적 조건이 형성되지 못한 와중에 급기야 1949년 중화인민공화국이 성립되면서 갑골을 발굴하고 정리했던 많은 학자들이 대거 대만의 중앙연구원으로 자리를 옮긴다. 중국에서 문화대혁명의 시련 등 정치적 격변을 겪는 동안 갑골학은 대만과 일본의 학자들을 중심으로 발전한다. 현대 갑골학의 대가들이 대만과 일본을 중심으로 활약했던 것은 이런 시대적

갑골문 입 구(口)로 알려졌던 글자

배경 때문이었다.

갑골문 해석은 아무런 기반 없이 오직 상상력만으로 진행하는 것이 아니다. 세간에는 갑골문의 형태만을 놓고 창의적인 해석을 내놓은 사람들이 적지 않다. 그러나 금문이나 고대 문자와의 연관성 없이 오로지 갑골문의 형태와 구조만 놓고 분석하는 방식은 자의적이고 비과학적인 해석에 불과하다. 갑골문 해석은 이미 오랜 전통을 가진 고대 문자학과 금석학의 기반 위에서 진행될 때 과학적이고 객관적인 타당성을 갖는다.

그럼에도 불구하고 몇몇 학자는 독창적인 견해를 제시하여 갑골문 해석에 새로운 활력을 제공해주기도 했다. 지금까지 공인된 갑골문 해석 가운데 가장 창조적이면서도 영향력 있는 것은 일본의 대표적 한자학자인 시라카와 시즈카(白川靜)의 해석이다. 그의 걸출한 해석의 출발점이자 지금까지도 갑골문의 해석에서 가장 논쟁이 되는 글자는 위 글자다.

마치 한글의 ㅂ 자와 같은 형태의 이 글자는 사람의 입 모양을 상형한 입 구(口) 자의 갑골문 가운데 하나로 알려져 있었다. 입이야말로 사람의 신체 부위 가운데 언어와 문자와 가장 관련이 높은 부분일 것이다. 갑골문에서도 언어와 문자 관련 단어에 이 모양이 다양하게 결합되어 나타난다.

그런데 일반적으로 입을 그릴 때는 시작점과 끝점이 서로 만나는 폐곡선 형태로 그리게 마련인데, 이 갑골문은 그렇지 않고 좌우 상단에 무언가 삐죽하게 솟은 부분을 남기고 있다. 사람의 얼굴을 그릴 때 입은 보통 타원형이나 반달형이시 이렇게 무언가 부자연스럽게 튀어나온 네모 모양이 아니다. 시라카와 시즈카는 이런 독특한 모양에 주목하여 이 갑골문이 사람의 입을 상형한 것이 아니라고 주장한다.

그에 의해 시작된 갑골문 전반에 관한 새로운 해석은 당시까지 입 口 자로 알려진 갑골문이 사실 축문(祝文)을 담는 그릇이라는 주장에서 비롯한다. 고대 중국에서는 제사를 지낼 때 사용했던 축문을 죽간이나 목간과 같은 곳에 적고 그것을 신성한 그릇에 담아 봉인했다는 해석이다. 지금은 제사를 지낸 다음 축문을 적은 종이를 불에 태워 신에게 글자를 보내는 의식을 진행한다. 글자를 태우는 행위는 영원히 돌이킬 수 없는 비가역적 상태로 축문의 내용을 봉인한다는 의미도 담고 있다. 갑골문 시대는 종이가 발명되어 본격적으로 사용되기 약 1500년 전이다. 이 당시에는 축문을 적은 대나무 조각 등을 그릇에 담아 신성하게 영구 보존했고, 이 글자는 바로 이런 그릇을 나타낸다는 것이다.

그런데 대부분의 중국 학자들은 여전히 이 글자를 입 口 자로 해석한다. 이와 결합된 글자들 대부분이 입으로 말할 때와 관련된다고 보기 때문이다. 그렇다면 시라카와의 주장이 과연 합리적인 근거를 갖추었는지 몇 가지 글자를 보면서 함께 살펴보기로 하자.

고대 중국에서 최고의 인격을 가진 위대한 사람을 성인(聖人)이라고 했다. 갑골문 聖 자는 우선 큰 귀를 가진 사람의 모습을 표현한다. 사람 人 자 위에 큰 귀 하나가 붙었다. 聖 자의 왼쪽 하단에 있는 네모난 글자는 일반적으로 입 口 자로 해석된다. 그래서 성인이란 들

갑골문 성(聖)   갑골문 문(聞)

기도 잘하고 말도 잘하는 사람이라고 풀이된다. 그런데 큰 귀와 입만 그려놓고 그것을 위대한 사람을 표현한 글자라고 하자니 무언가 부족해 보인다.

시라카와 시즈카는 이 네모 모양의 글자가 제사용 축문을 담는 일종의 그릇이라며 자신만의 일관된 관점으로 다른 갑골문을 해석한다. 그렇다면 聖이란 일반적 감각으로서의 청각과 구술 능력을 넘어, 신에게 기도드리고 신의 목소리를 듣는 초월적 능력을 가진 사람으로 해석될 수 있다. 시라카와의 창의적인 갑골문 해석의 핵심이 바로 이 네모 글자 풀이에서 비롯했다.

고대에 신과 소통하는 데는 시각보다 청각이 우선했다. 세상의 혼탁한 모습에 현혹되지 않고 오로지 자연 자체의 소리에 집중할 수 있는 민감한 능력을 갖춘 자만이 신과 소통한다고 믿었다. 갑골문 복사 가운데에는 점친 내용을 기록하면서 "들리는 것이 없는가[망문(亡聞)]"라고 묻는 말이 자주 나온다. 듣는다는 뜻의 聞 자의 갑골문도 큰 귀에 한 손을 대고 집중하여 무언가를 듣는 모습을 표현한 것이다.

신의 목소리를 잘 듣도록 유별나게 큰 귀를 강조한 글자가 聖 자라면, 특별히 큰 눈을 강조한 글자는 망(望) 자이다. 갑골문 望 자는 사람이 높은 곳에 올라가 먼 곳을 바라보는 모습으로, 人 자 위에 커다란 눈을 과장되게 표현했다. 그런데 望 자에는 聖 자에서처럼 ㅂ 모양

갑골문 망(望)   갑골문 승(乘)

의 글자가 없고 다만 높은 곳을 나타내는 직선만 표시되어 있다.

상나라에 망승(望乘)이라는 씨족이 살았다. 이 부족원은 높은 곳에서 적의 동태를 살피는 척후의 임무를 담당했다고 전해진다. 갑골문 乘 자는 나무 위에 사람이 선 모습이다.

聖 자에서 신과의 교섭 시 듣는 행위가 강조되었다면, 望 자에서는 인간들 사이에서 서로 경계하고 살피는 시각적 능력이 강조되었다. 望은 신을 바라보는 것이 아닌 동급의 인간들을 바라보는 데 사용된 글자였다.

이처럼 ㅂ 모양의 글자가 결합된 글자에 대한 해석은 갑골문의 특성을 규명하는 데 결정적인 작용을 한다. 이 글자와 결합된 많은 글자가 모두 제사나 주술과 관련된 상황을 나타내는 것으로 해석되기 때문이다.

고(告) 자는 축문 그릇에 나뭇가지를 꽂은 모습으로 신에게 무언가를 고한다는 의미를 표현했다. 언(言) 자는 告 자 위에 한 획이 추가된 것이다. 축문 그릇 위로 들려오는 말소리는 신의 목소리인 셈이다. 이 글자는 신의 말씀이 축문 그릇 위 공간에 울리는 소리의 형태로 전해짐을 나타낸다. 음(音) 자는 言 자 위에 다시 한 획이 추가된 것이다. 신에게 고하는 소리는 어두운 곳에서 울려온다. 그래서 音 자는 원래부터 어두울 암(暗) 자와 통했다. 音 자 아래 추가로 마음 심

갑골문 고(告)　　갑골문 언(言)　　갑골문 음(音)　　소전체 의(意)

(心) 자가 더해지면 의미를 나타내는 의(意) 자가 된다. 신의 뜻은 단순히 내용만이 아니라 사람의 마음을 울리는 것이어야 한다.

　　이처럼 ㅂ 모양 글자에 추가적인 요소가 하나씩 누적되어 만들어진 연속적인 글자들은 축문을 담는 그릇이라는 의미와 관련된 일련의 뜻으로 해석된다. 만약 이 글자가 입을 나타내는 것이라면, 告는 사람들에게 알린다는 일반적인 의미이고, 音은 입으로 내는 단순한 소리에 불과하며, 言과 意는 입에서 나와 마음으로 전해지는 의미를 표현한 것이 된다. 그러나 사람의 입이 아니라 주술적 도구로 해석된다면 의미의 깊이는 달라진다. ㅂ 모양 글자에 대한 해석의 차이가 갑골문 한두 글자의 해석을 넘어 갑골문 전체의 특성을 파악하는 데 결정적인 역할을 하는 것이다.

　　시라카와 시즈카는 더 나아가 그동안 풀리지 않았던 많은 갑골문을 주술과 관련된 글자로 해석한다. 이 과정을 통해 그전까지 해석되지 않던 글자들이 연관성을 갖게 되었다.

　　갑골문 미(媚) 자는 눈썹 화장을 짙게 한 여성의 모습이다. 이런 여성을 창으로 찔러 죽이는 모습의 글자가 멸(蔑) 자이다. 媚는 아름답다 혹은 아첨하다는 의미로 사용된다. 그런데 이 媚 자가 포함된 글자 가운데, 여자를 창으로 찔러 죽이는 蔑 자와 같은 글자는 어쩌다 생긴 것일까? 갑골문 媚 자를 단순히 눈 화장을 한 여성으로만 본다면

갑골문 미(媚)　　　　　갑골문 멸(蔑)

蔑 자의 해석 역시 분명하지 않게 된다.

　시라카와 시즈카는 이 媚 자를 상나라의 무녀를 표현한 것이라고 해석한다. 이들은 전쟁에서 항상 맨 앞에 서서 적에게 저주를 퍼붓는 역할을 담당했다. 당시 전쟁의 승패는 이 무녀의 주술 능력에 따라 좌우되었다. 전쟁에서 이기면 가장 먼저 상대방 진영의 무녀를 죽여 주술 능력을 없애야 했다. 적국의 무녀를 창으로 찔러 처참하게 살해한 것이다. 이 장면을 표현한 蔑 자는 그래서 주술 능력을 없앴다는 의미를 나타냈다. 지금은 일반적으로 무엇인가를 없앤다는 의미만 담지만, 갑골문에서는 특수한 뜻으로 사용되었던 것이다.

　시라카와의 갑골문 해석은 관련된 글자들의 연관성과 글자 내부의 구성 방식을 볼 때 타당한 근거를 가진 것으로 보인다. 그의 새로운 해석은 갑골문이 탄생했던 고대 중국의 신화와 풍속에 대한 객관적인 자료를 바탕으로 한다. 1970년에 초판이 발간된 『한자의 기원』이라는 책은 지금까지도 수십 쇄가 인쇄되는 베스트셀러가 되어 일본 사회에 갑골학과 고문자학이라는 새로운 인문 교양의 장르를 개척했다고 평가받는다.

　하지만 중국 학계에서는 그의 해석에는 주술적 전통이 강한 일본 문화의 특수성이 과도하게 반영되었다는 비판도 있다. 전 세계 학계의 보편적 인정을 받기 위해서는 검증해야 할 부분이 여전히 남아 있다는 것이다. 갑골문의 고향인 중국의 갑골학자 입장에서는 외국 노학자가 제시한 독창적 해석에 전적으로 동의하자니 자존심이 허락하지 않았던 것일까. 또는 한자에 대한 과도한 자부심 때문에 학문에는 국경이 없다는 사실을 잠시 잊었는지도 모르겠다.

시라카와의 해석이 옳고 그른지, 객관적인지의 여부를 떠나 분명히 인정해야 할 점이 있다. 그의 새로운 발견은 한자의 기원에 대한 이해를 넓히고 한자와 한자 문화권에 대한 대중의 관심을 높였다는 사실이다. 그의 연구 성과를 집대성한 『자통(字統)』(1984), 『자훈(字訓)』(1987), 『자통(字通)』(1996) 3부작은 일본 갑골학의 위대한 성과로 인정받는다.

갑골문이 밝혀낸 역사적 사실

갑골문은 한자의 기원을 밝히는 자료이면서 동시에 역사적 사실을 검증하는 실증적 자료로 활용되기도 했다.

지금까지 전해지는 상나라의 역사는 대부분 사마천의 『사기』를 토대로 했다. 하지만 여기에는 왕의 계보나 간략한 정치적 사건들만 기록되어 있어 상나라 시대의 구체적인 역사적 사실을 확인하기에는 충분하지 않았다. 『사기』는 상나라 멸망 후 1000년이 지난 다음에야 전해진 문헌과 이야기를 종합한 것이라 후대 사람들은 여기에 기록된 상의 역사가 실제인지 의심하기도 했다.

20세기 초반에는 중국 고대사를 비판적인 시각으로 바라보는 의고파의 영향으로 실증적인 자료가 부족한 상나라의 존재 자체를 부정적으로 바라보는 분위기까지 조성되었다. 이때 왕국유는 갑골문 분석을 바탕으로 상나라 왕의 계보를 밝혀내고 그것이 『사기』 「은본기」

에 나온 계보와 일치한다는 사실을 확인해주었다.

그는 우선 갑골문에서 상대의 왕과 조상신의 이름을 발견하고, 각 시대별 제사 형태를 몇 개로 분류한 다음, 이 두 자료를 서로 대조하여 상나라 왕의 계보를 복원했다. 고대 문헌에 의하면 상나라는 도읍을 자주 옮겼다고 한다. 왕국유는 갑골문 분석을 토대로 소둔 지역이 반경이 천도한 후 상이 멸망할 때까지 270여 년 동안 도읍이었음을 고증했다.

초기 갑골문 연구자들이 글자 하나하나를 해독하는 데 주력했던 반면, 왕국유는 갑골문을 상나라의 역사적 전모를 드러내는 자료로 승격시켰다. 갑골문을 일종의 사료로 활용한 것이다. 그런데 왕국유의 실증 방법은 동작빈이 발견해낸 정인의 이름을 단서로 했다.

동작빈은 1929년 발굴한 대구사판(大龜四版)을 분석하여 최초로 '정인설(貞人說)'을 제기하였다. 그는 갑골문의 복사 가운데 복(卜) 자와 정(貞) 자 사이에 한 글자가 있는 구절(卜+○+貞)이 반복된다는 점에 주목했다. 갑골 복사에 대한 분석을 토대로 그는 두 글자 사이에 등장하는 글자가 다름 아닌 정인의 이름이라는 것을 알아내었다. 이 정인의 이름을 기준으로 간지와 왕의 이름을 대조하면 해당 갑골이 언제 만들어졌는지 확인할 수 있게 된다. 『사기』에 기록된 왕의 이름과 갑골문에 등장하는 정인의 이름을 순서대로 배치한 다음 이를 단서로 계보를 파악한 것이다.

정인은 상나라 왕실의 점복을 주관하던 사람이다. 처음에 이들은 점복을 끝낸 뒤 그 내용과 결과를 갑골에 새기는 일까지 담당하기도 했다. 그런데 후기 갑골문에서는 간혹 한 정인이 점복한 복사를 새긴 글자체가 서로 다른 것들이 발견되기도 한다. 점을 치고 해석하고 기록하는 정인의 역할이 각각 분화되었음을 보여주는 것이다.

갑골문 정(貞) 자의 다양한 형태

　　발굴된 갑골의 기록에 근거해 273년 동안의 은허 시기에 존재했던 정인의 수를 조사한 결과 이들은 모두 140명 내외로 밝혀졌다. 정인은 상 왕조의 세력하에 있던 여러 부족에서 파견한 사람들이라는 주장도 있다. 상나라 왕은 이런 정인 집단의 지도자로서 자신의 권력을 발휘했고, 왕이 바뀌면 정인도 교체되었다.

　　동작빈의 정인설이 발표되자 많은 학자들이 이에 의거해 갑골을 분석하여 시대를 판별했다. 동작빈이 논문 「갑골문단대연구례(甲骨文斷代研究例)」를 통해 처음으로 정인 33인의 존재를 발견하고 이에 근거해 시대를 판별하는 원칙을 세운 것은 갑골학 연구사에서 가장 중요한 사건이라고 할 수 있다. 개별적인 파편으로 출토되었던 갑골문은 이제 시대 순으로 구분되고 배열됨으로써 상나라 역사에 대한 실증적이고 과학적인 자료로서의 위상을 갖추게 되었다. 정인의 순서에 맞추어 왕의 계보를 다시 구성해보니 『사기』 「은본기」에 수록된 왕의 계보도와 거의 유사했다.

　　이를 계기로 갑골학은 단순한 문자 연구에서 벗어나 고고학의 영역에 들어섰다고 평가된다. 글자 하나하나의 의미나 구조를 분석하는 데 국한되지 않고, 갑골이라는 실물을 세심하게 관찰하고, 묻혀 있던 지층의 구조에도 주의를 기울이며, 함께 출토된 다른 유물을 참고하여 역사적 사실을 밝히는 방향으로 연구의 시야가 확대되었다.

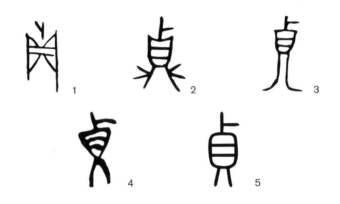

정(貞) 자의 변화 과정. 차례대로 갑골문, 금문, 전국 시대, 초나라, 『설문해자』

상나라에서 점을 담당했던 사람으로는 복인, 정인, 점인이 있었고, 이들은 점을 치고 해석하는 과정에서 각각 다른 역할을 담당했다고 한다. 복인은 귀갑을 직접 다루며 거기에서 징조를 읽어내는 사람으로 지위가 비교적 낮았기에 갑골에 이름이 기록되지는 않았다. 정인은 갑골에 직접 이름을 표기하였는데 이것은 갑골문의 연대를 판명하는 중요한 단서가 된다. 정인은 상나라의 정치권력에 막강한 영향력을 행사했는데, 점을 친 결과에 따라 왕의 의견에 반대하는 힘을 가지기도 했던 것으로 보인다.

貞 자는 점을 칠 때 사용하던 나뭇가지를 정(鼎)에 꽂는 모습이다. 갑골의 표면에 직선으로 균열이 생긴 것을 卜 자로, 좀 더 복합적인 균열의 모습을 조(兆) 자로 표시하여 이를 토대로 무슨 일이 생길 조짐이나 징조를 예측하였다. 貞 자에 나타난 균열은 직선으로 갈라진 것으로 이 선의 각도나 모양으로 점괘를 판단했다. 여기에서 貞 자는 '똑바르다', '정도를 지키다'라는 의미로 확대되었다.

나중에는 남편이 죽었지만 재혼하지 않는 여성을 가리키기도 했다. 우리나라에서는 이 글자를 '곧을 정'으로 읽으며 20세기 한때 여성의 이름에 자주 사용하였다. 이름자로 선택할 때 이 글자가 원래는 점복을 담당했던 사람을 나타내었고 나중에는 여성에 대한 봉건적 속박을 강조하는 의미로 쓰였다는 사실을 상기하는 사람은 없을 것이다. 올바르고 곧은 성품으로 자라기를 바라는 마음에서 이 글자를 선택했을 것이다. 하지만 유독 한국 여성의 이름에 자주 쓰인 현상은 우리 사회가 여성의 정절을 과도하게 강조하는 전통적 습속에서 자유롭지 못했음을 드러내는 것이기도 하다.

진의 진실

貞과 관련된 글자 가운데 가장 중요한 글자는 아마도 진(眞) 자일 것이다. 그런데 지금 우리가 사용하는 해서체 眞 자는 貞 자보다는 직(直) 자와 훨씬 비슷해 보인다. 특히 현대 중국의 간체자에서는 直 자와 眞 자의 형태가 더욱 비슷해졌다. 간체자 直 자 아래 두 점만 추가하면 眞 자가 되는 것이다.

　글자의 원래 자형을 모르고 간체자만 아는 사람은 두 글자의 유사성이 무언가 심오한 원리에서 비롯되었다고 믿는다. 진리란 세상의 모든 사물에 적용된 일관된 원리이기에 에둘러 표현되지 않고 단

간체자 직(直)　　　　　간체자 진(眞)

갑골문 직(直)   갑골문 덕(德)

도직입적으로 드러난다는 식이다. 하지만 고대 한자의 자형을 살펴보면 두 글자는 아무런 형태적 연관성이 없다. 현대인들이 비슷한 형태를 토대로 개념의 연관성을 유추했지만 그 형태는 최근에 만들어진 것에 불과했다.

그렇다면 이 글자들의 원래 모습은 어땠을까? 直 자의 갑골문 형태를 보면 눈과 그 위의 직선이 '똑바로 보다'라는 의미를 직관적으로 표현하고 있다. 앞을 응시하는 눈의 시선을 강조한 것이다. 갑골문 直 자는 나중에 덕(德) 자의 구성 요소가 되기도 한다.

德의 갑골문 자형 가운데 왼쪽의 두인변(彳)은 길을 걷는 모습을 표현한 것으로 '행동하다'라는 의미를 나타낸다. 오른쪽은 눈과 그 위의 직선으로 구성된 곧바를 直 자이다. 갑골문 德 자는 이 두 요소의 조합을 통해 시선을 옆으로 돌리지 않고 곧바로 행동하는 모습을 표현했다. 무언가를 결정 내렸을 때 주저하지 않고 과감하게 돌진하는 태도를 德 자로 표현한 것으로, 지금 우리가 아는 덕성과는 다른 개념을 담고 있다.

眞 자는 갑골문에는 보이지 않고 금문에서 처음 등장하는 글자이다. 갑골문 시대에는 진리(眞理)에 대한 의식이 없었던 말인가? 사실 진리라는 한자 단어는 서양철학의 로고스(logos)라는 개념어에 대한 번역어로 근대에 만들어진 신조어이다.

고대 그리스와 로마인은 변화하는 세계에 일관되게 존재하는 원리로서 로고스를 강조했다. 그들은 세계를 하나의 단일한 원리로 설명할 수 있다는 자신감에 넘쳤다. 마치 갑골문 直 자와 德 자에 보이는 단일한 시선의 직선처럼 이 세상에 존재하는 단 하나의 로고스는 다른 원리들과 타협할 줄 몰랐다.

그러나 중국에서는 이런 로고스적인 진리보다는 사람들과의 관계를 개선하는 데 초점을 맞추는 인(仁)에 더 관심이 많았다. 이런 이유 때문일까, 眞 자는 갑골문에는 보이지 않고 금문에 처음 나타난다. 그런데 금문 眞 자의 자형을 자세히 살펴보면 정(鼎) 자 위로 무언가 하나가 추가된 모습이다. 이는 금문 貞 자의 구성과 비슷하다. 眞 자는 貞 자와 관련된 것이 분명하다.

금문 眞 자의 해석에 대해서는 다양한 주장이 있는데, 그중 설득력이 있는 것은 제사용 그릇인 鼎 안에 숯을 넣고 그 위에 갑골을 얹은 다음 갈라지는 균열을 보고 점을 치는 모습을 표현했다는 것이다. 여기서 眞은 점을 친 결과가 현실로 나타난다는 뜻이다. 정인은 점복의 결과를 따르지 않고 자기 마음대로 억측할 수는 없었을 터, 그들 사이에는 갑골 위로 드러난 균열의 방향이나 패턴을 해석하는 일관된 방법에 대한 묵계가 있지 않았을까. 갑골의 균열이 보여주는 점복의 결과를 감추지 않고 그대로 드러내는 것이 바로 진실한 태도였다.

금문 정(鼎)

금문 진(眞)

금문 정(貞)

진실이란 결국 객관적인 징표로 드러난 점복의 결과를 따른다는 것을 말했다.

이 의미는 훗날 서구의 철학 개념을 번역하는 과정에서 로고스의 번역어로 나중에 소환된다. 지금 우리가 사용하는 진리라는 개념어는 서양철학의 로고스를 표현하는 데 그나마 가장 적합했던 眞 자가 선택되어 만들어졌다.

지금도 우리 사회에서 학교의 교훈으로 가장 많이 사용되는 글자가 바로 眞이다. 일제강점기 때 도입된 서구 교육 시스템이 정착되면서 자연스럽게 교육목표에서도 서구적 가치가 우선순위를 차지하게 된 결과이다. 해방 후에도 서구 유학파를 중심으로 교육체계가 정비되면서 서구 철학의 핵심이었던 진리가 여전히 교육의 주요 목표가 되었다. 1000년이 넘는 기간 동안 동아시아 사회에서 교육의 핵심 화두로 자리 잡았던 인(仁)과 예(禮)와 같은 개념보다 세련되고 개화된 느낌을 주기 때문일까.

그러나 眞을 사용해 만들어진 형성자는 대부분 이런 고매하고 추상적인 진리와는 별로 상관없는 내용을 나타낸다. 積, 鎭, 瞋, 謓, 膜, 塡, 寘, 闐, 嗔, 滇, 鬒, 瑱의 발음은 모두 진이며, 빽빽하다, 메우다, 성하다, 가득 차다 등 무언가를 '채우다'라는 의미를 가진다. 그릇 안을 숯으로 채운 금문 眞 자의 모습에서 비롯되었다. 眞 자는 처음 만들어질 때부터 지금 우리가 사용하는 고상한 뜻과는 아무 관련이 없었다.

주 문명이 들어서면서 주술을 담당하던 정인의 위상이 약해지고, 대신 세상에 보편적으로 존재하는 원리인 도(道)를 체득하고 실현할 존재로서 진인(眞人)이라는 새로운 존재가 부상한다. 세상을 관통하는 일관된 원리로서 도를 체득한 현자인 진인은 나중에 도교의 민간신앙에서 신선(神仙)이라는 이름으로 바뀐다.

『설문해자』 진(眞)

　　도교의 영향력이 강했던 한나라 때 편찬된 『설문해자』에서는
眞 자를 신선이 변신하여 하늘로 오르는 모습으로 설명한다. 글자 아
래 팔(八) 자처럼 생긴 것은 신선이 날아갈 때 타고 있는 것을 나타낸
다고 풀이한다.

　　이렇듯 眞 자의 역사를 살펴보면 이 글자가 시대와 환경의 변
화에도 불변하는 진리나 진실을 담고 있는 것은 아니었음을 알 수 있
다. 원래는 제사를 담당하던 貞과 관련된 글자였고 잠시 신선의 모습
을 표현하기도 했으며, 어느 순간부터 로고스와 동격의 단어로 격상
되었다. 이러한 사실을 알고 나면 더 이상 眞 자 앞에서 위축되거나 부
끄러워할 필요는 없을 것이다.

갑골문에 나타난 여성

상나라 시절 일반적인 여성의 사회적 지위는 매우 낮았다. 갑골문 기록에 따르면 심지어 제사 가운데 여성을 희생으로 바치는 경우도 있었다.

갑골문 녀(女) 자는 무릎을 꿇은 상태에서 두 손을 공손하게 모으고 있는 모습이다. 다소곳하게 누군가에게 순종하는 모습을 강조하는 이 글자의 형태는 당시 여성의 사회적 지위를 보여준다고 해석되기도 한다.

초기 갑골문에서 일반적인 여성을 나타내는 女 자와 어머니를

갑골문 녀(女)   갑골문 모(母)

갑골문 남(男)

나타내는 모(母) 자는 자형이 거의 비슷해 혼용되는 경우가 많았다. 그러나 후기 갑골문에서는 母 자에 유방을 강조하는 두 점이 추가되었다. 여성에서 어머니를 독립시켜 새로운 글자를 만들면서 자식에게 젖을 물리는 신체 기관을 특별히 강조한 것이다. 만약 우리에게 女 자를 밑그림으로 어머니를 나타내는 새로운 글자를 만들 기회가 생긴다면 무엇을 강조하게 될까?

갑골문에서 남성을 나타내는 남(男) 자는 밭[전(田)]과 힘[력(力)]이 결합되어 밭에서 쟁기질하는 사람의 모습을 역동적으로 표현했다. 공손하게 두 손을 모으고 앉아 있는 女 자의 정적인 모습과 대조된다. 주나라 때는 공(公), 후(候), 백(伯), 자(子), 남(男)의 순으로 귀족 작위를 나타내는 글자로도 사용되었다.

상나라 시대 여성의 사회적 위상을 포함한 전반적인 사회의 모습에 대해 알 수 있는 자료는 많지 않다. 『사기』를 비롯한 몇몇 사서에 기록된 상나라의 역사는 주로 왕의 계보를 중심으로 하는 정치적 사건 위주로 구성되었다. 그런데 최근에 한 유적에서 발굴된 갑골문과 유물들은 상나라의 다양한 사회 모습을 보여주기에 충분했다.

1976년 중국 사회과학원 고고연구소의 발굴단이 은허의 소둔촌 서북쪽에서 완전한 형태의 왕실 중형 묘실을 찾아냈다. 여기에서 청동기, 옥기 등 1600여 개 유물이 발굴되었는데, 출토 청동기 200점

가운데 109점의 명문에 부호(婦好)라는 이름이 새겨져 있어 부호묘라고 부른다.

이 묘는 수천 년 동안 농경지로 사용되었는데 수리 개량 공사를 하면서 세상에 드러났다. 발굴 당시 지하수가 상승하여 부패한 인골이 떠오를 정도로, 묘의 훼손도가 심해 매장 당시의 온전한 상태를 파악할 수 없었다고 한다. 그런데 매장품의 규모로 볼 때 부호는 상당히 높은 지위의 여성이었으리라 추측된다. 지금까지의 연구 결과 부호는 갑골문 제1기 시대의 왕 무정의 부인으로 알려졌다.

그전까지 발굴된 은허의 상나라 시대 무덤들은 매장된 사람이 누구인지 확실하지 않았다. 하지만 부호묘는 묻힌 사람이 분명하고 도굴되지 않은 상태였기 때문에 이곳에서 나온 유물들은 은허에서 출토된 다른 유물의 시대를 판별하는 데 비교 기준을 제시해주었다.

갑골문에는 婦 자를 사용한 여성의 이름이 많은데, 이 글자가 상나라 왕자와 결혼한 이민족 여인을 지칭한다는 주장도 있다. 이들은 수천의 군사를 이끌고 전투에 참가하기도 했으며, 희생으로 바쳐진 소의 견갑골을 정비하는 일을 담당했다고 한다. 갑골문 기록에 의하면 부호는 무정의 부인이자 그의 아이를 낳았으며 군대를 거느리고 전쟁이나 사냥을 나가기도 했다고 한다.

갑골문 婦 자는 여성이 빗자루 추(帚)를 들고 있는 모습이다. 여기서 잘못 힌트를 얻어 부인이란 예부터 집에서 빗자루로 청소나 하는 존재였다고 이야기하는 사람도 있다. 하나는 알고 둘은 모르는 소리다. 고대에 帚는 단순한 청소 도구가 아니었다. 빗자루로 술을 흩뿌려 그 향기로 제단을 정결하게 하는 도구였다. 또는 군대 지휘관들이 손에 들고 휘두르는 빗자루 모양의 무기였다는 주장도 있다.

전설에 의하면 옛날에 두강(杜康)이라는 사람이 술과 빗자루

갑골문 부(婦)   갑골문 추(帚)

를 만들었다고 한다. 현재의 관점으로 보면 술과 빗자루는 무언가 어색한 조합이다. 그러나 제사를 지낼 때 사용하는 술과 성스러운 제단을 정결하게 하는 도구의 조합이라면 이야기는 달라진다. 帚가 제사용 도구였든 전쟁용 무기였든, 이를 소지한 婦는 단순히 집에서 청소하는 사람은 아니었던 것이다. 갑골문에는 왕자의 부인을 추호(帚好)라고 기록한 것도 있다.

갑골문 기록에 의하면 부호는 30대의 나이에 죽었다. 60여 명의 비 가운데 가장 높은 위치였고 무정왕의 총애가 남달랐다고 한다. 왕은 부호의 임신과 출산, 질병과 치유 등에 대해 자주 점을 쳐 묻고 그것을 갑골에 새겨 넣었다.

부호는 왕을 대신해 제사를 주재하기도 하고, 귀갑의 수집과 정리를 관리하는 정인의 역할도 담당했으며, 무정이 70세가 넘었을 때는 스스로 최고 군사 지휘관이 되어 전쟁에 참여하기도 했다. 중국 역사 기록상 최초의 여장군이었던 것이다. 갑골에는 부호가 1만 명이 넘는 군사를 이끌고 매복전을 펼쳐 적을 섬멸했다고 기록되어 있다.

그런데 이런 업적이 부호라는 여성 개인의 것이 아니라, 그로 대표되는 부족의 행동을 서술한 것이라고 주장하는 사람도 있다. 상나라 시절 여성의 사회적 지위를 고려했을 때 한 여성이 이 정도 권력을 가진다는 것은 상상할 수 없다는 뜻에서였다. 하지만 갑골문의 많

갑골문 민(敏)　　　　갑골문 매(每)　　　　갑골문 육(毓)

은 글자를 분석해본 결과 제사와 관련된 일에 여성이 주로 관여했음은 분명해 보인다.

여성이 제단을 지키고 관리하는 전통은 오래전 모계 사회에서부터 비롯했다. 갑골문 민(敏) 자는 여성이 머리를 다듬는 모습이다. 단순히 외모를 꾸미기 위해서가 아니라 제사를 지내기 위해 의관을 갖추는 모습을 나타낸다. 제사를 지낼 때는 부지런하고 기민하게 움직이지 않으면 안 된다. 시간이 지나면서 이런 행동의 특성만 남아 '민첩하다'는 의미로 사용되었다.

敏 자가 머리를 다듬는 모습을 강조한 것이라면, 앞서 말했듯 주술사를 나타내는 미(媚) 자는 눈 화장을 짙게 한 여성의 모습을 표현한 것이다. 매(每) 자는 머리에 장식을 하거나 비녀를 꽂고 있는 여성의 모습이다. 제사를 지낼 때 여성이 머리 장식을 하거나 눈 화장을 하는 것은 아름답게 보이기 위해서가 아니라, 신을 받들 때 자신의 정체성이 드러나는 개성적 모습을 지우기 위해서였다.

갑골문 육(毓) 자는 비녀를 꽂은 여성을 나타내는 每 자와 흘러내릴 류(流) 자가 결합되어 아이를 낳고 있는 여성의 모습을 표현한 것이다. 이처럼 갑골문에 등장하는 여성은 아이를 낳거나 양육하는 어머니이거나, 제사를 주관하는 무녀와 관련된 것들이 주를 이룬다.

한편 갑골문의 온당할 타(妥) 자는 손으로 여자를 자리에 앉히

갑골문 타(妥)

거나, 혹은 앉아 있는 여자를 손으로 누르는 모습인데 여기에 대해서는 정반대의 해석이 존재한다. 여자를 잘 얻어야 모든 것이 타당(妥當)한 질서를 갖게 된다는 의미와, 반대로 여자를 눌러 앉혀야 질서가 생긴다는 서로 다른 주장의 근거로 사용된다. 모두 각자 자신의 여성관을 투영한 해석이다. 여기에 나타난 여성의 이미지는 婦 자나 媚 자에 보이는 상류 계층 여성의 지위와는 거리가 있다.

갑골문에 등장하는 여러 여성 관련 글자들은 왕비나 무녀 같은 특수한 신분의 상층 계급 사람을 나타낸다. 이 글자들은 시간이 지나면서 일반 여성을 지칭하는 것으로 의미가 확대된다. 비록 소수였다 할지라도 한 사회를 주도하며 활약했던 상나라 시절 여성들의 위상이 시대가 변하면서 크게 떨어진 상황과 무관하지 않을 것이다.

글자에 남은 노예 사회의 흔적

1950년대 중반 곽말약은 갑골문에 대한 연구 결과를 토대로 『노예제 시대』라는 책을 통해 상나라가 노예 사회였다고 주장했다. 갑골문 해독으로 밝혀진 바에 따르면 제사를 지내는 데 사람을 희생으로 쓴 경우가 많았다고 한다. 심지어 그 수가 몇백, 몇천 명에 이르는 경우도 있었다. 또한 사람과 가축을 함께 죽여 조상제를 지내거나 순장하는 경우도 적지 않았다고 한다.

지금까지 발굴된 상나라 묘에서는 대부분 순장의 흔적이 발견된다. 특히 지배층 묘실 주위에는 수십 구의 목 잘린 유골이 흩어져 있어 발굴자들을 놀라게 하기도 한다. 소둔촌 1001호 묘의 경우 오래전 행해진 대규모 도굴로 인해 부장품들이 어지럽게 널린 상태로 발굴되었는데, 이곳에는 59구의 머리 잘린 유해가 순장되어 있었다. 이들은 묘도(墓道)를 덮을 때 순차적으로 묻힌 듯 보이는데, 묘 아래층에는 양손이 등 뒤로 묶인 채 머리가 절단된 시신들이 있었고, 위층에는 사후에도 왕에게 봉사하도록 손이 자유로운 상태로 묻힌 유해들이 모여 있었다. 절단된 머리들은 모아서 묘도의 출구 쪽에 두었는데, 머리만 총 73개가 발견되었기 때문에 사지가 사라진 시신이 상당했음을 알 수 있다.

노예는 대부분 전쟁에서 패한 민족으로 보이는데 대표적 사람들이 바로 강족(羌族)이다. 강족은 고대 중국 서부 고원 지대 유목민으로 티베트족을 포함한 소수민족의 선조로 알려졌다. 이들은 옛날부터 주로 양을 키우며 유목 생활을 유지했는데 이런 모습은 갑골문에서부터 보인다.

갑골문 강(羌) ① 자는 머리에 양털 장식 모자를 쓴 사람의 모습이다. 외적 모습을 표현하는 데 양털 장식을 강조하고 있다. 다른

갑골문 강(羌) ①

갑골문 강(羌) ②

갑골문 강(羌) ② 자는 포로로 잡은 강족의 목덜미에 밧줄을 단 모습이다. 강족은 상나라 민족에게는 우호적 이웃이 아니라 대등한 힘을 지닌 적대적 존재로서 노예와 같이 취급되었다.

갑골문 복사에는 '강족을 포획하다'라는 획강(獲羌)이라는 표현이 자주 등장한다. 獲 자는 새를 사냥하는 모습을 표현한 글자로, 퍼덕이는 새를 손으로 잡는 순간을 생생하게 포착하고 있다.

강족을 포로로 잡았다는 의미의 단어에 사냥에 사용하던 獲 자를 썼다는 말은 그들을 금수처럼 여겼음을 보여준다. 갑골문 기록에는 특정 제사에 강족 수십 명을 희생으로 삼았다는 내용이 자주 등장한다. 강족은 항상 상나라의 공격을 받았고, 붙잡힌 강족 사람들은 노예가 되어 왕족의 제사 때 참수되었다. 상나라 묘에서 발굴된 다수의 머리 잘린 시신은 아마도 강족 노예였을 것이다.

羌 자는 다소 낯설지만, 이와 비슷하게 생겼으며 우리나라에서 성씨로 사용되는 강(姜) 자는 익숙한 글자이다. 그런데 姜 자의 기원을 찾아보면 강족의 역사와 만나는 지점이 보인다. 『설문해자』에서는 羌 자를 양과 사람이 합해진 회의자로 풀이한다. 그런데 갑골문 姜 자는 양 머리 아래 두 손을 모은 여성이 합해진 것이다. 갑골문 형태로만 보면 羌 ① 자는 양털 모자를 쓴 남자를, 姜 자는 양털 모자를 쓴 여성을 표현하고 있다. 지금은 두 글자의 뜻이 서로 연관이 없지만, 상

갑골문 획(獲)

갑골문 강(姜)

나라 때는 각각 양을 키우는 강족의 남자나 여자를 나타낼 때 사용되었던 것이다. 이 시기 姜이 강족과 관련되었다는 점은 분명해 보인다.

강씨는 주나라 건국과 함께 역사에 화려하게 등장했다. 그가 바로 강태공(姜太公)이다. 『사기』에 의하면 주나라를 건국한 문왕(文王)이 어느 날 사냥을 나가기 전에 점을 쳤다. 얻은 점괘는 사냥에서 잡게 될 것은 짐승이 아니라 자신을 도와 천하를 평정하게 해줄 현명한 신하라는 것이었다.

이튿날 문왕이 사냥에 나섰는데 위수(渭水) 북쪽에서 낚시를 하는 한 노인을 만났다. 이야기를 나누어보니 과연 세상을 바라보는 식견이 탁월한지라 그를 스승으로 모셨다. 그러고 나서 그가 바로 자신의 선조인 태공이 오랫동안 만나기를 기다렸던[망(望)] 사람이라는 의미로 그를 태공망이라고 불렀다. 지금도 낚시하는 사람을 강태공이라 부르는 이유가 여기에서 비롯한다.

강태공은 문왕과 그의 아들 무왕을 도와 상나라를 멸망시키고 주나라를 건국하는 데 큰 공을 세우고, 이후 개국공신의 공로를 인정받아 제나라의 제후로 봉해진다. 그가 바로 춘추 전국 시대 동쪽의 가장 강력한 제후국이었던 제나라의 시조인 것이다.

강태공이 문왕을 처음 만났을 때는 이미 70대의 노인이었다. 무왕을 도와 주를 건국하고 이어서 제나라의 제후로 봉해지기까지의 시간을 감안하면 상당히 장수했을 것이다. 그래서 139세까지 살았다고 전해지기도 한다. 심지어는 심산유곡에 들어가 신선이 되었다는 전설도 있다. 이처럼 은둔한 현자가 유덕한 왕을 도와 천하를 얻게 해 준다는 패턴은 『초한지(楚漢志)』나 『삼국지(三國志)』와 같은 전쟁 서사에서 비슷한 유형의 조력자의 모습으로 계속해서 부활한다.

그런데 강태공이라는 인물이 갑자기 주나라 건국 과정에 나타난 것을 영웅적 개인의 우연한 등장으로만 볼 것이 아니라 당시 시대적 상황에 대한 상징으로 해석해야 한다는 주장도 있다.

강족 입장에서는 자신들을 노예로 취급하던 원수 상나라를 정벌하러 나선 주나라를 돕는 것은 당연했다. 아마도 강족은 주나라와 연합하여 상나라를 무너뜨리는 데 기여했고 그 공로를 인정받아 제후국으로 봉해졌을 것이다. 주나라 건국신화에 갑자기 등장한 강태공 이야기는 상나라에서의 강족의 위상을 드러내는 장면으로 해석된다.

노예에게 자행했던 신체적 형벌의 흔적이 남은 갑골문이나 무자비한 살상의 모습이 드러난 유적으로 볼 때 상나라가 노예 사회였음은 분명해 보인다. 갑골문에는 이런 노예의 저항 흔적도 남아 있다. 노예들이 곡식 창고에 불을 지르거나 폭동을 일으키고 도주했다는 기록이 그것이다. 노예의 저항은 상나라 말기로 갈수록 더욱 심해졌다. 상의 마지막 왕 주왕이 목야(牧野)에서 주나라 군대와 싸울 때 상나라 노예들은 오히려 상나라 군대와 맞서 싸우기도 했다고 한다.

갑골문에는 노예의 비참한 현실이 그대로 투영된 글자가 적지 않다. 행(幸) 자와 신(辛) 자는 노예에게 가혹한 형벌을 집행하는 모습을 보여주는 대표적 글자이다. 幸 자는 죄를 지은 사람의 두 손에 채우던 수갑처럼 생긴 형벌 도구이다. 이 도구를 두 손에 찬 모습이 집(執) 자이다. 법을 집행(執行)한다는 말은 노예의 두 손에 수갑을 채

갑골문 행(㚔)　　　　갑골문 집(執)　　　　금문 보(報)

우는 구체적 모습에서 왔다. 보(報) 자는 허리를 구부린 사람에게 수
갑을 채우는 모습으로, 벌을 받아 마땅한 사람이라는 뜻이다. 나중에
는 송사의 판결을 報라고 했다.

　　심문하다는 의미의 국(鞫) 자의 초기 형태는 가죽 혁(革)과 㚔
자로 구성되었다. 수갑을 찬 사람을 가죽으로 때리며 심문하는 모습
이다. 㚔 자로 구성된 執, 報, 鞫 자와 같은 글자는 원래 노예에게 가혹
한 형벌을 집행하는 모습을 나타냈으나 나중에는 일반 범죄자를 대상
으로 하는 데까지 확대되었다.

　　㚔 자는 원래 죄인의 살에 먹물로 글씨를 쓰거나 그림을 새겨
넣는 데 사용하는 커다란 바늘을 나타낸 글자였다. 지금은 매운맛을
나타내는 글자로 쓴다. 맵다는 것은 사실 혀로 느끼는 맛이 아니라 혀
를 찌르는 통각의 일종이다. 콕콕 찌르는 바늘을 나타낸 㚔 자야말로
맵다는 감각을 표현하는 데 가장 적합한 것이 아닐 수 없다.

　　동(童) 자는 머리에 묵형을 받은 어린 노예를 나타낸 글자였
다. 고대에 동요(童謠)란 남자 노예가 부르는 노동요를 뜻했다. 어린
이의 순수한 동심을 표현하는 현대의 동요와 머리에 낙인이 찍힌 어
린 노예의 숨 가쁜 노동요가 같은 단어라는 사실은 우리를 소름 끼치
게 한다. 고대에는 형벌을 받은 사람은 관모를 쓸 수도 없고 머리도
묶지 못했다. 나중에 이 글자는 머리를 묶지 않은 어린아이를 가리키

갑골문 신(辛)   갑골문 동(童)   갑골문 첩(妾)

게 되었고, 별도로 노예를 나타내는 하인 동(僮) 자가 만들어졌다. 첩(妾) 자는 머리에 辛으로 묵형을 받은 여자 노예를 표현한 글자였다. 이것이 나중에는 정식 부인이 아닌 소실을 의미하게 되었다.

여기서 언급한 글자들은 현대에도 자주 사용하지만 처음 생겨날 당시에는 그 의미 폭이 지금처럼 넓지 않고 협소했음을 알 수 있다. 이는 갑골문이 일상생활보다는 제사나 국가 통치와 관련된 특수한 상황을 기록하기 위한 용도로 사용되었기 때문일 것이다.

조상과 제사

갑골문에 기록된 제사는 대부분 조상에게 바치는 것이었다. 조상은 왕에게 축복을 내릴 수도 있지만 벌을 내릴 수도 있는 힘을 가지고 있었다. 먼 조상은 전설적 존재로서 영향력이 미미했지만, 최근에 죽음을 목격한 가까운 조상은 생전 모습이 기억에 남아 힘을 가진 존재로 인식되었다. 그래서 처음에는 조상 제사를 주로 최근 조상의 영혼을 달래며 그 힘을 누를 목적으로 시행했다. 그런데 세월이 흐르며 제사의 대상이 되는 조상은 벌을 내리는 것이 아니라 자손을 보호하고 도와주는 친밀한 존재로 바뀐다.

갑골문에 기록된 제사 가운데 사람의 머리를 잘라 바치는 벌

갑골문 벌(伐)　　　　　갑골문 아(我)　　　　　갑골문 의(義)

(伐)이라는 의례가 있었다. 이 의례는 원칙적으로 왕의 조상에게만 행해졌다. 갑골문 伐 자는 제사의 희생이 된 사람의 등을 창[과(戈)]으로 내리찍는 현장을 그대로 재현하고 있다. 선왕에 대한 제사에 산 사람을 제물로 바친 것은 그만큼 자신을 기억하고 있을 조상신에 대한 두려움과 공포가 컸음을 보여준다.

　伐 자는 시간이 지나면서 다른 나라의 군대를 정벌한다는 의미로 사용되지만, 원래는 사람을 제물로 바치던 잔인한 습속의 표현이었다. 조상제가 단순히 형식적으로 예를 표현하는 행사에 그치는 것이 아니라 매우 심각하고 중대한 일로 인식되었던 것이다.

　戈는 끝이 낫처럼 휘어져 사람을 베거나 찍어 내리는 데 사용된 무기였다. 여기에 톱니 같은 칼날을 추가하여 더욱 강력해진 무기가 바로 아(我)이다. 我는 원래 사람을 찍는 용도로 개발된 삼지창 모양의 잔인한 무기였는데 나중에 일인칭 대명사로 가차된 글자이다.

　이런 무시무시한 무기 위에 양가죽을 걸어놓고 위엄을 보여주는 글자가 의(義) 자였다. 義는 양을 제물로 하는 특정한 제사나 의식을 표현한 글자로 해석되기도 한다. 이 의미는 나중에 만들어진 의례 의(儀) 자에 남아 있다.

　伐과 義와 같이 특정한 제사를 나타내는 글자들은 제사에 사용된 희생과 그것을 죽이는 데 사용된 무기로 구성되었다. 중국 고대 국가에서 가장 중요하게 생각했던 것은 제사와 전쟁이었다.

국가의 대사는 제사와 전쟁이다(國之大事, 在祀與戎). —『좌전』
백성을 다스리는 데 예보다 급한 것이 없으며, 예 가운데 제사보다 중한 것은 없다(凡治人之道, 莫急於禮. 禮有五經, 莫重於祭). —『예기(禮記)』「제통(祭統)」

특히 조상제는 왕의 통치행위 가운데 가장 중요한 것이었다. 『예기』「제의(祭義)」에 의하면 고대 중국의 천자와 제후는 희생으로 사용할 가축을 전문으로 사육하는 관리까지 두었다. 천자와 제후는 매년 정해진 시간에 목욕재계하고 직접 가축 사육장을 순시하면서 제사에 쓸 가축을 선택했다. 털색이 좋은 동물만 골라 점을 쳐서 그 가운데 다시 길조가 나온 것만 사육하게 했다. 이런 식으로 제사를 준비하는 과정 하나하나에 지극한 존경심을 보여주었다.

초기 한자에는 제사와 관련된 글자가 많다. 갑골문 이(彝) 자는 날개를 뒤로 꺾은 닭을 두 손으로 잡고 제사의 희생으로 바치는 모습이다. 글자에는 닭을 잡는 과정에서 뿌려진 핏방울까지 섬세하게 표현되어 있다. 금문에서는 닭을 묶은 실까지 추가하여 보다 생생하게 그렸다. 나중에 이 글자는 제사에 사용되는 일반적인 제기를 통칭

갑골문 이(彝)

금문 이(彝)

금문 흔(釁)

하는 단어로 사용된다.

희생 동물의 피를 제기에 바르고 신에게 제사 지내는 것을 흔히 (釁)이라고 했다. 이 글자는 갑골문에는 보이지 않다가 주나라 때 등장했다. 전쟁을 시작하기 전에 동물의 피를 북에 발랐다는 기록이 보인다. 우리에게는 익숙하지 않지만 고대 중국에서는 의례의 일종으로 비교적 자주 사용된 글자였다. 나중에는 그릇에 갈라진 틈이나 균열을 의미하거나, 더 나아가 징조나 조짐이라는 의미로 사용되기도 한다. 아마도 뼈의 갈라진 틈이나 균열의 방향을 보고 점을 쳤던 습관의 흔적으로 생각된다. 주나라 때는 더 이상 뼈에 열을 가해 균열을 일으키는 방식으로 제사를 지낼 수 없게 되면서, 단단한 제기에 피를 바르는 방식으로 뼈의 균열이나 패턴을 대신했던 것이다.

갑골문 존(尊) 자는 술잔을 두 손으로 받치는 모습이다. 이 글자에는 당시에 사용되었던 제사용 술잔의 생생한 모습이 등장한다. 입구가 넓고 목 부분이 들어갔으며 몸체는 둥글고 가운데가 볼록하며 밑이 뾰족하여 세울 수 없는 형태이다. 이것은 술을 증류할 때 사용하던 밑이 둥근 그릇 유(酉)에서 비롯된 것이다. 나중에는 여기에 액체를 나타내는 삼수변(氵)을 추가하여 술 주(酒) 자가 되었다. 술을 담는 그릇으로 술을 나타낸 셈이다. 존경(尊敬)이라는 단어는 두 손으로 공손히 술잔을 잡고 제사를 지내는 모습에서 비롯했다.

갑골문 존(尊)

갑골문 유(酉)

갑골문 주(酒)

한편 酉 자 위에 八 자가 추가되면 제사에서 술을 주관하는 관리인 추장(酋長)을 나타내는 酋 자가 된다. 원래 주나라에서 제사를 주관하는 관리를 지칭하던 추장이라는 단어는 나중에 여진과 일본 등에서 부족 연합체의 정치적 지도자를 일컫는 말로 사용되었다. 훗날 북미 원주민 부족의 지도자를 나타내는 단어의 번역어를 만들 때 일본인들은 자신들이 사용하던 추장이라는 단어를 가져왔다. 인디언 추장이라는 단어는 이렇게 만들어졌다.

초월적 존재 제의 등장

상나라 사람들에게는 자연현상은 물론 인간 사회의 사건들까지도 모두 관장하는 제(帝)라는 절대자가 존재했다. 제는 비를 내리게 할 수도 가뭄이 들게 할 수도 있어서 한 해 농사의 풍흉을 좌우했다. 그는 인간사에도 개입하여 전쟁의 성패를 결정하거나 도시를 건설할 때는 건물의 적절한 방향과 배치를 알려주기도 했다. 심지어 사람들은 수레에서 떨어져 다치는 예상치 못한 사고도 제의 노여움 때문이라고 생각했다. 또한 제는 사람처럼 의지와 감정을 가지며 자신의 희로애락을 표현할 수 있다고 믿었다.

그렇다면 이러한 초월적인 존재를 나타내는 글자는 어떻게 만들어졌을까? 하늘에 있으면서 자연현상과 인간 생활의 전반을 관장하는 제는 존재하지만 사람의 눈으로는 볼 수 없었다. 다만 자연재해나 사고가 발생했을 때 분명히 그 존재를 느낄 수 있었다. 갑골문 帝 자에서 보이지 않는 존재를 표현하기 위한 상나라 사람들의 고민의 흔적을 찾아볼 수 있다. 이 글자가 무엇을 형상한 것인지에 대해서는 몇 가지 해석이 있다. 대표적으로는 씨방과 꽃받침 그리고 꽃대를 모

갑골문 제(帝)　　　　　　금문 제(帝)

두 갖춘 완전한 꽃이라는 설명이다. 신에게 제사를 지낼 때 불을 붙이려고 묶어놓은 장작더미라는 주장도 있다.

　첫 번째 주장의 근거는 이렇다. 농경 사회로 정착하는 과정에서 사람들은 곡물을 비롯한 식물의 생태와 번식 과정을 세심하게 관찰했다. 곡물을 중심으로 인간의 생계가 결정되자 사람들은 자연스럽게 식물을 숭배하게 되었다. 이 과정에서 식물의 번식을 상징하는 꽃을 최고신을 표현하는 글자로 삼았다. 帝 자를 일종의 식물 토템의 상징으로 본 것이다.

　帝 자가 제사용 장작을 포개놓은 것이라는 두 번째 주장의 근거는 좀 더 드라마틱하다. 맨 위의 한 획은 하늘이고, 그 아래 장작더미가 타면서 연기가 솟구쳐 올라 하늘의 신과 소통하는 모습을 표현했다는 것이다. 천상의 신을 직접 표현할 방법이 없어서 신에게 접근하기 위한 의식을 진행하던 현장의 모습으로 대신했다는 해석이다.

　상 문명에서 제는 인간의 기원과 무관하게 독자적으로 행동하는 존재로 인식되었다. 조상신은 제사를 받으면 그 대가로 도움을 주었으나, 제는 제사에 좌우되지 않으며 자기 마음 내키는 대로 일방적으로 힘을 행사했다. 분노를 참지 못할 때는 인간에게 징벌을 내렸으며, 즐거움에 겨울 때는 인간에게 복을 선사했다. 이처럼 제는 인간처럼 희로애락을 표출하며 자신의 기분대로 행동했다.

상나라를 멸망시키고 주를 건국한 무왕은 아직 인격적 신의 개념에서 완전히 자유롭지 않았다. 상나라 군대의 막강한 무력 앞에 두려워하는 군사들을 무왕은 이렇게 독려한다.

> 상제께서 너희에게 임해 계시니, 다른 생각을 갖지 말라(上帝臨女, 無貳爾心). ─『시경』「대아」

신이 함께하시니 두려워하거나 의심하는 마음을 갖지 말라는 것이다. 여기서 상제는 단순한 관념적 원리가 아니라 인간 곁에 존재하는 인격신이었다. 주나라가 건국되고 시간이 지나면서 관념적이고 철학적인 천(天)의 개념이 정립되었지만, 일반 백성의 마음에서 천은 여전히 인격신으로 추앙받고 있었다. 이 시기 민요를 수집한 『시경』에서도 이러한 면모를 쉽게 찾을 수 있다.

주나라 건국을 주도했던 세력의 정체성을 보여주는 철학적이고 근본적인 원리로서 천의 개념은 수백 년이 흘러 춘추 전국 시대 제자백가 사상가들에 의해 정교하고 세련된 모습으로 완성된다. 하지만 주나라 건국 이후에도 세속의 백성들에게 천은 모호하지만 여전히 그들이 의지하는 인격신으로 남아 있었다. 민간에 자리한 이런 제의 모습은 점차 도교 신앙에서 불로장생하는 신선으로 나타나거나, 중국화한 불교의 자비롭고 인자한 부처로 대체되기도 했다.

민간에서 지속되던 인격적인 존재로서의 상제 개념은 명나라 때 유럽에서 건너온 예수교 선교사들의 주목을 받게 된다. 한문에 능통하고 중국 고대 경전에 해박했던 마테오 리치(Matteo Ricci)는 유가가 추상화시키기 전의 전통적 상제 개념에서 천주교 교리와 접목할 수 있는 지점을 발견해냈다. 그는 여기서 더 나아가 『천주실의(天主

實義)』에서 기독교에서 하나님의 존재 근거와 속성을 중국 고대 경전에서 찾아내 논증하려 했다.

그런데 한자에서 초월적 존재를 나타내는 신(神)이라는 글자는 상나라 갑골문에는 보이지 않고 주나라 금문에 처음 등장한다. 이 글자가 출현하기까지는 좀 더 극적인 상상력이 추가되어야 했다.

금문 神 자의 왼쪽은 제단을 나타낸다. 오른쪽은 번개를 표현한 것으로 지금 우리가 일상생활에서 자주 사용하는 한자 전(電) 자의 원형이다. 현대 과학의 출발점이라고 할 electricity의 번역어가 전기(電氣)가 된 연유는 그것이 번개에서 영감을 받아 발명되었기 때문이다. 하지만 아직 과학의 눈으로 세상을 바라보기 전에는 번개란 하늘이 내리는 어떤 계시나 경고였다. 제단 위로 번쩍이는 번개를 보는 순간 그야말로 신이 나타났다고 생각한 것이다. 神 자는 이런 역동적이고 극적인 장면을 순간적으로 포착한 글자이다.

제와 신과 같은 초현실적 존재는 눈에 보이지 않으며 현실 세계에 대체물도 없기 때문에, 글자를 만들 때는 다른 사물이나 상황적인 설정으로 표현할 수밖에 없었다. 다른 글자들에 비해 풍부한 상상력이 필요했다.

갑골문 帝 자는 원래 최고신인 상제(上帝)를 의미했다. 현세의 살아 있는 사람에게 제라는 칭호를 붙인 것은 상나라 멸망 후 800년

금문 신(神)

이 지난 다음의 일이다. 전국 시대를 통일한 진나라 왕 영정(嬴政)은 자신을 첫 번째 황제라는 의미로 시황제(始皇帝)라고 부르게 했다. 인간 스스로를 제라고 칭한 것은 이때가 처음이다. 이후 중국 최고의 왕에게는 제라는 호칭이 붙는다. 이때부터 과거 제가 가졌던 초월적인 존재로서의 권위와 위상은 신이 대신하게 되었다.

갑골문은 사람의 마음에는 관심이 없었다?

갑골문에 기록된 제사의 목적은 주로 미래를 예측하기 위한 것이었지만, 이런 의식을 반복하면서 주술적 지배 구조를 영속화하려는 의도가 그 배경에 있었다. 신에게 의지하는 사회는 사람의 생각이나 감정의 세세한 차이에는 관심이 많지 않았을 것이다. 초기 한자에서는 이와 관련한 글자가 드물다.

갑골문 심(心) 자는 심장의 해부학적 구조를 표현한다. 현대 한자에서 이 글자는 주로 다른 글자와 결합하여 사람의 다양한 감정이나 의식을 나타내는 글자를 만드는 데 사용된다. 사유(思惟)의 思 자와 惟 자는 모두 心을 부수로 하는 형성자이다.

그러나 갑골문에서 心 자는 심장이라는 인체 기관을 가리키는 데 그친다. 사람의 의식이나 감정과 같은 추상적 의미의 글자에는 아직 사용되지 않았다. 이 당시에는 사람의 마음이 심장에서 비롯된다고 생각하지 않았던 것일까?

인간의 생각이 심장이 아니라 뇌에서 시작된다는 사실이 알려진 시기는 비교적 최근이다. 하지만 한자에서 생각이나 감정과 관련된 글자에는 대부분 마음 心 자가 들어 있다. 격한 감정으로 흥분하거나 슬픈 생각에 가슴이 저려오면 가장 먼저 심장박동이 달라지지 않

갑골문 심(心)

는가. 오래전부터 사람들은 생각이란 당연히 심장에서 나온다고 믿었을 것이다.

하지만 갑골문에는 아직 이런 마음과 관련된 원초적인 글자라든가 미세한 감정을 구별하는 글자들이 나타나지 않는다. 상나라 사람들은 모든 것을 신에게 의지하였기 때문에 스스로 판단하고 능동적으로 감정을 표현하는 데 익숙하지 않았던 것일까? 금문에서도 心 자로 구성된 글자는 약 20여 자에 불과하다. 신의 의지를 표현하는 데 중점을 두었던 초기 한자에서는 사람의 마음 상태에 관한 글자를 만드는 데에는 관심이 많지 않았다.

그런데 갑골문 시대에서 1000년이 지난 한나라 때 편찬된 한자 사전 『설문해자』에서는 心 자를 부수로 하는 글자가 263자로 늘어난다. 시간이 흐르면서 인간의 이성이 예리해지고 감정이 풍부해짐에 따라 글자들이 계속 추가로 만들어진 결과이다.

이는 그전까지 신에 의지하던 사람들이 이제는 스스로의 마음을 돌아보고 그것이 어떻게 움직이는지에 관해 관심을 기울이게 되었음을 의미한다. 한자의 역사에는 이렇게 사람의 마음이 변화해온 흔적이 그대로 남아 있다.

예측 불가능한 신의 의지를 확인하는 유일한 방법은 신이 허락한 중간 매개자를 통하는 것이었다. 신의 목소리를 들을 수 있는 제사장과 현세의 권력을 독점한 왕의 밀월 관계는 여기서 시작된다. 제사장은 신의 의지를 공증할 자신만의 방법을 제시해야 했다. 그는 뼛조각의 갈라진 틈에 보이는 일정한 패턴에서 규칙을 찾는 방법을 고안해냈다. 한편 왕은 자신만이 유일한 권력자가 되어야 한다는 명분을 제시해야 했다. 왕위를 세습하기 위한 혈통의 순수함이나 도덕적 순결함과 같은 세련된 문화적 방법을 찾아야 했던 것이다. 왕은 신화를 조작하여 스스로를 초자연적 존재의 후손이거나 현신이라고 주장한다. 이런 고귀한 혈통 신화를 통해 아무런 업적도 없는 자기 자식에게 권력을 물려주는 일을 정당화한다. 피터 터친(Peter Turchin)은 『초협력사회』에서 이런 세습 시도는 나중에 평등 지향적인 인간들의 저항에 직면하게 되고, 그 저항의 결과로 기축 시대에 보편 종교가 탄생했다고 설명한다. 우리는 이것을 고대 철학이라고도 부른다. 고대 철학은 더 이상 신을 바라보지 않고 사람들의 마음의 움직임에 주의를 기울이기 시작했다. 이제부터는 섬세하면서도 예측하기 어려운 다양한 마음을 표현할 글자들이 필요해진 것이다.

보이지 않는 것을 그리는 글자 — 귀신과 죽음

눈에 보이지 않는 제와 신과 같은 존재를 나타내는 글자를 만들 때는 상상력을 최대한 동원하여 그것을 대체할 다른 사물이나 상황을 찾아내야만 했다. 이에 비해, 가시적 사물을 표시하는 문자를 만들 때는 그 사물이 가지는 핵심적인 특징만 드러내면 되었다. 하지만 눈에 보이는 사물의 특징을 짚어내기란 그리 간단하지 않다. 『한비자』의 "세상에서 제일 그리기 어려운 것"에 얽힌 이야기는 바로 이런 문제에 대한 것이다.

제나라 왕에게 그림을 그려주는 사람이 있었다.

어느 날 제나라 왕이 물었다. "세상에서 제일 그리기 어려운 것이 무엇인가?"

화가가 대답했다. "개와 말이 가장 어렵지요."

왕이 다시 물었다. "그렇다면 그리기 가장 쉬운 것은 무엇인가?"

화가가 대답했다. "귀신 따위를 그리기가 가장 쉽지요. 개나 말은 사람들이 다 아는 것입니다. 아침저녁으로 종을 치면 눈앞에 나타나기에 아무렇게나 추측하여 그릴 수는 없지요. 그러나 귀신은 형태가 없으며 종을 쳐도 눈앞에 나타나지 않으니 그리기 쉬운 것입니다."

— 『한비자』「외저설좌상(外儲說左上)」

한비자의 주장에 의하면 우리가 쉽게 목격하는 것을 묘사하기란 어렵지만, 비가시적인 것을 묘사하기란 쉽다. 개나 말은 흔히 보이므로 그리는 데 주의를 기울여야 하지만, 귀신은 창의력을 발휘하여 생각하는 모습으로 그려내면 된다. 어차피 아무도 그것이 실재를 표현한 것인지 장담할 수 없기 때문이다.

문자 역시 크게 다르지 않다. 우리 주위에서 자주 마주치는 사물을 지칭하는 문자를 만들기 위해서는 세심하게 공을 들여야 한다. 사물을 잘 관찰한 다음 누가 보더라도 대체로 수긍할 수 있는 핵심을 드러내야만 대표성을 인정받을 수 있다.

그런데 한 사물의 핵심적 특징이라는 것이 절대적으로 정해져 있지 않고 관찰자에 따라 달라질 수 있다는 데에서 문제가 발생한다.

태어나면서부터 앞을 볼 수 없는 사람이 있었다. 어느 날 그는 사람들이 말하는 해가 도대체 무엇인지 궁금했다. 그래서 누군가에게 물었다. 해는 어떻게 생겼느냐고. 그러자 한 사람이 구리로 만든 쟁반처럼 생겼다고 답해주었다. 맹인은 구리 쟁반을 두드려보면서 그 소리를 기억했다. 어느 날 어디선가 종소리가 들려왔다. 맹인은 그것이 해라고 생각했다. 그것을 본 누군가가 안타까워 이렇게 이야기해주었다. 해는 초와 같이 뜨겁고 밝게 빛나는 것이라고. 맹인은 마침 그가 쥐여준 초를 어루만져서 그 형태를 기억했다. 어느 날 길쭉하게 생긴 피리를 손에 쥐게 되었는데 맹인은 그것을 태양이라고 생각했다.

송나라 시대 유명한 문인이자 사상가인 소식(蘇軾)의 해의 비유라는 「일유(日喻)」의 내용이다. 그는 사물의 한 단면만을 보고 그것을 절대적으로 맹신하는 태도의 위험성을 이야기하고 있다. 해의 특징이란 하나만이 아니다. 둥글다는 외형을 강조할 수도 있고, 밝고 뜨겁다는 물리적 특징을 강조할 수도 있다. 이런 부분적인 특징을 설명하기 위해 사용한 쟁반과 초라는 비유에 함몰되면 사물의 핵심을 파악하지 못하게 된다.

가시적인 사물을 표현하는 일이 쉽지 않은 까닭은 사람마다 보는 관점이 다르기 때문이다. 그렇다면 보이지 않는 허구의 대상을 나타내는 글자를 만드는 일은 좀 더 쉬울까? 한비자의 말처럼 창의력을 발휘하여 마음대로 할 수 있다는 점에서는 그럴 수 있지만 이렇게 만들어진 글자가 모두의 동의를 받기 위해서는 나름의 합당한 이유가 전제되어야 한다.

앞선 『한비자』 이야기에 나오는 귀신 귀(鬼) 자가 만들어진 과정을 살펴보자. 갑골문 鬼 자는 무릎을 꿇은 사람이 4개의 구멍이 난 가면을 쓴 모습이다.

갑골문 鬼 자의 사람은 상나라 때 악귀를 몰아내는 주술사를 표현한 것이다. 주나라의 제도를 정리한 『주례』에 의하면 악귀를 내쫓는 일을 전담하는 방상씨(方相氏)라는 관직이 있었다고 한다. 이들

갑골문 귀(鬼)

은 마을에 전염병이 돌거나 재앙이 들면 눈이 4개 달린 가면을 쓰고, 검은 상의에 붉은 치마를 입고, 곰가죽을 두르고, 손에는 창과 방패를 들고 악귀를 내몰았다고 한다. 형체를 알 수 없는 귀신을 표현할 방법을 찾기 어려워 차라리 귀신을 몰아내는 방상씨의 모습, 곧 관련된 대상을 가져와 귀신을 표현한 것이다.

고대 신화에서는 눈이 여러 개인 영웅들이 등장한다. 이들의 눈은 신비한 능력을 가져서 어둠을 꿰뚫어 보고 사악한 요괴를 물리칠 수 있었다. 한자를 처음 만들었다는 전설의 창힐도 눈이 4개였으며, 황제는 얼굴이 사면에 나 있어 눈이 모두 8개나 되었다. 4개의 눈을 가진 방상씨 전설은 나중에 한반도와 일본에까지 전해진다. 조선 왕의 장례행차도에도 방상씨가 선두에서 사악한 기운을 쫓는 모습이 그려져 있다.

이처럼 처음 한자를 만드는 사람의 입장에서는 보이지 않는 대상이나 추상적인 의미를 표현하는 글자를 만들기가 쉽지 않았을 것이다. 그들은 과연 죽음과 같은 개념을 어떻게 표현했을까?

고대에는 사람이 죽으면 시신을 들판에 내다 버렸는데, 시간이 지나 시신이 풍화되면 남은 뼈만 수습해서 제사를 지냈다. 죽을 사(死) 자는 바로 그렇게 수습한 뼈 앞에서 무릎을 꿇고 절을 하는 모습이다. 죽음이라는 추상적인 의미는 이렇게 사자의 유해 앞에서 애도

갑골문 사(死)　　　　갑골문 시(尸)

하는 구체적인 장면으로 표현되었다.

尸 자는 시신을 나타내는 시(屍) 자의 원형이다. 尸는 원래 고대 제사에서 죽은 사람을 대신해 누워 있는 사람을 표현한 글자였다. 주로 고인의 손자들이 제사상 위에 이렇게 누웠다고 한다. 살아 있는 사람의 모습을 통해 죽은 자의 육신을 나타냈던 것이다. 나중에 위패나 초상화와 같은 다른 형태의 물건이 이를 대체하면서 제사의 형식이 바뀌자 원래 글자가 나타내던 의미가 희미해졌고, 죽음을 나타내는 死 자를 포함한 屍 자를 만들어 의미를 명확히 표시했다.

새로움은 익숙함에서부터

그렇다면 완료형이나 진행형과 같이 눈에 보이지 않는 문법적 의미를 표현하는 글자는 어떻게 탄생했을까? 고대 한자를 만든 사람들은 이런 문제를 해결하는 방법을 알고 있었다. 기존의 글자들을 창의적으로 조합하는 방식을 선택했던 것이다.

완료형을 나타내는 기(旣) 자는 밥그릇에서 얼굴을 돌린 모습이다. 밥을 이미 다 먹은 상태로 상황이 마무리되었음을 표시했다. 이제 곧 상황이 발생할 것을 표현하는 즉(卽) 자는 한 사람이 밥그릇을 향해 앉은 모습이다. 막 식사하려는 모습으로 상황이 발생할 것을 표

갑골문 기(既)   갑골문 즉(卽)

시했다. 밥그릇을 중심으로 서로 다른 두 상황을 설정하여 이미 완료된 상황과 곧 이루어질 상황을 대조적으로 드러낸 것이다. 이 글자는 현대 중국어에서도 같은 방식으로 사용되고 있다.

새것을 만들 때는 아무런 바탕이 없는 상태에서 시작할 수 없다. 익숙한 무언가를 기점으로 삼아 그곳에서 상상을 시작한다. 창의성이란 아무런 토대가 없는 상태에서 갑자기 솟아나는 것이 아니라 수많은 경험이 축적된 뇌의 영역 간 새로운 연결을 통해 생겨난다.

데이비드 이글먼(David Eagleman)은 『창조하는 뇌』에서 새로운 도구가 개발되더라도 기존 사물의 외형적 특징을 출발점으로 한다는 스큐어모프(skeuomorph)를 이야기한다. 스마트폰의 카메라 아이콘은 수동식 카메라의 외형은 물론 기계식 셔터 소리까지 이용한다. 컴퓨터에서 파일을 저장할 때는 이제는 사용하지도 않는 구식 플로피 디스크 이미지를 클릭하고 삭제할 때는 쓰레기통 모양의 아이콘으로 드래그한다. 이처럼 기능과 무관하게 이전에 사용하던 디자인을 그대로 사용하는 이유는 무엇일까? 인간의 뇌는 과거의 것과 너무 비슷하면 식상해하지만 그렇다고 예상할 수 없는 너무 뜻밖의 새로운 것을 제시하면 당황하기 때문이다. 그래서 이글먼은 창의력이란 익숙함과 낯섦 사이의 긴장 관계라고 설명한다.

비가시적인 대상을 표현하는 글자를 만들 때 이미 알고 있는

갑골문 풍(風)

익숙한 것에서 출발하는 예를 찾기란 어렵지 않다. 고대 중국인은 눈에 보이지 않지만 분명히 느낄 수 있는 자연현상인 바람이 일어나는 과학적인 원인을 알지 못했다. 그들은 커다란 봉새의 날갯짓에 의해 대기 중에 바람이 만들어진다고 생각했다. 새들이 퍼덕거릴 때 일어난 바람을 떠올린 것이다. 그래서 바람 풍(風)은 갑골문에서는 봉황새 봉(鳳)과 같은 글자였다. 바람을 나타내는 글자를 만들 때 바람의 형태나 속성에 집중하지 않고, 바람을 일으키는 대상으로 시선을 돌린 것이다. 여기서도 새로움의 창조는 익숙함에서부터 출발한다는 원칙이 적용되었다.

시간이 지나면서 이 글자는 바람을 나타내는 風과 봉황새를 나타내는 鳳으로 분화된다. 그런데 언제부턴가 風 자 안에 벌레 충(虫) 자가 등장하게 된다. 바람을 나타내는 글자에 웬 벌레인가? 허신(許愼)은 『설문해자』에서 그 이유를 이렇게 설명한다.

바람이 불어오면 벌레가 생겨난다. 벌레는 8일이 지나면 모양을 갖춘다. 그래서 風 자에 벌레 虫 자가 포함된 것이다(風動蟲生, 故蟲八日而化, 从虫凡聲). ―『설문해자』

겨울 동안 땅속에 숨어 있던 벌레들은 봄이 되어 따뜻한 바람이 불어오면 밖으로 기어 나온다. 허신은 風 자의 원형이 鳳이었다는 사실을 알지 못했기 때문에, 나중에 변형된 글자 형태만을 보고 의미를 풀이했다. 원형을 아는 우리가 보기엔 무리한 해석 같지만, 그는 자신이 아는 글자 구조 안에서 최선을 다했다. 새로운 글자에 대한 해석을 이미 아는 것에서 출발한다는 원칙을 지켰지만, 결과적으로는 한정된 지식의 틀에 갇히고 말았다.

이렇게 바람 風 자에 갇힌 虫 자는 예상치 못한 기발한 상상의 대상이 되기도 한다. 중국 태산에는 명필들의 글자를 새긴 바위들이 많다. 그 가운데 '虫二'이라고 쓴 바위가 유명하다. 두 마리 벌레라니, 신령한 태산의 분위기와는 어울리지 않는 저속한 단어가 등장한 연유는 무엇일까?

전해진 바에 의하면, 이 글씨는 청나라 광서 연간에 유정계(劉廷桂)라는 선비가 태산에 올라 신령스러운 경치를 보고는 그 자리에서 일필휘지로 '아름다운 경치가 끝이 없이 펼쳐졌다[풍월무변(風月無邊)]'라는 문장을 쓰려고 했다고 한다. 그런데 곰곰이 생각해보니 이 구절은 風月이라는 글자의 테두리를 없앤다는(無邊) 의미로도 해

태산 각석

석될 수 있었다. 이 두 가지 의미를 중의적으로 표현하기 위해 風月에서 테두리를 없앤 虫二를 새겼다는 것이다.

글자에서 들려오는 음악 소리

중국의 고전 경전 가운데 가장 핵심적인 것은 사서오경이다. 사서는 남송 시대 유학자들이 『논어』, 『맹자』를 비롯해 『예기』의 일부를 발췌한 『대학(大學)』, 『중용(中庸)』 이렇게 네 편을 선정하여 성리학의 경전으로 확립한 것이다. 오경은 한나라 때 오경박사를 설치하여 『시경』, 『서경(書經)』, 『역경(易經)』, 『춘추』, 『예기』 다섯 편을 유교의 경전으로 지정한 것이다. 한동안 여기에 『악경(樂經)』이 포함된 육경이 정통 경전으로 인정받기도 했다. 그런데 언제부턴가 『악경』은 소실되어 전하지 않는다.

『악경』은 요순시절 백성을 교화하기 위해 사용했던 고대 음악을 기록한 것으로 알려졌다. 원본은 진시황 때 많은 유교 경전이 불태워지는 과정에서 사라졌다고 한다. 그런데 다른 경전들은 우여곡절 끝에 복원되었지만 한때 육경의 반열에 들었던 『악경』만은 다시 원래 모습을 찾지 못했다. 『악경』의 일부로 보이는 「악기(樂記)」 한 편만이 『예기』에 수록되어 지금까지 전해진다.

『악경』만 복원되지 못한 이유는 무엇이었을까? 아마도 경전으로서의 위상을 상실했기 때문일 것이다. 공자에서 시작해 순자에서 완성된 유가의 핵심 가치는 절제된 예를 통해 질서 있는 사회를 만드는 것이었다. 그런데 이들이 보기에 음악은 예와는 상반된 속성을 가진 것이었다. 『예기』에도 "음악은 서로를 같아지게 하는 것이고, 예란 서로의 차이를 확인하는 것(樂者爲同, 禮者爲異)"이라고 했다. 유가

갑골문 악(樂)　　　　『설문해자』료(療)

사상가들은 음악을 예와 대립되는 것으로 바라보았다.

　　상나라 시기 음악은 주로 제사 때 사용되었다. 이때의 음악이란 접신을 유도하기 위해 도취적인 분위기를 조성하는 수단이었다. 상나라 시절 만들어진 갑골문 악(樂) 자는 제사에서 춤출 때 손에 들고 있던 방울을 표현한 것이다. 무녀들은 이 방울을 손에 들고 춤사위에 맞추어 흔들면서 방울 소리를 이용해 신령을 불러내고 악령을 쫓기도 했다. '병을 치료하다'는 의미의 료(療) 자의 고대 글자는 환자가 누워 있는 침상을 나타내는 녁(疒) 자와 樂 자가 결합된 것이다. 병을 치료할 때 무당이 춤을 추며 악령을 쫓아내던 흔적이 글자에 남았다.

　　최초의 樂 자는 지금 우리가 일반적으로 이야기하는 음악 자체가 아니라 주술적인 행위를 보조하는 도구를 표현한 것이었다. 樂 자가 보편적인 음악을 포괄적으로 지칭하는 단어로 사용된 것은 훨씬 후대의 일이다.

　　주술 중심의 상나라를 무너뜨리고 새롭게 일어난 주나라는 문명의 가치를 세울 때 우선 술과 음악에 의한 몽환적인 분위기를 억제하는 일부터 시작했다. 이런 이유 때문에, 주나라 건국자들이 후대 왕에게 남긴 역사서 『서경』에는 술을 마시지 말고 행동을 절제하라는 당부가 많다. 주 문명의 건설자들은 도취적인 음악 대신 절제된 예라는 새로운 가치를 제시했다. 그리고 음악은 특별한 연회나 제사같이 극히 한정적인 용도에만 사용하도록 철저하게 규제했다. 주나라에 들어와 음악의 역할이 크게 축소된 것이다.

> 예의로 자신의 생각을 표현하고, 음악으로 소리를 조화롭게 하고, 정치로 행동을 일치시키며, 형벌로 부정한 것을 방지한다. 그러므로 예(禮), 악(樂), 정(政), 형(刑)은 서로 다르나 도달하고자 하는 바는 같다.
> ─『예기』「악기」

주나라에서 음악은 주술적 행사의 수단이나 예술적 표현의 대상이 아니라 사회의 조화를 달성하는 도덕적 수단으로 간주되었다. 각종 의식에서는 대부분 악기만 연주하였고 사람이 노래를 부르는 경우는 없었다. 공자가 육예(六藝) 가운데 악을 포함시킨 까닭은 음악을 통해 서로 조화롭게 사회적 질서를 유지할 수 있다고 믿었기 때문이다.

갑골문에는 소박한 종류의 타악기인 경(磬) 자와 다관(多管) 악기의 일종인 약(龠) 자와 같은 글자가 보인다. 龠 자에 화(禾)를 결합한 화(龢) 자는 여러 소리가 '조화롭다'를 뜻하는데, 이 글자가 현재의 조화로울 화(和) 자의 원형이다. 조화로움을 가장 직관적으로 보여줄 수 있는 것은 아무래도 다양한 악기 소리들이 서로 공명하며 어울리는 모습이라고 생각했을까.

갑골문 경(磬)

갑골문 약(龠)

하지만 음악을 통한 이런 동질화는 유가가 강조하는 차별적인 예를 구현하는 데 적합하지 않았다. 『예기』에서 『악경』의 나머지 부분을 복원하지 않았던 이유도 이렇게 차별적인 예를 구현하는 데 방해가 되는 음악의 속성을 잘 알았기 때문일 것이다. 음악은 서로를 같아지게 하는 것이고, 예란 서로의 차이를 확인하는 것이다.

고대 중국에서 음악의 위상

고대 중국에서 음악이 사회적 질서를 유지하고 구성원 간의 조화를 이루는 수단으로 주목받았다면, 그리스 문명에서 음악은 우주를 구성하는 수의 원리로 설명되었다.

피타고라스(Pythagoras)는 음악이란 우주적 원리와 다르지 않다고 했다. 그는 천체의 운행을 관찰한 결과 우주가 조화로운 수로 구성되었다고 생각했다. 음악 역시 수의 비례를 따른다. 음계와 박자는 정확한 수학적 원리로 구성된다. 플라톤(Platon) 역시 음악으로 우주의 원리를 만날 수 있기 때문에 영혼의 수련을 위해서는 음악 교육이 필요하다고 역설했다. 음악은 수학적으로 구성된 조화로운 우주 그 자체였다. 이런 전통에서 기원한 서양의 음악은 나중에는 예술적 감상의 대상으로 독립적인 위상을 갖게 된다.

클래식 음악이란 특정한 제의나 행사를 위한 수단이 아니라 음악 자체를 위해 작곡된 것을 말한다. 연주회나 오페라 등 음악만을 즐기기 위한 목적으로 만들어졌다. 클래식이라는 단어는 원래 로마에서 전쟁이 일어났을 때 군함을 기부할 수 있는 계급 클라시쿠스(clássĭcus)에서 기원했다. 이들은 군함과 같은 큰 재산을 기부함으로써 한 사회를 지탱할 만큼의 힘을 제공할 수 있는 계급으로 인정받았다. 중세 시대 음악도 사람들에게 정신의 힘을 불어넣는다고 여겨졌다. 여기에서 클래식 음악이라는 단어가 생겨났다.[4]

그러나 중국에서 음악이 예술적 감상의 대상으로 독립된 것은 최근의 일이다. 전통 중국 사회에서 음악은 주로 제사나 국가의 공적 행사에 사용되거나, 경극과 같은 공연 예술의 보조 수단으로만 쓰였다. 이런 이유 때문에 중국에서는 음악 자체의 격정과 복잡한 정서를 표현하는 위대한 음악가가 출현하지 않았는지도 모른다.

음악에 대한 이런 인식의 차이는 언어에서도 찾을 수 있다. 영어 사용자에게 play라는 동사는 모든 악기를 '연주하다'라는 의미로 사용된다. 그러나 중국어 사용자는 악기와 관련해서 서로 다른 네 가지 동사를 사용한다. 현악기에는 '당기다'의 랍(拉), 관악기에는 '불다'의 취(吹), 건반악기에는 '두드리다'의 탄(弹), 타악기에는 '때리다'의 타(打)라는 동사를 쓴다. 게다가 완(玩)이라는 동사는 해당 악기를 진지하게 연주하는 것이 아니라 소란을 피운다는 의미를 가진다. 중국어에는 playing의 음악적 인식에 해당하는 포괄적인 동사가 없는 것이다. 그러나 중국어 사용자는 이런 어휘상의 공백을 전혀 의식하지 않는다.[5]

중국어에 모든 악기의 연주를 포괄적으로 나타내는 동사가 없다는 말은 여러 악기 소리를 음악이라는 통합적 범주로 인식하지 않았음을 의미한다. 그들은 현악기를 당기고, 관악기를 불고, 타악기를 때리는 각각의 동작에만 집중했지 그 동작으로 구현된 다양한 소리를 '음악'이라는 공통 범주로 엮지 않았다. 또한 사람의 목소리로 구현되는 소리도 음악이라는 범주에 넣지 않았다.

현대의 음악 범주에는 악기 소리 기악(器樂)과 사람의 노랫소리 성악(聲樂)이 포함된다. 이러한 범주는 서구 문화를 수용한 결과이다. 음악(音樂)이라는 용어는 고대 그리스의 원형극장에서 공연되었던 서사극인 뮤지케(musike)의 번역어로 근대 시기에 만들어졌다.

고대 중국에서는 사람의 목소리로 감정을 표현하는 경우는 주로 제사 의식이나 노동요와 같은 특정 상황에 한정되었다. 신을 감동시키려고 하거나 타인과 연대 의식을 고취하려는 목적에서였다. 심미적 목적으로 노랫소리를 감상하는 것과는 달랐다.

고대 중국인들은 주술적인 능력이 담긴 말은 일상생활에서 사용하는 방식과는 달라야 그 능력이나 효과가 높아진다고 생각했다. 지금도 제사를 지낼 때 축문을 읽는 소리는 일상적인 말과는 다른 억양과 리듬을 붙여서 그 차별성을 강조한다.

흠(欠) 자를 우리는 '하품 흠'이라고 읽는다. 하품이란 심심하고 지루한 상황에서 자연스럽게 터져 나오는 생리 현상이다. 欠과 결합된 글자인 '쉬다'의 헐(歇) 자나 '한숨을 쉬며 탄식하다'의 탄(歎) 자에는 이런 조건반사적인 현상이 포함되어 있다. 그런데 '노래를 부르다'의 가(歌) 자에 하품을 연결시키는 것은 자연스럽지 않다. 이 글자가 처음 생겨났을 때는 무엇을 의미했을까. 갑골문 欠 자를 살펴보면 사람의 입이 왼쪽을 향해 열려 있는데 이와 비슷한 모습이 갑골문 축(祝) 자에도 보인다.

갑골문 祝 자에서 왼쪽 시(示) 자는 원래 제단을 나타냈다. 오

갑골문 흠(欠)

갑골문 축(祝)

른쪽에는 입을 위를 향해 벌리고 무언가를 기원하는 모습이 표현되어 있다. 지금도 우리는 절실하게 비는 것을 축원(祝願)한다고 말한다. 이렇게 무릎을 꿇고 간절하게 신에게 호소하는 모습은 欠 자에 표현된 사람과 닮아 있다. 갑골문이 주로 주술적인 목적을 띤다고 볼 때, 단순히 하품이라는 일상적인 행동 하나만을 표현하기 위해 欠 자와 같은 글자를 만들지는 않았을 것이다.

　　이런 맥락에서 다시 歌 자를 살펴보면, 이 글자는 무료한 상태에서 터져 나오는 하품이 아니라 무언가를 요구하는 적극적인 행동을 표현한 것이다. 즉 앞서 말했듯 노래는 제사 의식에서 신에게 호소하거나 고된 노동환경에서 서로 힘을 북돋기 위해 소리치는 것이었다. 집단적 노래를 의미하는 요(謠) 자의 오른쪽 부분은 제사상과 그 위에 올린 고기이다. 謠 자 역시 제사라는 분명한 목적을 띤 환경에서 불린 노래였다.

　　앞서 살펴보았듯 갑골문 음(音) 자는 제사용 축문을 봉인한 그릇 위에 신과의 교섭을 의미하는 나뭇가지가 결합된 형태를 표현한다. 소리란 신과의 대화에서 비롯된 신성한 것으로 일반적인 소음과는 다르다. 따라서 음은 보이지 않는 어두운[암(暗)] 심연에서 울려오는 소리를 뜻한다.

　　이렇게 제사에서 울려 퍼지는 음악을 담당하던 무녀들의 생생한 모습을 표현한 글자가 있다. 약(若)의 갑골문과 금문의 자형은 머리를 산발한 무녀가 접신하는 상태의 카타르시스를 나타낸다.

　　고대 그리스 신전에서 신탁이 젊은 무녀를 통해 내려오듯이, 갑골문 若 자는 머리카락을 헝클어트리고 양손을 높이 쳐든 황홀경 상태에서 신내림을 받는 무녀의 모습이다. 그래서 이 글자의 원래 의미는 신이 내려오는 것을 '승낙하다'이다. 나중에 말을 의미하는 언(言)

갑골문 음(音)　　　　　갑골문 약(若)　　　　　금문 닉(匿)

자가 부수로 추가되어 승낙의 의미를 가리키는 낙(諾) 자가 만들어진
다. 원래 글자인 若 자는 가차가 되어 '-와 같다'는 의미로 변화했다.

　　한편, 若 자가 두 손으로 머리를 빗는 모습이라는 주장도 있다.
머리를 빗을 때는 머릿결 방향을 그대로 따르지 않는가. 약이 '그대
로 따르다[순(順)]'라는 의미로 사용된 것이 여기서 유래했다는 주장
이다. 그런데 단순히 머리 빗는 모습으로 보면 이 글자에서 파생된 닉
(匿) 자와 같은 글자를 해석할 수 없게 된다. 若 자에 '가두다'는 의미
의 부수가 첨가되면 숨길 匿 자가 된다. 은닉(隱匿)하다, 익명(匿名)이
라고 말할 때의 匿 자이다.

　　이처럼 파생어를 볼 때 若 자는 접신 상태의 무녀를 표현한 것
이고, 匿 자는 그를 어딘가 비밀스러운 공간에 가두어 봉인한 모습으
로 해석하는 편이 더 자연스러워 보인다. 신과 접촉하는 과정은 공개
된 장소가 아닌 은밀한 곳에서 진행된다. 그래서 이와 관련된 글자 역
시 외부에 드러내지 않는다는 의미를 강조한다.

　　하지만 우리가 지금 사용하는 匿 자의 형태에는 이런 신화적이
고 제의적인 요소가 전혀 나타나 있지 않다. 若 자의 고대 문자의 형
태를 고려하지 않으면 왜 이런 의미를 가지게 되었는지 도무지 알 수
가 없다. 최근에는 부족의 휘장으로 匿 자가 새겨진 상나라 시대 청동
기가 발굴되었다. 匿이 제사를 주관하는 특정 부족의 고유명사였음이

갑골문 무(舞)

확인되었다.

이렇게 주술적 음악과 관련된 글자는 아주 많다. 갑골문 무(舞) 자는 무녀가 손에 장식을 들고 제사에서 춤추는 모습으로 무(無) 자와 기원이 같다. 두 발을 벌리고 옷소매에 주술 도구를 달고 춤을 춘다. 이 글자가 나중에는 '없다'는 의미로 사용되면서 두 발을 추가한 현재의 舞 자가 생겨났다.

갑골문에는 舞 자가 자주 등장한다. 산과 강에 제사를 지낼 때는 병무(兵舞), 사직에는 불무(帗舞), 사방의 신에게는 우무(羽舞), 그리고 가뭄이 들었을 때는 황무(皇舞)를 추었다고 한다. 상나라 때 가뭄이 들면 무당이 춤을 추면서 기우제를 지냈다. 이것이 나중에 정례화하면서 일정한 시기가 되면 산과 강에서 제사가 행해졌다고 한다. 이 제사는 젊은 남녀들이 모여 노래를 주고받으며 사랑을 확인하는 자리로 활용하기도 했다. 초기 한자 가운데 접신 상태에서 몽환적 격정을 보여주는 몇 글자들을 통해 상나라 사람들이 몽환적 음악에 도취된 모습을 볼 수 있다.

이처럼 인류 문명 초기에 음악은 주로 제사나 전쟁을 앞둔 특수한 상황에서 서로 함께 춤을 추기 위해 연주되었다. 제사에서 접신을 위한 몽환적 분위기를 조성하거나, 전쟁에 나서기 전 집단의 일체감을 확인하기 위한 용도로 사용되었다. 불을 피우고 주위를 돌며 음악에 맞추어 같은 동작으로 춤을 추다 보면 서로가 동일한 감정을 갖게 된다.

인간은 '거울 뉴런(Mirror neuron)'이라는 뇌신경 세포를 통해 상대의 동작을 똑같이 흉내 내려는 본능을 가지고 있다. 상대의 표정만 보고는 그가 어떤 감정을 느끼고 무슨 생각을 하는지 알 수 없다. 그래서 상대를 그대로 흉내 내면서 그의 내면을 유추한다.

거울 뉴런은 몇몇 영장류를 제외하면 인간만이 지닌 세포로, 이렇게 상대의 마음을 유추하면서 인간은 의사소통을 시작하고 문명을 건설할 수 있었다. 초기 문명에서 음악과 춤은 거울 뉴런을 활성화해 서로 간에 동일한 정서를 나눌 수 있게 하였다. 이처럼 음악은 사회적 일체감을 형성하는 데 무엇보다도 중요한 수단이었다.

시간을 세는 방법

지구가 탄생한 뒤 지금까지 한 번도 빼놓지 않고 반복되는 사건이 있다. 바로 매일 해가 뜨고 지는 것이다. 지구상 모든 생명체는 매일 아침 동쪽에서 떠오르는 해의 따뜻한 생명의 빛을 누리며 저녁이 되면 서쪽 하늘로 지는 태양을 보면서 차가운 밤을 맞이할 준비를 한다. 일출과 일몰은 지구가 자전축을 중심으로 한 번 회전할 때마다 반복된다. 지구가 한 바퀴 도는 시간을 우리는 하루라고 부른다.

하루의 실제 길이는 의외로 일정하지 않다고 한다. 과학자들은 고정된 별이 하늘의 특정 위치를 통과하는 순간을 측정하여 지구의 자전 속도를 계산한다. 이렇게 측정된 하루의 시간이 만국표준시이다. 만국표준시는 다시 전 세계 약 200개의 원자시계의 시간을 조합해서 측정한 국제원자시와 비교하여 보정한다. 측정 결과 지난 수십 년 동안 하루의 길이는 24시간보다 조금 더 길었다고 한다. 그런데 최근 들어 다시 빠르게 돌기 시작하여 2021년 1월 기준으로 24시간에서 0.01초가 줄었다고 한다.

이정모는 『달력과 권력』에서 지구의 자전 속도가 이렇게 차이 나는 이유에 대한 몇 가지 가설을 소개한다. 달의 공전 때문에 밀물과 썰물이 생기고, 이때 발생하는 마찰에 의해 회전 에너지에 손실이 생겨 자전 속도가 늦어진다는 주장이 있다. 또 다른 가설은 지구의 부피가 예전보다 더 커졌기 때문에 회전 속도가 감소했다고 주장한다. 천문학자들의 계산에 따르면, 약 4억 년 전에는 하루가 겨우 21시간뿐이었다고 한다. 만약 당시에 사람이 살았다면 그들은 매년 402회의 일출과 일몰을 보았을 것이다.

그렇다면 갑골문을 사용하던 사람들은 시간 단위를 어떻게 문자로 표현했을까? 시간을 표시하는 가장 기본적인 단어들은 년(年), 월(月), 주(週), 일(日), 시(時), 분(分), 초(秒)이다. 이 가운데 기계식 시계가 일상화되기 전까지는 분이나 초 단위는 거의 사용되지 않았다.

갑골문과 금문에서 年 자는 사람이 수확한 곡식을 등에 인 모습이다. 글자 윗부분은 곡식을 나타내는 화(禾) 자인데 알곡이 익어 고개를 숙인 모습을 생생하게 표현하고 있다. 즉 年은 원래 익은 곡식을 수확하는 모습을 나타낸 글자였지만, 전국 시대부터 지구가 태양을 한 바퀴 도는 주기를 표시하게 되었다. 동북아시아 기후 환경에서는 일 년에 한 번 곡식을 수확했기 때문에 이 글자로 한 해를 표시했다. 농업 생산이 무엇보다 중요했던 당시 사회의 습속이 반영되었다. 지금도 중국에서는 곡식이 풍작을 이루는 것을 '유년(有年)'이라고 한다. 年이라는 글자의 본 의미가 여전히 남아 있는 것이다.

곡식 수확 주기를 일 년이라는 시간 단위로 표시한 것에서 식

갑골문 년(年)   갑골문 세(歲)

물의 생장 주기에 얽매여 살아야 하는 농경민의 숙명을 엿볼 수 있다. 제임스 C. 스콧은 『농경의 배신』에서 인류가 농경 세계로 들어간 것은 식물의 까다로운 유전적 시계태엽 장치에 의해 고된 노동을 해야 하는 엄숙한 수도원에 들어간 것이나 다름없다고 비유했다. (자세한 논의는 1부 2장 「농경 사회에 찾아온 불청객, 역병」을 참고하라.)

일 년을 나타내는 의미로 年 자가 사용되기 전에는 세(歲) 자가 쓰였다. 歲 자는 세성(歲星), 즉 오늘날의 목성이 한 번 운행하여 특정 자리로 돌아오는 시간을 가리켰다. 그런데 갑골문 歲 자는 날카로운 도끼날이 달리고 긴 손잡이가 달린 무기의 모습이다. 歲 자는 갑골문에서는 제사 이름으로도 사용되었다. 그러니까 이 글자는 제사에 사용되는 희생물을 자르는 데 사용하는 커다란 도끼를 표현한 것으로 보인다. 그런데 언제부턴가 일 년이라는 단위를 나타내는 글자로 가차되면서 원래 의미는 사라졌다. 춘추 시대부터는 나이를 뜻하는 연세(年歲)의 의미로도 사용되었다.

고대 문자의 변화 과정에 대한 정보가 많지 않았던 전통 시기에는 일 년을 부르는 명칭이 왕조마다 달랐다고 오해하기도 했다. 하나라 때는 세(歲)라고 하고, 상나라는 사(祀), 주나라 때는 년(年)이라고 불렀다는 것이다. 또한 한 해의 시작[세수(歲首)] 역시 왕조마다 차이가 있었다고 생각했다. 하나라는 지금의 음력 정월을, 상나라는 음력 12월을, 주나라는 음력 11월을 새해의 시작으로 삼았다는 주장을 삼정설(三正說)이라고 한다. 오랜 시간 동안 많은 사람들이 이것을 믿었으나, 갑골문에 나타난 각종 기상 현상과 농작물 경작 시기를 대조해보니 과학적 근거가 없는 주장으로 밝혀졌다.

달 월(月) 자는 하늘에 뜬 달을 상형했다는 데 이론의 여지가 없다. 그런데 왜 하필 둥그런 보름달이 아닌 찌그러진 형태의 달을 기본형으로 했을까? 갑골문 月 자는 완벽한 원형도 정확한 반원도 아니면서, 아슬아슬한 초승달보다는 약간 살이 쪘고 구불구불 불완전하면서 무언가 부족한 모습이다. 빈도수로 보면 보름달이나 반달은 한 달에 한두 번만 나타나지만, 나머지 불완전하고 어정쩡한 모습은 매일 볼 수 있다. 그러니 고대인은 달을 표상할 때 원형이나 반원이 아닌 일상적으로 관찰되는 모양을 달의 표준형으로 삼았을 것이다.

갑골문 月 자에는 안쪽에 점이 있는 것과 없는 것이 있는데 달 안의 음영을 나타내는 것이 아닐까 생각된다. 태양은 너무 눈부셔 똑바로 쳐다볼 수조차 없지만, 밤에 뜬 달은 적당한 광도를 가졌고 표면

다양한 갑골문 월(月)

의 무늬까지 관찰할 수 있어 한번 바라보면 한동안 눈을 떼지 못하게 하는 매력이 있다. 우리 시대의 밤은 꺼지지 않는 조명 때문에 내내 환하게 밝다. 하지만 밤이 빨리 찾아오고 길던 시절, 고대인은 달 계곡의 미세한 무늬를 감상할 시간이 우리보다 훨씬 많았을 것이다.

이처럼 사람들이 시간을 재는 척도로 사용한 대상은 해와 달이었다. 이때 해는 일출과 일몰이라는 짧은 시간 간격과 일 년이라는 긴 시간만을 가르쳐주었다. 하지만 달은 일정한 간격으로 매일 변하는 모습을 보여주어서 하루나 한 달 단위의 시간을 측정하기에 적합했다. 밤하늘에 떠오른 달은 상현에서 보름달로 그리고 다시 하현에서 그믐달로 매일매일 조금씩 변해간다. 사람들은 달의 모양 변화를 보면서 시간의 흐름을 실감했을 것이다. 그래서 대부분의 고대 문화권에서는 시간을 측정할 때 달을 기준으로 삼았다. 지금도 우리는 날짜를 알려주는 시간표를 달력이라고 부르지 않는가.

미국 연구팀은 남미 원주민과 대도시 대학생을 대상으로 수면 패턴과 달빛과의 관계를 분석했는데, 두 그룹 모두 달의 주기에 따라 수면 시간이 조절되는 현상을 확인했다고 한다. 보름달이 떴을 때는 수면 시간이 줄어들었는데, 이것은 산업화 이전 사람들이 보름달일 때 평상시보다 더 늦게까지 깨어 있으면서 활동량을 늘렸던 수면 습관이 현대 문명의 대도시 생활자에게도 남아 있기 때문이라고 한다.

달 밝은 밤, 쉬이 잠들지 못하는 상황은 갑골문에도 그 흔적이 남아 있다. 밝을 명(明) 자는 세상에서 유일하게 발광하는 해와 달이 함께 모여 밝음을 나타낸 것이라고 알려졌다. 그러나 갑골문 明 자를 유심히 관찰해보면 달과 함께 있는 것은 해가 아니다. 이는 달빛이 비치는 창문의 모습이다. 明 자가 이러한 극적인 장면을 그린 것이라는 근거는 뒤에서 자세히 밝히기로 한다.

이정모의 『달력과 권력』에 의하면 하루가 시작되는 시간은 고대 문명권마다 달랐다고 한다. 이집트와 초기 그리스에서는 일출을, 바빌로니아와 중동의 유대인은 일몰을, 초기 아랍인은 정오를 하루의 시작점으로 설정했다. 반면에 지금처럼 한밤중 자정에 하루가 시작되는 곳은 동북아시아와 기원전 2세기의 이집트밖에 없었다고 한다.

자정을 하루의 시점(始點)으로 삼는 방식은 그리스 천문학자 히파르코스(Hipparchos)가 기원전 2세기에 로마에 도입하였고, 중부 유럽에서는 14세기 코페르니쿠스(Nicolaus Copernicus)에 이르러서야 따르게 되었다고 한다. 대신 낮이나 일몰 때 하루가 시작되었던 고대 전통은 부활절이나 성령강림절 등 축제의 시작 시간에 남았다.

일주일을 나타내는 주(週)는 유일하게 자연현상에 근거하지 않고 인간이 인위적으로 만들어낸 시간 개념이다. 창세기에 의하면 하나님이 모든 일을 마치고 일곱째 날에 안식하면서 주일이 시작되었다고 한다. 마치 인류가 탄생한 순간부터 존재했던 것처럼 생각된다. 하지만 창세기가 바빌로니아에서 포로 생활을 마치고 귀환한 히브리인들의 역사적인 기록이라는 점을 인정한다면, 주일의 기원은 기원전 6세기를 넘지 않는다.

週 자의 원래 글자는 주(周) 자였다. 週 자는 현대 중국의 간체자에서 周 자로 다시 돌아갔다. 갑골문 周 자는 잘 정리된 농토의 모습

갑골문 주(周)

이다. 가운데 점으로 표시된 농작물 주위(周圍)로 농토의 경계를 표시하는 울타리가 그려져 있다. 시간이 한 바퀴 돌아 원점으로 돌아오는 것을 주기(週期)라고 하는데 이 역시 周가 고대 농업과 관련이 있다는 것을 보여준다.

7일 단위의 일주일이라는 시간 개념은 19세기 서구 문화의 수입과 함께 동아시아 사회에 도입되었다. 대항해 시대 이후 기독교 문명이 확산되고 주류 문화로 자리 잡으면서 현대의 전 세계인은 6일간 세계를 창조하시고 7일째에 휴식을 취하셨던 하나님의 생활 패턴을 받아들였다. 그전에는 10일을 단위로 하는 순(旬)을 사용했다.

세종 때 편찬된 『칠정산(七政算)』이라는 책은 천문 계산에 토대를 둔 우리나라 최초의 역법서이다. 여기서 7은 태양과 달, 그리고 화성, 수성, 목성, 금성, 토성 다섯 행성을 말한다. 천문을 해석하는 데 이 7요소를 기준으로 한 것이다. 서구에서 기원한 7일 단위의 시간을 도입하는 데 문화적 거부감이 크지 않았던 것은 어쩌면 7개의 별 이름을 사용한 경험이 있었기 때문인지도 모른다.

갑골문에는 여름과 겨울이 없었다?

지금의 상식으로는 이해되지 않지만 갑골문에는 사계절을 가리키는 단어 가운데 여름과 겨울을 나타내는 글자가 없다. 갑골문 하(夏)와 동(冬) 자는 원래 계절을 표시하는 글자가 아니었다. 이 글자들이 계절을 표시하게 된 것은 주나라 때부터였다. 갑골문에는 오로지 춘추(春秋)가 있다. 방위를 넷으로 나누어 사방(四方)이라 하고, 바람 역시 사풍(四風)으로 분류했는데, 유독 계절만은 춘추 두 계절로 표시한 것이다.

갑골문 춘(春)   갑골문 추(秋)

갑골문 春 자는 해가 비치는 날 이제 막 땅을 뚫고 솟아나는 초목의 모습이다. 春 자는 갑골문 가운데 대표적인 형성자로 목(木), 일(日), 둔(屯) 세 부분으로 이루어졌다. 木과 日은 태양이 내리쬐는 봄날에 만물이 생동하는 모습을 표현한 것이고 屯은 소리를 표시하는 부분이다. 당시 屯과 春은 발음이 비슷했다. 봄을 표현하기 위해 태양과 초목이라는 형상의 조합으로 의미를 완성하고 여기에 소리를 표시하는 부분을 추가한 것이다.

갑골문 秋 자는 귀뚜라미의 모습이다. 귀뚜라미가 울면 가을이 온다는 자연현상을 가져와 계절을 표현했다. 가을을 대표하는 사물로 계절을 표현하는 환유법으로 글자를 만든 것이다.

당나라 시대의 유명한 문장가 한유(韓愈)는 사물은 그 평정한 상태를 얻지 못했을 때 비로소 자신의 존재를 알린다고 했다. 초목은 원래 소리가 없지만 바람이 흔들어 울고, 물도 원래 고요하지만 바람이 흔들어 소리가 나고 파도가 일렁인다. 하늘은 잘 우는 것들을 골라 각 계절이 오게 하는데, 새가 봄을, 장마철 번개가 여름을, 곤충이 가을을, 칼바람이 겨울을 오게 한다. 사람의 마음을 표현하는 시 역시 편안하고 안락한 상태가 아니라 불안하고 힘든 상태에서 안에서부터 신음 소리가 나오고 나서야 언어로 표현되는 것이다. 秋 자에는 가을을 울게 하는 귀뚜라미가 들어 있었다.

우리는 보통 秋 자가 익은 곡식(禾)이 타오르는 불(火)의 색깔로 들판을 가득 채운 모습을 표현한 것이라고 알고 있다. 본모습에서 크게 달라진 글자에 상상력을 가미한 결과이다. 『설문해자』에서도 秋 자는 곡식이 익은 모습이라고 설명한다.

우리는 계절을 넷으로 나누는 것에 익숙하지만 이는 그저 생활의 편의를 위해 자의적으로 구분한 것에 불과하다. 그 밖에 우리는 온(溫), 난(暖), 열(熱), 상(爽), 랭(冷), 한(寒)과 같이 온도를 미세하게 구분하는 단어를 사용한다.

갑골문에 여름과 겨울과 관련된 단어가 없는 이유는 무엇일까? 많은 학자들이 이 문제에 답을 제시했지만 명쾌하게 수긍이 가는 주장은 아직 없다. 분명한 것은 상나라 시기 기후는 지금과 달랐다는 점이다. 상나라 시대 중국은 소빙하기가 끝나고 농사 짓기에 적합한 온화한 날씨가 지속되었다. 농업 생산성이 증가하면서 상 문명이 본격적으로 발전했다.

당시 사람들에게 계절의 의미는 농사와 관계되는 시기적 구분에 불과했을 수 있다. 그들에게는 파종기 봄과 수확기 가을 두 계절만이 의미 있었다. 오늘날 우리가 말하는 여름은 단지 봄 가운데 좀 더 덥고 습한 시기일 뿐이며, 겨울은 가을 가운데 좀 더 춥고 건조한 시기였다. 이렇게 춘추는 일 년 전체를 나타냈다. 그래서 나중에 공자가 편찬한 역사서도 이름을 춘추라고 하였다. 『묵자(墨子)』에서는 사시(四時)를 나타내는 단어를 춘하추동(春夏秋冬)이 아닌 준주하농(春秋夏冬)으로 기록하고 있다.

갑골문의 특징

그림에서 문자로

처음 한자를 만들 때는 눈에 보이는 대상의 구체적 모습을 가급적 충실하게 재현하려고 했을 것이다. 그러나 시간이 지나면서 문자로서의 기능이 우선시되자 세부적 부분은 생략되고 핵심적 요소만 남아 글자의 형태가 점점 단순해졌다. 이렇게 그림문자가 단순한 형태의 기호로 변해가는 과정을 호(虎) 자를 통해 살펴보자.

虎 자의 가장 오래된 글자인 갑골문 ①은 날카로운 발톱과 이빨은 물론 화려한 호피 무늬까지 생생하게 표현하고 있어서 거의 그림에 가깝다. 이렇게 수식이 많은 그림문자를 갑골에 새기기는 쉽지 않았을 것이다. 그래서 갑골문 ②에서는 세부적인 디테일을 생략하고 간결한 윤곽만으로 호랑이의 핵심을 표현하고 있다. 금문에서는 이빨과 발톱 등 주변 요소가 모두 생략되고 더욱 단순해진다. 전서 이후부터는 호랑이의 구체적인 모습을 찾기 어렵다. 시간이 흐르면서 점점 단순화되었다가 어느 순간부터는 대상의 구체적인 모습이 남아 있지

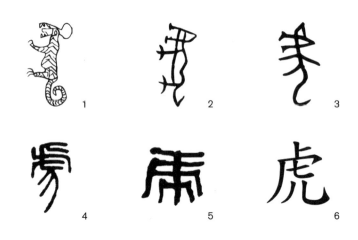

호(虎) 자의 단순화 과정.
차례대로 갑골문 ①, 갑골문 ②, 금문, 전서, 예서, 해서

않게 된 것이다.

　상나라 때 갑골문은 소수 특권층만이 사용할 수 있었다. 당시에는 글자 새기는 일을 전문적으로 담당하는 장인이 있어서 글자 형태가 다소 복잡하고 획수가 많더라도 큰 문제가 되지 않았다. 우리가 보는 갑골문은 대부분 숙련된 장인의 섬세한 작업의 결과물이었다.

　하지만 문자가 일반 사람들의 의사소통 수단으로 확대되면서 더 이상 과거와 같은 화려한 형태를 유지할 수 없게 되었다. 형태를 단순화하고 획수도 줄여야 했다. 이제는 대상을 구체적으로 재현하기보다는 핵심적인 윤곽을 남기는 데에 중점을 두게 된다. 우리가 지금 사용하는 한자에는 이런 구체에서 추상으로의 기나긴 역사의 흔적이 남아 있다.

　기(夔) 자는 원래 전설로 전해지는 동물을 표현한 글자였다. 갑골문 글자는 상나라에서 숭배되던 원숭이 모양의 산신(山神)을 나타내는 글자였다고 한다. 『산해경(山海經)』은 기에 대해 이렇게 설명

기(夔) 자의 변천 과정. 왼쪽부터 차례대로 갑골문, 금문, 전서, 해서

한다. "동해 한가운데 산이 있는데 그곳에 한 짐승이 살고 있다. 외모는 소처럼 생겼는데 뿔과 다리가 각각 하나밖에 없다. 바다에 들어가면 비바람이 불고 그 울음소리는 천둥과 같았다."『설문해자』에서는 이 동물을 뿔과 다리가 각각 하나씩밖에 없는 용이라고 설명한다.

갑골문과 금문에서 夔 자는 시대에 따라 그 모양이 조금씩 달라지기는 했지만 대체로 전설 속 동물의 형태를 유지하고 있었다. 하지만 전서와 해서에서는 구체적인 동물이 가졌던 생동감 있는 디테일은 사라지고 절제된 추상적 기호만 남게 된다. 현재 우리가 쓰는 夔 자에는 이런 전설의 흔적은 모두 사라지고 복잡한 기호만 남아 있다.

夔 자의 변천사를 통해 그림문자로 시작했던 한자가 점점 추상적인 기호로 변해가는 전형적인 과정을 볼 수 있었다. 최초 그림문자의 단계에서는 대상의 세부적 특징을 가급적 보존하려고 했지만 의사소통 수단으로서 문자의 기능이 강화되면서 형태는 간략해져야 했다. 이는 그림문자로부터 시작된 거의 모든 문자의 역사가 보여주는 공통적인 현상이다.

처음 만들어진 한자는 소수 지배층의 창작물이었으리라 추측된다. 그들은 문자를 만들면서 구성원의 동의나 협의를 구하지는 않았을 것이다. 하지만 자신들의 그림문자가 많은 사람들에게 인정받을 수 있는 적절한 타협점을 찾아야 하지 않았을까. 처음부터 대상의 구

금문 란(亂)　　　　　　　백서 란(亂)

체적 세부를 다 제거하고 앙상한 추상적 뼈대만 남길 수는 없었을 것
이다. 그렇다고 디테일을 그대로 살려두면 문자로서 기능이 제약될
수도 있었다. 그들 역시 추상화와 디테일의 보존이라는 양극단에서
적절한 균형점을 찾아야만 했던 것이다. 한자의 형태 변화 과정은 그
림과 기호 사이의 적절한 균형점을 찾는 과정이라고 요약할 수 있다.

　그런데 그림만으로 의미를 표현하는 데는 한계가 있었다. 이런
혼란스러움을 보여주는 대표적인 글자가 어지러울 란(亂) 자이다. 금
문 亂 자의 모습은 길쌈틀에 엉킨 실을 위와 아래에 있는 손으로 푸는
모습을 표현하고 있다. 나중에 생겨난 백서(帛書)의 亂 자에는 실을
풀기 위한 도구가 추가되기도 한다.

　형태나 구성만으로 본다면 이 글자는 복잡하게 얽힌 정적인 상
태를 표현하는 것일 수도 있고, 얽힌 상태를 풀어내려는 동적인 의미
를 표현하는 것일 수도 있다. 그래서 이 글자는 '얽히다'와 얽힌 실타
래를 '풀다'라는 두 가지 뜻을 가지게 되었다. 한 글자가 정반대의 의
미를 동시에 표현하게 된 것이다. 그림만으로 의미를 표현하는 글자
가 가지는 한계이다.

　이런 의미의 흔적이 남아 어지러울 亂 자는 '질서가 잡혀 있다'
라는 정반대의 의미로 사용되기도 한다. 『서경』의 구절 가운데 "나에
게는 질서 있게 잘 통치할 수 있는 신하 열 명이 있는데, 모두 같은 마

음으로 같은 덕을 가지고 있습니다(予有亂臣十人, 同心同德)"라는 구절이 그 예이다.

한자는 대상의 구체적 형태가 사라지고 기호화된 뒤로는 다시 회귀하지 않았다. 이는 모든 문자의 발전 과정이 보여주는 비가역적인 특징이다. 그림문자가 가지는 한계를 인식했기 때문일 것이다.

붓 ― 한자의 형태를 결정하다 ①

상나라의 초기 한자에 대해 사람들이 오해하는 사실 두 가지가 있다.

첫 번째는, 상나라를 대표하는 문자가 갑골문이기 때문에 이 당시 글자는 모두 날카로운 도구로 뼈에 새겨졌다고 생각하는 것이다. 두 번째는, 붓은 진나라의 장군 몽염(蒙恬)이 발명했기 때문에 이 당시에는 붓으로 쓴 글씨가 없다는 것이다. 그러나 우리가 현재 보고 있는 갑골문은 상나라의 문자 가운데 일부에 지나지 않는다. 뼈에 새겨진 상태로 땅속에 오래 묻혀 있었기 때문에 지금까지 보존되었을 뿐이며, 다른 매체에 기록된 글자는 세월의 풍파에 모두 사라져버린 것이다. 사실은 상나라 때도 죽간에 붓으로 쓴 글자들이 많았다.

이 당시에도 붓으로 글씨를 썼다는 사실은 갑골문을 통해 확인할 수 있다. 갑골문에는 붓을 나타내는 글자 율(聿) 자는 물론, 붓과 관련된 주(晝) 자가 등장한다. 또한 글씨를 쓰는 행위와 관련된 서(書) 자와 화(畵) 자도 사용되었다.

갑골문 聿 자는 한 손에 털이 달린 붓을 든 모습이다. 붓을 나타내는 글자에 그것을 잡고 있는 손까지 같이 표현하고 있다. 붓에 먹물을 적시면 붓 끝이 한데 모여 뾰족해지면서 가는 선과 굵은 선을 마음대로 그을 수가 있다. 그런데 갑골문의 붓은 아직 먹물을 적시지 않

갑골문 율(聿)

갑골문 주(晝)

금문 서(書)

금문 화(畵)

은 모필(毛筆)이 갈라진 상태로 표현되었다. 붓의 소재로 사용된 털의 속성을 강조하기 위함으로 보인다. 지금 우리가 쓰는 붓 필(筆) 자는 聿 자에 붓대를 만드는 소재인 대나무[죽(竹)]를 추가한 것으로 나중에 생겨난 글자이다.

1950년대 중국에서 筆 자의 간체자를 만들면서 붓의 전체적 형태를 표현한 聿 자의 자리에 붓털의 소재를 나타내는 모(毛) 자를 사용하여 간체자 필(笔) 자를 만들었다. 현대 중국에서 모든 필기구를 대표하는 글자로 사용되는 笔 자에 갑골문 시절 강조되었던 털(毛)이 다시 부활한 것이다.

낮 晝 자는 붓을 들고 글자를 쓰는 때가 해가 떠 있는 대낮임을 나타낸 글자이다. '글씨를 쓰다'는 의미의 書 자와 '그림을 그리다'라는 의미의 畵 자에는 들고 있는 붓 아래로 먹물이 떨어지는 모습이 생생하게 표현되었다. 畵 자는 '붓으로 경계를 그어 나누다'라는 의미로 현재의 획(劃) 자의 원래 글자이다.

여기서 우리는 붓이 갑골문 시대부터 보편적으로 사용되던 필기도구였다는 사실을 알 수 있다. 심지어 이보다 훨씬 오래전의 반파 유적지의 채색 도기에 그려진 그림도 필획의 형태와 두께의 특징으로 볼 때 붓으로 그렸을 가능성이 높다고 한다. 지금까지 발견된 것 가운데 가장 오래된 붓은 호남성(湖南省) 장사(長沙) 교외에 있는 전국 시대 초(楚)의 유적에서 발견된 장사필(長沙筆)이다. 길이는 약 21센티미터이며 붓대는 대나무를 썼고, 붓 봉에는 토끼의 털을 다발 지은 끝을 끼워서 가는 실로 묶고, 옻[칠(漆)]으로 굳혀놓았다.

붓을 처음 만든 사람이 진시황 때의 몽염 장군이라는 이야기는 당나라 문장가인 한유가 붓을 의인화하여 쓴 『모영전(毛穎傳)』이라는 작품을 통해 알려졌다. 모영이란 붓 끝을 가리키는데 이 작품에서는 마치 왕의 말을 그대로 따르는 충직한 신하처럼 묘사된다. 모영은 그 내용이 옳든 삐뚤든 상관없이 주인이 쓰고자 하는 것을 그대로 써 주며, 설령 버림당하더라도 내용을 누설하지 않았다. 모영은 진시황을 도와 문자를 통일하고 문서를 통한 정치를 구현하여 최고 관직에까지 오른다. 황제가 혼자서도 천하를 통치할 수 있게 된 것은 붓으로 기록된 문서 덕분이었다. 한유는 이렇게 의인화된 붓을 통해 문자가 가진 힘과 특성을 생생하게 표현했다. 붓으로 쓴 오래된 글씨를 접하기 어려웠던 옛날 사람들은 이 이야기가 사실이라고 생각했다. 그러나 20세기에 갑골문이 발견되면서 붓 관련 글자가 확인되고, 장사필 같은 오래된 붓이 등장하면서 진시황 시대보다도 훨씬 앞서 붓이 존재했다는 사실이 증명되었다.

최근에 은허에서 상나라 사람들이 붓으로 쓴 글씨가 발굴되었다. 옥으로 만든 과(戈)의 윗부분에 붓에 주사를 묻혀 쓴 11개의 선명한 글씨가 남아 있었다. 또한 몇 년 전에 발굴된 갑골판에서는 상나라 사람들이 붓글씨 연습을 했던 흔적이 발견되기도 했다. 상나라 시대에 이미 모필이 보편적인 필기 수단이었음을 보여준다.

필기구로 붓을 사용한 것은 한자의 형태나 구성 그리고 서사(書寫)의 방향과 특징에까지 영향을 끼쳤다. 붓 끝은 대부분 부드러운 털로 만들어졌다. 그래서 이 붓을 사용하여 글씨를 쓰면 매 획의 굵고 가늘고 굽은 모양은 물론 필세까지 표현할 수 있었다. 한자가 다른 문자에 비해 복잡한 구조와 다양한 조형미를 갖출 수 있었던 것은 딱딱한 필기도구가 아니라 부드러운 붓을 사용했기 때문이었다. 나중에 서예라는 문자 예술이 발전할 수 있었던 것은 오로지 붓이라는 필기구 덕분이라고 할 수 있다.

대나무 — 한자의 형태를 결정하다 ②

붓 다음으로 한자의 필기 방식에 영향을 준 것은 죽간이다. 죽간은 상나라 때부터 사용되었다. 그런데 대나무는 쉽게 썩어 없어지기 때문에 지금까지 남아 있는 것을 찾아보기 힘들다. 그렇지만 『상서』「다사(多士)」편에 주나라 건국 영웅 주공(周公)이 상나라 유민들을 훈계하면서 "너희 상나라의 선조들에게는 전(典)과 책(冊)이 있었으므로, 하나라의 명을 바꾼 것이다"라고 했다는 기록이 있다. 典과 冊은 모두 죽간으로 엮은 책을 이른다.

죽간은 폭이 좁아 글자를 보통 한 줄만 썼다. 글자가 많으면 여러 개의 죽간을 끈으로 연결했는데, 갑골문 冊 자는 이런 모습을 표현한 것이다. 수직선은 죽간 한 조각 한 조각을 나타내고 바퀴를 두른 선은 죽간을 연결한 끈이다. 이 끈은 나중에 하나로 간단하게 줄었다.

갑골문 책(冊)   갑골문 전(典)

갑골문 典 자는 원래 책을 두 손으로 받든 모습이었다. 典이 단순한 일상의 기록이 아닌 중요한 전적이기에 공경하는 마음으로 받들고 있는 것이다. 그런데 금문에서부터는 두 손의 모양이 작은 탁자의 형태 기(几)로 바뀌는데 『설문해자』에서는 책을 존중하여 그 위에 올려놓은 것이라고 설명한다.

상나라의 중심 지역이었던 중국의 화북 지방은 현재는 대나무가 잘 자라지 않는다. 하지만 3000년 전 상나라 시절의 기후는 지금보다 따뜻하고 습했기 때문에 대나무가 자라기에 적합한 환경이었다. 쉽게 구할 수 있고 또 내구성도 강한 대나무가 글 쓰는 재료로 선택되었다. 대나무를 세로로 쪼개서 기다란 형태로 자른 다음, 불에 그을리면 표면이 평평해져서 글자를 쓰기에 편해지고 쉽게 부식되거나 벌레를 먹지도 않았다.

이런 죽간에 글자를 쓴다면 위에서 아래로 쓰는 것이 가로 방향으로 쓰는 것보다 훨씬 편하다. 먹물을 묻힌 붓의 특성상 위에서 아래로 글자를 쓰는 것이 자연스럽기 때문이다. 아래로 글씨를 쓸 때는 왼손으로 죽간을 잡고 오른손으로 붓을 쥐고 글씨를 쓰는 경우가 많았을 것이다. 죽간 하나에 글씨를 다 채워 쓰면 왼손으로 잡고 있던 죽간을 차례대로 내려놓았을 테고, 자연스럽게 죽간들은 오른쪽에서 왼쪽으로 가지런히 정렬되었을 것이다. 하나의 죽간 안에서 글자를 쓰는 방향은 위에서 아래로, 죽간 하나에 완성된 글자 묶음들은 오른쪽에서 왼쪽으로 정렬된 것이다. 이때부터 위에서 아래로, 또 오른쪽에서 왼쪽으로 정렬되는 한문 특유의 글쓰기 방식이 정착되었다. 후대에 종이에 인쇄할 때도 먹줄로 세로줄을 표시하고 위에서 아래로 글씨를 쓰는 방식을 유지했는데, 이는 죽간을 사용하던 옛 전통에서 비롯되었다.

죽간은 폭이 좁고 넓이는 대체로 일정했기 때문에, 여러 줄의 글자를 한꺼번에 쓸 수 없었고 한 줄로 비슷한 크기의 글자를 썼다. 그래서 글자의 모양도 좁고 긴 형태로 발전했다. 여러 획으로 구성된 글자는 가급적 위아래로 겹쳐 쓰는 방식으로 나아갔고 가로 방향으로 글자가 퍼지는 경우는 피했다.

이런 식으로 죽간이라는 쓰기 매체가 글자의 형태를 규정짓는 가장 대표적인 예는 동물을 표시하는 글자들이다. 몸집이 큰 동물을 나타내는 문자는 대부분 세로로 세워 위아래로 길게 표현했다. 머리는 위를 향하고 네발은 옆으로 뻗으며 꼬리는 아래로 처진 좁고 긴 모양의 글자가 될 수밖에 없었다.

거북의 껍질이나 동물의 뼈와 같이 넓고 평평한 재료 위에 쓴 갑골문도 글자의 크기는 서로 다르지만 폭이 대부분 비슷하고, 좁고 긴 형태로 세로 방향으로 배열되었다. 이것은 당시에 글씨를 쓰는 보편적인 재료가 죽간이었음을 시사한다.

죽간에 글을 쓸 때 잘못 쓰게 되면 지울 수가 없었다. 지우는 대신 칼로 죽간의 표면을 긁어내고 다시 글을 썼다. 산(刪) 자는 잘못 쓴 글자를 언제든 긁어낼 수 있도록 책 옆에 칼 한 자루를 갖춘 모습이다. 지금도 수정하다는 의미의 산개(刪改)라는 단어가 사용된다.

종이가 보급되기 전까지는 죽간이 보편적인 글쓰기 수단이었

갑골문 산(刪)

기 때문에, 잘못 쓴 글자를 깎아내는 데 쓰이는 칼은 글 쓰는 사람들이 갖추어야 할 필수품 중 하나였다. 전국 시대의 무덤에서는 동으로 만든 칼이 글 쓰는 문방 도구와 함께 출토되었다.

갑골문 글자의 방향

갑골문에는 같은 글자의 좌우 방향이 반대로 표기된 경우가 적지 않다. 갑골문에 가장 많이 쓰인 글자 가운데 하나인 복(卜) 자의 경우 수직선과 사선의 위치가 제각각이며 심지어는 아래를 향한 경우도 있다.

이 글자들은 모두 서로 다른 형태이지만 갑골문에서는 동일한 글자로 간주된다. 이와 비슷하게 생긴 한글 자모의 'ㅓ'와 'ㅏ'는 각각 표현하는 음이 다르다. 그러나 갑골문 시대 사람들은 글자의 방향이 서로 다르더라도 같은 요소로 구성된 글자라면 동일한 글자로 여겼다. 아직 글자 수가 많지 않던 시절이라 획수의 사소한 차이 정도는 무시해도 문제되지 않았던 것으로 보인다.

한편 시간이 지나면서 글자의 형태가 변화하는 과정에서 서 있던 글자가 옆으로 눕거나 아니면 아예 방향이 정반대로 회전하는 경우도 생겨난다. 이렇게 방향이 변화하는 모습은 다른 문자에서도 찾아볼 수 있다. 현대 알파벳의 기원인 페니키아문자에서 A는 원래 황

갑골문 복(卜) 자의 다양한 형태

소의 머리를 상형한 그림문자가 시간이 지나면서 추상적인 형태로 변한 것이었다. 그런데 문자의 추상화 과정에서 황소의 뿔의 방향이 처음에는 위를 향하다가, 나중에는 옆을 향하게 되었다. 현재는 뿔이 아래를 향한 모습이지만, 그것이 황소의 뿔을 나타내었다고 생각하는 사람은 거의 없을 것이다.

알파벳 A의 변화 과정에서 황소 뿔의 방향이 바뀌는 것이 단순한 실수나 착오에서 비롯된 것이 아니었다는 주장이 있다. 마르크 알랭 우아크냉(Marc-Alain Ouaknin)은 『알파벳의 신비』에서 글자의 형태가 방향을 전환하는 것은 인간과 그를 둘러싼 세계가 맺는 관계의 변화를 암시한다고 말한다. 그의 주장을 요약하면 이렇다.

황소 뿔이 위를 향한 글자는 무한한 능력을 가진 신과의 교섭을 통해 활력을 얻고자 한 그 당시 사람들의 바람을 표현한 것이었다. 이는 수직적이고 신학적인 관계를 나타낸다. 한편 뿔이 앞을 향하는 것은 신학의 시대에서 인간 중심의 시대로 전환되는 상황을 표현한 것이었다. 인간은 다른 인간과 정면으로 마주선 상태에서 활력을 얻는다. 그리고 이때 사회적 윤리가 중요해진다. 뿔이 앞을 향한 알파벳 A의 모습은 필기체 a에 그 흔적이 남아 있다. 여기서 다시 방향을 틀어 땅을 향하는 모습은 지상에서 자신의 힘과 에너지를 길어 올리는 인간의 모습을 표현한 것이다. 결국 알파벳 A의 방향 변화는 천상의 존재와의 관계를 강조하던 인간이 나중에는 타인과의 관계에 주목하는 현실적 존재로 변해가는 과정을 보여준다.

갑골문에서 글자의 방향이 일정하지 않거나 시간이 지나면서 변화하는 이유에 대해 명확히 밝혀진 바는 없다. 다만 몇 가지 유형의 글자에서는 글자의 방향이 결정된 이유를 추론해볼 수도 있다.

갑골문의 동물은 개와 돼지에서부터

갑골문에서 세로로 선 동물 글자는 모두 개 견(犬) 자를 기본형으로 한다. 돼지, 호랑이, 표범, 코끼리, 코뿔소, 말 등 큰 몸집을 가진 동물을 나타내는 갑골문은 기본형 犬 자에 각 동물의 특징적인 요소 한두 가지를 추가한 것이다.

갑골문과 금문에서 犬과 돼지 시(豕)의 형태는 비슷하지만, 개는 배가 홀쭉하고 꼬리가 위로 향하는 반면, 돼지는 배가 뚱뚱하고 꼬리가 아래로 쳐져 있다. 꼬리의 방향이라는 미세한 차이를 주목하지 않고 얼핏 보면 같은 글자로 보이기도 한다.

한자는 하나의 사물에 하나의 글자가 대응하는 표의적 성격이 강하다. 그만큼 글자 수가 늘어날 수밖에 없는 상황에서 작은 획의 차이도 요긴하게 사용해야 한다. 그래서 한자에서는 막을 수(戍), 간지 술(戌), 클 융(戎)과 같이 필획 방향의 작은 차이로 다른 글자가 되는 경우가 적지 않다.

갑골문 견(犬)　　갑골문 시(豕)　　갑골문 호(虎)　　갑골문 표(豹)

갑골문 상(象)　　갑골문 시(兕)　　갑골문 마(馬)

호랑이[호(虎)]와 표범[표(豹)] 같은 맹수도 개를 기본형으로 한다. 호랑이는 개의 기본형에 날카로운 이빨과 발톱을 강조했고, 표범은 몸통에 무늬를 추가했다.

갑골문에는 자주 보이지만 현재 중국에서는 찾아보기 힘든 동물로 코끼리[상(象)]와 코뿔소[시(兕)]가 있다. 兕는 『설문해자』에서 들소처럼 생겼고 청색이며 그 껍질은 단단하고 두꺼워 갑옷을 만들 수 있다고 설명한다. 이 글자들도 역시 개를 기본형으로 활용한 비슷한 패턴을 보여주는데, 갑골문에 자주 등장한다는 말은 당시 중국에서 번성했다는 뜻이다. 하지만 중원의 기후와 환경이 변화하면서 이 지역에서는 더 이상 서식하지 못하고 사라져버렸다.

현대 생물학의 분류법과는 상관없이 갑골문의 네발 달린 동물을 표현한 글자는 대부분 개의 모양을 기본형으로 조금씩 확장된 것이다. 나중에 이리[랑(狼)], 오소리[환(獾)]와 같은 야생동물을 가리키는 새 글자가 생길 때도 개를 나타내는 견[犭(犬)] 자가 부수가 된다. 또한 '사냥하다'라는 의미의 렵(猎) 자와 수(狩) 자도 犭 자를 부수자로 한다. 이처럼 갑골문 犬 자가 기본형으로 사용될 수 있었던 것은 길들여진 가축이 아닌 야생의 개를 표현했기 때문이다. 당시의 개는 오늘날의 반려동물이 아니라 야생동물이었다.

개와 관련된 글자는 사람의 성격이나 심리 상태를 표현한 글자에도 자주 사용된다. 미칠 광(狂), 거칠 망(莽), 사나울 맹(猛)과 같이 거칠고 사나움을 나타내는 글자들은 犭 자를 부수자로 한다. 풀숲 사이에 개가 숨어 있는 모습을 표현한 莽 자는 풀이 무성하다는 원래 의미보다도 성격이 거칠고 경솔하다는 의미로 더 자주 사용된다.

이처럼 고대 중국에서 개는 야생동물이었으며 식용으로 사용되었다. 전국 시대의 유명한 협객 가운데 개백정 출신이 적지 않았다는 것은 당시까지도 개를 식용하는 일이 보편적이었음을 보여준다.

그런데 개는 식용 대상일 뿐만 아니라 제사에 쓰이는 중요한 제물이었다. 은허에서 발굴된 대형 능묘 가운데 대표적인 1004호 묘에서는 관을 안치한 자리 바로 밑으로 수직갱이 뚫려 있고 그곳에 정장을 한 무사와 개 한 마리가 함께 묻혀 있었다. 또 다른 대묘에도 사방 네 구석에 무사와 개가 매장되어 있었다. 작은 묘에는 개만 묻힌 곳도 적지 않았다. 상나라 시대의 건축물 기단 부근에도 개를 매장한 흔적이 발견된다. 당시 건축물을 세우거나 묘를 조성할 때 개를 희생으로 묻는 일이 잦았던 것이다.

『사기』에는 개를 잡아 제사 지내는 곳을 복사(伏祠)라고 했다. 伏 자는 원래 개를 제물로 바치는 장소 혹은 시기를 가리키는 말이었는데, 나중에 초복(初伏) 중복(中伏)과 같이 절기를 지칭하게 되었다. 오늘날 '엎드리다'라는 의미로 쓰이는 伏 자의 금문 형태는 사람 뒤로 개가 따르는 모습이다. 이 글자에서 이제 곧 제사의 희생물이 될 개가 순순히 뒤따라오는 장면을 떠올리기는 쉽지 않다.

'개'는 유독 욕설에 많이 쓰이지만, 고대 중국에서는 애칭이나 겸칭에 사용되기도 했다. 『사기』「사마상여열전(司馬相如列傳)」에는 "사마상여가 어렸을 때 공부도 잘하고 검술 훈련도 열심히 했다. 그래서 그의 부모가 그에게 '개새끼[견자(犬子)]'라는 이름을 붙여주었다

금문 복(伏)

(少時, 好讀書, 學擊劍, 故其親名之曰犬子)"라는 구절이 나온다. 개새끼가 욕이 아니라 오히려 아이를 부르는 애칭이었던 것이다.

그리스 철학자 디오게네스(Diogenes)는 세상의 시선에 아랑곳하지 않고 마음 가는 대로 개처럼 살았다. 그래서 사람들은 그를 '개 디오게네스'라고 불렀다. 알렉산더대왕이 호기심에 그를 찾아가서 원하는 것이 있느냐고 물었다. 그러자 디오게네스는 당신이 지금 거기 서 있으면 해를 가리니 비키라는 말만 했다고 한다. 이런 냉소적이고 도도한 태도를 키니코스주의[시니시즘(cynicism)]라고 했는데 한자로는 견유주의(犬儒主義)라는 멋진 이름으로 번역했다. 지금까지 감히 儒 자에 수식어를 붙인 동물은 개가 유일하다.

갑골문의 馬 자도 개의 기본형에서 확장되었다. 고대 중원 지역에서는 선사 시대부터 말을 사용했지만 북부 초원 지역이나 서부 고원 지대 민족들처럼 적극적이지는 않았던 것으로 보인다. 말은 제사의 희생으로 가끔 사용되었다는 기록이 있지만 소처럼 자주는 아니었으며, 식용으로도 별로 쓰이지 않았다. 고대 중국에서 말은 대부분 수레를 끄는 데 활용되었다.

상나라 시대 유적에서 수레를 끈 말의 유골과 각종 마구가 적지 않게 발굴되었다. 갑골문에도 말이 수레를 끌기 위해서는 반드시 훈련과 길들이는 과정을 거쳤다는 기록이 나온다. 당시 말이 끄는 군용 마차는 국가의 크기와 힘을 나타내는 대표적 상징이었다. 1000대의 병거(兵車)를 갖춘 제후국을 천승지국(千乘之國)이라 하고, 1만 대의 병거를 갖춘 천자의 나라를 만승지국(萬乘之國)이라 했다. 한자에서 말과 관련된 글자는 대부분 말이 수레를 끄는 모습과 관련되었다. 『설문해자』에서도 말은 화난 모습을 표현한 것이고, 전쟁에 활용한다고 설명하고 있다.

갑골문 돈(豚)　　　　갑골문 축(豕)

　　대부분의 동물 관련 글자는 개의 기본형에서 확장된 한 가지
형태만 가지고 있다. 이에 비해 돼지는 시(豕) 자를 기본형으로 하여
다양한 확장형을 가진다. 갑골문에서 돼지를 표현하는 글자의 기본형
은 豕 자이다. 새끼 돼지를 돈(豚)이라 했는데, 어미 돼지의 젖을 물고
있는 모습이다. 사육한 돼지를 나타내는 축(豕) 자는 豕 자에 한 획이
추가된 모양인데 이는 거세된 돼지의 생식기를 나타내거나, 거세를
하기 위해 두 다리를 묶은 모습을 나타낸다. 돼지는 새끼 돼지, 어미
돼지, 사육한 돼지, 멧돼지 등 나이와 상태에 따라 다양한 종류를 나
타내는 글자가 만들어졌다. 고대 중국인에게 가장 중요한 동물이 바
로 돼지였기 때문일 것이다.

　　돼지는 아주 오래전부터 가축으로 사육된 동물로서 인분까지
먹어치우는 잡식성이면서 많은 양의 고기를 제공해주었기 때문에 중
요하게 여겨졌다. 갑골문에서 집을 나타내는 글자 가(家)에도 豕 자
가 있다. 집을 표현하는 글자에 돼지가 포함된 이유를 설명하는 데에
는 다양한 상상력이 동원된다.

　　뱀의 천적인 돼지를 주거지 아래층에 있는 우리에 사육하면서
집 안 사람들을 보호하는 모습을 표현했다고 전해지기도 한다. 돼지
를 거세하면 성격이 온순해지고 살도 쉽게 찌게 할 수 있었는데, 이렇
게 하면 돼지의 면역력이 약해졌기 때문에 집 안에서 키우면서 비바

금문 총(塚)

람으로부터 보호해주었던 습속을 표현한 것이라고도 한다.

　그렇다면 무덤을 나타내는 총(塚) 자에 豕 자가 포함된 이유는 어떻게 설명해야 할까? 사실 家에 돼지가 포함된 것은 집 안에서 돼지를 키웠기 때문이 아니었다. 고대에 집터를 잡을 때 개나 돼지와 같은 희생물을 묻어 부정을 씻어내고 액을 막는 행위를 반영한 것이다. 실제로 갑골문 家 자 가운데 어떤 글자에는 개의 모습이 표현된 것도 있다. 이제야 무덤 塚 자에 돼지가 포함된 이유가 설명된다. 무덤을 조성할 때 희생으로 돼지를 묻은 습속을 표현한 것이다.

　전국 시대에 저술된 『맹자』 「양혜왕상(梁惠王上)」에는 사람들이 식용하던 네 가지 가축이 나온다. 닭[계(雞)], 어린 돼지[돈(豚)], 개[구(狗)], 성숙한 돼지[체(彘)]이다. 맹자는 이런 가축을 기르는 데 있어 적절한 시기를 놓치지 않으면, 칠십 노인도 고기를 먹을 수 있을 것이라고 했다. 가축을 상징하는 넷 중 둘이 돼지이다. 그만큼 가축 가운데 중요한 존재였음을 알 수 있다.

　『맹자』에 주요 식용 가축으로 거론된 彘는 지금은 잘 사용하지 않는 글자이지만 고대 중국 사회에서는 아주 귀중한 가축이었다. 갑골문 彘 자는 화살을 맞은 야생 멧돼지를 표현한 것이다. 선명한 화살의 모습을 통해 사냥된 동물임을 나타냈지만 시간이 지나면서 성숙한 가축 돼지를 나타내게 되었다.

갑골문 체(彘)　　　　　　금문 체(彘)

그런데 彘 자는 중국 역사상 가장 끔찍한 이야기와 관련되어 있다. 한나라를 건국한 유방(劉邦)의 부인 여태후(呂太后)는 젊은 후비 척부인(戚夫人)을 질투하였다. 유방이 죽자 여태후는 척부인을 인체(人彘)로 만들어 돼지우리에 던져버렸다는 기록이 있다. 금문과 전서의 彘 자를 보면 돼지의 사지가 모두 절단되어 흩어진 상태로 그려져 있다. 도축 후 각 부위를 절단하여 늘어놓은 모습을 통해, 고기 공급원인 가축으로서 돼지를 표현한 것이다. 인체란 곧 사람의 사지를 모두 절단하여 몸통만 남기는 끔찍한 형벌이었던 것이다.

소와 양

갑골문의 동물 관련한 많은 글자들이 犬 자와 豕 자를 기본형으로 한 까닭은 이들이 제사의 희생으로 주로 사용된 동물이었기 때문이다. 이외에 희생으로 쓰인 동물은 소[우(牛)]와 양[양(羊)]이다. 이 둘은 개와 돼지를 기본형으로 하지 않고 독자적인 형태를 가진다.

갑골문 牛 자는 돌출된 뿔과 귀를 가진 소머리 모양을 표현한 것이다. 갑골문에서 동물을 나타낸 글자들 대부분은 머리부터 꼬리까지 표현되지만 소와 양은 사지를 생략하고 뿔이 튀어나온 머리 부분만 강조한다. 고대 중국에서 소는 지금처럼 식용이나 농사용으로 이

갑골문 우(牛)   갑골문 양(羊)

용되지 않고, 신성한 동물로서 제사용 희생으로만 쓰였다.

양도 소와 마찬가지로 뿔과 머리 부분으로 전체를 표현한 글자이다. 사물의 일부 특징으로 전체를 표현하는 환유법으로 구성되었다. 갑골문에 등장하는 양은 거의 대부분이 제사의 희생으로 사용되었고, 그 수량이 소 다음으로 많다. 양은 고기는 맛이 좋았고 털과 가죽은 다양한 용도로 활용되었으며, 그 자체로 제사에 쓰이는 상서로운 동물이었다. 그리하여 양과 결합된 글자들은 대부분 좋고[선(善)] 아름답고[미(美)] 상서로운[상(祥)] 것들이다. 고대에 상서로울 祥 자가 아직 만들어지기 전에는 아주 상서롭고 좋은 것을 표현하기 위해 '대길양(大吉羊)'이라는 표현을 쓰기도 했다.

갑골문이 직선으로 이뤄진 까닭

갑골문의 자획은 대부분 직선으로만 구성되며 곡선은 거의 찾아볼 수 없다. 이렇게 직선만 고수한 이유는 글자를 새기는 도구와 매체의 영향 때문이라고 알려졌다. 단단한 뼈에 칼이나 날카로운 도구로 문자를 써야 하니 곡선을 구현하기가 쉽지 않았다는 것이다.

그런데 앞서 살폈듯 상나라 시대에도 죽간과 붓이 사용되었다. 그렇다면 부드러운 붓으로 쓴 글자들도 직선으로만 구성되었을까?

최근에 갑골 위에 붓으로 쓴 몇 글자들이 발견되었지만 이것만으로는 확인하기가 어렵다. 뼈에 새겨진 글자는 3000년 넘는 시간에도 원형이 보존되었지만, 붓으로 쓴 글자는 긴 세월을 견뎌내지 못했다.

갑골에는 어떻게 붓글씨 흔적이 남게 된 것일까? 이는 갑골에 먼저 붓으로 글자를 쓰고 그 윤곽을 따라 새긴 흔적일 수 있다. 혹은 이미 새겨진 갑골문 옆에 붓글씨를 추가했을 수도 있다. 전자라면 원래 붓으로 썼는데 왜 곡선이 없을까? 아마도 붓으로 초벌 글자를 쓰고 나중에 날카로운 도구로 새기는 과정에서 곡선이 직선으로 단순화된 것일 수 있다.

죽간과 붓이라는 필기도구를 사용할 때는 직선보다 곡선을 구현하는 편이 훨씬 자연스럽다. 갑골문과 비슷한 시기 청동기에 새겨진 글자 대부분은 곡선으로 구성되었다. 따라서 지금까지 발견된 갑골문이 직선으로만 이뤄진 현상은 원래 자형이 그러했던 것이 아니라 필기도구의 제약에서 비롯되었다고 보아야 한다.

갑골문 직(直) 자는 눈 위로 곧게 뻗은 선을 표시했다. 눈동자는 곡선으로 표현하려고 노력하고 있지만 대부분 날카로운 직선으로 구성되었다. 이 반면 금문 直 자는 갑골문에 비해 부드러운 곡선으로 구성되었다. 금문은 청동기에 직접 새기지 않고 청동기를 제작하기 위해 부드러운 진흙으로 먼저 만든 틀 위에 글자를 새긴 것이다. 그렇

갑골문 직(直)

금문 직(直)

갑골문 곡(曲)

기에 금문은 갑골문에 비해 곡선을 포함한 다양한 형태를 구현하는
데 용이했다.

우리가 현재 사용하는 한자 곡(曲) 자는 직선이 아닌 선을 뜻
하는 글자이다. 곡선(曲線)이란 휘어진 모든 선이다. 하지만 갑골문
曲 자는 목수가 사용하는 직각자의 모양을 표현한 것이다. 직각으로
꺾인 선을 나타냈으며 우리가 보통 곡선이라고 일컫는 휘어진 선의
형태는 포함하지 않았다.

갑골문의 획이 직선으로만 구성되었던 이유가 단순히 기록 매
체의 제약 때문만이었을까? 곡선을 거부하고 직선만 고집하게 된 어
떤 믿음이 있었던 것은 아니었을까?

직선에 대한 물음은 20세기 미술계의 거장 사이의 논쟁에서
도 재현되었다. 몬드리안(Pieter Mondriaan)과 칸딘스키(Wassily
Kandinsky)의 사물의 본질적 형태에 대한 논쟁이 그것이다.

칸딘스키는 세상 만물의 형태를 구현하는 데 곡선과 원 그리고
사각형 등 다양한 도형을 동원했다. 몬드리안은 사물의 윤곽을 가급
적 그대로 재현하려는 이런 칸딘스키의 태도를 비판한다. 사물의 보
이는 윤곽에 집착하는 것은 자연의 질서 정연한 본질을 추구하지 않
고 단지 외적 모습을 보여주는 데 불과하다는 주장이었다. 그는 변화
하는 자연의 변덕에서도 불변의 절대 진리를 고수하는 것은 직선이라
고 믿었다. 수직이나 수평은 순수한 조형적 요소로서 이것만으로 사
물의 본질을 표현할 수 있다고 생각했다.

몬드리안과 달리 두스뷔르흐(Theo van Doesburg)는 수직과
수평만을 고집하지 않고 사선을 추가하기도 한다. 그 역시 눈에 보이
는 자연의 형상을 배제하고 기본적인 형태와 순색의 배합에 의해서만
대상의 본질을 재현할 수 있다고 믿었지만, 여전히 곡선이 배제된 직

선만으로 대상을 재현할 수 있다고 생각했다.

갑골문을 새긴 사람들 역시 대상의 본질을 구현하는 추상의 극한은 직선에서만 완성된다고 생각했던 것은 아닐까? 이와 유사하게 고대 게르만어를 표기하기 위해 사용되었던 룬문자 역시 직선으로만 구성되었다.

룬문자는 주로 돌이나 나무, 뼈에 새겨 짧은 메시지를 전달하는 데 쓰였다. 현재 남은 룬문자는 대부분 비석이나 유물의 표면에 각인된 상태로 보존되어 있다. 영어에서 문자를 의미하는 'writing'은 인도·유럽어의 '찢다'나 '긁다'라는 의미를 가진 어근 'wrid'에서 유래했다. 인도·유럽어의 문자에도 표면에 긁거나 갈아서 새겼던 고대 문자의 흔적이 남아 있는 것이다.

그런데 룬문자는 글자 하나하나마다 고유한 소리와 의미를 가지고 있으며 심지어는 각 글자에 주술적인 마력이 깃들었다고 여겨졌다. 이에 17세기 로마교황청은 이교도적인 룬문자의 사용을 금지했지만, 룬문자에 대한 주술적 믿음은 지금까지도 지속된다. 나치는 하켄크로이츠 문양으로 룬문자를 복원하기도 했으며 최근에는 '반지의 제왕'이나 '해리포터' 시리즈와 같은 대중문화에서 신비한 마력을 가진 문자 도형으로 부활하기도 했다.

주술적인 의미를 전달하는 데 주력했던 갑골문과 룬문자 모두 직선 위주의 형태라는 사실은 단순한 우연의 일치일까? 물론 뼈나 돌과 같은 단단한 매체의 제약 때문일 가능성이 높다. 하지만 이렇게 불편한 매체에 기록했다는 것은 기록할 때의 실용성보다는, 문자를 새기는 과정의 신성함과 새겨진 문자를 영원히 보존하고자 하는 염원을 우선했기 때문일 수도 있다. 직선을 벗어나지 못한 갑골문과 룬문자는 모두 단단한 매체에 남았고, 글자에 주술적인 신성함을 지녔다는 공통점을 가진다. 곡선을 포기하고 직선만 선택했던 이유는 어쩌면 몬드리안처럼 세상의 본질은 직선으로만 구현된다는 믿음이 있었기 때문일지도 모른다.

형성자 — 표음기호와의 만남

대부분의 문자는 구체적인 사물을 상형하는 것에서 시작하여 점차 복잡한 개념을 표현하는 것으로 발전해간다. 그러나 새로운 사물과 개념에 모두 대응하는 글자를 만드는 데는 한계가 있다. 그래서 새로운 글자를 만들어야 하는 수고를 덜기 위해 문자는 사물에 대응하는 표의기호를 포기하고 표음기호로 변해간다. 표음기호화는 거의 모든 문자의 역사에서 발견되는 보편적인 현상이다.

우리가 보통 이집트 상형문자로 알고 있는 고대 이집트의 신성문자 히에로글리프(Hieroglyph)는 외견상 상형적인 요소가 가득하지만 사실은 표음기호가 포함된 문자 체계였다. 기원전 3500년 무렵 만들어져 3000년 넘게 사용되었던 신성문자는 19세기 고고학 발굴로 세상에 다시 나왔다. 처음 발굴한 사람들은 회화적인 요소가 가득한 이 문자를 상형문자라고 생각해서 그림과 연관된 의미를 풀이하는 데만 몰두했다. 하지만 샹폴리옹이 로제타석을 분석하여 상형문자가 아니라 표음기호로 구성된 문자라는 사실을 밝혀내면서 비로소 완전히 해독될 수 있었다.

인류 최초의 문자로 알려진 수메르 문명의 설형문자도 초기에는 단순한 상형문자로 시작했지만 문명이 발전하고 정보의 양이 많아지면서 점차 표음기호로 발전해갔다. 현대의 대표적인 표음기호인 알파벳은 이 수메르문자의 계보에서 파생되었다.

한자는 다른 문자와 달리 표음기호로 변하지 않고 원래의 표의적 기능을 유지하고 있는 유일한 문자이다. 소리를 표현하는 표음기호의 길을 선택하지 않은 한자는 청각적인 발성보다는 주로 시각적인 이미지에 의지하는 문자가 되었다.

사람이 구현할 수 있는 소리는 발성기관의 구조나 호흡법과 같은 신체적 특징에 의해 제한되기 때문에 그 숫자가 무한정 늘어나지 않는다. 전 세계 모든 언어의 소리를 기호로 표시한 국제음성기호는 자음과 모음을 합쳐 100개가 조금 넘는다. 사람이 발성할 수 있는 모든 소리를 다 구현할 언어가 있다고 하더라도 그것을 표시할 표음기호는 100개 남짓이면 충분한 것이다.

하지만 표음화의 길을 가지 않은 한자는 세상에 존재하는 모든 사물에 대응하는 문자를 만들어내는 힘든 여정을 선택했다. 아직 표현할 대상이 많지 않았던 문명의 초기 단계에서는 이런 일대일 대응이 불편하거나 번거롭지 않았다. 오히려 새로운 사물이나 현상이 등장할 때마다 새로운 문자를 만들 수 있다는 데에서 그 사회를 지배하는 권력을 가졌다는 사실을 체감하기도 했을 것이다.

그러나 무한정 늘어나는 글자를 모두 감당하기에는 사람이 가진 기억력에 한계가 있었다. 이미지 중심의 한자도 표음기호가 가진 편리함을 외면할 수 없게 된다. 회화적으로 구성된 한자에 표음적 기능이 추가된 것이 바로 형성자(形聲字)이다. 형성자란 말 그대로 의미적 요소 形과 소리를 나타내는 요소 聲이 결합된 것을 말한다.

갑골문은 사물의 형태를 표현하는 상형(象形), 개념이나 생각을 표현하는 표의(表意), 그리고 음을 표시하는 형성의 조자법(造字法)을 모두 갖춘 문자이다. 고대 이집트문자와 마찬가지로 갑골문 역시 회화적 특징이 강해서 대부분 상형자로 구성되었으리라고 생각할

갑골문 성(星) ①　　　　갑골문 성(星) ②　　　　갑골문 생(生)

수 있다. 하지만 갑골문에는 형성자의 비중이 27퍼센트에 이른다.

형성자의 비율이 이렇게 높다는 사실은 우리가 최초의 한자라고 알고 있는 갑골문이 사실은 상당히 성숙되고 완성된 문자 체계였음을 보여준다. 상나라 후기 갑골문은 이미 오랜 세월을 거쳐 발전해왔다. 갑골문 성(星) 자는 형성자의 특성을 잘 보여준다.

하늘에 뜬 별을 표현한 갑골문 星 자는 별의 형태를 표현한 의미부와 발음 생(生)으로 구성된 형성자이다. 별의 숫자가 2개, 5개 등그 형태가 다양하지만, 소리를 표시하는 生 자는 빠지지 않는다. 그만큼 이 글자가 가지는 소리의 일관성을 강조했던 것이다.

한자는 사물의 형태를 재현하는 상형자나 개별 상형자들을 조합하여 새로운 의미를 만드는 회의자(會意字)에서 시작했다. 그러나시간이 흐르면서 문자의 구성 요소 가운데 소리를 표시하는 부분을강조하는 형성자가 생겨났다. 이때부터 한자는 다른 문명의 문자와는다른 독자적 길을 가게 된다. 형태에서 기원한 한자가 소리를 재현하는 표음적 기능을 겸비하게 된 것이다. 더 이상 상형자와 표음기호의양자택일에서 하나를 선택할 필요가 없어졌다. 형태에서 기원한 문자가 소리를 중시하는 쪽으로 정체성을 바꾸기 시작했던 것이다.

이는 소리를 통한 문자의 확장이 가지는 편리함과 체계성에 눈을 뜬 결과이기도 하다. 그전까지는 새로운 문자를 만들 때마다 형태의 구성과 조합에 모든 정성을 기울였다. 그러나 형성자의 편리함을 깨달으면서 이미 만들어진 문자들을 적절히 조합하여 음과 의미가 어우러진 새로운 문자를 대량 생산하게 되었다. 현대 한자의 거의 대부분이 형성자인 것은 이런 과정이 오랜 기간 동안 누적된 결과이다.

『설문해자』가운데 지사자(指事字)는 700자 정도이고, 상형자를 조합한 회의자는 600자 정도로 이 둘을 합쳐도 전체의 약 14퍼센트에 지나지 않는다. 형성자의 비율은 80퍼센트를 넘는다. 한자는 이미 2000년 전에 표의문자라고 부를 수 없을 정도로 음의 표기가 활성화된 문자로 발전했던 것이다.

가차자 — 마지막 퍼즐의 완성

상형자, 회의자, 형성자만으로도 뜻을 표현할 수 없는 경우가 있다. 이를테면 대명사나 각종 부정사와 같은 문법적 요소이다. 이때는 어쩔 수 없이 발음이 유사한 글자를 빌려 와 대신하는 방법을 택했다. 이를 가차자(假借字)라 한다.

앞서 살폈던 일인칭 나를 나타내는 아(我) 자는 사람을 찍어내는 삼지창 모양의 흉측한 무기를 상형한 글자였다. 여기에 양가죽을 걸어 위엄을 더한 글자가 의로울 의(義) 자이다. 지금까지도 我를 부수로 하는 글자는 義 자밖에 없다. (자세한 내용은 2부 2장 「조상과 제사」를 참고하라.) 창을 나타내는 단어가 갑자기 일인칭 대명사에 쓰인 배경은 당시 언어에서 일인칭을 나타내는 음이 我 자와 비슷하여 일단 이 글자를 빌려 사용했던 데에서 시작되었다. 그런데 어느 순간부터 이 글자의 원래 의미를 밀어내고 일인칭 대명사로만 사용된 것이다. 출토된 기록에 의하면 我 자는 이미 갑골문에서부터 상나라 왕

갑골문 기(其)   갑골문 불(不)   『설문해자』 불(不)

이 자신을 지칭하는 대명사로 활용되었다.

고대 중국어에서 삼인칭 대명사로 쓰이는 기(其) 자는 원래 곡식의 쭉정이를 바람에 일어 날려 보내는 키를 상형한 글자였다. 이 글자가 대명사로 사용되면서 키를 나타내는 글자는 대나무 죽(竹) 자가 추가된 기(箕) 자가 만들어져 대체되었다. 其 자는 시간이 흘러 삼인칭 대명사는 물론 부사나 의문사 등 다양한 문법적 기능을 갖게 되었다.

부정사 불(不) 자 역시 이렇게 빌려 온 글자이다. 이 글자의 어원에 대해서는 다양한 의견이 존재하는데, 꽃받침이라는 설과 땅 아래로 내린 식물의 뿌리를 상형한 것이라는 설이 대표적이다.

『설문해자』에서는 不 자에 대해 "하늘로 날아오른 새가 내려오지 않는 모습"이라는 다소 의외의 설명을 하고 있다. 위의 가로줄은 하늘을 나타내고 그 아래에는 날개를 펴고 위로 날아오르는 새의 모습을 상형했다는 뜻이다. 새가 한번 하늘로 올라간 다음에는 내려오지 않는다며 여기에서 '하지 않음'이라는 부정의 의미가 파생되었다고 설명하는데 선뜻 이해되지 않는다.

이 글자가 어떻게 부정을 표시하게 되었는지에 대해서는 아직까지 명확하게 밝혀지지 않았다. 아마도 당시 고대 중국어를 사용하던 사람들이 부정을 표현할 때 사용했던 구어의 발음에 가장 가까운 이 글자를 빌려 온 것이 아닐까 추정할 뿐이다.

我, 其, 不과 같은 글자들은 원래 사물을 상형했지만 나중에는 문법적 기능만을 담당하는 표음적 기호로 용도가 변경되었다. 이런 가차자는 갑골문에서부터 자주 사용되던 중요한 글자였다.

형체가 있는 사물이나 그림으로 나타낼 수 있는 구체적 동작 등은 상형이나 지사로 표현할 수 있었고, 보다 관념적이고 추상적인 의미를 나타내기 위해서는 형성과 회의와 같은 문자의 조합 원리를 사용했다. 그러나 이런 단어들을 연결하여 하나의 문장을 완성하기 위해서는 문법적 요소가 추가로 필요했다. 말로 표현되는 모든 내용을 문자화하기 위해서 음이 유사한 글자들을 표음기호로 임시로 빌려와 사용하는 방법을 택했다.

현대 중국의 운남성(雲南省) 산악 지대에 사는 납서족(納西族)이 사용하는 동파문자(東巴文字)는 전 세계에 유일하게 남아 있는 상형문자로 알려졌다. 19세기 말에 세상에 발견된 이 문자는 동파족 무사(巫師)의 경전에 기록된 것이다. 원시 문자의 특성을 잘 보존하여 살아 있는 화석으로 불리기도 하는 이 문자는 대략 7세기경부터 만들어진 것으로 보인다.

그런데 동파문자에는 눈에 보이는 대상을 나타내는 글자가 많고 무형의 존재를 표현하는 글자는 거의 없다. 명사가 대부분이며 동사나 형용사는 적다. 특히 문법적 요소를 표현하는 글자가 없어서 복잡한 내용을 기록하는 데는 한계가 많다. 형성자와 같은 표음화의 흔적도 없고 문법적 요소를 가차한 것도 찾아볼 수 없다. 그래서 일상적인 의사소통의 수단으로 사용되지 못하고 소수의 주술사들만의 비밀스러운 기록으로 전수되었다. 초기 한자가 형성자를 통해 표음화를 모색하고 모든 구어를 표현하기 위해 가차자를 사용하는 출구를 찾지 않았다면 어쩌면 동파문자와 같은 처지가 되었을지도 모른다.

3부

청동기에 새긴 글자

— 고대 국가의 한자 금문

1장

주나라
—새로운 문명의 시작

주나라의 역사

주(周)는 원래 상나라의 제후국으로 서쪽에서 유목과 농경에 종사하던 부족이었다. 갑골문 周 자는 경작지를 구획하는 울타리 사이에 농작물이 빽빽하게 자라는 모습을 표현한 평범한 글자였다. 이 갑골문에는 둘러싸인 울타리의 주위(周圍), 촘촘하게 빈틈이 없는 주도면밀(周到綿密)함, 계절의 변화 순서에 맞추어 반복되는 농사의 주기(周期)라는 의미의 씨앗들이 모두 담겨 있다. 周 자는 이처럼 균일하게 구획된 농지를 표현한 글자이지만 한편에서는 방패를 상형한 것이라는 주장도 제기된다.

갑골문 周 자는 이전 왕조의 이름인 상(商) 자와 비교된다. 커다란 탁자 위에 왕을 상징하는 근엄한 도끼가 박혀 있는 웅장한 모습의 商 자에 비하면, 周 자는 한 나라의 권위와 위엄을 나타내기에는 무언가 부족해 보인다. 周 자가 방패라는 주장은 어쩌면 商 자에 나타난 도끼가 가지는 위엄에 필적하기 위해 고안된 것일지도 모른다.

갑골문 주(周)   갑골문 상(商)   갑골문 은(殷)

그런데 사마천은 상나라를 일관되게 은(殷)나라로 불렀다. 주나라에서 800년 동안 상을 은이라고 불렀던 전통을 따른 것이다. 殷은 상나라 후기 수도의 이름에 불과하다. 또한 갑골문 殷 자는 임신한 여자의 배를 막대기로 두드리는 모습으로 한 국가의 권위를 나타내기에는 부족해 보인다. 殷 자는 음악이 성대하게 울리는 모습이라는 그럴싸한 의미를 갖게 되지만 이는 나중에 추가된 것이다.

한 나라를 상징하는 글자로 殷 자가 사용된 이유에 대해 이렇게 이야기하는 사람도 있다. 고대에 殷 자는 이(夷) 자와 발음이 비슷했는데, 북서 지방에서 기원한 하(夏) 계통의 주나라가 동쪽 연해 지역에서 기원한 이족 상나라를 낮춰 부르는 데 사용했다는 것이다.

아무튼 주나라는 근엄한 도끼로 상징되는 상이라는 글자의 권위를 인정하고 싶지 않았던 것으로 보인다. 주나라 초기의 청동기에는 商 자가 들어갈 부분에 거의 대부분 殷이라고 새겼다. 『서경』에서도 일관되게 殷이라는 이름을 사용한다.

상나라가 멸망하고 상의 유민들은 전국을 떠돌면서 장사로 생계를 유지했는데, 여기에서 상나라 사람이나 하는 일이라는 의미에서 상업(商業)이라는 단어가 생겨났다는 설도 있다. 이 역시 상나라의 명예를 훼손하기 위해 가공한 이야기로 보인다.

이런 문화적 왜곡은 치밀하게 진행되었다. 주나라 건국 후 상의 후손들은 대부분 송나라에 모여 살았다. 그런데 중국 고사성어 가운데 세상물정 모르는 어리석은 사람들을 가리킬 때 송나라 사람이 많이 등장한다. 싹이 빨리 자라기를 바라는 급한 마음에 밭에 들어가 일부러 싹을 잡아 뽑아주었다는 알묘조장(揠苗助長)이나, 나무 그루터기에 걸려 죽은 토끼를 보고 다음 날부터 농사를 작파하고 그루터기 앞에 앉아 토끼가 걸려 죽기만 기다렸다는 수주대토(守株待兔)의 주인공은 모두 송나라 사람이다. 전자는 자연의 순리를 거스르는 행동이고, 후자는 그저 행운을 기다리는, 운명에 대한 수동적 태도이다. 이런 고사성어들은 멸망한 조국에 대한 속절없는 미련과 그리움만 가지고 살아가는 상나라 사람을 비난하고 멸시한 데에서 비롯되었다.

공자의 선조도 송나라 사람이었다. 그래서인지 공자는 어린 시절 제사 용구를 장난감 삼아 가지고 놀았다고 전해진다. 하지만 나이가 들면서 그 누구보다 주 문명의 위대함을 칭송하였고 주술에 의존하거나 수동적으로 운명에 순응하는 사람들을 소인이라고 부르며 경멸했다. 어린 시절에는 대대로 전해진 주술적 본능에 이끌렸지만 성장하면서 의식적으로 이를 부정하고 합리적 이성에 기반한 조화로운 사회 건설을 위해 매진했다고 이해될 수 있는 부분이다.

농업 국가의 기원

주나라는 그 글자의 모습에서 농업을 강조하는 국가라는 정체성을 확인할 수 있다. 『사기』에 기록된 주나라의 시조 기는 어려서부터 마를 심고 콩 기르기를 좋아했으며, 어른이 되자 농사일을 즐겨 좋은 땅을 보면 곡식을 심어 그 열매를 수확했기 때문에 주변 백성들이 그를 본받았다고 한다. 순임금이 이 소식을 듣고 그를 등용하여 후직이라는 농사일을 담당하는 관리로 삼았으니 천하의 백성이 그 은혜를 크게 입었다. 순임금은 그의 공로를 치하하여 태(邰) 지역에 봉하고 후직으로 부르게 했으며 희씨(姬氏) 성을 하사했다.

사마천은 『시경』 「생민」 편의 내용을 토대로 주나라 시조 후직의 이야기를 재구성했는데 후직이 처음으로 농업을 일으켰음을 강조한다. 후직의 직(稷) 자는 신석기 시대 이래 중원 지역에서 가장 널리 재배된 곡물 수수를 말한다. 직은 당시 농경 기술과 토질에 가장 적합한 곡물이었다. 이처럼 곡물의 이름으로 시조의 이름을 정한 것은 그만큼 주 문명이 농업을 중시했음을 보여준다.

주나라 도읍에는 주나라 왕조의 조상 사당이 있는 종묘(宗廟)와 토착신을 모시는 사직(社稷)이 궁전 좌우에 배치되었다. 사는 토지신이고 직은 곡물신이다. 종묘와 사직이라는 단어는 한 국가의 정부를 대표하는 단어로 사용된다. 조상신과 동급으로 토지와 곡식 신의 사당을 배치했다는 데에서 당시 주나라에서 농업을 얼마나 중시했는지 알 수 있다. 종묘와 사직의 의도적인 배치 양식은 『주례』를 통해 표준화되고 나중에 동아시아 수도 건축의 규범이 된다. 서울에도 경복궁을 중심으로 남쪽을 바라봤을 때 왼쪽으로는 종로 3가에 종묘가 있고 오른쪽으로는 서촌마을 쪽에 사직단이 자리 잡고 있다.

그런데 후직의 설화가 처음 등장하는 『시경』 「생민」 편은 서주 시대가 아니라 춘추 시대에 기록된 것이다. 『시경』은 주나라 사람들이 제사에서 노래로 불렀던 가사를 수록한 책이다. 후직의 전설이 언제 만들어졌는지 확인할 수는 없지만, 지금 우리가 보는 내용은 노래가 오랫동안 구전되다가 주나라 건국 후 수백 년이 흐른 다음에 기록된 것이다. 주 문명이 농업에서 비롯되었고 주 왕실은 농사를 중시한다는 내용을 강조하기에 충분한 시간이었다.

그러나 고고학 발굴 결과는 『시경』의 내용과는 차이가 있다. 상나라의 제후국 시절 주 민족은 문화 수준도 높지 않았고 고유한 문자나 청동기 문화도 갖지 않았다. 당시 그들은 산서성 북쪽의 험준한 산악 지대에서 유목 생활을 하고 있었다. 그런데 주나라의 역사서에는 시조인 후직의 후예 고공단보(古公亶父)가 상나라 서쪽 섬서성 기산(岐山) 남쪽의 주원(周原)이라는 평야에서부터 농업으로 기틀을 쌓았다고 기록하고 있다. 자신들의 기원이 농업이라고 강조하는 것은 어쩌면 상나라에 비해 취약했던 농업적 전통을 보충하기 위한 열등감에서 비롯됐는지도 모른다. 주나라 800년 내내 상나라를 은이라고 부르기를 고집했던 것도 이런 배경에서 이해할 수 있다.

목축 사회를 기반으로 주변 유목민과 격렬한 생존 투쟁을 벌이며 살아온 주나라 사람들은 자신들보다 발전한 농업 사회인 상 문명을 부러워하면서도 한편으로 이해하기 어려워했다. 상나라에서는 풍요로운 농업 생산을 바탕으로 일 년 내내 계절의 흐름에 맞추어 제사가 끊이지 않았다. 주나라 사람들이 보기에, 신과 동화되기 위해 집단적으로 술에 취해 제사를 지내는 상나라 사람들의 풍습은 그저 퇴폐일 뿐이었다. 나중에 주나라 사람들이 상나라 멸망의 주요 원인을 술로 규정하면서 엄격한 금주령을 내렸던 까닭은 이때 느꼈던 문화적 충격에서 비롯한다.

하지만 주나라 사람들은 수백 년을 유지해온 상나라의 전통을 하루아침에 없앨 수 없다는 것을 잘 알고 있었다. 그래서 상을 멸망시킨 다음에도 상나라 제후국의 백성들을 그대로 수용하였고 상의 문화도 대부분 계승하였다. 상나라 도읍과 직할지가 있던 지역에는 특별히 주 왕실의 직계 형제인 관숙(管叔)과 채숙(蔡叔) 등을 보내 다스리게 했다. 하지만 이들은 오히려 상나라 잔존 세력과 결탁하여 주 왕실에 반란을 일으켰다. 아직 문화적으로 상나라 수준에 도달하지 못한 주나라 건국자들의 영향력에 한계가 있었던 것이다. 현재 발굴된 주나라 초기의 대표적인 청동기들은 대부분 강제로 이주된 상나라 귀족과 유민에 의해 제작된 것이다.

주나라 건국 세력은 이렇듯 발전된 문명인 상을 멸망시키고 새로운 나라를 세운 명분을 만들어내야 했다. 이때 창안된 것이 바로 천명사상이다. 천명은 상나라 시절 주술을 통해 신에 의존하는 수동적인 습속과 달리 인간의 도덕적인 의지로 세상을 바꿀 수 있다는 신념이 반영된 것이었다. 상을 무너뜨린 명분으로 제시된 새로운 세계관이었던 천명사상은 주나라 초기에 개발되었지만 주나라 말기인 춘추전국 시대 공자와 순자와 같은 사상가에 의해서 비로소 체계적 구조를 갖춘 철학으로 완성된다.

주나라의 건국과 금주령

지금까지 알려진 주나라의 역사는 대부분 사마천의 『사기』에 근거한다. 여기에서는 상주 교체기 주나라의 건국 과정을 이렇게 요약한다.

상의 마지막 왕 주왕은 뛰어난 자질을 타고났으니, 맨손으로 맹수를 잡고, 지식으로 당할 자가 없었으며, 말재주도 아주 뛰어났다. 그런데 술과 음악을 좋아하고 여자를 밝혔다. 특히 달기(妲己)라는 여자를 총애하였으니 그녀의 말이라면 무엇이든 다 들어주었다. 그녀와 함께 저속한 춤과 퇴폐적 음악에 탐닉하였으며, 무거운 세금을 거두어 녹대(鹿臺)라는 화려한 궁을 세웠다. 연못에 술을 채우고 나무에 고기를 매단 주지육림(酒池肉林)을 만들어놓고 벌거벗은 남녀들과 밤새 술을 마시고 놀았다. 이를 비판하는 자는 잔혹한 형벌을 가해 죽였다. 백성들이 이를 원망하고 제후들이 점점 등을 돌렸으나 주왕은 오히려 형벌을 더 강화하였다. 심지어 불길 위 달구어진 구리 기둥에 기름칠을 한 다음 그 위로 죄인들을 걷게 하여 떨어져 죽는 모습을 감상하였다.

그런데 신하 가운데 서백(西伯) 창(昌)이라는 사람이 있었으니 덕을 닦고 선을 행하여 제후들의 신망을 얻었다. 창이 바로 문왕이다. 한편 주왕의 폭정은 갈수록 심해져 주변 신하들의 간언도 통하지 않았다. 이와 대조적으로 문왕은 우(虞)와 예(芮)라는 두 나라의 영토 분쟁을 조정한 사건으로 명성을 떨쳤다. 우와 예의 사람들은 오랫동안 다퉈왔는데 마침 문왕이 현명하다는 이야기를 듣고 중재를 부탁하러 주나라에 갔다. 그런데 주나라 사람들은 서로 경계를 양보하고 연장자에게 예의를 갖추고 있는 것이 아닌가. 이 모습을 본 우와 예의 사람들은 스스로를 부끄럽게 여겨 그 자리에서 서로 화해를 했다.

이는 문왕을 찬미하기 위해 후대에 만들어낸 이야기일 가능성이 높다. 하지만 사마천은 문왕이 작은 나라들 사이의 분쟁을 조정할 덕을 갖추었음을 보여주기 위해 이 이야기를 자세히 기록하고 있다. 상나라를 무너뜨리고 주를 세운 사람은 문왕의 아들 무왕이지만 주나라 계보를 문왕에서부터 시작하는 이유는 이렇게 해야 문(文)과 무(武)를 갖춘 이상적인 왕국의 이미지가 완성되기 때문이다.

문왕이 죽자 그의 아들 무왕이 제후들을 거느리고 주왕을 정벌하러 나섰다. 주왕도 군대를 일으켜 목야에서 맞섰으나 패하고 말았다. 주왕은 도망쳐 녹대에 올라가서 스스로 불 속으로 몸을 던져 자결하였고, 무왕은 그의 목을 베어 깃발에 매달아 상의 멸망을 알렸다. 무왕의 아들 성왕(成王)은 상나라 유민들의 난을 진압하고 상의 후예들을 송나라에 모여 살도록 하였다.

갑골문 주(紂)

　사실 갑골문 기록을 보면 상의 마지막 왕의 이름은 제신(帝辛)
이다. 그런데 『사기』를 비롯한 대부분의 역사서에서는 그를 주(紂)라
고 불렀다. 紂 자는 『설문해자』의 풀이에 의하면 말안장을 묶는 가죽
끈이다. 하지만 갑골문의 형태를 보면 紂 자는 끈으로 결박당한 사람
을 끌고 가는 형상이다. 상나라 마지막 왕의 이름을 이렇게 두 손이
묶인 채 끌려가는 범죄자의 모습으로 바꾼 것이다.

　갑골문 기록에 의하면, 제신은 군대를 통솔하는 데 뛰어난 능
력을 지녔으며 조상에 대한 제사도 충실하게 지낸 훌륭한 왕이었다.
또한 동남쪽 회하 유역의 인방(人方)이라는 나라를 정벌하여 영토를
확장하기도 했다. 갑골문에서는 그가 폭군이었으며 술에 빠져 폭정을
행했다는 기록을 찾아볼 수 없다.

　역사의 기록은 승자에 의해 독점된다. 주나라 입장에서는 자신
들이 멸망시킨 왕조의 마지막 왕을 폭군으로 만들지 않을 수 없었을
것이다. 술을 절제하지 못하고, 제사를 게을리했으며, 백성을 제대로
통치하지 못한 왕이라는 스토리텔링은 이렇게 시작되었다. 본래 현명
하고 용감한 왕이었는데, 달기라는 여자를 잘못 만나 방탕한 삶에 빠
져 나라를 멸망케 했다는 이야기 역시 후대에 치밀하게 구성된 것이
다. 물론 달기라는 여자의 이름도 갑골문에는 나타나지 않는다.

　사마천이 살았던 한나라는 스스로를 주 문명의 계승자로 자처

하는 왕조였다. 유가를 국가 이데올로기로 채택한 한나라는 공자가 그렇게 흠모했던 주공의 주 문명을 뿌리로 여긴다. 새로운 왕조를 개창한 주나라의 건국 정당성을 강조해야만 했고, 이를 위해 상나라의 마지막 군주를 부도덕한 존재로 만들어야만 했던 것이다.

사마천은 상나라 역사를 기록한 경서인 『서경』을 기초로 상주 교체기의 과정을 기술했다. 『서경』은 주나라 건국 영웅들이 후대의 왕에게 주의 건국이념과 통치 철학을 전할 목적으로 쓰였다. 그런데 책의 내용 가운데 특히 술을 절제하라는 내용이 많다. 『서경』의 「주고(酒誥)」편은 주공이 직접 지은 글로 중국 최초의 금주령이라 할 수 있다. 지나친 음주는 도덕을 잃게 하고, 크고 작은 나라의 멸망 원인은 모두 과도한 음주 때문이었다고 강조한다. 사람들이 모여 술을 마시는 것은 물론 개인적 차원에서도 잦은 음주를 경계하고, 오직 제사나 국가적 의전에서 왕족과 귀족만 술을 마실 수 있게 법으로 정했다.

이는 단순히 금주령을 통해 사회 활동을 통제하려는 의도를 뛰어넘어 주 문명이 내세우는 세계관의 변화를 보여주려는 것으로 해석되기도 한다. 제사를 지내며 초월적 존재에 의존하는 습속에서 탈피하여 사람들의 도덕적인 행위로 새로운 세상을 만들 수 있다는 자신감을 드러낸 것이다.

> 문왕께서 나라를 세우셨을 때 아침저녁으로 당부하셨다. 제사에만 술을 사용해야 하며, 하늘이 백성에게 처음 술을 빚게 한 것은 큰 제사에 쓰기 위함이라고 하셨다. 하늘이 위엄을 내리시어 백성이 덕을 잃고 큰 혼란에 빠졌던 것은 모두가 술에서 비롯했으며, 크고 작은 나라가 망한 까닭도 모두가 술 때문이었다. 문왕께서 아직 혈기 왕성한 젊은이들과 관직에 있는 사람들에게 이르셨다. 술을 가까이 하지 말라. 음주는 오직

제사 때에만 할 터이니, 덕이 있는 자는 취하도록 마시지 않는다.

—『서경』「주고」

주공이 이렇게 술을 경계하라고 강조한 이유는 상나라 사람들
이 술을 좋아하고 현실의 정치를 소홀히 하여 나라를 멸망에 이르게
했다고 보았기 때문이다. 상 멸망 후 1000년 뒤에 출간된 『설문해자』
의 술 주(酒) 자에 대한 해석에도 이런 경계심이 여전히 남아 있다.

酒는 옮겨 가는 것이다. 이것으로 인성이 선과 악으로 옮겨 갈 수 있으
며, 이것으로 길흉이 생겨난다. 옛날에 의적(儀狄)이 탁주를 빚었는데,
우임금이 맛을 보고는 달게 여겨 의적을 멀리하였다. 두강이 증류주를
빚었다. —『설문해자』

술은 사람의 본성을 좌우하여 길흉을 바꾸는 위험한 것이다.
술이 맛이 없다면 사람들이 즐겨하지 않을 것이다. 의적이 만든 술은
너무 맛이 좋아 우임금은 의적을 오히려 멀리했다. 그러고는 후대에
반드시 술로 망하는 나라가 있을 것이라고 예언했다.

이렇게 제사를 제외한 일상적인 자리에서 술을 자제해야 한다
는 문화적 분위기는 주나라 내내 이어졌으며, 심지어 후대의 한나라
까지도 지속되었다. 주 왕조가 반포한 「주고」에서는 무리 지어 음주
하는 자는 목을 벤다는 무시무시한 금지령이 포함되어 있었다. 이를
모방하여 한나라 초기에도 사회 기강을 잡기 위해 세 사람 이상이 이
유 없이 모여서 술을 마시면 벌금 4냥을 부과한다는 법률 조문까지
두었다. 다만 국가에 경사가 생기면 왕이 덕을 베풀어 술을 마음껏 마
셔도 되는 금주 해제령을 내리기도 했다.

갑골문 주(酒)   금문 주(酒)   갑골문 배(配)   갑골문 음(飮)

하지만 백성의 음주까지 완벽하게 통제하기란 불가능했을 것이다. 공자는 『논어』에서 자신은 "술은 마시되 자세가 흐트러지고 정신이 혼미해져 난동을 부리는 정도까지는 가지 않는다"라고 하면서 적당히 취한 상태를 넘지 않아야 한다고 강조한다. 일상화된 음주 문화를 강제로 막는 길만이 능사가 아님을 잘 알았던 것이다.

갑골문 酒 자는 주둥이가 좁고 가늘며 밑부분이 뾰족한 술 단지와 흘러내린 술의 모습을 표현하고 있다. 그런데 금문에서는 술은 사라지고 술 단지 유(酉) 자만 남는다. 酉는 갑골문과 금문에서 아주 다양한 형태로 표현되는데, 이는 그만큼 술 단지가 일상생활에서 자주 사용되었던 기물이었음을 알려준다.

그런데 금문에서 액체 상태의 술은 사라지고 술을 담는 도구만 남은 이유는 무엇일까? 주나라 시대에 술은 조상신에게 바치는 제사 때만 사용하도록 제한되었다. 그러므로 술이라는 실체는 감추고 제사 시 술잔에 담긴 모습만 보여주려 한 것은 아니었을까?

갑골문에서는 酉를 구성 요소로 하는 글자가 酒 자를 제외하면 배(配), 음(飮)과 같은 몇 개로 한정된다.

갑골문 配 자는 술잔 옆을 지키고 앉은 사람의 모습으로 무언가와 함께한다는 뜻을 표현한다. 飮 자는 술잔을 향해 입을 벌린 모습인데 그 모양새가 평범해 보이지 않는다. 한껏 고개를 숙이고 잔에 담긴 술을 빨아들일 듯 몰입하는 모양새가 마치 단순히 마시는 것을 넘어 탐닉의 상태를 표현한 듯 보인다.

갑골문에 술과 관련된 글자가 상대적으로 많지 않은 이유는 갑골문자 대부분이 제사를 통한 상층 계급의 지배 행위와 관련된 내용이었기 때문이다. 일반 사람들의 평범한 생활의 세부적인 모습까지 모두 표현하지는 않았다.

그런데 한나라 때 『설문해자』에는 酉를 부수로 하는 글자가 모두 67자나 수록되었다. 이 글자들은 술의 양조 방법과 시간, 술맛의 농도, 술의 색깔, 술의 청탁 정도, 제사에 사용되는 술의 종류, 음주 습관 등 술에 관한 거의 모든 것을 망라한다. 주나라 조정에서는 공식적으로는 금주령을 내렸지만 백성의 일상생활에서는 술과 관련한 문화가 상당한 수준까지 발전했음을 보여준다.

2장

세계관의 변화
—인격신 제에서
보편 윤리 천으로

천의 화려한 등장

주나라 건국 주역들은 자신들이 상 왕조를 대체해야만 했던 합리적인 명분을 제시해야 했다. 이전 왕조 마지막 왕의 무능력과 부도덕함이라는 부정적인 면의 부각만으로는 부족하고 새로운 세계를 이끌 대안을 제시해야 했다. 상나라의 변덕스러운 인격신이 보여주었던 예측 불가능하고 불안한 세계관을 대신할 무언가가 필요했다.

이를 위해 주술적 세계의 중심에 있던 제(帝)를 대신할 새로운 권위를 제시했는데 그것이 바로 천(天)이다. 상나라의 帝가 인격적인 신을 나타냈다면 주나라의 天은 보다 추상적이고 탈인격적인 형태의 지배 원리라고 할 수 있다. 天은 주 왕조가 새롭게 제시한 우주론적 도덕 질서다. 주나라 건국자들이 통치 철학으로 채택한 천명은 인격신이 내리는 명령이 아니라, 특정한 기준과 원칙에 근거해 작용하는 일종의 원리이자 법칙이었다.

초기 한자에서 天 자는 모두 정면을 바로 보는 사람의 모습이

갑골문 천(天)   금문 천(天)

며 특별히 머리 부분을 강조한다. 갑골문에서는 네모난 윤곽으로, 금문에서는 속이 채워진 둥근 모습으로 표현된다. 갑골문과 금문에서 天 자는 처음에는 사람의 머리를 나타냈지만 나중에는 머리 위에 있는 하늘을 지칭하게 된다.

사람의 모습을 기준으로 자연의 경계를 표현하고 있어서, 나중에 天은 단순히 우리 눈에 보이는 하늘을 넘어서 사람과 관련된 모든 세상을 나타내게 된다. 자연계는 물론 인간계의 모든 것을 주재하는 최고 원리가 된 것이다. 여기서 비롯된 천하(天下)란 개념은 단순히 물리적 세상만이 아니라 인간의 삶이 진행되는 모든 시간과 공간을 포괄했다. 『설문해자』에서도 天은 "사람 머리 정수리를 나타내는 것으로 지극히 높아 그 위에는 아무것도 없는 상태"라고 설명된다. 주 문명을 주도한 사람들이 제시한 天의 개념은 최상위에 존재하는 추상적 원리와 법칙을 의미했다.

사람의 정면을 표현한 天 자와는 달리 갑골문에서 사람은 대부분 옆모습으로 그려진다. 갑골문 인(人) 자는 손을 공손하게 내린 사람의 측면을 간략하게 표현하고 있다.

어린 시절 우리에게 사람을 그려보라고 하면 대부분 둥그런 얼굴과 네모난 몸통 그리고 그 몸통에 연결된 팔다리를 그리지 않았던가. 신체를 얼굴, 몸통, 팔, 다리 이렇게 네 가지로 분류하는 방식은 동

갑골문 인(人)　　갑골문 녀(女)　　갑골문 로(老)　　갑골문 수(戍)

서고금을 막론하고 크게 다르지 않을 것이다. 그리고 대부분 정면으로 당당하게 선 모습을 드러낼 것이다. 우리에게 익숙한 사람의 모양새는 다소곳한 人 자보다 양팔과 양다리를 당당하게 펼치고 앞을 바라보는 天 자에 가깝다.

갑골문 人 자는 왜 손을 내린 사람의 옆모습을 표현한 것일까? 이는 측면이 사람의 다양한 상태를 보여주는 글자의 기본형이 되기에 적합했기 때문일 것이다. 측면에서 출발하면 손을 가지런히 모으고 무릎을 꿇은 여성(女), 긴 머리에 지팡이를 짚은 늙은이(老), 창을 등에 진 군사(戍) 등 다채로운 모습을 표현할 수 있다.

갑골문의 사람 人 자는 결국 그 자체로 완결된 사람의 모습을 표현하기보다 다양한 글자를 위한 출발점이자 밑그림으로서 역할을 한다. 사람을 중심으로 만들어지게 될 글자들의 확장 가능성을 염두에 둔 것이다. 天 자처럼 사람의 정면을 표현한 형태는 더 이상의 확장이 쉽지 않았지만 人 자는 많은 글자의 기본형으로 활용된다.

측면의 사람 人 자 2개가 모이면 여러 의미가 만들어진다. 두 사람이 서로 같은 방향을 바라보면 '비교하다'의 비(比) 자, 한 사람이 앞사람을 따르면 '따르다'의 종(從) 자, 서로 등을 맞대면 '배신하다'의 배(北) 자가 된다.

측면으로 선 사람에 형태를 추가하면 다시 다양한 글자가 탄생

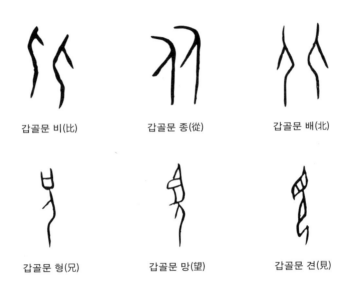

갑골문 비(比)　　갑골문 종(從)　　갑골문 배(北)

갑골문 형(兄)　　갑골문 망(望)　　갑골문 견(見)

한다. 주술사가 사용하던 특수한 모자를 쓰면 집안에서 제사를 주관하는 사람을 나타내는 형(兄) 자, 큰 눈을 강조하면 '멀리 바라보다'의 망(望) 자, 무릎을 꿇은 모습에 큰 눈을 추가하면 가까운 것을 '보다'의 견(見) 자가 된다.

　이처럼 사람의 행동이나 자세로 글자를 만드는 데는 아무래도 정면보다 측면이 더 확장성을 가졌다. 이에 비해, 정면을 채택한 天 자는 이제 사람 대신에 그 너머의 자연물이나 추상적 원리를 지칭하는 글자로 발전하게 된다.

『주역』, 천의 원리를 풀어내다

주 문명의 새로운 세계관은 이전의 초월적 존재에 의존하던 주술적 태도에서 벗어나 보다 합리적인 방식으로 세계를 이해하려 했다. 이런 세계관이 집약된 것이 바로 『주역(周易)』이다. 『주역』에서 완성된 새로운 세계관은 이전의 점복 방식으로 초월적인 절대자에게 의존하던 것과는 달랐다.

『주역』이란 말 그대로 주(周) 문명이 새롭게 구성한 세계의 변화(易)에 관한 과학적 원리를 정리한 책이다. 점을 치는 대나무 가지를 던져 남은 수가 홀수이면 음(陰)을 상징하는 짧은 막대(-), 짝수이면 양(陽)을 상징하는 긴 막대(一)로 표시하는데 이것을 효(爻)라고 한다. 이것을 세 번 반복하면 여덟 가지 서로 다른 배열이 나타나는데 이것을 팔괘라고 한다. 팔괘를 다시 두 번 겹치면 64종의 괘가 배열된다. 이처럼 음과 양 2개의 짧은 막대의 조합으로 구성된 64종의 이진법체계로 세계를 설명하는 것이 『주역』의 원리이다.

이전 상나라 시대의 점복은 절대자인 신의 의지를 확인하는 것이었다. 그러나 괘와 효로 구성된 기호들은 자기 충족적인 닫힌 체계를 형성한다. 『주역』은 종교적인 상징에서 인문적인 해석으로 전환하는 과정을 보여준다. 자연에 대한 관찰을 토대로 합리적인 법칙을 제시하려 노력한 것이다.

『주역』의 괘에 대한 해설인 「괘사(卦辭)」는 주 문왕이, 효에 대한 설명인 「효사(爻辭)」는 주공이, 64괘에 대한 상세한 주석인 「십익(十翼)」은 공자가 지었다는 이야기가 전해지면서 『주역』은 명실공히 주 문명을 대표하는 상징이 되었다. 공자는 『주역』을 열심히 탐독하여 책을 엮은 끈이 세 번이나 끊어졌다는 위편삼절(韋編三絕)이라는 고사를 남겼다. 하지만 최근 연구에 의하면 괘사나 효사는 그전부터 전해지던 점복의 방법이 누적된 것이며, 주역의 후대 주석들 가운데 일부는 주나라 후기 전국 시대에 작성된 것으로 확인되었다.

주 문명에서 강조하는 천은 단순히 인격적인 신의 행위와는 다른 차원의 것이어야 했다. 이제 신은 자기 마음대로 행동하는 무소불위의 존재가 아니라, 도덕적이고 합리적인 방식으로 작동하는 일종의 원리가 되어야 했다.

> 하늘은 상나라에 벌을 내리어 그 백성들을 아끼지 않았으니, 그 이유는 그들이 스스로 절제하지 못하였기 때문이다. 하늘이 잔인한 것도 아니요, 단지 백성들이 스스로 죄를 불러들인 것이다. (…) 주왕은 음란하고 방자하였으며, 하늘의 도를 따르지 않고 백성을 돌보지 않았다. 그래서 하늘이 그를 보호하지 않고 멸망하게 하였다. 하늘이 함께하지 않은 것은 그가 덕을 밝히지 않았기 때문이다. ─『서경』「주고」

주나라 초기 천의 개념을 보여주는 기록이다. 아직 인격신에서 완전히 벗어나지 못한 상태이지만, 상제는 더 이상 마음대로 사람들을 통제하는 존재가 아니었다. 상나라의 멸망은 신의 변심이나 분노 때문이 아니었다. 왕이 절제하지 못하고 백성들이 도덕적인 기준을 지키지 못해 자초한 것이다. 하늘의 결정 기준은 하늘 자신의 마음이 아니라 이 세상 인간들의 행위에 있었다. 이제부터 인간은 스스로 도덕과 원칙을 지킨다면 하늘을 크게 두려워하지 않아도 되었다.

공자와 맹자에 의해 최종적으로 완성된 이런 천의 개념은 이후 중국 문명의 기본 틀이 된다. 맹자가 제시한 천명은 특정한 통치 집단에 무조건적인 권력을 주는 것이 아니다. 권력자가 적절한 도덕성을 갖추고 있다는 조건에서만 천명은 주어진다. 만약 그가 도덕성을 잃게 되면 천명은 다른 도덕적인 존재에게 옮겨 갈 수 있다. 이것이 바로 역성혁명이다. 왕의 혈통은 신으로부터 선택받았으므로 그가 무슨 짓을 하더라도 왕의 자격은 문제 삼을 수 없다는 서양 중세의 왕권신수설과는 차원이 다르다.

이런 주 문명의 정체성을 나타내는 천의 원리를 강조하기 위해 많은 극적 이야기들이 만들어진다. 백이숙제(伯夷叔齊)의 고사는 보수적인 혈통 개념이 아닌 천명사상이라는 새로운 도덕 개념을 설명하기 위해 전국 시대 때 만들어진 이야기이다. 사마천은 『사기열전』의 첫 편을 「백이숙제열전」으로 시작한다.

고죽국(孤竹國)의 왕자였던 백이와 숙제는 아버지가 죽자 두 사람 모두 왕위를 양보하고 함께 나라를 떠났다. 그들은 때마침 서쪽에 문왕이라는 사람이 덕이 있고 노인을 잘 공양한다는 소문을 듣고 주나라로 가기로 했다. 그런데 막 주나라에 도착했을 때 문왕은 죽고 그의 아들 무왕이 문왕의 위패를 앞세우고 상을 토벌하러 출정하고 있었다. 백이와 숙제는 무왕의 전차를 끄는 말의 고삐를 잡아 길을 막고 소리친다. "아버지 상중에 전쟁을 벌이는 것을 효라고 할 수 있습니까? 주군인 은나라 왕을 죽이려고 하는 것이 인이라고 할 수 있습니까?" 주변의 신하들이 둘의 목을 베려고 했지만 강태공이 목숨을 구해준다. 이후 두 사람은 주나라 곡식을 먹는 것을 수치스럽다고 생각하여 수양산에 들어가 고사리를 먹다 굶어 죽었다.

사마천은 열전의 시작에서 백이와 숙제의 인상적인 효와 충의 전설을 이야기한다. 새로 수립된 주 문명에서는 혈통이 아니라 덕성으로 왕이 되어야 했다. 하지만 백이와 숙제는 한번 왕이었던 존재를 영원히 왕으로 모셔야 한다는 보수적 태도에서 벗어나지 못했다. 새로운 세상의 왕도를 인정할 수 없었던 보수주의자였던 것이다. 둘은 덕이 결여되면 더 이상 왕이 될 수 없다는 엄혹한 천명의 개념을 수용할 수 없었다. 하지만 후대 조선의 사대부들은 백이와 숙제의 이런 입체적 모습 가운데에서도 고집스레 충절을 지킨 보수적인 모습에만 과도하게 감정이입을 하기도 했다.

천은 주 문명 최고의 가치를 대변한다. 천은 덕을 갖춘 사람만이 왕이 되게 하고 그에게 통치 명령을 내린다. 천은 스스로 다스리지 못하고 왕을 통해서만 자신의 명령을 내릴 수 있다. 이때부터 천은 이제 더 이상 초월적이고 외재적인 존재가 아니라, 인간의 본성 안에 자신을 드러내는 내재적이고 도덕적인 원리로 변해간다. 인격신으로서의 개념이 아니라 세상 만물 안에 담긴 근본원리로 파악되는 것이다. 백성이 겪는 재난의 원인은 천제에게 있는 것이 아니라 인간에게 있다는 성찰이 이루어진다. 이제부터 재난은 왕이 부덕하기 때문에 발생한 것이 된다.

천의 등장으로 인간은 더 이상 신의 변덕스러운 기호에 생활을 맞출 필요가 없어진다. 자신의 주체성을 버리고 철저히 신에게 복종하는 종교적인 경건함에서 벗어나, 스스로 욕망을 절제하면서 주체적이고 적극적으로 도덕적인 행위를 하는 것이 중요해진다. 이때 강조되는 가치가 바로 덕이다. 덕(德)이라는 글자는 갑골문에서 자주 보이는 글자는 아니었다.

갑골문의 德 자는 갈림길에서 앞을 똑바로 바라보는 모습을 나타낸다. 눈 위에 직선 획이 표시된 글자는 곧바르다는 의미의 직(直) 자이다. 이 글자는 눈에 있는 주술 능력을 사용해 다른 사람을 지배한다는 의미로 해석되기도 한다. (자세한 논의는 2부 1장 「진의 진실」을 참고하라.)

德은 주 문명에서 특별히 강조되는 글자였다. 그래서 금문에서는 글자 아래에 심장(心)이 추가되면서 특정한 마음 상태를 강조하는

갑골문 덕(德)　　　　　　　금문 덕(德)

의미로 발전된다. 直과 心으로 구성된 금문의 형태를 그대로 보존하고 있는 덕(悳) 자는 德과 같은 글자이다. 주나라에서 만들어진 德 자는 더 이상 주술사의 눈에서 나오는 안광과는 상관없는 사람의 마음 상태를 강조하는 글자가 되었다.

　　주나라는 상나라 시절부터 존재했던 오래된 나라이지만, 천명을 받아 천하를 다스린다는 새로운 통치 철학을 스스로 받아들임으로써 진정으로 새로운 나라가 되었다. 그래서 『대학』에는 "주나라는 비록 옛 나라지만 그 천명은 새롭다(周雖舊邦 其命維新)"라는 『시경』 구절이 인용되어 있다. 여기에서 나온 유신(維新)이라는 단어는 일본의 메이지유신에서 사용되었고, 그로부터 100년 뒤 한국의 정치적 격변기에도 쓰이면서, 구질서를 대체하는 새로운 통치 패러다임을 상징하게 되었다. 이처럼 주나라의 건국은 단순한 왕조 교체가 아니라 세계관과 통치 이념이 새롭게 변화하는 대사건이었다.

문자의 연속성
―중국이라는 정체성이
시작되다

상나라 문자의 계승

신생 왕조 주나라는 고유한 문화를 가지고 있지 못했다. 그래서 사회 제도는 물론 문자도 자신들이 멸망시킨 상나라의 금문과 갑골문을 그대로 수용하였다. 주나라 초기에 만들어진 청동기는 상나라 말기와 비교했을 때 모양이나 무늬 등에서 거의 차이가 나지 않는다. 상 문화를 그대로 계승했음을 보여주는 것이다. 갑골문 역시 주나라 초기까지도 사용되었으며 글자 수도 크게 증가한 것으로 밝혀졌다.

상나라의 주술적인 문화 역시 주의 건국과 동시에 모두 사라지진 않았다. 곽말약은 서주 시대에도 국가의 주요 행사에서 점치기가 지속되었을 것이라고 했다. 이런 주장은 1954년 산서성에서 주나라 초기 것으로 추정되는 갑골이 발견되면서 역사적 사실로 판명되었다. 1977년에는 섬서성의 주원 유적에서 다량의 주나라 시대 갑골문이 발견되었다. 여기서 발굴된 약 1만여 편의 갑골 가운데 문자가 새겨진 것은 300여 편에 이른다. 이렇게 발견된 주나라 갑골을 통해 주나라

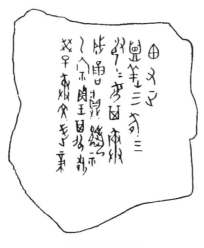

주원 갑골문 확대본

가 상 문화를 그대로 계승했다는 곽말약의 주장은 물론, 그동안 밝혀
지지 않은 서주의 많은 역사적 사건도 사실로 확인되었다.

주원이란 주나라의 기원이라는 의미로서, 옛날부터 주 왕조를
세운 부족이 살았던 곳이라고 알려졌다. 여기서 발굴된 갑골문자는
아주 작은 크기로 맨눈으로는 읽기 어렵지만 글자의 자형과 표기 방
식 등은 상나라 갑골문과 다르지 않다. 주원의 갑골문 형태를 분석해
보면 은허의 제일 마지막 단계인 제5기의 것과 거의 비슷하다.

주나라가 새로운 문자를 채택하지 않고 상나라 문자를 계승한
일은 중국 역사상 결정적 순간 가운데 하나다. 주는 과거 왕조와의 문
화적 차별성을 부각하려 노력했지만, 문자의 연속성만은 유지함으로
써 중국이라는 단일 문명권이 지속되는 계기를 제공했기 때문이다.

이때부터 중원에서는 새 왕조가 들어설 때마다 동일 계통의 문
자가 연속되는 패턴이 반복된다. 심지어 주나라 건국 이후 3000년 동
안 중원을 중심으로 북방 유목 민족들의 왕조가 수차례 건국되었다가

사라졌지만, 이방인들이 세운 이 나라들 모두 '한자'라는 문자를 사용했다.

　위진 남북조 시기 북방 민족이 세운 북조 왕조는 자신들의 문자를 포기하고 한자를 공식 문자로 채택했다. 북위의 효문제(孝文帝)는 한자 사용 정책에 반대하는 세자를 죽이면서까지 한화(漢化) 정책에 대한 강력한 의지를 드러냈다. 남조와 북조의 서로 다른 언어로 인해 문화가 단절될 위기를 동일한 문자를 사용함으로써 극복하고자 했다. 이런 선례는 훗날 거란족, 몽고족, 만주족이 중원을 지배하는 때에도 변함없이 적용되어 단일한 중국 문명이라는 전통을 만들게 된다.

　남북조 시대 북조 왕조가 한자를 선택할 무렵 유럽에서도 문자를 둘러싼 사건이 벌어진다. 서기 4세기 무렵 거대 제국 로마는 동로마와 서로마로 분열되었다. 갈라진 두 로마는 서로 다른 문자를 채택한다. 서로마는 라틴문자를 계속 사용하였고 동로마는 비잔틴문자를 채택하였다. 문자가 달라지면서 문화도 달라졌으며 이런 차이는 지금의 서유럽과 동유럽이라는 다른 문화권의 형성으로 이어진다. 이 반면에 중국에서는 동일 문자를 사용하면서 지금까지도 단일 문화권을 유지한다. 중국이라는 문명의 정체성은 하나의 문자를 연속적으로 사용해온 데에서 비롯된 것이다.

중국의 기원

중국인은 고대 국가를 하상주 삼대라고 부른다. 3개의 동질적인 왕조가 연속적으로 이어진다고 생각한 것이다. 황제라는 한 명의 위대한 조상에서 기원한 단일민족이라는 사마천의 대일통 사상은 이런 개념을 완성했다.

고대 중국인은 스스로를 세계의 중심에 있는 하(夏) 민족이라고 하고, 사방의 주변을 이(夷)라고 했으니 이런 세계관을 화이관(華夷觀)이라고 한다. 夏와 사이(四夷)를 구분하는 기준은 혈통이나 구체적 국경선보다는 문화의 존재 여부였다. 갑골문부터 사용된 夏 자의 의미변화 과정에 대해서는 앞에서 이미 살펴보았다. 현대 중국인도 자신들을 화하(華夏)라는 단일민족으로 생각한다.

그런데 우리가 보통 한족(漢族)이라고 부르는 이 민족의 경계는 모호하고 불완전하다. 이 범주가 언제 어디에서 형성된 것인지 역사적 출발점은 명확하지 않다. 민족을 가리키는 것인지 아니면 혈통과 외모를 기준으로 나뉘는 것인지 경계가 모호하다. 최근 연구에 의하면 한족이라는 범주는 유전적 계통으로도 구분되지 않는 비과학적 범주이다. 그렇다면 한족이라는 정체성을 설명할 유일한 요소는 한자를 지속적으로 사용해온 사람들의 집합이라는 것뿐이다.

『설문해자』에서는 "夏는 중국 사람(夏, 中國之人也)"이라고 간단히 설명한다. 이때 중국은 현재의 민족국가적 차원의 중국과는 다른 개념이다. 중국은 말 그대로 세상의 중심에 있는 나라를 의미했다.

주변 문명과 구별되는 지역적, 민족적 범주로서의 중국이라는 개념이 본격적으로 등장한 것은 그리 오래되지 않았다. 현대 중국의 학자 갈조광(葛兆光)은 근대 중국 민족주의의 기원이 되는 정통론은 12세기 송나라 때 국력이 약해지면서 주변 국가들과의 차별성을 강조할 필요에서 제기되었다고 주장한다.

이 시기에 북방에서는 강력한 국가인 요와 서하 그리고 금이 차례로 등장하면서 중원을 지배하였다. 송나라는 중화적 우월주의에 근거한 과거의 자신감을 잃고 강력한 힘을 가진 타자를 대등한 위치에서 바라봐야만 했다. 당시 지식인들은 이런 위기감에서 오히려 정통에 집착하고 외래 문명에 대해 배타적인 태도를 강조했다. 이런 시대적 배경에서 북송 석개(石介)의 「중국론(中國論)」이나 구양수(歐陽脩)의 「정통론(正統論)」과 같은 글을 통해 자아 중심의 배타적 민족주의가 탄생했다. 이때부터 중국이란 단어는 세상의 중심에 있는 나라라는 막연한 의미에서 벗어나, 중원 지역에서 우월한 문화를 보존하고 있는 특정 민족이 사는 나라라는 보다 구체적인 의미로 사용되기 시작했다.

그렇다면 중국이라는 두 글자의 단어는 언제부터 쓰였을까?

지금까지 확인된 문자 기록 가운데 중국이라는 단어가 가장 오래전에 사용된 것은 서주 초기에 만들어진 하존(何尊)이라는 청동기의 명문이다. 존(尊)은 원래 제사용 용기를 나타내는 글자로 두 손으로 술잔을 들고 받치는 모습을 표현한 것이다.

하존은 1963년 섬서성 보계시(寶雞市) 한 시골에서 농부에 의해 발굴되었다. 농부는 그 가치를 알아보지 못하고 집 안에서 식기로 사용하다가 나중에 폐품 수집상에게 팔았다. 그런데 그것을 우연히 발견한 보계시박물관 직원이 그 가치를 알아보고는 박물관에 전시하

하존 명문

였다. 나중에 북경박물관으로 옮겨 전시되었는데 그곳 직원이 청동기 안쪽 바닥에 새겨진 122자의 글자를 발견한다.

중국이라는 단어는 하존의 명문 가운데 "내가 이곳 중국에 정착하여 백성을 다스리겠다(宅玆中國 自之乂民)"라는 문장에 있었다. 이 문장은 무왕이 상을 멸망시키고 하늘에 고했다고 전해진 말이다. 무왕은 목야의 전투에서 승리한 다음 돌아오는 길에 잠시 낙읍(洛邑)에 머물렀는데, 이곳이야말로 천하의 중심인 중국이라고 생각했다. 무왕은 곧바로 그곳에 수도를 건설하려고 했지만 서쪽 고향으로 귀환하기를 원했던 주나라 귀족들의 반대로 이루지 못했다. 나중에 무왕의 유지를 계승한 성왕이 낙읍을 건설했고, 이 과정에서 공을 세운 하(何)에게 존을 수여한 것이다.

성왕은 제2의 수도인 낙읍에 아직 주나라에 투항하지 않은 반항적인 상나라 유민들을 강제로 이주시켰다. 이때부터 이곳을 성주(成周)로, 서쪽의 수도인 호(鎬)를 종주(宗周)로 부르게 되었다. 종주는 주 왕조의 근거지로서 왕실의 종묘를 중심으로 왕궁과 주요 관청들이 있었다. 그러나 위치가 서쪽에 치우쳐져 있어서 주나라에 새롭게 편입된 동쪽 지역을 통제하는 데 한계가 있었다. 무왕이 이곳에 도읍을 지으려 시도했던 이유도 바로 동방의 제후들을 통제하기 위한 것이었다.

무왕이 세상의 중심인 중국이라고 불렀던 성주 낙읍은 황하의 주요 거점에 자리를 잡고 있었으며, 중원에서 동남쪽으로 흐르는 회하(淮河) 유역으로 진출하기에도 용이했다. 따라서 상의 옛 거점을 포함하여 동방의 세력들을 통제하는 데 가장 적합한 곳이었다. 낙읍은 신도시라는 의미의 신읍(新邑)으로 불렸는데, 귀순한 상나라 유민과 동쪽의 신민을 통제하기 위해 새롭게 건설한 도시라는 뜻이었다. 서쪽의 종주에 수도를 두었던 서주 시대에도 동쪽 성주에 왕실 사당을 건설하여 왕이 주도하는 제사를 지내기도 했다.

주나라의 역사는 서쪽 종주를 중심으로 하는 시기를 서주, 나중에 동쪽 낙읍으로 천도한 시기를 동주라고 부른다. 동주 시기부터 천하의 중심이 된 낙읍은 이후 2000여 년 동안 10여 개 왕조의 도읍이 되었다. 낙읍의 지정학적 중요성은 주나라, 한나라 그리고 당나라 주요 제국들이 이곳에 제2의 수도를 건설했다는 사실을 통해 입증되었다. 한나라 역시 주나라와 마찬가지로 서쪽에 수도를 두었던 서한에서 시작하여, 낙읍으로 천도한 다음 동한 시대로 이어진다.

지금은 낙양(洛陽)으로 불리는 낙읍 일대는 사방이 산으로 둘러싸이고 여러 물줄기가 종횡으로 그 사이를 흐른다. 이곳은 중원에서 상대적으로 고립되었지만 사실은 사통팔달의 교통 요지로 지리적 형세가 매우 유리하다. 중국 동서와 남북의 생태와 지리 환경이 교차하여 전국의 다양한 문화가 흘러들어 와 모일 수 있는 그야말로 중심에 위치한 곳이다. 20세기 중반에는 부근의 이리두에서 중국 최초의 왕조로 알려진 하나라의 유적이 발굴되면서 중국 문명의 요람으로 평가되기도 한다.

앞서 말했듯 하존의 명문은 '중국'이라는 단어가 최초로 기록된 것이다. 여기서 중국은 현재와 같은 영토 국가 개념의 중국이 아니라 말 그대로 '세상의 중심'이라는 의미였다. 이 당시의 국(國)이란 국도(國都) 즉 도시 국가를 나타내는 단어였다. 무왕이 주나라를 세울 무렵 3000여 개의 국이 있었고 서주 시기에는 이 가운데 800여 개만 남았다고 한다. 『사기』「주본기(周本紀)」에는 주공이 낙읍에 도읍을 세우고 구정(九鼎)을 안치한 뒤 "이곳은 천하의 중심으로 사방에서 공물을 바치러 오는 거리가 모두 같아졌다"라고 기록하고 있다. 중

갑골문 중(中)　　　　금문 중(中) ①　　　　금문 중(中) ②

국이란 세상 어느 곳에서나 일정한 거리에 존재하는 원의 중심과 같
은 곳이라 생각했던 것이다.

　중이 세상의 중심이라는 의미로 사용된 것은 상나라 갑골문에
서도 확인된다. 상나라 사람들도 스스로를 '중상(中商)'이라고 하면
서 천하의 중심에 있다는 자부심을 표현했다.

　中 자가 어떻게 한가운데를 의미하는 글자가 되었는지에 대해
서는 다양한 주장이 있다. 화살이 과녁을 꿰뚫는 모습이라고 해석하
기도 하지만, 화살이 앞뒤 양쪽으로 박힌 입체적 모습으로 보기에는
설득력이 떨어진다고 평가된다.

　기다란 장대 한가운데 북이 달리고 위아래 깃발이 꽂힌 모습을
표현한 것이 갑골문과 금문의 中 자라는 해석이 가장 일반적이다. 금
문의 어떤 글자에는 북이 없이 깃발만 표시된 경우도 있다. 곧 中 자
는 전쟁터에서 군대의 사기를 진작시키기 위해 사용했던 북과 깃발의
모습을 상형했다는 주장이 타당해 보인다. 가운데라는 의미는 군대의
진영 한가운데에서 북을 매달고 군사의 사기를 진작시키는 모습에서
생겨났다고도 하고, 북이 장대의 중앙에 매달린 모습에서 비롯되었다
고도 한다. 또한 북의 위아래에 그려진 선들이 깃발이 아니라 북소리
가 울리는 모습을 표현한 것이라는 다소 낭만적인 해석도 제기되었
다. 이렇게 다양한 해석이 나온 이유는 중국인에게 中이 그만큼 큰 울

하존에 새겨진 중국(中國)

림을 가진 글자이기 때문일 것이다.

그래서 中國이라는 글자가 처음으로 조합되었던 하존의 글자를 중국인들은 중국이라는 단어의 가장 오래된 기원으로서 각별하게 여긴다. 그리하여 하존의 中國 금문 자형은 지금도 중국 중앙우체국과 같은 다양한 공공기관에서 국가의 상징으로 사용되고 있다.

그런데 하존이 새겨질 무렵 國 자는 지금처럼 큰 나라를 지칭하는 개념이 아니었다. 주나라는 건국 후 각 지역을 나라로 나누고 그곳에 제후를 파견하는 정치제도를 수립하였는데 이것을 봉건(封建)이라고 했다. 기록에 의하면 주나라 봉건제도에서 제후의 영토 가운데 작은 것을 국(國), 큰 것을 방(邦)이라고 했다.

갑골문 封 자는 흙더미 위에 나무를 심어놓은 모습이다. 제왕이 토지나 작위를 신하에게 하사하는 것을 봉이라고 하고 분배받은 토지를 봉지(封地)라고 했다. 상나라 시절에는 제후들 간 영토의 경계를 표시하기 위해 나무를 심었다. 나무를 '심는다'는 말은 자연적 환경에 인위적 경계를 설정한다는 뜻이다. 산과 들판의 자연적인 식생 분포와 달리 인간이 일률적으로 단일한 품종의 수목을 심어놓았다

갑골문 봉(封)   갑골문 방(邦)

면 쉽게 눈에 띄지 않았을까. 국경선에 장벽을 짓거나 철조망을 치지 않더라도 주변과 구별되는 나무들이 늘어선 것만으로 충분히 영토의 경계를 확인할 수 있었을 것이다.

갑골문 邦 자는 封 자에서 구획된 경계선을 좀 더 강조한 글자이다. 원래 고대에는 나라를 표시할 때 주로 邦 자를 사용하였다. 그러나 한나라를 세운 고조 유방의 이름을 피휘(避諱)하기 위해 邦 자 대신 國 자를 사용하였고, 이때의 관습이 지금까지 이어졌다.

하존에 새겨진 중국이란 주나라 초기 낙읍 일대의 작은 봉지를 지칭하는 협소한 개념에 불과했다. 하지만 이 시기부터 한자가 연속적으로 채택되면서 중국 문명이라는 정체성이 시작된 것은 분명하다. 현대 중국인들이 수천 년 전 청동기 문장에 새겨진 중국이라는 단어에 열광하는 까닭은 중국의 기원이 좀 더 오래된 것이기를 바라는 마음 때문이 아닐까.

4장

신의 세계에서
인간 세상으로
내려온 문자

문자 보급으로 인한 세계관의 변화

상나라의 갑골문은 왕과 제사장만 열람할 수 있는 비밀스러운 기록이었지만, 주나라의 금문은 가급적 많은 사람에게 보여주기 위해 정성스럽게 장식된 과시적인 기록이었다. 상 문명이 문자를 독점한 소수의 사제와 왕이 지식과 권력을 독차지했던 사회였다면, 주나라는 문자의 보편적 사용으로 지식이 널리 퍼질 수 있는 환경을 갖추기 시작했다. 상나라 문자를 계승했지만, 그 문자를 활용하는 방식에는 큰 변화가 있었던 것이다. 문자의 역할이 이렇게 변한 배경에는 세계관의 차이가 있었다.

상나라에서 주나라로의 바뀜은 단순한 왕조의 교체가 아니라 세계관의 변화였다. 상나라 사람들이 보이지 않는 곳의 초월적 존재가 세상을 주관한다는 세계관에 머물러 있었다면, 주나라 사람들은 현실 세계에서 세상을 움직이는 합리적 원리를 찾을 수 있다는 신념을 가졌다. 이런 신념을 바탕으로 새로운 세계관을 완성시킨 사람들이 바로 주나라 말기 춘추 전국 시대의 제자백가이다.

인류의 초기 문명은 대부분 주술적 행위를 통해 저 세상에 존재하는 그 무엇에 의지하는 것에서 시작되었다. 가라타니 고진은 저 세상의 초월적 존재를 이해하고 그들과 교감할 수 있다고 주장하는 소수의 지배자와 다수의 피지배자로 구성되는 초기 문명의 상태를 이중 세계라고 부른다. 진정으로 세계를 이해하는 자와 감각의 세계에 머무르는 자의 구별이 존재하는 이런 이중 세계는 정신노동과 육체노동의 분업으로 시작되었다고 한다.[1]

지금 우리가 살고 있으며 감각적으로 느끼는 현 세계는 가상 세계에 불과하고, 보이지 않고 느낄 수 없지만 분명히 존재한다고 생각되는 저 세계야말로 진짜 세계라고 간주하는 태도를 이중 세계론이라고 부를 수 있다. 우리 감각 너머에 존재하는 '본질'과 우리 감각으로 인해 오염되고 왜곡되어 보이는 '현상'이라는 이분법은 이런 세계관을 바탕으로 한다.

이원론적 태도는 그리스 고전 철학자들의 세계관에서 구체적 모습을 갖추었다. 플라톤의 이데아론은 이런 이중 세계론을 체계화한 것이다. 플라톤은 감각적인 가상 세계를 넘어서 진리를 파악하는 사람이 철학자라고 생각했다.

이런 철학적 태도는 서양 중세 시대에 이르러 개별 사물보다 앞선 보편이 존재한다는 실재론으로 발전한다. '아름다움'이라는 개념은 아리따운 여자의 모습, 잘 만들어진 물건, 화려한 옷과 같은 개체에 따라 달라지지 않고, 이들과 상관없이 그 본질이 미리 존재한다. 이는 중세 기독교 신앙에서 눈에 보이지 않는 신과 영혼이 실재한다는 견해를 증명하는 역할을 하게 된다. 또한 물질적 현상 너머에 존재하는 본질을 추구하는 태도는 숨겨진 세상의 원리를 탐구하는 과학적 사고방식과 결합되면서 서구 문명의 혁명적 변화를 이끌어내기도 했다. 서구 문명의 바탕에는 바로 이런 이중 세계론이 철학에서 신학으로 그리고 과학으로 변화하는 과정이 있었다.

그러나 중국에서는 주나라 세계관의 영향으로 이중 세계론이 현실주의 철학으로 대체되었고, 제자백가에 의해 이론적으로 완성되어 지금까지도 중국 문명을 특징짓는 세계관으로 이어지고 있다.

홍차라는 같은 대상을 두고도 서양에서는 검은색으로 발효된 찻잎, 즉 재료의 본래 특성을 기준으로 해서 black tea라고 부르는 반면 중국인은 붉은색으로 우러난 찻물의 색깔을 보고 홍차(紅茶)라고 부른다. 본질보다는 눈에 보이는 현상에 주목한 것이다. 이렇듯 세계관은 언어에도 흔적을 남긴다.

16세기 서양 선교사들이 중국에 들어와 기독교 신의 존재를 설명하는 데 가장 큰 어려움을 느낀 부분은 이원론적 세계관을 이해시키는 일이었다. 눈에 보이지는 않지만 실재하는 신이라는 본질을 설명하기란 결코 쉽지 않았다.

상주 교체기에 이런 세계관의 변화가 가능했던 것은 문자 사용 양상이 이전과 달라졌기 때문이다. 이는 그리스 문명 가운데 유일하게 이중 세계론을 부정한 이오니아학파의 발생에서도 그 예를 찾아볼 수 있다.

지중해 동쪽 서아시아 반도 연안에 위치한 이오니아 지방에서는 사제나 관료에 의한 권력의 독점이 없었다. 가라타니 고진은 그 이유가 페니키아문자를 개량하여 누구라도 간단히 습득할 수 있는 표음문자 즉 현재의 알파벳이 발명되었기 때문이라고 설명한다. 어렵고 복잡한 문자를 사용하는 소수 사제 권력이 지식을 독점했던 아테네 지역과는 달리, 이오니아에서는 표음문자가 보급되면서 일반 대중에게도 지식이 확산되었다.

여기서는 육체노동과 정신노동의 분할이 진행되지 않았고, 철학자에 의해 이성과 감성, 진리와 가상을 구분하는 이중 세계가 만들어지지도 않았다. 이오니아학파 철학에서 진리는 도덕이나 감정과 분리된 것이 아니었다. 결국 문자의 보급이 세계관의 변화를 이끌어낸 것이다.

중국에서는 주나라 건국 이후 문자 사용이 보편화되면서 이중 세계에서 벗어나게 된다. 상나라 시절처럼 사제 계급이 문자를 독점하지 않았으며 제자백가 사상가를 중심으로 자유로운 지식의 확산이 가능해졌다. 아직 모든 사람이 문자를 사용하는 정도까지는 아니었지만, 문자의 형태가 단순해지면서 보다 많은 사람이 좀 더 편하게 자신의 생각을 정리하고 전달하였다. 문자가 문명의 수단이 된 것이다.

이런 변화는 주나라 초기인 서주 시대부터 이뤄졌다. 문자가 점점 개인 간 의사소통 도구로 발전하면서 변화의 조짐이 보이기 시작했다. 문자는 더 이상 신을 향하지 않고 동시대를 사는 사람들을 향했다. 청동기에 새겨진 금문은 신에게 던지는 일회성 질문이 아니라, 현재부터 시작해 미래의 후대까지 이어지는 세속적 인간들에게 남기는 영원한 기록이었다.

예기 — 무용지물의 청동기

소스타인 베블런(Thorstein Veblen)은 『유한계급론』에서 낭비적 소비가 사회적 체면과 권력을 증진시킨다고 말한다. 이런 전통은 인간이 문명을 수립한 이래 지속되었다. 인류 문명 초기의 약탈적 문화의 사고방식에서는 노동이란 용맹함이 없는 허약함 혹은 주인에 대한 복종으로 여겨졌다. 노동은 열등함의 표시에 불과했으며, 따라서 가장 높은 지위에 있는 남성에게는 어울리지 않는 일로 간주되었다.

이런 전통 때문에 노동은 비천하다고 여겨졌고, 이 관념은 최근까지도 이어진다. 세련된 기호, 매너, 생활 습관은 상류계급임을 드러내는 유용한 증거가 되는데 왜냐하면 좋은 교양은 시간, 노력, 비용을 들여야 쌓이기 때문이다. 생산적 일에 시간과 에너지를 투입해야 하는 사람들로서는 감당하기 어렵지 않겠는가. 여유로운 매너와 몸가짐에서 드러나는 교양은 지속적으로 노동하지 않는 데서 자연스럽게 생겨난다.

사치스럽고 호화로운 성소(聖所)를 만드는 행위도 이런 과시적인 낭비의 일종이다. 신성에 봉사하는 사제 역시 생산적 일에 종사해서는 안 된다. 신의 현존 앞에서는 사제의 몸이나 의복에서 세속의 생산적 특징을 모두 씻어내야 하며 인간의 용도에 이바지하는 일은 해서는 안 된다. 신전을 중심으로 하는 고대 사회의 거대 건축물은 이런 낭비적 소비의 결과라고 할 수 있다.

고대 이집트 문명의 피라미드와 수메르의 지구라트와 같은 거대 건축물은 이런 비효율적 과시를 보여주는 대표적인 예다. 그러나 중국 고대의 상나라와 주나라 시대에는 이런 거대 건축물이 건설되지 않았다. 그 대신 당시 사회 수준에서 볼 때 과도한 노동력과 자원을 투자하여 청동 예기를 만드는 것으로 낭비적 소비를 과시했다. 이 시대를 청동기 시대라고 부르지만, 생활 도구 등을 청동으로 만들지는 않았다. 귀중한 재료인 청동은 비실용적이고 과시적인 예기를 제작하는 데에만 사용되었다.

중국 미술사학자 우훙(巫鴻)은 『순간과 영원』에서 중국에서 예기를 일상 용기와 구분하려는 시도는 이미 기원전 4000년 대문구 문화에서 시작되었다고 본다. 돌과 토기로도 쉽게 만들 수 있는데도 불구하고, 가공하는 데 수천 배의 노동력을 필요로 하는 옥으로 옥부(玉斧)나 옥벽(玉璧)을 만든 이유는 낭비적 소비를 과시하기 위해서였다. 옥기는 대규모 노동력을 통제하면서 또 낭비도 할 수 있는 옥기 소유자의 능력을 보여주었다. 막대한 노동력이 들어간 물건은 권력의 구체적 상징이 되며, 이 시기에 특권과 권력의 개념뿐 아니라 빈부 격차도 발생했음을 나타낸다. 곧 최초의 예술은 실용성과는 무관하게 그릇에 홈을 파고 색칠을 하는 데에서 출발했다. 그리고 일상 용기를 만드는 기술과 예기를 제작하는 예술이 구분되기 시작했다.

우훙은 중국 고대 청동 예기들은 오히려 생산력을 낭비하고 없애버렸다고 주장한다. 이런 인위적인 물건들이 생산력을 소진했기 때문에 소유자들은 자신의 특권과 기념비적인 대표성을 얻을 수 있었다고 말한다. 고대 중국의 의례를 정리한 『예기』에서도 예기는 사람들의 편리를 위해 만들어진 것이 아니라는 점을 분명히 밝히고 있다.

선왕에게 제사 때 바치는 제물은 먹을 수는 있지만 맛을 기대하지는 않는다. 제사 때 추는 춤은 장엄하지만 즐겁게 해주는 것은 아니다. 종묘는 위엄이 있지만 그곳에서 편안함을 추구하지는 않는다. 제기는 사용할 수는 있지만 편리함을 좇지는 않는다. 이런 것들은 혼령과 소통하는 데 사용되지만 편안함이나 즐거움을 위한 것들과는 다르다. —『예기』

예기는 실용적이고 세속적인 목적을 위해 제작된 물건과 달라야 했다. 누구나 만들고 사용하는 물건은 예기가 될 수 없다. 많은 시간과 노력을 들여서 힘들게 만들어낸 흔적이 보이지 않는다면 신에게 바칠 자격이 없다. 청동 예기에 정성껏 표출된 예술성은 역설적으로 그것이 얼마나 비효율적이고 비생산적인 것이었는가를 잘 보여준다.

예(禮) 자는 갑골문에는 없고 주나라 금문에서부터 보이는 글자다. 이 글자는 주 문명의 정체성을 상징하는 대표적 글자였다. 글자 왼쪽의 시(示) 자는 나중에 추가된 것이고, 초기 금문에서는 풍(豊) 자만 있다. 豊 자의 윗부분은 옥(玉) 꾸러미를 나타내고 아래는 북[고(鼓)]의 모습이다. 옥기 꾸러미를 담은 그릇은 제사 때 신에게 바치는 제물을 나타낸다. 북은 고대부터 제사에서 신령을 부르는 데 사용되었는데, 혹자는 아랫부분을 북이 아니라 그릇으로 보기도 한다.

이처럼 禮 자의 최초 형태는 신에게 바치는 제물이 쌓인 제단

금문 예(禮)

의 풍경을 묘사한 것이었다. 禮는 시간이 지나면서 공자와 순자 등 유가 사상가에 의해 세련된 형태의 통치 원리를 나타내는 추상적 개념이 된다.

상나라 때는 제사용 기물을 나타내는 글자로 이(彝) 자를 사용했다. 갑골문 彝 자는 두 손으로 닭을 잡아 희생으로 바치는 모습을 생생하게 표현하고 있다. 어떤 글자에서는 뚝뚝 떨어지는 핏방울까지 묘사한다. 갑골문에 자주 보이는 글자로 상나라 때는 제사에 사용되는 기구를 이기(彝器)라고 불렀다.

주나라 시대에 彝 자를 대신하는 글자로 만들어낸 것이 바로 禮 자이다. 아무래도 피가 흘러내리는 동물을 두 손으로 잡고 제단에 바치는 야만적인 모습보다는 옥으로 만든 세련된 기물을 올려놓은 모습이 훨씬 우아해 보였을 것이다. 禮 자는 야만적인 상 문명과 구별되는 고상하고 발전된 주 문명을 상징하기 위해 쓴 글자였던 것이다.

갑골문 이(彝)

금문 기(器)

器 자 역시 금문에서부터 나타나는 글자다. 그릇을 나타내는 글자 器에 개를 나타내는 견(犬) 자가 들어 있다. 이에 대해『설문해자』에서는 "개가 음식을 담은 그릇을 지키는 모습"이라고 설명한다. 개는 도대체 왜 그릇을 지키는 것일까? 器 자를 일상생활에서 사용하는 평범한 그릇이라 생각하면 잘 이해되지 않는다. 그런데 이 글자가 제사에 사용되는 특정한 의기(儀器)를 나타내기 위해 처음 만들어졌다는 사실을 알게 되면 해석의 실마리가 보인다. 彝 자에서의 닭처럼 제사 때 희생으로 사용된 개를 표현한 것이다.

이처럼 고대 중국에서 만들어진 청동기는 실용적인 용도와는 상관없이 낭비를 과시하기 위한 물건이었다. 쓸모 있음과 쓸모없음이 상대적인 것에 불과하다고 말하는『장자(莊子)』의 무용지물(無用之物)과 유사하다. 이야기는 이렇다.

어느 날 장자가 제자들과 함께 길을 가다가 옹이가 많고 구불구불한 수천 년 된 고목을 보고 말했다. "이 나무는 사람들이 쓸모없다고 생각하였기 때문에 이렇게 오래 살아남을 수 있었다." 그러고 나서 길을 가다가 잠시 후 주막에서 쉬는데, 주인이 잘 울지 않는 닭이 쓸모없다며 그 목을 비트는 것을 보았다. 이에 장자는 '쓸모 있음과 쓸모없음 사이'에서 처신해야 할 것을 강의하였다. 못생기고 구불구불해 재목으로 쓸 수 없는 나무는 아무도 손을 대지 않아 수천 년 동안 살아남았다. 하지만 새벽이 되어도 울지 못하는 쓸모없는 닭은 가장 먼저 가마솥에 들어가게 되었다.

곧 무거운 청동기로 만들어 실생활에서는 무용지물이었던 예기는 그 쓸모없음으로 인해 자신의 가치를 드러낸 것이다.

거대 신전을 대신한 청동기

수메르 문명의 지구라트, 이집트의 피라미드, 그리스의 신전 등은 초월적인 신을 숭배하기 위해 만들어진 거대 건축물이다. 그러나 중국 고대 문명의 유적에서는 이러한 규모의 신전을 볼 수 없다. 왜일까?

그 이유 가운데 하나는 고대 도시가 있던 바로 그 공간에 사람들이 살아왔기 때문이다. 수메르와 이집트의 경우 고대 문명이 붕괴된 후로는 그 지역에서 더 이상 사람들이 살지 않았다. 문명의 주류가 다른 곳으로 이동했거나 아니면 기후와 환경의 변화로 불모지로 변해버렸기 때문이다. 이 덕분에 오랜 기간이 지난 뒤에도 유적이 파괴되지 않고 온전하게 보전될 수 있었다.

반면에 중국 고대 문명은 현재 중국인이 활발하게 살아가는 바로 그곳에서 탄생하고 소멸하기를 반복했다. 유물도 고고학 전문가에 의해 체계적으로 발굴되었다기보다는 삶의 터전에서 우물을 파거나 밭을 일구는 과정 등 일상생활의 우연한 사건으로 발견된 경우가 더 많았다. 온전한 고대 도시의 유적이 남아 있기 어려울 수밖에 없었다.

그 대신 한자에서 중국 고대 도시가 어떤 모습이었는지 흔적을 유추해볼 수는 있다. 갑골문과 금문에서 도시와 관련된 글자를 보면 거대 신전은 아니더라도 높은 건물을 지었음을 확인할 수 있다.

고(高) 자는 높이 솟은 건물의 모습이다. 『설문해자』에서도 "高는 대(臺)가 높이 오른 모습"이라고 설명한다. 갑골문과 전국 시대 글자는 형태에 큰 차이가 없다. 高 자가 만들어지고서 약 1000년 넘도록 높은 건물을 나타내는 의미로 사용되었다는 말이다.

그 당시 사람들에게 '높다'라는 개념은 산이나 하늘 위 구름 같은 자연물이 아니라 인공적인 건축물을 통해 더 명확하게 다가왔다. 도시 한가운데 높이 솟은 건물은 단순히 공간적으로 높다는 개념

갑골문 고(高)   전국 시대 중기 통행증
악군계거절(鄂君啓車節)의 고(高)

을 넘어 위엄과 권위를 보여주기에 충분했을 것이다. 그래서 高는 '숭고하다'는 의미까지 가지게 되었다.

높다는 개념이 이렇게 추상적인 의미까지 확장된 것은 인간의 거의 모든 언어에서 나타난 공통적인 현상이다. 대부분의 언어에서 높다(高, high)라는 단어는 '높은 계급[고관(高官, high-class)]'에 있는 '고귀한 분(高貴, Highness)'의 '고결하고(高潔, high-souled)' '숭고한(崇高, high-minded)' 태도를 나타내는 데 사용된다. 추상개념은 주로 인간의 신체적인 체험에서 비롯된 감각을 빌려 표현된다. 인지언어학자 조지 레이코프(George Lakoff)는 이를 개념 은유라는 틀로 설명한다.

수도를 나타내는 경(京) 자 역시 인공적인 높은 건축물을 나타내는 글자였다. 高 자와 마찬가지로 높은 누대 위에 세운 건축물의 모습이다. 상나라의 중심 지역은 황하 중류의 평원 지대였다. 이곳에 세워진 왕의 도시는 방어를 위해, 아울러 다른 지역보다 도드라져 보이기 위해 인공적으로 높은 대를 쌓고 그 위로 건물을 세웠다. 『설문해자』에서는 "京은 사람이 만든 높은 언덕"이라고 설명한다.

한자에 남은 흔적을 보면, 고대 중국의 도시에서는 높은 곳에 위엄 있는 건물을 세워 통치자의 권위를 드러내려 했던 것 같다. 한편

갑골문 경(京)

이때 통치자는 존재는 알려졌으나 모습은 감추었다. 자신은 관찰당하지 않으면서 백성을 언제 어디서나 관찰할 수 있다는 사실을 상기시키려는 것이었다. 높은 곳에 있다는 사실만으로 통치자는 위엄을 지녔다.

최상의 군주는 의식적으로 무언가를 하려고 하지 말고 그 존재만으로 위엄을 보여주는 '무위(無爲)'를 구현할 수 있어야 한다. 현명한 군주는 너무나 조용하여 그가 어느 자리에 있는지 알 수 없으며, 텅 비어 있어 그 소재를 파악할 수 없다. 현명한 군주가 윗자리에서 아무것도 하지 않고 있으면 신하는 아래에서 부들부들 떨며 두려워한다. 이것이 바로 한비자가 제시한 군주의 무위 정치론이다.

높은 곳에 가만히 있는 것만으로도 모든 것을 볼 수 있는, 보이지 않는 눈을 가진 통치자의 존재는 푸코(Michel Foucault)가 이야기한 파놉티콘(panopticon)에 숨은 지배자를 떠올리게 한다. 한눈에 '전체를(pan-)' '들여다본다(-opticon)'는 뜻의 파놉티콘에서는 원형 건물 안에 갇힌 수감자들은 중앙 감시탑 안을 볼 수 없는 반면, 중앙 감시탑에서는 원형 감옥 안의 모든 상황을 볼 수 있다. 수감자들은 늘 누군가에게서 감시받는다고 느낀다. 그리하여 스스로 조심하고 자신을 통제한다. 파놉티콘은 감시자가 언제 어디서든 존재할 수 있다는 상상을 자극하여 한 사람에게 수백 명을 맡기는 방식이다. 아니 어쩌면 한 사람도 필요 없을지 모른다.

제자백가의 거의 모든 사상가가 자신만의 버전으로 무위론을 제기한다. 한비자가 제시한 군주의 무위론은 인위적이고 의식적인 행위를 삼가라는 노자의 주장과 한편에서는 결을 같이한다. 그래서 사마천은 유사한 부류의 인물들을 편찬한 열전에서 노자와 한비자를 묶어「노자한비열전(老子韓非列傳)」을 썼다.

정의 등장 — 움직이는 권력의 상징

도시 건축물 유적이 거의 남아 있지 않은 고대 중국에서 권력을 상징하는 것으로 지금까지 남은 가장 중요한 유물은 의례용 청동기이다. 그중에서도 최고로 중시되었던 정(鼎)은 다리와 손잡이가 있는 큰 솥으로 왕과 제후의 권위를 드러내는 중요한 의기였다. 원래는 발이 셋 달린 조리용 솥이었지만 시간이 지나면서 실용적인 용도에서 벗어나 의식용 도구가 되었다.

손잡이와 다리가 있는 정의 형태는 신석기 시대 유물에서도 발견된다. 정은 한동안 식기로도 사용되었고, 제사의 의기로도 사용되었다. 그런데 정을 만드는 재료가 도기에서 청동기로 전환되면서 본질적인 문제가 생긴다. 청동기는 취사용으로 사용하기에는 익히는 데

갑골문 정(鼎)

금문 정(鼎)

시간이 너무 오래 걸려 불편했다. 이때부터 청동기 정은 통치 계급의 권위를 상징하는 국가적 기물로 위상이 변화한다.

하나라 우임금은 9개의 정을 만들어 자신이 천하의 주인임을 만방에 알렸다고 한다. 고대 중국이 9개 주로 이뤄졌기에 정통성을 가진 천자가 되기 위해서는 9정이 있어야 했다. 훗날 국가 의례가 체계화되면서 천자는 9정, 제후는 7정, 대부는 5정으로 자신의 권위를 나타냈다. 계급에 따른 개수의 제한은 엄격하게 준수되었다.

춘추 시대 변방 국가로 취급되며 중원에서 소외되었던 초나라가 국력을 키워 주나라에 대항할 힘을 갖추게 되었다. 이 당시 주의 천자는 더 이상 제후들을 통제할 힘을 갖지 못하였다. 초나라 왕은 주나라 국경에 군대를 배치해놓고 무력시위로 자신의 힘을 과시하며 천자의 권위에 도전하였다. 이에 주나라의 사신 왕손만(王孫滿)이 초왕(楚王)을 위문하였다. 초왕은 사신에게 도대체 천자의 정은 무게가 얼마나 되는지 물었다. 초나라가 곧 천하를 다스리게 될 터이니 천자의 정을 가져오겠다는 심산이었다. 그러나 사신은 천자의 정이 지닌 중요성은 정의 크기와 무게가 아니라 그것을 가진 사람의 덕의 크기로 결정되며, 천자의 권위는 천명에 의해 정해지니 정의 무게는 인간이 사사로이 물을 수 있는 것이 아니라고 일축해버린다. 『춘추좌전』에서는 왕손만의 논변을 다음과 같이 기록하고 있다.

> 정이 아니라 덕이 중요합니다. 옛날 하나라에 덕이 많았을 때 아홉 지역에서 공물을 보냈습니다. 이에 정을 주조하여 그것들을 새겨 넣었습니다. 그런데 하나라 왕의 덕이 쇠하여 정은 상나라에 옮겨져 600년을 지냈고, 다시 상나라 주왕이 포악하여 주나라로 옮겨졌습니다.
>
> 정은 덕이 훌륭하고 밝으면 비록 작더라도 무거우며, 간사하고 쇠약하

면 비록 크다 하더라도 가볍습니다. 주나라 성왕이 정을 안치하고 점을 쳐보니 주 왕조가 700년 동안 지속될 것이라 했습니다. 이것이야말로 주가 받은 천명입니다. 지금 주가 옛날의 영광을 잃었지만 천명은 아직 바뀌지 않았습니다. 그러니 정의 무게는 물을 수 없는 것입니다.

—『춘추좌전』

초왕은 사신이 말한 천명의 정당성에 대해 논리적으로 반박하지 못한다. 결국 초왕은 천자의 권위는 단순히 무력으로 얻을 수 있는 것이 아님을 깨닫고 군대를 거두어 돌아갔다고 한다. 문정경중(問鼎輕重)이라는 이 고사성어는 나중에 상대의 실력을 의심하거나 권위에 도발하는 행위를 비유하는 데 사용된다.

여기서 우리는 정이 원래 하의 성립을 기념하기 위해 만들어졌으나 시간이 지나면서 그 자체로 천자의 권위를 상징하는 기호가 되었음을 알 수 있다. 또한 정의 소유권과 위치의 이동이 가능하다는 말을 통해 권력이 한 왕조에서 다른 왕조로 바뀔 수 있는 가변적 속성을 띤다는 사실을 이해할 수 있다.

고대 이집트 왕조에서 왕의 위업을 강조하고 전승을 기념하기 위해 세운 기념물 오벨리스크는 특정 장소에 고정되었다. 한곳에 영원히 남아 공간을 점유하는 권력의 상징이 되었던 것이다. 하지만 왕조가 멸망하고 공간이 폐허로 변하면서 기념비들 역시 그 존재가 잊히고 만다. 세월이 흘러 이방인의 호기심의 대상으로 전락해 낯선 땅으로 이송되기도 했지만 더 이상 그 공간을 지배하는 권력의 상징이 되지는 않는다.

그러나 정이 상징하는 권력은 얼마든지 옮겨 갈 수 있다. 여기에는 천명을 받지 못한 권력은 더 이상 유지되지 못하고 덕을 가진 자

금문 칙(則)   금문 구(具)

에게 넘어간다는 역성혁명 사상의 씨앗이 있다. 권력은 단순히 공간
을 지배하는 물리적인 힘이 아니라, 언제 어디서나 나타날 수 있는 보
편적인 힘이었다. 피라미드와 같은 거대한 부동산 기념비가 아니라
동산의 기념물이 권력을 상징한 고대 중국 사회에서는 권력의 영원성
보다 이동 가능성을 중시했다는 점을 알 수 있다.

    정은 이 밖에도 다양한 글자에서 모습을 드러낸다. 사회 구성
원이 지켜야 할 규칙을 의미하는 칙(則) 자는 청동기 정에 칼(刀)로
명문을 새기는 모습으로 표현된다. 중요한 규칙이기에 귀한 정에 새
겨 영원히 보존했고, 한번 새기면 더 이상 고칠 수 없음을 강조했다.

    갖출 구(具) 자는 두 손으로 정을 받든 모습이다. 具 자는 도구
라는 의미도 있지만 모든 것을 다 '구비하다'라는 의미로도 사용된
다. 정을 들었다는 것은 조리할 준비를 마쳤다는 뜻이다. 즉 갖출 것
은 다 갖추었다는 말이다.

정의 상실과 주 왕실의 쇠퇴

춘추 전국 시대 주 왕실의 권위가 약해지면서 패권을 차지하려는 제
후국들은 다시 구정에 관심을 가진다. 전국 시대 진(秦)나라 재상 장
의(張儀)는 왕에게 구정을 장악하고 주왕을 인질로 삼을 수만 있다면

천하를 호령할 것이라고 고한다. 이에 왕은 군사를 일으켜 주나라에 가서 구정을 요구하였다.

이때 주나라 관리 안율(顔率)이 또 다른 강대국 제(齊)나라에 원군을 요청하여 진나라 군대를 물리쳤다. 그런데 이제는 제나라가 구정을 달라고 요구한다. 안율은 제나라 왕에게 가서 일단 구정을 바치겠다고 말했다. 다만 구정은 워낙 무거우니 훌쩍 들어서 옮길 수는 없고, 정 하나를 드는 데 9만 명이 필요하니 모두 81만 명이 동원되어야 한다고 덧붙인다. 결국 제나라 왕은 구정을 단념하고 만다.

왕손만은 구정을 탐내는 제후들의 요구를 도덕적 권위를 들어 거부했지만, 전국 시대 안율은 구정의 과장된 무게를 내세워 위기를 비켜 갔다. 더 이상 주 왕실의 도덕적 명분에 기대기 어려운 상황이었다. 구정을 실제로 볼 수 있는 사람은 제한되었기 때문에 안율의 이야기가 사실인지 확인할 방법도 없었다. 다만 왕손만이 구정의 무게는 물을 수 없다고 했던 때와 달리, 안율은 오히려 구정의 무게를 자진해서 알려주고 있다. 정이 지녔던 추상적 가치는 사라지고 구체적 사물로서만 남은 것이다.[2]

주나라가 쇠약해지면서 정은 어느 순간 강으로 사라졌다고 한다. 그러다가 진시황이 천하를 통일하고 진 제국을 세우자 갑자기 정이 강 위로 모습을 드러냈다. 황제는 수천 명을 동원하여 정을 건져내게 했다. 그런데 사람들이 정을 밧줄로 묶어 끌어 올리려고 하는 순간 어디선가 용이 나타나 밧줄을 끊어버렸고, 정은 이내 사라져 다시는 나타나지 않았다고 한다. 정이 갑자기 등장했다가 용의 방해로 자취를 감췄다는 이야기가 의미하는 바는 무엇일까? 이는 제사용 의기인 정이 더 이상 제국의 권력을 상징하지 않게 되었다는 뜻이다. 이제부터는 그 자리에 거대한 궁전과 기념비적인 비석이 들어서게 된다.

한편 춘추 시대 말기 진(晉)나라 조앙(趙鞅)은 백성들에게 철을 징수하여 형벌의 내용을 새긴 철정(鐵鼎)을 주조하게 하였다. 공자가 이 소식을 듣고는 진나라는 법도를 상실했으니 곧 망할 것이라고 했다. 철기 예기의 제작은 귀한 청동기로 예기를 만들었던 주나라 전통을 따르지 않은 것이다. 이 사건은 청동기 시대가 저무는 모습을 잘 드러낸다.

갑골문과 금문에는 다양한 鼎 자의 자형이 사용되었는데, 갑골문보다 나중에 생겨난 금문의 글자가 더 상형적이다. 대체로 갑골문에서 금문으로 발전하면서 자형이 단순해지는 것이 일반적이지만, 鼎 자는 이와 반대인 셈이다. 이는 정이 주나라 시기에 위상이 높아지고 그만큼 중요한 글자로 사용되었음을 뜻한다.

주나라 이후 제사는 조상을 모시는 방향으로 변모한다. 이때부터 왕실은 종묘와 분리될 수 없게 된다. 종묘는 궁궐 왼쪽에 지어졌는데, 정은 공개 장소가 아니라 깊고 어두운 이 종묘라는 특정 공간에만 배치되었다. 정을 비롯한 의례용 의기는 화려한 외양과 압도적 규모로 권력을 과시하기보다는 은밀한 곳에서 소수 특권층에게만 접근을 허락했다. 정을 가까이한다는 것 자체가 권력의 상징이었다.

금문 종(宗) 자는 내부에 제단을 갖춘 건물의 모습이다. 금문 묘(廟) 자는 음을 표시하는 조(朝) 자가 포함된 형성자로 보인다. 朝

금문 종(宗)

금문 묘(廟)

금문 조(朝)

자는 물이 흐르는 강변 옆 풀숲 사이로 떠오르는 해의 모습으로 아침을 나타낸다.

서주 왕실의 종묘는 조상제가 행해지면서 동시에 국가 행정이 집행되는 곳이었다. 당시 통치자의 주요 행사는 모두 종묘에서 이루어졌다. 이곳에서 새로운 후계자가 자리에 오르고, 군사 원정을 선언하며, 승리를 축하했다. 외교사절의 접견과 연회도 모두 종묘에서 진행되었다. 관리 임명과 상의 하사, 제후에게 봉지를 사여하는 책봉 의식도 마찬가지였다. 왕실 종묘는 주나라의 사회·정치적 구조를 보여주는 핵심 장소였던 것이다. 각 제후국 역시 도읍에 자신들의 조상을 모시는 종묘를 설치하여 동일한 기능을 담당하게 했다. 제사는 물론 정치적 의식 대부분이 정해진 규칙에 따라 거행되었다.

주 왕실의 종묘는 7개의 사당으로 구성되었다. 종묘 가장 깊숙한 곳에서부터 주나라 원조인 후직, 문왕, 무왕의 사당이 배치되었다. 이러한 배치는 이 3인이 단지 조상에 그치지 않고 주의 역사적 근원이자 정치적 통합의 상징임을 뜻했다. 그다음으로 안쪽부터 당시 살아 있는 왕의 직계 선조인 고조, 증조, 조부, 부친의 사당이 순서대로 좌우에 자리했다.

가까운 조상일수록 바깥에, 시조인 후직은 가장 깊숙한 안쪽에 위치해 숭배되었다. 우홍은 주의 이러한 종묘 구조가 근원을 찾아가는 형식으로 설계된 것이라고 말한다. 공간적으로 안쪽을 향하면서 시간 순으로 제사가 진행되었고, 이는 근원으로 돌아가 옛것을 보존하며 선조를 잊지 않겠다는 의지를 표명한 것이라는 주장이다.[3]

그런데 주나라 말기 춘추 전국 시대에는 거대 수직 건축물이 건설된다. 『주례』에 의하면 제후의 도읍은 주 왕실 국도의 3분의 1을 넘지 않아야 했다. 하지만 최근에 발굴된 춘추 전국 시대 제후의 도읍

가운데 『주례』의 종법 질서에 기초한 전통적 건축 규칙을 따른 것은 하나도 없다. 특정 구역을 지배자의 궁전 구역으로 분리하여 내성으로 보호하고, 그 중심에 높은 대지를 쌓고 궁전과 부속 건물을 올렸다.

　바깥 세속 사회와 격리된 종묘가 선조를 잊지 않겠다는 조상 숭배의 본질을 구현한 것이라면, 모두가 볼 수 있도록 높이 솟아오른 궁전의 누대와 건축물은 현재 지배자의 권력을 드러낸 것이다. 서주 시대 종묘가 수평적으로 확대된 공간에서 시간 순에 따라 이동하며 혈연적 근원을 추구했다면, 춘추 전국 시대 각 도읍에서는 수직적으로 높이 쌓아 올린 대를 통해 권력을 과시했다.

　제나라 수도였던 임치(臨淄)에서 높이 14미터에 길이 86미터 타원형의 높은 대의 유적이 발견되었다. 이 당시 초나라 왕이 만든 누대는 구름에 닿을 정도로 높았다고 기록되어 있다. 대사(臺榭) 건축이라고 불리는 이런 고루(高壘)에서 왕과 귀족은 제사를 지내고 경치를 즐기며 연회를 열고 활로 새를 사냥하였다. 이렇게 높은 대 위에 지은 누각을 사(榭)라고 했다. 당시 건축 기술로는 높은 건물을 올리기 어려웠기 때문에, 흙으로 기단을 쌓고 그 위로 계단식으로 건물을 지어 웅장한 모습을 갖추었다고 한다. 榭 자는 갑골문에는 없고 금문에서부터 보이는 글자이다.

　금문 榭 자는 나무를 향해 활을 쏘는 모습이다. 높은 곳에 지어

금문 사(榭)

진 누각에 올라서면 멀리 활을 쏘고 싶은 본능이 발동했던 것일까? 이런 건물을 나타내는 글자를 만드는 데, 건물의 외형보다는 활을 쏘기에 편리하다는 기능적 측면을 선택한 것을 보면 말이다. 어쩌면 당시 권력자들은 높은 곳에 올라 경치를 감상하기보다 활을 쏘며 아랫사람들을 압도하고 싶었는지도 모른다.

우흥은 외관상 당당해 보이는 이런 대의 구조는 동주의 궁전 복합체와 서주의 종묘 복합체 사이의 건축적 차이를 가장 잘 드러내 보이는 것이라고 한다. 서주의 종묘가 담장에 둘러싸인 수평적인 공간으로 조상의 근원을 찾아가는 데 중점을 두었다면, 동주의 궁전은 높이 쌓아 올린 대지 위에서 수직적인 권력의 존재를 강조했다는 것이다.[4]

주 왕실의 권위가 유명무실해진 춘추 전국 시대에는 많은 제후들이 자신의 수도에 높은 대를 쌓아 힘을 과시하고 적에게 위협을 가하고자 했다. 또한 다른 나라의 사신을 만날 때도 대를 활용하여 권위를 드러내 보였다. 서주 시기에는 혈연적 종법(宗法) 질서를 상징하는 종묘에서 의식을 진행하면서 동시에 현실의 세속적인 정치도 행했다. 그러나 춘추 전국 시대에는 종묘가 궁전에서 분리되면서 정치권력이 혈연적 맥락에서 벗어나 보다 공적인 활동으로 독립되었다.

6장 장 청동기에 새긴 문자

청동기 시대에 청동은 없었다?

인간은 아주 오랫동안 돌과 흙 그리고 나무 등 자연 재료를 사용하여
생존했다. 그러나 좀 더 효율적인 도구와 공격적인 무기를 만들기 위
해 선택했던 것이 바로 구리였다. 구리 광석은 초록색 광물들을 포함
하여 상대적으로 쉽게 발견되었고, 이것을 도자기를 굽던 가마에 넣
고 숯으로 가열하면 구리를 추출할 수 있었다.

지구의 지각에는 구리보다 철이 더 많이 함유되어 있다고 한
다. 철은 전체 지각의 5퍼센트 정도를 차지하여 구리 매장량의 약
1000배 이상에 달한다. 그런데 구리는 왜 철보다 약 5000년이나 앞서
재료 혁명을 선도하게 되었을까? 그것은 바로 구리를 광석에서 추출
해서 제련하는 방식이 철보다 쉬웠기 때문이다.

인류가 구리를 사용하기 시작한 때는 기원전 7000년으로 거슬
러 올라간다. 사람들은 하천 바닥에서 구리가 응축된 녹색 단괴를 찾
아내 작은 장신구나 의례 용품을 만들기 시작했다. 그 당시까지는 이

3부   청동기에 새긴 글자
   ―고대 국가의 한자 금문   273

렇게 발견된 순도 높은 구리 광석에 의존하는 방법밖에 없었다.

기원전 4000년 무렵 드디어 구리 광석에서 구리를 제련하는 방법을 알아냈다. 구리를 제련하려면 약 1200도까지 가열해야 하는데 일상적인 환경에서는 불가능했다. 하지만 도자기를 굽는 가마는 이 정도 온도까지 올라간다. 어쩌면 누군가가 우연히 도자기 가마에 들어 있던 광석이 순수한 구리 덩어리가 된 모습을 보고 제련 방법을 찾아낸 것이 아니었을까?

가마 안에서 달구어진 고온의 숯은 광석에 포함되어 있던 탄산염이나 산화물 등을 떼어내 순수한 구리로 제련해주는 역할을 한다. 어떤 돌을 잘 가열하기만 하면 금이나 은으로 바꿀 수 있다는 연금술에 대한 환상은 아마도 가마 안에서 추출된 순수한 구리 덩어리를 보는 순간 시작되었을지도 모른다.

이렇게 추출한 구리만으로 만든 도구는 매우 무르고 쉽게 무뎌져서 자주 벼려주어야 했다. 그런데 우연히 일어난 산불을 통해 구리나 주석이 섞인 암석이 녹아 서로를 단단하게 해주는 현상을 발견했다. 구리에 다른 합금을 섞으면 훨씬 강도가 세진다는 원리를 알게 된 것이다. 기원전 4000년경 메소포타미아 지역에서 처음으로 구리에 주석을 합금한 청동이 만들어졌다.

청동은 훨씬 낮은 온도에서 녹으면서도 거품이 일지 않아 주조용 거푸집에 쉽게 부을 수 있어서 다양한 형태의 도구를 만드는 데 적합했다. 주석이 12퍼센트 포함된 청동은 어떤 형태의 도구로도 만들 수 있었고, 사용하면서 닳거나 부러지더라도 다시 주조하기에 편리했다. 이런 이유로 청동은 전 세계에서 도구와 무기 등을 만드는 표준물질이 되었다. 자연동은 녹는점이 1083도로 높은데, 여기에 24퍼센트의 주석을 넣으면 녹는점을 800도로 낮추고 강도도 높일 수 있었다.

이런 편리함과 장점이 알려지자 청동은 이집트와 인도 그리고 중국 등으로 퍼져 나갔고 우리가 청동기 시대라고 하는 인류 보편의 문명을 만들어냈다. 청동기 시대 교역로는 이 구리와 주석의 산지를 중심으로 연결되었다.

구리(Copper)의 화학원소 기호 Cu의 라틴어 어원인 Cuprum은 구리 광산으로 유명했던 지중해의 사이프러스(Cyprus)섬 이름에서 기원했다. 구리는 구하기 어렵지 않았지만, 청동 합금을 만드는 주원료인 주석은 비교적 희귀한 광물로서 산지에 대한 정보는 한동안 비밀에 싸여 있기도 했다. 지중해 지역의 청동기 문명이 기원전 12세기 갑자기 중단되고 히타이트의 철기 시대로 넘어간 것도 주석 공급이 부족해진 상황과 관련된 것으로 추측된다.

대부분의 문명권에서 청동기는 천연 구리를 두드려서 제조하는 단타(鍛打) 단계에서 시작되는데 이때의 동기는 순동으로 만들어진 작은 용기에 그친다. 석기와 함께 이런 간단한 수준의 동기가 만들어지던 시대를 동석기 병용 시대라고 한다. 그다음이 바로 구리에 다른 재료를 섞고 가열하여 주물로 제련하는 야주(冶鑄) 단계이다. 그런데 중국에서는 동석기 병용 시대의 동기가 발견되지 않았기 때문에, 중국 청동기 역사는 특이하게도 야주 단계에서 바로 시작되었다는 가설이 제기되기도 했다.

1950년대까지는 중국 청동기 문화가 빨라야 상나라 후기에 시작되었을 것이라고 추정했다. 그러나 나중에 하남성 정주시 이리강에서 출토된 청동기는 상나라 초기의 것으로 밝혀졌으며, 하남성 언사의 이리두 청동기는 그보다 오래된 것으로 알려졌다. 심지어 중국 고고학계에서는 이리두 청동기 유적이야말로 전설로 전해지는 하나라의 유물이라고 단정하면서 하나라의 실존 증거로 제시하기도 한다.

청동기를 처음 가공했을 때는 다른 물질이 포함되지 않은 빨간색 순동 상태였기 때문에 홍동(紅銅)이라고 불렀다. 홍동은 시간이 지나면서 녹이 생겨 점차 푸른빛을 띠게 된다. 나중에 이것을 청동(靑銅)이라고 불렀다. 청동이라는 단어는 홍동이 긴 시간 동안 산화되어 외형이 변화한 후에 생겨났다. 그러니까 역설적이게도 청동기 시대에는 청동이 존재하지 않았다. 우리가 아는 청동기는 오랜 세월 땅속에 묻혀 있다가 표면이 부식된 결과 푸른 색깔을 띠게 된 것이다.

우리는 고대 사회에서 청동기가 가지는 위상을 떠올리면서 당시에도 청동기가 지금처럼 푸르스름한 빛깔의 고색창연한 모습이었으리라 상상한다. 그러나 본래 청동기는 배합 비율에 따라 홍색, 적황색, 은백색 등 지금보다 훨씬 화려하고 밝게 빛나는 색을 지니고 있었다. 고대 왕실이나 제단에 적황색 빛이 나는 청동기 수백 점이 진열된 모습은 그 자체로 전율을 일으키지 않았을까. 우리가 박물관에서 마주하는 어두운 색조의 청동기는 온전한 색상을 잃어버린 것이다.

전 세계 고대 문명에서는 황금을 사용한 장신구나 장식이 발견되지만, 고대 중국에서는 예외적으로 없다. 그 이유는 청동기가 황금을 대신했기 때문이다. 상나라 시절 양질의 청동기는 황금과 비슷한 광을 내었다고 한다. 황금빛 청동기만으로 지배계급의 권위와 위상을 보여주기에 충분하지 않았을까. 고대 중국에서는 청동기 제작 기술이 발전하여 특별히 금도금한 장신구를 만들 필요를 느끼지 못했던 것이 아닐까.

중국의 청동기 문명

『주례』「고공기(考工記)」에는 청동의 합금 기술과 성능에 대해 자세히 기록하고 있다.

> 동을 여섯으로 나누어 주석이 그 가운데 하나를 차지하면 이것이 종(鍾)과 정(鼎)을 만드는 정확한 비율이다. 동을 다섯으로 나누어 주석이 그 가운데 하나를 차지하면 도끼를 만드는 정확한 비율이다. 동을 넷으로 나누어 주석이 그 가운데 하나를 차지하면 칼날을 만드는 정확한 비율이다. 동을 다섯으로 나누어 주석이 그 가운데 둘을 차지하면 창과 화살촉을 만드는 정확한 비율이다. 주석이 반을 차지하면 거울을 만드는 정확한 비율이다. ―『주례』「고공기」

"동을 여섯으로 나누어 주석이 그 가운데 하나를 차지한다(六分其金而錫居一)"라는 표현은 주석이 6분의 1의 비율로 포함된다는 말을 고대 중국의 언어로 표현한 것이다. 주석의 비율을 높일수록 탄성과 강도가 높아져 도끼나 창과 같은 살상용 무기에 적합하다. 『고공기』에는 주석 함량에 따라 청동기의 색상이 변하는 것도 기술하고 있다. 종과 정은 신비한 분위기를 나타내기에 적합한 적황색을 띠어야 시각적으로 아름답기 때문에 동의 성분을 조금 높일 것을 권한다. 그 반면 얼굴을 비춰 보는 거울은 은색이 효과적이기 때문에 주석의 성분을 더 높여야 한다.

그런데 주석 대신 납이 들어간 청동기에 술을 넣고 가열하면 납중독에 걸릴 만큼의 치명적인 양이 나온다는 것이 밝혀졌다. 심각한 납중독 환자에게는 뇌성마비 증세가 나타나는데, 헛소리를 일삼는 섬망이나 경련, 마비 심지어는 실명에까지 이르게 된다고 한다. 혹시 상나라를 멸망케 했던 주왕이 장기간 납이 침출되는 청동기 잔으로 술을 복용하면서 납중독에 걸렸던 것은 아니었을까? 납중독으로 섬망 증세를 보이면 정신 상태가 혼미해지고 주위 사물을 식별하지 못하며 환각에 빠진다고 한다. 역사 기록에는 주왕이 술을 많이 마셔서 폭정을 일삼았다고 전하지만, 어쩌면 이런 청동기의 납 성분이 누적되어 영향을 끼쳤을지도 모르는 일이다. 앞서 살펴보았듯이 주왕의 이상행동에 충격을 받은 주나라의 건국자들은 제사나 특정한 행사가 아니면 음주를 철저하게 금지하지 않았던가.

상나라 초기의 청동기는 구리 함량이 90퍼센트에 달하는 순동에 가까웠지만 중기로 갈수록 점점 주석과 납 계열인 아연의 함량이 늘어간다. 그런데 상나라 말기의 청동기 가운데는 주석의 함량이 줄고 대신 아연의 함량이 24퍼센트에 달하는 것까지 있었다.

1973년 섬서성 임동(臨潼) 강채(姜寨)의 앙소 문화 시대 유적에서 발굴된 구리 조각은 아연이 함유된 황동으로 기원전 4700년 무렵에 제작된 것으로 밝혀졌다. 1975년 감숙성(甘肅省) 동향(東鄕) 임가(林家)의 앙소 문화 시대 유적에서 발굴된 동도(銅刀)는 기원전 3000년경에 만들어진 것으로, 주석을 함유한 청동기 가운데 중국에서 가장 오래되었다. 신석기 시대에 이미 주석과 아연을 합금하는 방법을 알았다는 뜻이다. 이 시기에는 구하기 어려운 주석 대신 아연을 섞기 시작한 것으로 보이는데, 나중에 춘추 시대에는 두께가 얇은 기물을 주조할 때도 아연의 함량을 높여 그 합금의 특성을 활용하기도 했다.

앞서 우리는 지중해 지역의 청동기 문명이 철기로 넘어간 이유 가운데 하나가 주석 공급이 부족했기 때문이라는 가설을 살펴보았다. 그런데 비슷한 시기인 상나라 말기의 청동기도 아연으로 주석을 대체하는 경향이 두드러졌다. 공교롭게도 같은 시기에 지중해 지역과 중국의 청동기에서 주석 함량이 줄어든 정확한 이유에 대해서는 밝혀진 바가 없다. 전 세계적 차원의 주석 공급망에 문제가 생긴 것이 아닐까 추측될 뿐이다.

에릭 클라인(Eric Cline)은 『고대 지중해 세계사』에서 서양 문명의 첫 번째 암흑기로 알려진 이 고대 지중해의 청동기 문명은 글로벌한 규모의 네트워크적 방식으로 구성되었다고 주장한다. 청동기 제작에 필요한 주석의 산지가 특정 지역에만 있었기 때문에 그곳과의 관계를 우선 고려해야 했다는 것이다. 그래서 청동기 문명은 지역 단위로 고립되지 않고 글로벌한 규모로 이해되어야 한다고 말한다.

그 편리함과 장점이 알려지면서 전 세계로 확산된 청동기 문명은 많은 공통점을 가지게 된다. 청동 합금을 만드는 데 필요한 주석을 구하기 쉽지 않았다는 자연적 조건은 모두가 비슷했다. 그래서 청동기 문명의 전파 경로와 교역로는 구리와 주석의 산지를 중심으로 연결되었다. 또한 청동기를 제작하기 위해서는 열악한 채광 환경에 강제로 대규모 노동력을 동원할 만큼의 권력이 있어야 했다. 어느 정도 사회적 위계질서가 갖추어진 문명에서만 제작될 수 있었던 것이다.

그런데 중국의 청동기 문명에서만 보이는 특징이 있다. 바로 청동기에 문자를 새겼다는 사실이다.

금문 — 청동기에 새긴 문자

청동기에 새겨진 문자를 금문이라고 한다. 그런데 왜 청동기에 새겨진 문자를 동문(銅文)이라고 하지 않고 금문(金文)이라고 할까?

철기 시대는 전국 시대 말기에 시작되었고, 구리를 나타내는 동(銅)이라는 글자도 이때 처음 생겨났다. 그전까지는 구리를 나타내는 글자가 따로 없었고 대부분의 금속 재료를 모두 금(金)이라고 불렀다. 청동기를 제조하기 위해서는 구리와 주석의 비율을 섬세하게 조정해야 했는데 이런 광물을 나타내는 글자가 없었던 것은 왜일까?

아마도 청동기를 제조하는 비법은 소수의 전문가들 사이에서만 비밀스럽게 구전되어 문자 기록으로 남길 필요가 없었기 때문일 것이다. 『설문해자주』에 의하면 금에는 세 종류가 있는데 황금(黃金), 백금(白金), 적금(赤金)이며, 동은 적금에 해당한다고 한다. 이때까지도 각 광물에 대응하는 새로운 단어를 만들지 않고 금속의 색깔로 종류를 구분하는 전통이 남아 있었다. 그래서 금문이 된 것이다.

한자의 역사에서 금문은 기원전 11세기 상나라 말기부터 기원전 3세기 진시황이 중국 통일을 완성할 때까지의 문자를 가리킨다. 금문이 주로 제작되던 시기는 상나라 말기부터 전국 시대 말기까지 약 900여 년에 해당한다. 금문을 수록한 『금문편(金文編)』에 의하면 지금까지 발굴된 금문은 모두 3722자인데 그 가운데 1300여 자는 아직 해독되지 않았다고 한다.

금문이 제작되던 시기에도 문자는 청동기 외에 무기, 도장, 화폐, 도기, 죽간, 천과 비단 등 다양한 재료 위에 기록되었다. 그러나 시간이 지나면서 이 시기 글자들은 대부분 사라지거나 마모되어 그 흔적을 살필 수 있는 유물을 찾아보기 쉽지 않았다. 그런데 20세기에 고고학 발굴을 시작하면서 땅속에서 죽간, 목간, 천, 비단 등에 쓰인 문자가 발견되어 한동안 청동기 금문만 있던 900년 문자의 초기 역사의 빈곳을 채워주었다.

청동기 명문은 대부분 예기의 용도에 맞추어 기록된 것으로서, 필체가 단정하고 글자체 역시 아름다운 곡선미와 균형미를 갖추고 있다. 글자의 형태 역시 엄격한 원칙과 틀을 벗어나지 않았다. 그러나 최근 발견된 청동기 이외의 문자들은 실용적 목적으로 기록된 것이 대부분으로 글씨체가 거칠고 자획도 통일되지 않았으며 심지어 잘못된 자형도 적지 않았다. 청동기에는 특별히 정성을 들여 글자를 기록했다는 사실을 알 수 있다.

초기 금문의 특징

청동기의 용도와 새겨진 금문의 숫자는 시대마다 큰 차이를 보인다. 상나라 시절에 제작된 청동기는 제사에 사용하는 제기나 술잔이 대부분이었다. 이때의 청동기는 외면적인 장식에만 치중하여 주술 효과를 강조하였다. 문자의 수는 많지 않았으며 부족을 상징하는 족휘(族徽)나 관직을 표시하는 몇 가지 부호만 새겼다.

상나라 시기 청동기에 쓰인 짧은 명문 가운데 청동기 주인의 부족을 상징하는 부호를 족휘라고 한다. 족휘는 주인의 부족을 상징하는 동물의 모습을 상형하거나, 그 부족이 맡던 직업을 나타내었다. 부족의 부호를 청동기에 새겨 넣었던 까닭은 친족 관계의 분화가 진행되면서 서로를 구별할 필요가 생겨났기 때문일 것이다.

그런데 이런 족휘는 같은 시기에 새겨진 갑골문이나 일반적인 금문보다 상형성이 뛰어나다. 갑골문과 금문은 시간이 지나면서 그 형태가 단순화되었지만, 족휘는 부족을 상징하는 기호로서 보수성을 가졌기 때문에 세월이 흘러도 그 형태가 변하지 않았다. 도상적 부호인 족휘에서 우리는 갑골문과 금문이 어떤 그림에서 출발했는지 좀 더 구체적으로 확인할 수 있다.

기원전 13세기 상나라 말기가 되면 청동기 명문에 사람의 이름이 등장한다. 그전까지의 족휘 단계에서는 청동기가 하나의 집단을 대표했다면, 이제는 그 용도가 변하기 시작했음을 보여주는 것이다.

	虎	犬	牛	止	戊
족명 금문					
초기 갑골문					
일반 금문					
후기 갑골문					

족휘

이런 극적인 변화를 잘 보여주는 것이 바로 부호묘이다. 이곳에서 발견된 명문이 새겨진 청동기 200점 가운데 109점에는 상나라 왕 무정의 부인인 부호의 이름이 선명하게 씌었다. 이 시기를 전후해 청동기 명문은 죽은 자가 아니라 살아 있는 왕족을 위해 만들어졌다. 곧 청동기는 무언가를 기념하기 위해 제작되었고, 바치는 사람이 아니라 받는 사람을 강조했다.

이런 변화에 이어 명문의 내용도 이야기식으로 바뀐다. 청동기를 제작한 목적은 대부분 왕이나 상급자로부터 상을 받은 사실을 자랑하기 위해서였다. 이러한 세속적 이유가 나중에는 조상에게 바치는 제사와 연결된다. 이를테면 이런 식이었다. "어느 날 왕께서 나에게 특정 지역의 땅과 물건을 상으로 하사하셨다. 그래서 나는 돌아가신 조상을 위해 이 제기를 만들었다." 조상에게 봉헌하기 위한다는 명분 아래 제기를 제작해 자신의 영광을 과시하며 세속적인 욕망을 은밀하게 드러낸 것이다.

청동기에 이런 이야기를 새겨 넣은 까닭은 스스로 이름을 알리고, 자신이 조상에게 제사를 드릴 자격이 있음을 증명하기 위해서였다. 게다가 효성을 드러내려는 목적도 있었다. 조상이 있기에 자신이 있다는 사실을 후손에게 명백히 보여주어 그들을 가르치고자 한 것이다. 조상에게 바치는 모습을 빌려 자기 자랑을 하던 이런 전통은 서주 시대 말기까지 이어진다. 이후에는 명문의 내용이 달라지면서 청동기 장식에도 변화가 생기기 시작한다.

본격적인 금문의 시대

금문이 본격적으로 제작되었던 때는 서주 시기이다. 제기를 빌려 했던 과시 행위가 이제는 사적 차원을 넘어 좀 더 체계화되어 조정에서 행해지는 공적 행사가 되었다. 이것을 책명(冊命) 의식이라고 하는데, 서주의 금문은 대부분 조정에서 행해졌던 이 의식을 자세히 기록한 것이다. 관리는 이 책명 의식을 통해 관직과 재산 그리고 그것을 증명할 징표를 받았다. 이 시기 청동기 명문에 새겨진 전형적인 책명 의식의 내용은 다음과 같다.

> 8월 초, 왕이 왕묘에 도착했다. 왕께서 나를 중정으로 안내하여 북쪽을 향해 서게 하였다. 왕은 윤(尹)에게 명하여 나에게 진홍색 옷과 검은 옥, 그리고 말고삐를 주게 하면서, 이것들을 징표로 하여 마구간을 다스리라고 했다. 왕은 나에게 또 서쪽의 군대를 맡게 하였다. 나는 머리를 조아리면서, 돌아가신 나의 훌륭하신 조상을 위해 귀중한 청동기를 만들어 왕께 신뢰를 보이겠다고 대답했다. 내가 말하노니, 천자께서 우리 제국을 영원히 지켜줄 것이다. 나는 천자 앞에 엎드려 나의 후손들이 충실히 봉사할 것을 맹세한다. —『예기』

갑골문 작(爵)　　　　　　금문 작(爵)

　　이런 책명 의식은 『예기』에 자세히 기록되어 있다. 옛날에 현명한 군주는 덕이 있는 자에게 작(爵)을 수여하고, 공이 있는 자에게 봉록(俸祿)을 주었는데, 작과 록은 반드시 대묘(大廟)에서 수여하여 조상의 허락 없이 군주 마음대로 하지 않는다는 것을 보여주었다.

　　제사드리는 날, 먼저 잔을 바친 뒤 군주는 내려가 동쪽에 위치한 계단 남쪽에 서서 남쪽을 바라보고, 명을 받은 사람은 북쪽을 바라본다. 사(史)가 명령이 적힌 서판을 들고 군주의 오른쪽에 서서 이를 읽으면, 사람들은 머리가 땅에 닿게 재배(再拜)하고 그 글을 받아 집으로 돌아가 사당에 바친다. 이것이 작과 록이 시행되는 방법이었다.

　　爵 자는 원래 술잔을 나타내는 글자였다. 기본 형태는 술이 잘 흘러나오도록 앞으로 튀어나온 주둥이가 있고 손잡이와 3개의 발이 달린 모양이었다. 그런데 갑골문에는 다양한 종류의 爵 자가 사용되었다. 서로 종류가 다른 술잔을 하나의 글자로 표현하다 보니 실제 사물의 다른 형태가 그때그때 드러난 것이다. 왕이 귀족에게 신분을 하사할 때는 각 신분에 맞게 서로 다른 형태의 술잔을 함께 내려주었는데 여기에서 작위(爵位)라는 표현이 나왔다. 『예기』에는 귀족의 신분을 공작(公爵), 후작(侯爵), 백작(伯爵), 자작(子爵), 남작(男爵) 5개의 작위로 분류하고 있다.

　　원래 주나라 귀족의 등급을 나타내던 이 단어는 나중에 서양 귀족 등급의 번역어로 채택되어 지금까지 사용된다. 리더라는 의미의 라틴어 dux에서 기원한 duke가 공작으로 번역되었지만 우리는 공작이라는 단어에 술잔의 의미가 담겼다고 생각하지는 않는다.

갑골문 爵 자는 술잔의 외형만 표현했지만, 금문에서는 술잔을 쥔 손이 추가된다. 금문에서는 술잔보다 도구를 잡고 행하는 행위를 강조했기 때문으로 보인다.

서주 시기 청동기에 이야기가 기록되기 시작하면서 상나라 시대의 도철문(饕餮文)과 같은 강렬한 장식은 줄어든다. 청동기의 외관과 장식이 줄어든 것은 점차 문자가 이미지보다 더 중요하다고 인식되기 시작했음을 보여준다.

상나라 청동기에는 도철이라는 괴수의 모습이 표현된 것이 많았다. 도철은 부릅뜬 큰 눈과 눈썹, 위로 솟은 뿔, 그리고 송곳니를 갖춘 힘센 턱을 가졌다. 정확히 어떤 동물을 표현했는지 알 수 없을 정도로 다양한 동물의 특징이 섞여 있다. 몸은 호랑이 같기도 하고, 뿔은 물소나 산양의 것과 비슷하다. 동물의 강한 부위만 조합한 것이다.

도철이라는 이름은 송나라 골동품 애호가들이 붙여준 것으로, 원래 전설로 전해지는 태곳적 탐욕스러운 사람의 이름이었다. 청동기에 도철을 새긴 이유는 자신의 몸까지 먹어버린 모습을 보며 지나친 탐욕을 경계하기 위함이었다고 전해진다.

마쓰다 다카미(松田隆美)는 「중세 후기 필사본 여백에서의 텍스트와 삽화의 상호작용」이라는 논문에서 서양 중세 기도서의 텍스트 사이에 괴이한 괴물 그림을 삽화로 그려 넣은 이유를 이렇게 설명한다. 괴물 종족은 신이 창조한 세계의 아름다움과 완전성을 역설적으로 드러내는 역할을 하고, 이때 이미지가 기괴할수록 기억 속에서 선명하게 보존된다는 것이다.

하지만 상나라 청동기 도철문은 이러한 두 가지 의도 때문은 아니었을 것이다: 상나라 사람들이 당시 이를 무엇이라고 불렀는지는 알 수 없지만, 아마도 괴기스러운 짐승을 청동기에 새겨 넣어 사악한 기운을 몰아내려 했던 것으로 보인다. 그래서 도철문은 주로 의기로 사용되는 청동기에 새겨졌다. 그런데 시간이 지나면서 점점 양식화되어 초기의 괴기스러운 형상적인 요소는 사라진다. 도철문은 우리나라에도 전해졌는데 조선 시대 왕실 제례에 사용된 제기에서도 그 문양을 볼 수 있다.

미술사학자들은 상나라 말기부터 청동기는 비교적 상투적이고 규격화된 모습이 되었다고 지적한다. 도철 문양은 분해되어 더 이상 원래 이미지를 찾아볼 수 없게 되었다. 루이사 후버(Louisa Huber)는 『중국의 위대한 청동기 시대』에서 상나라 후기 청동기의 보수화 경향은 조상 숭배에 대한 인식의 변화와 연결된다고 주장한다.

점복은 틀에 박힌 형태가 되었으며 이전과 같은 극적인 효과와 중요성은 점점 줄어들었다. 상나라 마지막 왕 때는 점복의 범위가 줄어들어 이제는 날씨, 질병, 꿈, 조상의 저주, 풍년 기원과 같은 중요한 문제에 대해서는 거의 점을 치지 않게 되었다. 이런 변화 속에서 초월적 힘이 인간에게 무엇을 줄 수 있으리라는 예언은 더 이상 힘을 갖지 못했다. 이제 명문에는 소망의 속삭임과 관리들의 상투적 중얼거림만 기록되었다. 왕들은 초인간적 힘보다는 자기 스스로에게 이야기했다. 점차 상제나 조상이 아니라 사람이 자신의 운명을 조절할 수 있다고 생각하게 되었다.[5]

미술사나 문자의 역사에서 주 문명을 상 문명과 완전히 다른 것으로 분리해서 볼 수는 없다. 서주 예술 문화의 많은 특징은 주나라 건국 이후 갑자기 등장한 것이 아니라, 서주가 상을 멸망시키기 이전에 이미 나타나고 있었다. 그러나 주나라 청동기의 예술적 특징과 문자의 모습은 상나라에 비해 훨씬 다채로워졌다.

주나라 청동기는 제기에 한정되지 않고 술과 음식을 담는 용도, 음식 조리용, 세면도구, 악기, 무기, 각종 생산도구 등으로 그 형태와 용도가 많아진다. 명문 내용도 중요한 역사적 사건에 대한 기록, 청동기 제작자가 받은 상훈의 내용, 전쟁에서의 공적 등으로 다양해진다. 또한 왕들의 주요 공적에 관한 문건이나 법률을 새기기도 했다.

주나라 시절 청동기에 새긴 많은 글자는 영속성이 보장된 매체에 확고한 권력관계를 명시적으로 표기하여 영원토록 유지하고 싶은 욕망을 반영한다. 청동기에 문자를 새기는 일은 소수의 대단한 권력자가 아니라면 꿈도 꿀 수 없었다. 청동기의 재료를 모으고, 이것을 녹여 주물로 끓여낼 연료를 채광하는 데에는 다수의 노동력이 필요했다. 청동기와 금문의 존재는 그 자체로 당시 막강한 권력을 지닌 이들이 있었음을 드러낸다.

청동기에 새겨진 문자는 한번 기록되면 수정이 불가능하다. 이 덕분에 금문에 새겨진 기록이 기존 역사서에 누락되었거나 불명확했던 공백을 채워주기도 한다. 곽말약은 주나라 청동기 금문에서 노예를 양육하고 이용하고 증여하고 매매한다는 다양한 표현을 발견했다. 이에 근거하여 서주 시기가 봉건 사회가 아니라 아직 노예 사회 단계에 머물렀음을 밝혀내기도 했다.

청동기 명칭에 대한 오해와 진실

고(觚)는 원통형 받침에 위로는 나팔 모양의 둥근 입구를 가진 기다

고(觚)

란 원통형 술잔을 말한다. 상나라 시대에는 주로 술잔으로 사용되는 청동기 고와 작의 개수로 권력의 크기를 표시하였다. 왕이 귀족에게 신분을 하사할 때 각 신분에 맞는 다른 형태의 작을 내려주었고 여기에서 작위라는 단어가 생겨났다는 것은 앞서 이야기하였다. 작은 지금도 많은 사람이 알고 다양하게 쓰인다. 그런데 고에 대해서는 별로 알려진 바가 없다.

사실 觚 자는 갑골문은 물론 금문에도 보이지 않는다. 이렇게 중요한 글자가 왜 없었을까? 청동기 명칭은 처음부터 청동기에 새겨져 전해지는 경우와 고증을 통해 나중에 붙여진 경우가 있다. 『설문해자』에서도 觚는 술잔이라고 말하지만 그 외 다른 설명은 없다. 觚 자는 송나라 금석학자들이 문헌 고증을 통해 나중에 붙인 이름이다. 우연한 기회로 발견된 이런 모양의 술잔을 무엇이라고 불러야 할지 몰라 할 수 없이 모양이 비슷한 글자를 빌려 와 이름 지었던 것이다.

2009년 섬서성에서 그동안 고라고 알려진 원통 형태의 청동기가 발굴되었는데 여기에는 명문이 새겨져 있었다. 왕이 관직을 하사

갑골문 동(同)　　　　　　금문 동(同)

하여 이것을 잊지 않기 위해 제사를 지내고 이 '동(同)'을 만들었다고 기록되었다. 송나라 때부터 고라고 불렸던 청동기가 알고 보니 상나라 시대에는 동이라 불렸던 것이다.

　　상나라 시대 권력의 크기를 상징하던 고와 작은 항상 한 세트로 사용되었으며 유적에서도 대부분 함께 출토되었다. 갑골문에는 '동작(同爵)'이라는 표현이 자주 등장하는데 그전까지는 그 의미를 해독하지 못했다. 이제는 동작이 지금까지 고작으로 잘못 알던 두 가지 종류의 술잔 이름이라는 사실이 밝혀진 것이다. 이를 알고 갑골문과 금문의 同 자를 다시 살펴보면 원통형으로 길죽한 고의 옆모습을 그대로 표현하고 있음을 깨닫게 된다.

　　그런데 이 觚 자에 대한 혼란은 여기서 그치지 않는다. 『논어』에서 무슨 의미인지 잘 해석되지 않은 대표적 문장에 이 글자가 등장한다. "子曰: 觚不觚, 觚哉! 觚哉!(자왈: 고불고, 고재! 고재!)" 이 구절에 대한 전통적인 해석은 이렇다. "모난 술잔인 고가 모나지 않았는데, 고라고 할 수 있는가! 고라고 할 수 있는가!"

　　고를 모서리가 각진 예기용 술잔이라고 풀이한 것은 송나라 주자학자들이다. 그들은 이 문장을 두고, 본디 술잔 고에는 모서리가 있는데 사람들이 모서리가 없는 술잔을 마음대로 만들고는 여전히 고라고 부르는 세태를 공자가 비판한 것이라고 설명한다. 사물의 형태가 바뀌었는데도 옛 이름을 그대로 쓰는 것은 옳지 않다. 형태가 본질을 잃게 되면 원래 이름으로 불릴 수 없다. 이는 사실 '군주가 군주다움의 핵심을 잃었다면 더 이상 군주가 아니다'라는 급진적인 내용을 비유적으로 풀이한 것이다.

송나라 주자학자들은 주석에서 고가 각진 술잔이라 하였는데, 같은 시기 금석학자들은 오히려 원통형으로 길쭉한 술잔에 고라는 이름을 붙여주었다. 동시대 사람들이지만 문헌의 해석학적 풀이에 집중한 철학자의 설명과 실물을 직접 보고 이름 붙인 금석학자의 실증적 명명법이 일치하지 않은 것이다. 공자가 『논어』에서 이야기한 고가 실제로 어떤 모양새였는지 지금으로서는 알 수 없다. 주자학파의 주장대로 고가 각졌다면, 당시 금석학자들의 명명법이 잘못된 셈이다. 각진 것은 고라 하고, 원통형은 동이라 했어야 하는 것이다.

대우정 — 천명을 처음 기록한 정

청동기에 새겨진 글자는 보다 많은 사람에게 알릴 목적으로 제작되기 시작했다. 이때부터 문자는 본격적으로 사람들 사이의 소통을 위한 세속적인 도구가 된다.

이런 변화를 가장 극적으로 보여주는 대표적인 청동기가 바로 주나라 초기에 만들어진 대우정(大盂鼎)이다. 기원전 1003년에 주조되었다고 알려진 이 정의 내부에는 주나라 초기 강왕(康王)이 장군 우(盂)에게 관직과 함께 수레와 말 그리고 1700여 명의 백성을 하사했다는 내용이 거침없는 필체의 19행 291자의 글자로 새겨졌다.

이 명문은 당시 천자가 신하에게 명령을 내린 문장을 그대로 실어놓은 것으로도 역사적 가치가 높다. 첫 구절에 "위대한 문왕이 천명을 받아 부패한 상나라를 멸망시켰다"라는 문장이 있는데, 지금까지 발견된 중국의 기록 가운데 '천명'이라는 단어가 사용된 가장 오래된 문헌으로 평가된다.

이처럼 역사적 가치가 높은 대우정은 청나라 도광(道光) 연간에 주나라의 발상지인 기산에서 발굴되었다. 150킬로그램이 넘는 육중한 무게로 주나라의 정 가운데 가장 큰 축에 속한다. 중일전쟁 때 대우정의 소장자가 이것이 너무 무거워 옮길 수도 없고 일본군에게 빼앗길 수도 없어서 땅속에 묻었다가 나중에 전쟁이 끝난 뒤 다시 파내었다고 한다.

모공정 — 예술적인 금문

주나라 청동기 가운데 두 번째로 대표적인 것은 서주 후기 선왕(宣王) 때 만들어졌다고 알려진 모공정(毛公鼎)이다.

모공정은 청나라 도광 23년(1843년)에 섬서성 기산에서 한 농부에 의해 발굴된 이후 여러 사람의 손을 거쳐 떠돌다가 현재는 대만 국립고궁박물관에 소장되어 있다. 모공정 내부에는 32행 500여 자의 글자가 빽빽하게 새겨져 있다. 당시 혼란한 정치적 상황에서 주나라 왕이 모공에게 정치를 맡기면서 수레와 말 등 하사품을 내린 일을 기념하여 모공이 스스로 이 정을 제작했다고 기록되어 있다.

명문의 전체 내용은 다소 난해하지만, 아름답고 단정하며 일관된 형태의 서체로 작성되어 있다. 서주 금문의 최고 걸작이자 대표적 서체로 인정받으면서 지금도 많은 서예가들의 임서(臨書)의 대상이 되고 있다. 청나라 말기 한 서예가는 모공정이야말로 주나라 묘학(廟學)의 문자로서 그 자체가 바로 상서(尙書)라고 할 수 있다고 그 가치를 드높이기도 했다. 실제로 모공정의 문체는 신이나 조상에게 바치는 말이 아니라 후대의 자손에게 보여주기 위한 기록 문서의 형식을 띠고 있다. 이것은 고대의 성인이나 왕의 말씀을 기록하여 후대에 전

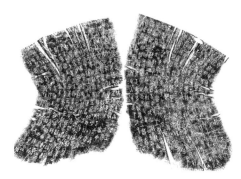

모공정과 내부 명문

하려는 의도로 저술된 『상서』의 문체와 유사하다.

　이처럼 아름답고 단정한 서체로 기록되고 그 내용 역시 살아 있는 경전으로서 가치를 지닌 모공정은 중국 고대 문화를 상징하는 대표 유물이 되었다. 1949년 국민당 정부는 중국 대륙에서 철수하면서 많은 문화유산을 컨테이너에 통째로 싣고 떠났는데 물론 모공정도 잊지 않았다. 무게 약 35킬로그램, 높이 53.8센티미터인 이 청동기는 대만 국립고궁박물관의 대표 소장품으로 박물관 입구의 가장 눈에 띄는 장소에 전시되어 있다.

서주 초기의 왕도 호(鎬)가 있던 지역은 나중에 한나라 때 상림원(上林苑)이라는 황제 전용 대규모 수렵 정원으로 개발되면서 대부분 파괴되었다. 이로써 서주 초기의 역사를 기록한 실물 자료는 대부분 소실되었다. 지금 우리가 아는 당시의 역사는 『서경』이나 『춘추』와 같은 간단한 기록과 여기에 기초해 나중에 작성된 『사기』에 의존하여 간접적으로 전해진 것이다. 그보다 앞선 상나라 시대 역사는 갑골문이라는 실물 자료로 보충되었지만, 서주 초기의 역사를 실증할 자료는 한동안 발견되지 않았다. 그런데 최근에 리궤(利簋)가 나타나면서 그 공백이 채워진다.

리궤는 1973년 섬서성 임동현에서 우연히 발견되었다. 발굴 당시 네모반듯한 대좌(臺座) 위에 녹청으로 뒤덮인 원형의 청동 궤가 특별히 사람들의 눈길을 끌었다. 대좌와 그릇에 큰 눈으로 응시하고 있는 장엄한 도철문이 조각되었고 손잡이에는 용이 조각되어 한눈에 범상치 않은 것임을 알 수 있었다. 그릇 바닥에는 4행 32자의 명문이 새겨져 있었다. 그 내용에 의거하여 청동기를 제작한 사람의 이름을 따 리궤라고 명명하였다.

궤(簋)는 주나라 주요 청동기의 일종으로 원래는 곡식을 담는 원형 그릇을 말한다. 청동기로 만들어진 궤는 제사에 사용되는 중요

갑골문 궤(簋)

금문 궤(簋)

한 의기였다. 주나라 천자는 곡물 신 후직을 자신의 시조로 삼았는데, 주나라 사람들이 곡식을 담는 궤를 많이 만들었던 것도 곡물을 숭배하는 문화의 영향이라고 알려졌다.

리궤는 주 무왕이 상나라 주왕과 벌인 목야의 전투가 실제 사건임을 증명하는 최초의 유물이기도 하다. 사실 우리에게 알려진 이 전투와 관련한 이야기는 사건이 벌어진 뒤 1000년 후에 기록된『사기』에 근거한 것이다.『사기』「주본기」에는 전투 당시의 역사적 현장을 이렇게 기록한다.

무왕은 전차 300량, 군사 300명으로 주왕과 목야에서 싸웠다. (…) 때는 갑자일 새벽이었다. 무왕은 상나라 교외 목야에서 아침 일찍 이르러 맹세하였다. ―『사기』「주본기」

그런데 리궤를 만들었던 리(利)는 이 전투에 직접 참가하여 공

리궤 명문

훈을 세웠던 사람이다. 리궤는 바로 이 전공에 대한 포상으로 왕이 하사한 동으로 만든 것이었다. 리궤에 기록된 목야의 전투 관련 부분은 그동안 알려지지 않았던 몇 가지 중요한 역사적 사실을 보여준다.

무왕은 상을 정벌하였다. 때는 갑자일, 새벽에 세(歲)와 정(鼎)의 의식을 거행하였다. 목성(夙星)이 중천에 뜬 것을 보고 전쟁의 승리의 계시라 믿어 출병하였다. (…) 왕은 리에게 포상으로 동을 하사하였고 이에 리는 제사용 청동기를 만들었다. ─ 리궤 명문

자신이 참전했던 역사적 현장을 직접 기록하였으니 이보다 더 정확할 수는 없을 것이다. 리궤가 발견되기 전까지는 『사기』에 기록된 갑자일이 어느 해인지 특정할 수 없었다. 갑자는 십간과 십이지가 조합된 육십간지의 첫 번째이다. 심지어 어떤 사람들은 상을 정벌하고 위대한 주나라가 시작된 해를 역법의 시작으로 간주하여 이해를 갑자로 정했다고 생각했다.

사마천은 『사기』에서 목야의 전투를 서술할 때 주로 『상서』 「목서(牧誓)」 편의 내용을 그대로 인용하였다. 하지만 『상서』는 상나라 멸망 후 600년이 지나 전국 시대에 완성된 책으로 역사적 사실을 정확히 기록한 것인지에 대한 의문이 지금까지 계속 제기되고 있다. 특히 목서의 날짜 표시법이나 관직명 등에 전국 시대의 용어가 그대로 사용되고 있어서 이런 의혹은 더욱 커졌다. 상이 멸망하고 주가 새로운 문명의 주인이 되는 중대한 역사적 사건이 발생한 정확한 연도를 확신하기 쉽지 않았던 것이다.

그런데 리궤의 명문에서 갑자일에 목성이 중천에 떴다는 내용을 바탕으로, 갑자일과 목성의 위치를 추산하여 날짜를 계산한 결과

그해가 정확히 기원전 1046년임이 밝혀졌다. 중국 문명의 거대 전환이 시작된 상주 교체기의 구체적 연대가 한 청동기의 우연한 발견으로 확정될 수 있었던 것이다.

호궤 — 가장 아름다운 금문

호궤(胡簋)는 서주 시대에 만들어진 청동기 가운데 가장 규모가 크며, 현존하는 청동기 중 유일하게 왕이 직접 만들었다고 알려졌다. 이 궤를 제작했다고 명문에 기록된 猷(胡와 같은 글자)는 서주 10대왕 여왕(厲王)의 이름이다. 왕이 선조들에게 제사를 올리면서 자신의 공적을 기록한 12행 124자의 명문이 새겨져 있다.

호궤의 글자들은 크기가 균일하고 가로세로 줄에 맞추어 가지런히 배열되어 있다. 지금 우리가 사용하는 네모난 형태의 균일한 크기의 한자 모습은 이때 본격적으로 갖추어졌다고 평가된다.

글자 형태 역시 미적 아름다움을 추구하고 있어서, 훈련받은

호궤 명문

서주 왕실의 전문 서사 종사자가 직접 새긴 듯하다. 글씨체는 서주 후기 궁정체의 전형으로 간주되어 모공정의 명문처럼 지금도 많은 서예가들의 임서 대상이 되고 있다.

서주 후기 금문의 특징

서주 후기로 갈수록 청동기는 신에게 바치는 제례 도구가 아니라 세속적인 개인의 공적을 증명하는 데 이용되었다. 또한 특별히 기념할 사건이 없는데도 만드는 경우가 많아졌다. 그리하여 청동기의 화려한 장식과 역동적 디자인은 점점 줄어들고, 그 자리를 정성스레 글자를 새긴 긴 문서가 차지하게 되었다. 청동기는 점점 눈으로 감상하는 예술 작품에서 글자가 가득한 문서로 그 위상이 변해간 것이다.

서주 초기에는 왕이 관직을 내리거나 선물을 하사한 일에 감사하며 청동기를 제작했다. 이런 계기가 없는데도 만들었다는 말은 주나라 왕실의 권위가 약해졌다는 뜻이다. 왕은 관직을 통제할 능력을 상실하고 귀족은 왕실과 관련 없이 자신의 업적을 자랑하는 일에만 몰두했다. 이렇게 왕조의 힘이 약해진 틈을 타 북쪽에서 융족이 내려와 서주 왕조를 멸망시킨다.

1960년 섬서성 부풍현(扶風縣) 제가촌(齊家村)과 장안현(長安縣)에서 청동기 90여 개가 발견되었다. 발굴 결과 대부분 서주 말기에 귀족들이 제사에 사용하기 위해 만든 것으로 밝혀졌다. 그전까지 청동기가 발견된 곳들은 대개가 묘지였다. 그러나 이곳은 묘가 아닌 일반적인 구덩이였다. 서주가 멸망하여 귀족들이 도읍에서 탈출할 때 청동기가 무거워 가져갈 수 없었기 때문에 임시로 묻어두고 언젠가 돌아와 찾아낼 요량이었던 것으로 보인다. 그러나 견융(犬戎)에 의해 함락된 도읍은 회복되지 못했고, 청동기들은 계속 땅속에 묻혀 있었다. 이 당시 다급하게 청동기를 파묻었던 귀족들은 자신들의 이야기가 세상에 다시 드러나는 데 3000년이라는 시간이 걸릴 거라고는 생각지도 못했을 것이다.

청동기가 출토되기 시작한 때는 한무제(漢武帝) 시기이다. 갑자기 문자가 새겨진 청동기들이 나타나자 이를 하늘이 내린 길조라 여긴 한무제는 연호를 원정(元鼎)으로 바꾸기도 했다. 그러나 체계적인 청동기 연구는 송나라 여대림(呂大臨)이 발간한 『고고도(考古圖)』(1092)에서 시작된다.

여대림의 『고고도』는 송나라 정부와 귀족이 소장하던 청동기 210여 점을 수록하고, 청동기의 형태, 명문 해석, 발견 장소, 크기와 무게를 자세히 기록하였다. 이 책은 이후 금석학의 표준으로 인정된다. 송나라 시기 경제적 발전에 따라 귀족 사회의 골동품 수요가 증가하면서 골동품 진위 판별에 대한 사회적 요구가 늘어났다. 이에 부응하여 청동기를 종합적이고 체계적으로 분석하는 금석학이 학문의 영역으로 발전하게 된 것이다.

20세기에 들어 청동기는 본격적으로 발굴되고 정리되기 시작했는데, 생각지 못한 역사적 사건으로 재발견되기도 하였다. 1958년 모택동(毛澤東)은 대약진운동을 시작하면서 전국의 인민들에게 철강 생산을 독려하였다. 철강 생산을 늘려 자력갱생을 도모하여 미국을 추월하고 부강한 국가를 만들자고 호소했다. 이때 '토법고로(土法高爐)'라는 토종 용광로를 만들어 철로 만들어진 식기나 농기구 등을 용광로에 집어넣고 철을 생산했다. 그러나 비숙련 농민들이 제련공으로 나서서 집에서 쓰는 밥그릇까지 모두 녹여냈지만 양질의 철을 생산하는 데는 성공하지 못했다.

그런데 이런 쇠붙이 모으기 운동이 예상 밖의 수확을 내기도 했다. 대대로 전수되어 집 안에 오랫동안 방치되었거나 땅에서 발굴되었지만 주목받지 못했던 청동 유물들이 하나둘 세상 밖으로 나오기 시작했던 것이다. 이때 빛을 보게 된 고대 청동 유물들이 수집되면서 관련 연구가 진행되었고 갑골문과 더불어 중국 고대 문화유산을 대표하게 되었다.

8장   금문의 발전 과정

금문의 형태 변화

갑골문과 금문은 글자의 형태적 특성이 확연히 다르다. 동물 뼈에 날카로운 도구로 글자를 새긴 갑골문은 직선으로 구성된 획이 대부분이다. 단단한 표면이었으니 불가피했을 것이다. 반면 금문에는 부드러운 곡선이 많다. 동물 뼈보다 훨씬 단단한 청동기에 글자를 새겼는데 어떻게 더 유연한 형태를 만들 수 있었을까?

청동기 금문은 우선 부드러운 진흙으로 본을 뜬 다음 그 위에 틀을 만들고 다시 그 사이로 쇳물을 부어 형태를 완성한다. 처음부터 진흙으로 만든 틀 위에 새겼기에 다양한 곡선과 상형적 도형을 구현할 수 있었던 것이다. 그래서 금문은 갑골문보다 사물의 구체적이고 세부적인 부분까지 표현해내었다.

금문은 상나라 초기부터 전국 시대까지 약 900년 동안 사용되어서 시대에 따라 형태의 차이가 존재한다. 특히 사용 기간이 긴 만큼 초기와 후기의 금문을 비교하면 글자의 형태와 구조에서 커다란 차이

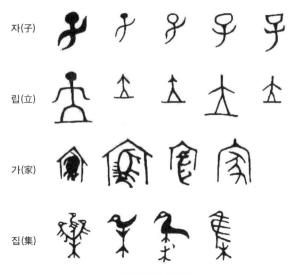

자(子)

립(立)

가(家)

집(集)

금문의 형태 변화

를 확인할 수 있다.

초기 금문은 갑골문보다 더욱 그림문자에 가까워 상형성이 뛰어나고 훨씬 보수적이다. 금문의 형태 변화 과정을 보여주는 위 그림에서, 맨 앞줄은 상나라에서 주나라 초기까지 사용된 글자로 초기 금문으로 분류된다.

초기 금문은 필획이 두껍고 둥근 곡선으로 구성된다. 사람의 모습을 표현한 자(子)와 립(立) 자는 초기에는 머리 부분을 사람의 얼굴에 가깝게 원형으로 묘사하지만 후기로 갈수록 간결한 직선으로 표시한다. 동물과 기물도 후기보다 훨씬 더 자세하고 구체적이다. 초기 금문 가(家) 자에는 돼지가 거의 사실적으로 그려져 있다. 새들이 모인 모습을 나타낸 집(集) 자의 초기 금문은 나뭇가지 위의 세 마리 새를 모두 표현하지만 나중에는 생략되어 한 마리만 앙상한 윤곽으로 남았다.

이처럼 초기 금문은 비슷한 시대의 갑골문보다 문자가 표현하려는 대상의 구체적 모습을 잘 보존하여 한자의 역사적 변천을 추적하는 중요한 단서를 제공해준다. 또한 글자의 크기가 제각각이지만 전체적으로 생기 넘치는 예술성을 띤다.

금문은 시간이 지나면서 글자 자체의 균형을 갖추고 크기도 균일해지며, 상하좌우 문자의 행도 가지런해진다. 전체적인 분위기에서는 초기와 같은 생동감은 없지만 굵기와 가늘기를 적절하게 변주하며 입체적 모습을 유지한다. 후기로 갈수록 필획이 더 가늘어지고 글자 크기도 전체적 배치와 균형을 맞추기 위해 규격화되어간다.

금문의 형태가 변화한 까닭은 청동기에 금문을 기록하는 방법이 변했기 때문이다. 초기 금문의 필획에 두껍고 둥근 곡선이 자주 사용된 것은 붓의 필획의 특성이 반영되어서이다. 그림에서 가장 왼쪽에 있는 子 자의 가로획은 양 끝이 뾰족하고 중간은 두꺼우며 꺾어지는 부분에 곡선을 활용하고 있는데, 이것은 붓으로만 구현이 가능한 파책(波磔)의 흔적이다. 즉 진흙으로 만든 거푸집 위에 먼저 붓으로 그리고 그 위를 파내는 방식으로 글자를 새겼음을 보여준다.

그러나 중기 금문에서부터는 거칠고 불규칙했던 필획의 두께가 일정해지고 동시에 파책과 입체적 붓의 흔적도 사라진다. 청동기 제작 기법에 변화가 생긴 것이다. 거푸집 위에 붓으로 밑그림을 그리지 않고 날카로운 도구로 직접 새기는 방식이었다.

금문의 내용 변화

금문의 기록 내용 역시 시대에 따라 변화되었다. 상나라 시대 금문은 글자 수가 1에서 3개 내외의 족휘나 일명(日名)이 대부분이었다. 족휘는 청동기를 제작한 부족을 상징하는 글자이고, 일명은 십간에 직계 조상의 이름을 합한 형태의 고유한 표기법이다. 서주 초기 금문에도 글자 수가 적은 족휘나 일명을 기록한 것이 많은데 대부분 상나라 유민과 관련된 것이다.

한편 서주 초기에는 주나라를 건국한 세력을 중심으로 금문의 글자 수가 증가한 청동기를 만들기 시작했다. 여기에는 전쟁이나 정치 상황 그리고 분봉과 관련된 내용이 주로 기록되었다. 서주 중기에 이르면, 족휘는 더 이상 보이지 않고 주로 왕에게서 받은 책명을 기록한 것이 등장한다. 서주 후기에는 책명, 전쟁, 송사와 같은 내용을 기록한 장편의 금문이 제작되었다. 앞서 살펴본 모공정이 대표적이다. 상당수가 운문이고 마지막 부분에 만년 무강처럼 축원하는 관용구가 반복적으로 등장한다. 이때부터 글자는 모두 일정하게 같은 크기의 장방형 구조를 갖추게 된다. 글자 크기가 균일하기 때문에 본문 배치 역시 일정한 가로세로 줄에 맞추어 작성되었다.

서주 시기 금문은 분량이나 내용의 수준은 물론 문자의 완성도 측면에서도 최고의 전성기라고 할 수 있다. 수록된 내용은 아주 다양하다. 조상의 은혜에 대한 감사와 찬양, 신이나 선조에게 지낸 제사, 제후를 나라에 봉한 기록, 전쟁 기록, 왕이 신하나 백성에게 내린 훈계나 명령, 공적을 가진 신하나 백성에게 하사한 선물, 왕이 제후나 신하를 임명하거나 관직을 수여한 내용, 토지 교역, 소송이나 법률적 선고 등이다.

문법적 측면에서 보자면 갑골문은 문장 구조가 단순하고 관형사나 부사와 같은 수식 성분이 비교적 적었다. 점치는 내용 등 간단하고 단편적 사실만 기록했기 때문에 문장이 길지 않았다. 그러나 기록하는 내용이 많아지기 시작한 후기 금문부터는 문법 구조가 훨씬 복잡해지고 수식 성분도 많아진다. 주관적 감정을 표현하기 위해 형용사와 부사와 같은 수식어가 늘어난다.

동주 시기에는 주 왕실의 세력이 약화되고 제후국들이 패권을 주장하면서 문화적으로 다원화되었다. 금문에서도 주 왕실에서 주도적으로 작성하던 화려한 형태의 글자 형태가 사라지고 각 지역에 맞는 고유한 글자들이 개발되었다.

춘추 초기의 주요 금문은 서주 후기의 궁정체 글자 형태를 보존하여 글자의 크기가 균일하고 본문 배치 역시 규격에 맞추었다. 하지만 시간이 지나면서 각 지역별로 고유한 자형이 등장하면서 글자 크기가 일정하지 않고 배치도 산만해지기 시작한다.

전국 시대부터는 문자 사용이 확산되면서 각 지역별 문자 형태도 달라진다. 형태가 달라진 것은 각 지역의 제후국에서 자체적으로 청동기를 제작하는 과정에서 생긴 기술 격차가 반영된 결과이다.

4부

기축 시대의 한자

— 육국고문

1장

춘추 시대
—공화에서 시작해 맹서로 유지된 사회

공화의 시대

주나라 왕실과 제후들의 혈연관계는 시간이 지나면서 점점 멀어진다. 또한 주변 이민족의 침입이 잦아지고 지역 제후국이 현지 원주민과 결합한 독립 문화권을 형성하면서 주 왕실의 권위는 갈수록 약해졌다. 심지어 주나라 여왕은 귀족과의 갈등에서 정권을 빼앗기고 지방으로 도망가기도 했다. 13년간 왕이 없는 시대에 주정공(周定公)과 소목공(召穆公)이라는 두 명의 신하가 협의하여[공화(共和)] 왕을 대신해 통치했으니 이 시기를 공화 시대라고 부른다.

공화 정치가 출발한 기원전 841년은 『사기』의 연표가 시작되는 해로서 중국 역사 시대의 기점이 되었다. 사마천이 기록한 고대 중국의 역사적 사건 가운데 연도를 확정할 수 있는 최초의 사건이 바로 이 공화정의 시작이었다.

그런데 『죽서기년』이라는 역사서에는 여왕이 폭정을 행하여 쫓겨나고 제후들의 추천을 받은 공백(共伯) 화(和)라는 귀족이 왕을 대신해 나라를 다스렸다고 기록되어 있다. 『죽서기년』은 전국 시대 위나라에서 연대순으로 역사를 기록한 사서로 수백 년 동안 왕릉에 묻혔다가 위진 남북조 시대에 발굴되었다. 서술 내용 가운데 전통적인 『사기』와 다른 기록이 적지 않아서 크게 주목받지 못했으며 심지어는 위서로 간주되기도 했다. 만약 『죽서기년』의 기록이 맞다면, 공화정이란 단어의 기원은 공백 화라는 사람의 이름에서 비롯된 것이다. 그의 실존 여부는 『죽서기년』의 신뢰성 문제와 함께 역대로 이론이 분분했다.

금문 공(共) 자는 두 손으로 술잔을 쥔 모습이다. 조화로울 화(和) 자는 앞서 살펴보았듯 여러 관이 줄로 묶인 관악기를 나타내는 약(龠)에 발음을 나타내는 화(禾)가 결합된 화(龢) 자가 나중에 간략해진 것이다. 여러 관에서 나오는 소리들이 서로 공명을 일으키는 것을 들으며 조화로움에 대한 직관적 이미지를 떠올린 것이다.

공화는 실존 인물의 이름일 수도 있고, 아니면 함께(共) 의견을 조율하면서 조화롭게(和) 통치를 한다는 뜻의 신조어였을 수도 있다. 이 단어는 2000년 넘는 시간 동안 거의 사용되지 않다가 서양에서 들어온 republic의 번역어로 채택되면서 다시 세상에 등장한다. 왕이 직접 통치하지 않고 합의제 기관을 최고 권력기관으로 하는 정치 체제를 나타내는 데 공화라는 단어가 역사적 사실로 보나, 축자적 의

금문 공(共)　　　　　　금문 화(和)

미로 보나 가장 적합한 번역어가 아닐 수 없었다.

　기원전 510년 로마의 왕 세르비우스 툴리우스(Servius Tullius)는 새로운 선거제도를 도입했다. 로마인은 여러 계급이 모인 켄투리아회에서 투표를 통해 두 명의 집정관을 선출하고 그들에게 시민과 군대를 소집할 권한을 부여했다. 이때 생겨난 새로운 체제는 '로마인의 공공재'라는 의미의 라틴어 레스 푸블리카 로마나(res publica romana)로 불렸다. 공화국이라는 의미의 republic이라는 용어는 여기에서 유래했다.[1] 고대 중국에서 공화라는 단어가 처음 생겨난 지 약 300년 후에 로마에서는 republic이라는 개념이 나타난 것이다. 공화라는 한자 번역어를 처음 만들었던 사람들은 이 두 단어가 비슷한 시기에 발생한 사실까지 고려했던 것일까?

　최근에 공화 시기에 제작된 청동기 금문이 발굴되었는데 여기에 공백 화라는 이름이 선명하게 새겨져 있었다. 이 기록에 의하면 공백 화는 사화보(師和父)라는 이름으로도 불렸다. 이 금문에서 주나라 왕의 말은 "왕이 이와 같이 말한다"라는 문장으로 시작한다. 그런데 공백 화의 말 역시 "사화보가 이와 같이 말한다"라는 똑같은 표현을 사용한다. 이는 공백 화가 왕과 동등한 권력을 가졌음을 보여주기 위한 것이었다. 결국 공화를 둘러싼 오랜 논쟁은 청동기 금문의 발견으로 일단락되었다.

춘추 시대의 시작

주 왕실은 이미 여왕 때부터 실정으로 권위가 흔들렸다. 여왕의 손자 유왕(幽王) 때는 서북 지방의 견융이 침입했으나 제후들이 천자를 외면하기까지 했다. 결국 유왕은 북방 이민족의 손에 죽게 된다. 유왕의 아들 평왕(平王)은 기원전 770년 전쟁으로 파괴된 호경(鎬京)을 떠나 낙읍으로 동천한다. 서주 시대가 마감되고 동주 시대가 열렸다.

　　주 왕실이 쇠락하면서 전국에는 새로운 제후국들이 생겨났다. 동천할 무렵에는 천하에 약 200여 개 국가가 있었다고 한다. 기원전 770년부터 약 360여 년 동안에도 천자의 권위는 갈수록 약해졌고 이 틈을 타 큰 국가들은 작은 국가들을 병합하면서 이전의 도시 국가에서 영토 국가로 발전해갔다. 이 시기를 춘추 시대라고 하는데, 공자가 편찬한 역사서 『춘추』의 이름을 딴 것이다. 『춘추』는 주공의 자손의 나라인 노나라 공실(公室)의 기록을 기본으로 편찬한 연대기이다.

　　춘추 시대 이후를 전국 시대라고 하는데 정확한 시점(始點)에 대해서는 몇 가지 주장이 있다. 하지만 대체로 기원전 403년 진(晉)나라가 한위조 세 나라로 분열된 것을 신호로 국가 간 영토 확보 전쟁이 치열하게 진행된 때로 본다. 기원전 221년 진시황이 천하를 통일하면서 200여 년 동안 지속되었던 전쟁 시대인 전국 시대는 마감된다.

패자의 등장

서주 시기 말기부터 북방의 융족이라는 이민족의 남하가 빈번해졌다. 북방 시베리아부터 몽골 초원에 이르는 지역의 기후 환경 변화가 그곳에 살던 유목민을 이동하게 했다. 북방 세력의 남하에 밀려 주 왕실이 동천한 후에도 융족의 남하는 계속되었고, 수도가 있었던 서쪽 섬서성은 나중에 진(秦)나라가 자리를 잡을 때까지 이민족이 지배했다.

　　서주의 수도 종주를 포기하고 동쪽 낙읍으로 천도하면서 주 문명의 중심은 점점 동쪽으로 이동한다. 주 왕실은 서쪽의 종주를 떠나면서 스스로 권위를 실추시켰고 제후의 신뢰 역시 떨어뜨렸다. 제후국들은 점차 절대적 복종에서 벗어나 중원 외곽 지역에서부터 독립 문화권을 만든다. 동쪽의 제(齊), 북쪽의 진(晉), 남쪽의 초(楚), 그리고 서쪽의 진(秦)이 각각 주 문명과 현지 토착 문화를 융합하여 독자적 문화권을 개척해갔다. 그 가운데 가장 먼저 주도권을 확보한 제후는 제나라의 환공(桓公)이었다.

제나라는 주 왕조의 개국공신 태공망 여상(呂尙)이 봉건받은 나라였다. 제나라 수도 임치는 전국 시대에 가장 번화한 도시였다. 환공은 북방의 적에게 멸망당한 위나라를 재건했고, 노나라에서는 내란으로 자리에서 쫓겨난 제후를 다시 재위에 올려놓았다. 이처럼 망한나라를 지속시키고, 왕위 계승을 유지시키는 존망계절(存亡繼絶)은 원래 주 천자가 해야 할 일이었다. 주 왕실이 약해지면서 제나라 환공이 그 역할을 대신한 것이다.

환공은 여세를 몰아 규구(葵丘)라는 곳에서 제후들을 소집했다. 규구의 회맹(會盟)에서 환공이 제후들과 맺은 맹약의 내용은 『맹자』에도 실려 있다. 회맹이란 제후들이 모여 희생물의 피가 담긴 술잔을 돌려 마시며 서로 간에 맹약을 맺는 의식이다. 이 회맹에서는 모두 5개 조약이 체결되었다. 그 가운데 1조부터 3조까지는 불효자를 죽이고, 현인을 섬기며, 노인을 공경해야 한다는 도덕적 문제를 다룬다. 국가 간 조약서에 이런 평범한 내용을 명시한 이유는 무엇이었을까? 제환공은 회맹의 조약을 통해 자신이 주나라 천자를 대신하는 도덕적 우월성을 갖추고 있음을 보여주려 했다. 조약의 5조에서는 제후를 분봉할 때 반드시 주왕에게 보고하라고 함으로써 자신이 천자의 권위도 존중하고 있음을 과시하기도 했다.

서주 시기 주 천자가 제후를 시찰하는 일을 순수(巡狩)라고 하고, 반대로 제후들이 일정 시기마다 천자를 찾아가 인사하는 것을 술직(述職)이라고 했다. 제후가 술직을 제대로 행하지 않으면 천자는 그때마다 작위를 강등하거나 영지를 축소하는 제재를 가했다. 이처럼 주 천자와 제후들은 순수와 술직이라는 상호 행위로써 서로를 견제하며 균형을 유지하였다. 주 천자는 제후국 백성을 직접 지배하는 것이 아니라, 재난당한 제후국 백성을 구제하도록 영향력을 행사하고 봉건 질서를 따르지 않는 제후를 제재하는 등 국가 간 협력을 도모하는 균형자 역할을 담당했다.

그런데 춘추 시대부터는 패자들이 이런 천자의 역할을 대신한다. 패자는 약소국가를 압박하거나 강제하는 대신 회맹이라는 의식을 통해 도덕적 우월성을 앞세워 상호 협력을 이끌어냈다. 이렇게 회맹을 주도할 수 있는 강대국의 제후를 패자라고 불렀으며, 춘추 시대에는 모두 다섯이 있었다고 한다. 오패(五霸)라는 명칭이 가장 먼저 사용된 기록은 『순자』이다. 역사서마다 오패가 누구인지에 대해 의견이 일치하지는 않는다. 다섯 가운데 제환공, 진문공(晉文公), 초장왕(楚莊王)을 제외한 나머지 둘이 다르다. 오패라는 명칭이 만들어진 연유는 아마도 당시 유행하던 오행 사상의 영향으로 보인다. 실제 역사적 사실에 대한 평가를 근거로 다섯 명의 패자를 지목한 것이 아니라, 5라는 숫자가 먼저 제시되고 이에 맞추다 보니 관점에 따라 서로 다른 인물을 가리키게 된 것이다.

회맹에서 작성된 문서를 맹서(盟書)라고 한다. 1965년 산서성 후마시(候馬市)에서 춘추 시대에 작성된 맹서가 발견되었는데 이 기록을 토대로 회맹의 구체적 절차를 복원하면 다음과 같다.

갑골문 맹(盟)　　　　갑골문 혈(血)　　　　금문 맹(盟)

먼저 소의 귀를 잘라 그 피로 맹서를 쓰고, 회맹에 참석한 모든 제후들이 차례로 그 피를 마시면서 맹서를 낭독하고 선서한다. 맹서는 같은 것을 2통 만드는데 하나는 땅에 구덩이를 파고 희생과 함께 묻고 또 하나는 동맹을 주도했던 패자가 보관한다.

　　갑골문 맹(盟) 자에서 그릇 위 원형의 부호는 동물의 피가 떨어지는 모습을 나타낸다고 알려졌다. 갑골문 혈(血) 자 역시 그릇 안에 동그란 부호로 피를 표현하고 있다. 금문 盟 자는 제사용 고기를 표시하는 글자 월(月)을 추가하여 회맹처럼 제사 의식에 사용하는 글자임을 분명히 드러낸다.

　　갑골문 盟 자와 血 자를 자세히 살펴보면 그릇 안의 원형 부호의 모습이 약간 다르게 생겼다. 그래서 갑골학자 시라카와 시즈카는 이 원형 부호를 피의 흔적이 아니라 달빛이 비치는 창문이라고 주장한다. 盟 자는 제사용 그릇 안에 밝은 빛이 비치는 모습을 표현했다는 뜻이다. 그는 고대에 반혈(半穴) 구조 집에 살던 시절 달빛을 받는다는 것은 곧 신의 강림을 의미한다고 보았다. 盟 자가 표현하고자 한 것은 달빛이 비치는 창문 앞에 그릇을 놓고 맹세하는 모습이었다는 설명이다.

　　이 해석의 근거는 갑골문 경(囧) 자이다. 갑골문 盟 자에서 그릇 위 글자를 자세히 보면 명(明) 자가 아니라 囧 자다. 囧은 밝다는 의

갑골문 경(囧)   금문 명(明)

미로 갑골문에서부터 사용되었던 오래된 글자이다. 『설문해자』에서
는 이 글자를 어두운 밤에 밝게 빛나는 창문을 표현한 상형자라고 설
명한다.

　　이 囧 자는 현대 중국의 온라인에서 미소를 표현하는 글자로도
인기가 많다. 그런데 대부분의 중국인은 이것이 최근에 만들어진 이
모지라고 오해한다. 우리 역시 한자의 의미 구성에 대해 잘못 아는 글
자들이 적지 않은데, 대표적인 경우가 바로 밝을 明 자이다. 우리는 보
통 지금 사용하는 한자를 분해하여 그 의미를 유추한다. 해(日)와 달
(月)이 결합했으니 밝지 않겠는가? 그런데 처음 이 글자를 만들었던
사람들의 상상력은 이렇게 단순하지 않았다. 물리적으로 해와 달이
동시에 떠 있다고 해서 평소보다 더 밝다고 느껴질까?

　　明 자가 어떻게 탄생했는지 이해하려면 먼저 고대 한자의 형
태를 살펴야 한다. 갑골문과 금문 明 자를 자세히 보면 日과 月이 결합
한 것이 아니라 囧과 月이 결합했음을 알 수 있다. 밝은 창문 옆에 달
을 배치한 것이다. 어두운 밤 밝게 비치는 창문을 보니 거기 달이 걸
쳐 있다. 이보다 더 밝은 희열을 느낄 수 있었겠는가? 해와 달이 함께
한다는 단순한 결합보다 훨씬 극적인 구성이 아닐 수 없다.

　　그렇다면 囧 자와 月 자의 아래에 그릇이 있는 盟 자는 그릇 위
로 밝은 빛이 비치는 모습이라고 해석하는 편이 타당해 보인다. 환하

다양한 갑골문 명(明)

게 밝은 달밤에 그릇을 놓고 신에게 맹세하는 모습이 분명하다.

저무는 춘추 시대

제환공의 도덕적 회맹은 당시 많은 제후에게 자신도 덕을 갖춘 패자가 될 수 있다는 희망을 품게 했다. 심지어는 여건을 갖추지 않았는데도 제환공을 모방해 패자처럼 행동하다가 낭패를 보는 제후도 있었다.

송나라 양공(襄公)은 패자가 갖추어야 할 도덕적 태도에 너무 몰입한 나머지 전쟁에서 패해 나라를 멸망에 이르게 했다. 송나라는 자신보다 월등한 군사력을 갖춘 강대국 초나라의 침입을 받았다. 전쟁에서 이길 유일한 방법은 초나라 군사가 강을 건너기 위해 전열을 갖추지 못했을 때 습격하는 길밖에 없었다. 그러나 송양공은 적이 아직 준비되지 않았을 때 공격하는 것은 군자가 할 짓이 아니라면서 초나라 군대가 모두 강을 건널 때까지 기다려주었다. 그리고 나서도 적이 완벽하게 전열을 갖출 때까지 공격하지 않았다. 결국 송나라 군대는 대패하고 송양공 역시 전투에서 목숨을 잃었다.

춘추 시대 제후는 스스로를 공이라고 불렀지만 남방 초나라의 장왕은 처음부터 자신을 왕이라고 칭했다. 그만큼 주 왕실에 대한 존중도가 낮았다. 주나라 봉건제도의 틀 자체를 거부했다고 해석할 수 있다. 이때 주 왕실의 권위에 도전하면서 정의 크기를 묻는 그 유명한 사건이 벌어진다. 초장왕은 앞선 중원의 패자들처럼 회맹을 통해 주 왕실의 권위를 대신하는 데 관심이 없었다. 이미 주 왕실의 권위가 떨어져 중원을 통합하는 정신적 유대가 약해져 있었기 때문이다.

한편 이 시기에 중국 남서 지방에는 단발문신(斷髮文身)의 풍속을 지닌 오(吳)와 월(越)이 존재했다. 이 지역은 신석기 시대 말기 황하 문명과는 다른 양저 문화가 있었고, 서주 시기에는 호숙(湖熟) 문화라는 중원과는 다른 독자적인 문화가 번성했다.

부자간 복수극에서 시작된 와신상담(臥薪嘗膽) 고사로 유명한 오월 쟁패 이야기에는 중원과는 다른 독특한 서사가 존재한다. 그러나 사마천은 이 지역의 문화를 중원 중심의 춘추 오패라는 틀 안에서 서술한다. 오와 월의 선조도 모두 예외 없이 황제의 후손이라고 기록하여 중원 문화의 일관된 흐름에 포함시킨 것이다.

오월 지역은 특히 뛰어난 야금술을 바탕으로 제작한 청동 검으로 유명했다. 월왕구천검(越王句踐劍)으로 알려진 검의 명문에는 조서(鳥書)라는 이 지역 고유의 글자가 새겨져 있다. 조충서(鳥蟲書)라고도 알려진 이 남방 문자에 대해서는 뒤에서 자세히 살펴보기로 하자. 오월이 초에게 흡수되면서 춘추 시대는 막을 내린다.

2장   공자
—논쟁 시대를 열다

문자를 사용하는 새로운 계급의 출현

춘추 시대 말기부터 새로운 정치적 변화가 인다. 제후들이 주도했던 회맹을 이제는 제후의 신하 격인 대부들이 대신하기 시작했다.

서주 시대 확립된 봉건 질서에 의하면 주나라의 천자 아래 각 나라에 제후가 분봉되고, 각 제후도 자신의 일족을 분가하여 영지를 분봉했다. 또한 그 지역을 원래 지배하고 있던 토착 귀족에게도 영지 소유를 인정해주었다. 이 소영주를 대부(大夫)라고 했고, 대부 가운데 대신이 된 자를 경대부(卿大夫)라고 하였다.

그런데 대부들은 권력이 커지면서 늘어난 영지를 직접 다스리는 데 한계를 느꼈다. 그래서 가신에게 영지를 분할하여 관리하게 했다. 이때부터 대부는 대부분 영지를 떠나 국도에서 살았고, 가신이 영지에서 농민들과 직접 관계를 맺으며 실질적인 지배력을 갖추었다. 이후 시간이 지나면서 대부들의 수가 늘고 그 사이에서도 계층이 나뉜다. 대부 가운데 권력에서 소외되어 자작농이 된 사람이나, 토착 원주민 대표 가운데 대부가 되지 못한 사람들이 사(士) 계층을 형성하였다.

　사는 제후와 대부라는 지배층과 피지배층 서인 사이에 위치했다. 이들은 서인의 실정을 잘 알아 그들을 대변할 수 있었고, 지배층의 요구를 서인에게 적절하게 전달하는 역할도 담당했다. 이처럼 사들은 당시 사회의 실정에 밝았고 현지 농민과 결합도가 높았기 때문에 대부는 영지를 통치할 때 이들에 의지할 수밖에 없었다. 이리하여 사들이 실무 관료로 부상하였는데 이들은 본격적으로 문자를 사용하였다. 과거 갑골문과 금문이 소수 지배층의 장식적 전유물에 불과했다면, 이제부터는 문자가 사 계층에 의해 지식을 전수하는 수단이 되었다. 춘추 전국 시대에 출현한 대부분의 제자백가가 바로 사 계층 출신이었다. 이렇게 사가 대두한 시대를 선도한 사상가가 바로 공자였다.[2]

　한편 이 시대에는 단일 혈연 집단에서 시작된 농촌 공동체에도 변화가 생겼다. 세월이 흐르는 동안 인구가 늘면서 혈연적 유대가 약해졌다. 과거처럼 관습법에 의거한 토착 지도자의 일방적 지배에서 벗어나 공동체 구성원의 합의를 이끌어내는 새로운 통솔 능력이 필요해졌다. 다수의 비판을 수용할 수 있는 열린 태도를 가진 사 계층의 역할이 더 절실해졌다.

　이때 사 계층에서 강조한 것이 바로 예이다. 예란 단순히 의식에 사용되는 형식 절차를 의미하지 않았다. 새롭게 대두되는 통치 원리를 뒷받침해주는 질서이자 원리였다. 정해진 예를 따른다는 말은 관습이 아니라 일종의 법에 의한 통치를 받아들인다는 뜻이었다.

　이렇게 예를 강조하는 사인들은 나중에 유가라는 범주로 분류된다. 그들의 주장에 의하면, 군주 개인은 정치로서의 국가에서 분리되어야 한다. 정치를 담당하는 사람은 국가 통치에 책임을 지는 것이지 군주의 개인적인 일에 대해서는 관여할 필요가 없다. 군주와 국가를 고정적 관점에서 보지 않고 변화 가능한 것으로 보며, 이는 경우에 따라 군주를 바꿀 수도 있다는 생각으로 발전한다.

한편 정치를 담당하는 사들은 태어난 나라에 대한 절대적 종속에서 벗어나 다른 나라 군주에게 벼슬하며 봉사할 수도 있고, 거기에서 자신의 정치적 주장을 실현시키고 수완을 발휘할 수도 있다고 생각하게 되었다. 바로 이런 사회적 분위기에서 더 이상 땅에 종속되지 않고 자유로운 지식인으로 활동했던 제자백가가 출현했다.

공자가 태어난 해는 기원전 551년이다. 이때가 바로 춘추 시대 말기 사 계층이 사회에서 주도권을 가진 시기였다. 공자의 아버지 숙량흘(叔梁紇)은 사 계층이었다. 공자는 빈곤한 가정에서 태어나 자력으로 학문에 뜻을 두고 매진했다. 30세 무렵에는 대부인 삼환씨(三桓氏)에게 벼슬하여 작은 관직을 맡기도 했다. 그러나 삼환씨가 노나라 대부 소공(昭公)을 제나라로 쫓아내자 공자도 그 뒤를 따랐다. 이때 공자는 당시 가장 큰 도시인 제나라 수도 임치에서 견문을 넓혔다. 소공이 망명지에서 죽자 공자는 노나라로 귀국하여 사숙을 열고 제자를 양성하기 시작했다. 공자학단(孔子學團)의 탄생이었다. 공자의 명성은 노나라에 퍼졌고, 그는 지금의 법무 장관에 해당하는 대사구(大司寇)라는 벼슬을 하며 삼환씨를 견제하였다.

그러나 삼환씨의 견제로 공자는 기원전 497년부터 14년 동안 유랑 생활을 하게 된다. 여러 나라를 전전하며 자신의 정치적 주장을 설파하였으나 귀족들의 반대로 어느 나라에서도 벼슬을 하지 못했다. 그사이 몇 차례 습격당하기도 하고, 식량이 떨어져 고생하기도 했다. 69세 때 제자들에 대한 교육의 필요성을 절감하여 고향인 노나라로 돌아온다. 이후 기원전 479년 74세로 죽을 때까지 후학을 양성하며

『시경』과 『상서』를 편찬하였고 예와 음악을 정리하였다.

백가쟁명

『논어』는 공자의 제자들이 공자 사후에 기억을 토대로 엮은 책이다. 대부분 공자와 제자 사이의 토론을 정리한 것이다. 일방적 연설이나 가르침이 아니라 서로 토론하고 논쟁하는 문답집이었던 셈이다. 우리는 보통 『논어』를 공자의 훈계조 언설이리라 생각하지만, 사실은 제자가 먼저 묻고 거기에 공자가 답한 내용을 기록했다. 그래서 『논어』의 영문 제목도 "The Analects of Confucius" 또는 "Conversation" 즉 공자의 대화록이다.

제자백가가 주도한 역동적 토론과 논쟁의 시대를 보통 백가쟁명(百家爭鳴) 시대라 일컫는데, 여기서 쟁은 토론의 정도가 치열했음을 나타내고, 명은 그 토론의 결과가 멀리까지 영향을 미친다는 확산 가능성을 뜻한다.

갑골문 爭 자는 위아래 2개의 손이 가운데 어떤 물건을 놓고 서로 빼앗으려고 당기는 모습이다. 가운데 물체를 소뿔이라고 보기도 하고 무기인 창이라고 보기도 한다. 무엇이든 양쪽에서 서로 가지려고 싸우는 모습을 표현했다는 점은 분명해 보인다.

갑골문 쟁(爭)

갑골문 명(鳴)

갑골문 鳴 자는 직관적으로 보면 새와 입을 합해놓은 글자이다. 영어에서 새는 노래하는데(sing) 한자에서 새는 운다. 한자에서는 곤충까지 포함한 거의 모든 동물이 우는 것을 鳴이라고 한다. 심지어는 자명종(自鳴鐘), 고장난명(孤掌難鳴)처럼 사물의 소리도 울음소리로 간주하여 이 글자로 표시한다.

그런데 왜 새의 울음이 다른 사물의 울음을 대표하게 되었을까? 새가 가장 시끄럽게 울기 때문이라는 답은 너무 평범하다. 시라카와 시즈카는 이 문제를 다른 관점에서 바라본다. 갑골문 鳴 자의 왼쪽에 있는 ㅂ 모양을 앞서 이야기했듯 입 구(口) 자로 보지 않고 축문을 담는 그릇으로 파악했다. 그렇다면 이 글자는 새의 울음소리가 아니라 새라는 정령이 전하는 신의 계시가 된다.

그는 이런 추론을 뒷받침할 근거를 계속 제시한다. 고대에는 새를 단순한 동물로 여기지 않았다. 이런 관점은 새를 나타내는 또 다른 글자인 추(隹) 자를 기본형으로 하는 글자를 보면 알 수 있다. 갑골문 隹 자는 머리, 몸통, 날개, 다리와 짧은 꼬리를 모두 갖춘 새의 형상으로, 이 隹 자가 들어간 유(唯), 진(進), 유(維) 등은 고대 중국에서 조점(鳥占)과 관련된 점괘를 보는 데 사용되었다.

한문 문장의 첫머리에서 한정의 의미로 사용되는 허사 唯 자는 갑골문에서 새와 축문 그릇이 합해진 鳴 자와 같은 형태를 띤다. 금문

갑골문 추(隹)

갑골문 유(唯)

금문 진(進)

상나라 금문 유(維)

進 자는 새가 앞길을 인도한다는 의미에서 '앞서가다'는 뜻이 되었다. 지금도 제사용 축문은 "유세차(維歲次) 모년(某年) 모월(某月) 모일(某日) 모시(某時)"로 시작한다. 이때 첫머리 관용구 維歲次에 사용된 維 자의 금문 역시 새를 표현한 것이다.

조점, 곧 새점은 새가 조상과 신령의 목소리를 대신 전달해준다는 믿음에서 비롯되었다. 그래서 鳥 자는 주로 조상 신령을 나타내는 씨족 부호로 사용되었고, 隹 자는 신의 의사를 전하는 사자(使者)를 나타냈다. 새가 거의 모든 사물의 울음소리(鳴)와 제사용 축문의 첫머리에 나오는 단어(唯, 維. 갑골문 제문은 보통 唯 자로 시작했지만 특별한 내용이 없는 단어로서 나중에는 維 자와 혼용되었다)에 어김없이 등장하는 것은 새를 조상의 현신이거나 혹은 신령의 목소리를 대신 전달해주는 존재로 여겼음을 입증한다.

시라카와 시즈카는 고대에는 鳥를 '새'라는 동물 자체보다는 새의 형태를 한 정령으로 여겼다고 주장한다. 신화적 세계에서 모든 동물은 정령이거나 정령의 화신이었고, 고대인은 새의 행태를 보며 그 안에 숨은 계시적인 의미를 읽어내려고 했다는 해석이다. 그렇다면 그 시절의 쟁명이란 새 울음소리가 시끄럽게 울리는 곳이 아니라, 세상의 모든 정령이 소리를 내는 거대한 울림의 현장이었던 셈이다.

그러나 제자백가의 백가쟁명이 한창인 시절 鳴 자는 확고한 신념을 가진 인간들의 주장이 서로 부딪치는 울림의 현장을 나타내는 의미로 사용되었다. 공자야말로 정령의 소리 대신 인간의 목소리로 가득한 울림의 현장을 처음으로 만들어낸 사람이었다.

금문에 나타난 공자의 모습

공자는 평생을 주나라가 동천한 다음 천자가 패자에게 실권을 넘겨주고 중원을 통제할 힘을 잃어버린 것을 안타까워했다. 그렇다면 주나라 정통의 역사를 계승한 곳은 어디인가. 바로 주 문명을 건설한 주공이 세운 노나라이다. 공자는 주 왕조의 전통을 다시 세우기 위해 노나라 연대기를 중심으로 역사를 편찬한다. 이것이 바로 최초의 역사서 『춘추』이다.

그런데 춘추 시대 말기 대부의 권력이 제후를 넘어서는 극단적 상황이 벌어진 곳이 바로 공자의 고향 노나라였다. 앞서 살폈듯 삼환 씨라는 대부 집단의 권력이 노나라 제후를 다른 나라로 쫓아내었고, 공자는 이에 저항하다 14년간 망명객이 되었다. 그는 여러 나라를 다니며 자신의 사상을 설파하기를 마다하지 않았고, 이런 행동은 후대 사상가에게 큰 영향을 끼쳤다. 한 군주에게 예속되지 않고 자신의 생각을 받아줄 사람을 찾아 자유롭게 이동하는 새로운 지식인의 모델을 제시했던 것이다.

이러한 새 시대의 선구자인 공자에게도 붙어 다니는 꼬리표가 있었다. 바로 그가 상나라 후손이라는 사실이었다. 『사기』에는 상 왕조의 선조 설은 모친이 현조의 알을 먹고 임신해서 태어났다고 기록되어 있다. 상나라 건국신화에도 새와 관련한 내용이 등장한 것이다. (자세한 이야기는 2부 1장 「상나라의 역사」를 참고하라.) 공자의 성씨 공(孔) 자에도 이러한 상나라 문화의 흔적이 남아 있다.

갑골문의 孔 자는 자(子)와 을(乙)로 구성되어 있다. 乙은 일반적으로 식물이 구불구불 자라는 모습을 상형한 글자로 해석된다. 그러나 한편에서는 이것이 새를 상형했다고 말한다. 이를 토대로 孔 자 성씨의 사람은 새를 조상 신령으로 여기는 씨족의 후손이었을 가능성

이 있다고 주장한다.

　　고대인은 자신의 기원이 인간들의 평범한 관계에서 생겨난 것이 아니라 자연계의 다른 무엇과의 교감과 감응의 결과라고 믿고 싶었던 듯하다. 자신의 뿌리가 동물이나 식물 등에서 기원했다고 믿었고 후손들은 이런 자연물을 수호신으로 숭배했다. 이런 사물을 상징하는 표식을 새기거나 장식물로 가공하였으며 이것이 발전하여 문자가 되었다. 이런 특수한 문자는 특정 씨족을 나타내는 기호로 사용되었으니 이것이 바로 족휘이다. 족휘는 시간이 흐르며 좀 더 세분화되어 모계를 나타내는 성(姓)과 부계를 나타내는 씨(氏)로 나뉘었다.

　　공자의 성씨에 새 토템의 흔적이 남아 있다고 그가 상나라 문화를 계승했거나 여기에 미련을 가졌다고 볼 근거는 없다. 오히려 문헌 기록을 통해 알려진 공자의 모습은 상 문명을 부정하는 태도로 일관한다. 귀신이나 정령에 대해 질문하는 제자에게 자신은 그런 문제에 대해서는 아는 바도 없고 관심도 없다며 단호하게 선을 긋는다. 그가 가장 흠모하며 평생 닮고자 했던 이상적 군주는 주나라 건국 영웅 주공이라고 강조한다. 주공은 주나라 제도는 물론 새로운 세계관을 구축한 주인공이었다. 공자는 심지어 주공이 꿈에 더 이상 나타나지 않는다고 초조해하기도 한다. 혈통으로는 상나라의 후손이지만 자신은 주나라 문화의 계승자라고 강조한 것이다.

지금까지 알려진 가장 신뢰할 만한 공자의 전기라고 할 수 있는 『사기』의 「공자세가(孔子世家)」에도 공자 집안의 내력을 살펴볼 구절이 있다. 그 내용을 요약하면 이렇다.

노나라 한 귀족이 아들에게 공자를 스승으로 모실 것을 당부하면서 이런 유언을 남겼다. "공자는 성인의 후손인데 그의 조상은 송나라에서 멸망당했다. 성인 집안의 후손들은 비록 세상에서 대접은 못 받더라도 그 가운데는 반드시 사리에 통달한 사람이 있을 것이다. 지금 공자는 아직 나이가 어리지만 예를 좋아한다는 소문이 있다. 예를 좋아한다는 것은 곧 그가 통달했다는 징표가 아니겠는가? 그러니 내가 죽으면 너는 반드시 그를 스승으로 모시거라."

송나라는 주나라가 상을 멸망시키고 그 유민들을 모여 살게 한 곳이었다. 이곳 사람들은 출신 때문에 크게 성공할 가능성은 높지 않았다. 하지만 그들 가운데 '통달한 사람[달자(達者)]'이 있다. 여기서 달(達)이 무엇을 의미하는지에 대해서는 역대로 해석이 다양하다. 주술적인 감각이 뛰어난 것을 말한다고 주장하는 사람도 있다. 다만 달이란 세속적인 성공과 출세와는 거리가 멀고, 예와 관련되었다는 점은 분명하다. 공자는 아직 나이가 어리지만 예를 좋아하니 언젠가 통달한 사람이 될 것이라고 했기 때문이다.

이런 시선을 의식했기 때문일까? 공자는 주공의 세계관을 이상으로 따르며, 상나라의 주술적 세계관을 일관되게 부정한다. 주나라 초기 사회야말로 죽은 조상에 대한 숭배보다는 살아 있는 사람들의 공동체 질서로서 예를 강조하고, 외형적 겉치레와 화려한 의식보다는 마음에서 우러나오는 경건한 덕을 중요시했다고 믿었던 것이다.

그런데 중국 고대사 전문가 로타어 폰 팔켄하우젠(Lothar von Falkenhausen)은 서주 시기 금문에 대한 고고학 자료를 토대로 지금까지 알려진 것과 다른 새로운 주장을 제기한다. 공자가 이상적 사회의 모델로 제시했던 주나라 초기의 예를 기반으로 한 문화적 질서는 사실은 공자의 몇 세대 앞에 시작된 것에 불과하다는 해석이다. 그는 최근 발견된 금문의 기록을 토대로, 주나라 초기 사회는 근본적으로 상나라의 전통과 크게 다르지 않았으며, 기원전 850년에서부터야 비로소 예의 질서에 기초한 주 문명 고유의 새로운 질서가 만들어지기 시작했다는 것을 밝혀냈다. 공자가 강조했던 이상적인 주 문명의 모습은 공자 생전 두 세기 전부터 시작되었던, 사실상 공자 당대의 문화에 과거의 이름을 붙인 것이었다는 말이다. 만약 이것이 사실이라면, 결국 공자는 먼 과거의 전통을 복원했던 것이 아니라 자기 당대에 유행했던 문화적 흐름을 과거에 투사한 것에 불과하다.[3]

이런 주장은 청동기 금문에 보이는 고문자 자료에 대한 실증적인 분석에 토대를 둔 것으로 기존의 문헌 중심의 고증 방식과는 다르다. 책을 통해 공자의 사상을 전수받았던 전통적인 유학자들로서는 동의하기 쉽지 않은 파격적인 주장일 것이다. 하지만 고고학 발굴을 통해 드러난 금문 자료가 중국 사상사 연구에도 큰 획을 그은 것은 분명해 보인다.

공자가 주나라 초기 사회를 이토록 구체적이고 생생하게 묘사할 수 있었던 배경은 자신의 경험에서 멀지 않았기 때문이다. 만약 팔켄하우젠의 가설이 타당하다면 우리는 상주 교체기에 급격한 세계관의 변화가 일어났다는 기존의 역사적 평가에 대해서도 재고해볼 필요가 있다. 주나라 건국 영웅들이 하루아침에 상나라와 확연하게 차별화된 문명을 건설했다는 기존의 관점에 비판적으로 접근해야 하는 것이다. 이는 20세기 초 중국의 의고파가 중국 고대 사회에 대한 맹신을 냉철하게 분석했던 태도의 연장이라고 할 수 있다.

3장

춘추 시대의
언어와 문자

춘추 시대의 표준어

공자는 자신이 태어난 노나라는 물론 주변 여러 나라에 학설을 설파하고 다녔다. 그런데 노나라 사람 공자의 말을 다른 나라 사람이 과연 정확히 알아들을 수 있었을까? 서로 말이 통하지 않아 어려움이 있었다는 기록이 없으니 일단 소통에 큰 문제는 없었던 듯한데, 그렇다고 고대 중원 지역이 모두 하나의 언어만을 사용했다고 단정할 수는 없다. 교통이 발달하고 교류가 활발해진 현대 중국에서도 방언의 차이 때문에 의사소통이 불가능한 지역이 적지 않은데, 서로 간 이동이 많지 않았던 고대에는 그 차이가 지금보다 더 컸을 것이다.

그렇다면 과연 공자는 이런 방언의 차이를 어떻게 극복했을까? 『논어』 「술이」 편을 보면 공자의 제자들이 "선생님께서는 아언을 말씀하셨는데, 시서와 예를 행하는 것 모두 아언이었다(子所雅言, 詩書執禮, 皆雅言也)"라고 기록하고 있다.

그런데 중국 언어사에서 아언에 대한 정의는 조금씩 차이가 난다. 『논어』에서 이야기하는 아언이란 주나라 수도 낙양 지역의 언어로서 전국적으로 통용되던 표준어였을 것이라는 설이 가장 유력하다. 이때 아언은 중앙 관리가 습득한 표준어인 관화(官話)를 뜻한다.

옛날부터 방대한 지역을 하나의 국가로 통합한 중국에서는 중앙 관리들이 지방에 파견되어 다스리기 위해 지역 간 언어 차이를 극복해야 했다. 그래서 습득했던 언어가 바로 관화이다. 관화란 대체로 각 왕조 수도의 지역 방언을 말하는 것으로, 지방 관청에서 관리나 주류 엘리트들이 사용하는 공식적인 표준어였다. 관화를 습득한 관리는 어느 지역에 부임하더라도 업무를 수행하는 데 어려움이 없었다. 영어로 현대 중국어를 나타내는 만다린(Mandarin)은 포르투갈 상인이 광주에서 마주친 청나라 만주족 관리[만대인(滿大人)]가 사용하던 관화를 말한다. 만다린은 광주 지역의 일반 사람들이 사용하던 지역 방언 광동어(廣東語, Cantonese)와 달랐다.

한편 아언이란 구어와는 별개로 글로만 사용되는 일종의 문어(文語)였다는 주장도 있다. 현대 중국어가 구어에 해당한다면 전통 한문은 구어로 발화되지 않고 문서에만 존재하는 문어인 것과 같은 이치이다. 중국어와 한문은 둘 다 한자라는 문자를 사용하지만 그 문법과 어휘에는 적지 않은 차이가 존재한다. 하지만 한자라는 공통의 문자를 사용하기 때문에 기본적인 의사소통을 하는 데는 큰 지장이 없다. 실제로 중국어를 하나도 모르는 조선의 유학자들이 중국에 가서 오로지 한자로만 필담을 나누며 교류할 수 있었던 것은 구어와 문어모두 한자를 사용했기 때문이다. 공자도 어쩌면 서로 다른 방언 지역을 다니면서 한자 필담으로 의사소통을 했을지도 모른다.

아언이 관화와 같은 수도의 표준어였는지, 아니면 상위 엘리트계급이 사용하던 문어였는지 확인할 방법은 없다. 하지만 주나라 수도 낙양이 아닌 노나라 출신 공자가 천하를 주유하면서 사람들과 소통할 수 있었던 것은 한자라는 동일한 문자를 사용했기 때문이다. 춘추 시대 각 제후국이 모두 같은 언어를 사용했는지는 알 수 없지만, 모두 같은 문자를 사용하여 소통했음은 분명하다.

춘추 시대의 문자

그동안 춘추 시대에 사용되던 문자의 원본은 청동기 금문을 제외하면 확인할 방법이 없었다. 그런데 1965년 산서성 후마시에서 춘추 시대 진(晉)나라 사람이 붓으로 직접 쓴 필기 문자가 발견되었다. 후마에서 발견되었기 때문에 나중에 후마맹서(侯馬盟書)로 불리는 이 글자는 신하들이 작성한 맹서에 쓰인 것이다. 맹서란 춘추 시대 제후들끼리 동맹이나 협약을 맺는 행사인 회맹에서 작성한 일종의 서약서를 말한다. 이런 맹서는 대부분 조상제를 지내며 작성되었다. 당시에는 조상 앞에서의 맹세가 법률적인 조약보다 훨씬 구속력이 높았다.

그런데 후마맹서는 제후가 아니라 진나라 신하들끼리 서로 맹서한 것이다. 당시 진나라에는 제후보다 힘이 센 육경(六卿)이라는 집안이 있었는데 이들이 서로 대립하다가 결국 한위조 세 나라로 쪼개진다. 역사적으로는 이 씨족들을 중심으로 진나라가 세 나라로 나누어지는[삼가분진(三家分晉)] 시점을 전국 시대의 시작으로 본다. 최초로 발견된 춘추 시대의 필기 문자 후마맹서는 춘추 시대가 막 저물어가던 때 작성된 것이다.

후마맹서는 모두 5000점이 넘는 양이 출토되었으며 그 가운데 형태가 온전하고 글자가 명확한 것은 약 650점이다. 글자들은 모두 규(圭)라는 판의 양면에 붉은 먹으로 씌었다.

갑골문 규(圭)　　　　　　금문 규(圭)　　　　　　금문 봉(封)

　　규는 고대에 제왕이나 제후들이 의식을 거행할 때 손에 들고
있던 옥기의 일종이다. 위는 둥글거나 뾰족하고 아래는 평평한 모양
인데 갑골문 圭 자는 그 형태를 온전히 보여준다. 규는 나중에 비석의
형태에도 영향을 준다. 우리가 흔히 보는 직사각형의 비 위쪽을 삼각
형 모양으로 마감한 형태의 비석을 규형비(圭形碑)라고 한다.

　　금문에서 圭 자는 흙 土 자 2개가 중첩된 모양으로 바뀐다. 『설
문해자』에는 천자가 제후에게 하사하는 규는 작위의 등급에 따라 그
종류와 길이가 달랐다고 한다. 글자 형태가 바뀐 것은 아마도 다른 종
류의 규를 표현하기 위한 것으로 보인다. 그런데 누군가는 이 변화가
천자가 제후를 봉할 때 나누어 준 전답과 산천을 잘 관리하라는 의미
를 강조하기 위한 것이라고 해석하기도 한다. 제후에게 땅을 나누어
준다는 뜻의 封 자에도 圭자가 있는 것이 같은 맥락이라는 풀이다.

　　그러나 갑골문과 금문의 封 자는 圭 자와는 상관없어 보인다.
오히려 封 자는 손으로 나무 묘목을 심는 모습을 표현하고 있다. 고대
에 영토의 경계에는 인위적으로 나무를 심어 표지를 삼았다. 봉건제
도에서 토지를 나누어 준다는 것은 영토를 구획하여 경계를 분명히
한다는 뜻이었다. 지금 사용하는 封 자에 土자 2개가 겹쳐진 圭 자가
남은 것은 원래 나무를 나타내던 글자가 단순화된 것일 뿐이다.

　　후마맹서에서는 회맹의 맹주를 조맹(趙孟)이라고 적었는데 이

규형 후마맹서

사람이 누구인지에 대해서는 여러 주장이 제기되었다. 하지만 그가 누구든 여기에 기록된 회맹이 춘추 시대 패자의 나라였던 진(晉)에 분란이 생겨 분열되던 시점에 작성되었다는 점은 분명하다.

회맹의 내용은 대체로 맹주에게 충성을 다하고 적대자에게는 응분의 조치를 취한다는 것이다. 또한 회맹에 참가한 자들은 새롭게 토지나 백성을 취득하지 않으며 조가(趙家)를 주군으로 모시겠다고 맹세한다. 전체 내용은 그전까지의 혈연 중심의 구속력이 약해지고 강한 호족을 중심으로 세력이 재편되는 과정을 보여준다.

제환공이 주도했던 최초의 회맹은 천자를 중심으로 도덕적인 질서를 세운다는 명분을 내세웠다. 하지만 후마맹서가 작성된 춘추 시대 말기에는 더 이상 주 왕실의 권위를 내세우지 않고 이익의 유불리를 최우선으로 이합집산하는 모습을 여실히 드러내고 있다.

후마맹서에 대한 분석 결과 당시 맹세 의식에 참여한 사람은 모두 250여 명에 달한다. 그런데 이들의 이름은 그 어떤 역사 기록에도 보이지 않는다. 학자들은 이들이 아마도 전국 시대를 이끌었던 사집단이 아니었을까 추측하기도 한다.

후마맹서는 춘추 시대 유일한 필기 문자 자료이자, 모필로 쓴 글자 가운데 가장 오래된 것이다. 상나라 갑골문이나 도자기 꽈편에서도 간혹 모필의 흔적이 발견되었지만 극소수였다. 후마맹서의 글자체는 춘추 시대 후기 청동기 명문과 비슷하다. 글자에는 모필 특유의 탄력이 잘 드러나는데, 시작 부분은 두껍고 중간은 살짝 들려 있으며 마지막은 뾰족하게 마무리하고 있다. 서예의 대표적 모필법 중 하나인 삼절법(三節法)이 춘추 시대부터 사용되었음이 확인된 것이다.

후마맹서는 춘추 시대 북방을 대표하는 진나라의 문서이다. 그런데 여기에 적힌 글자는 당시 남방 문화를 대표하는 초나라의 증후을묘(曾侯乙墓)라는 곳에서 발굴된 죽간의 글씨체와도 크게 다르지 않다. 증후을묘는 1978년 호북성(湖北省) 수주시(隨州市)에서 발굴된 전국 시대의 무덤으로 여기서는 편종(編鐘), 칠기 상자, 무기, 죽간 등이 다량으로 발견되었다. 확인 결과 이 묘는 초나라 속국인 증이라는 나라의 을이라는 영주의 것으로 밝혀졌다.

증후을묘에서 출토된 죽간은 후마맹서와 가장 근접한 시기의 필기 자료이다. 후마맹서가 발견된 후마시는 중원의 북방에 속하며, 증후을묘 죽간이 발견된 수주시는 초에 인접한 남방 지역이다. 북방과 남방 모두 비슷한 필법을 사용했던 것이다. 춘추 시대에는 북쪽 황하 유역에서 남쪽 장강 유역에 이르는 남북방 모두 유사한 양식의 문자를 사용하고 있었음을 알 수 있다. 이로써 제후국끼리 언어는 서로 달랐을 가능성이 있으나 동일한 문자를 사용하여 서로 소통했을 것이라는 가설이 확인되었다.

4장   철기 사용으로 촉발된 전쟁 시대

철기 시대의 시작

인류 문명을 석기, 청동기, 철기 시대로 구분하는 방식은 기술의 3단계 발전 순서 이론에 근거한다. 고대 로마 시대에 제안되었던 3단계 구분법은 19세기 덴마크의 크리스티안 톰센(Christian Thomsen)의 『북부 고대 유물 안내』를 통해 체계화되었다.

그러나 톰센의 이 모델은 너무 단순하여 다양한 고대 사회의 발전 단계를 설명하기에 한계가 있었다. 이에 고든 차일드(Gordon Childe)는 청동기 시대를 다시 3단계로 분화하여 그 부족함을 보완하기도 했다. 1단계에서는 무기와 장신구는 구리와 합금으로 만들었지만 다른 도구는 거의 석기를 사용하였다. 2단계에서는 구리와 청동기가 수공업 도구로 사용되었지만 농업과 같은 험한 일에는 사용되지 않았다. 3단계에서는 낫과 괭이 같은 농업 용구와 망치 같은 금속 도구가 사용되었다.[4]

청동기의 3단계 발전론은 도구의 발전으로 생산력이 증가하고 그로 인해 사회의 진보가 이루어졌다는 것을 전제로 한다. 이런 진화의 과정은 인류의 모든 문명에 적용되는 보편 법칙이 되어 중국의 상나라와 서주 시대를 청동기 시대로 정의하기도 한다.

그러나 고대 중국에서 청동은 기본적으로 비생산적 목적으로만 사용되었다. 중국의 청동기 시대는 생산기술에서의 혁명을 이루지 못했고 오직 사회 조직의 영역에서만 혁명을 이루었다고 평가된다. 청동기가 생산력을 증가시키기보다는 제사나 전쟁과 관련된 정치권력의 변화와 관련이 있었다는 것이다.

이런 주장은 출토 유물들을 통해 증명되었다. 지금까지 출토된 상과 서주 시대 농기구들은 거의 대부분 석기로 만들어졌다. 그래서 중국의 역사학자 뇌해종(雷海宗)은 중국의 청동기 시대란 기본적으로 석기 시대였다고 주장하기도 한다. 대부분의 농기구는 여전히 돌과 나무로 만들어졌고 생산력도 매우 낮아 잉여 생산이 제한되었다는 것이다. 고고학자 진몽가(陳夢家) 역시 이에 동의하면서, 청동기 주조술은 왕실의 장인에 한정되어 군대를 위한 무기나 왕실의 제기를 만드는 데만 사용되었고, 일반 농민은 청동 농기구를 만들 수 없었을 것이라고 주장한다.

그런데 중국의 청동기 시대에 청동제 생산도구가 만들어지지 않았다는 주장은, 인류 사회의 보편적 역사 발전 단계에 대한 중국공산당의 유물사관 설명과 부합하지 않는다. 유물사관은 기술의 3단계 발전 순서를 따라 생산력이 증가하면서 인류가 진보했다고 설명하기 때문이다. 중국 청동기 시대의 독자적 특수성을 강조했던 뇌해종과 진몽가는 한때 유물사관에 반하는 반혁명 우파로 몰려 학술 활동이 금지되는 수모를 겪기도 했다.

중국에서는 상나라는 물론 서주 시대에도 청동기로는 농기구를 만들지 않았고 일부 수공업 공구만을 만들었기 때문에 고든의 청동기 3단계론이 적용되지 않는다. 고대 중국에서 금속제 농업 용구가 처음 등장한 시기는 청동기의 세 번째 단계가 아니라 철기 시대였다.

철광석은 세계 도처에 널리 분포해 비교적 쉽게 구할 수 있었고, 이를 이용해 다양한 실용 도구를 만들었다. 철제 무기는 청동기보다 내구성이 좋고 더 날카롭게 날을 세울 수 있었다. 또한 철기는 농업에도 혁명적인 변화를 가져왔다. 철제 쟁기를 사용하면서 이전에는 경작할 수 없었던 땅을 농경지로 만들었던 것이다.

철제 쟁기의 사용 효과가 가장 극적으로 나타난 곳은 고대 유럽 지역이었다. 고대 유럽에서는 3세기 후반부터 철제 보습에 볏을 단 쟁기를 사용하면서 알프스산맥 북쪽 지역의 습한 토양에서도 농업 생산성을 높일 수 있었다. 철제 쟁기는 밭에 홈을 파면서 땅을 깊게 파고 들어가 흙을 뒤집어서 보습에 달린 볏 뒤쪽으로 던진다. 이렇게 하면 표층 토양이 완전히 뒤집혀 잡초가 제거되고 거름과 잘 섞였으며, 고랑을 통해 고인 물이 잘 빠져 나갔다. 이처럼 철제 쟁기라는 혁신적 발명 덕분에 북유럽의 토양은 처음으로 지중해 연안의 모래 토양보다 생산성이 높아졌다. 철제 도끼와 쟁기의 도움으로 북유럽 평원은 거대한 곡창지대로 변모해갔으며 서서히 지중해 문명을 추월하기 시작했다.[5]

고대 중국에서도 철제 도구의 사용은 큰 변화를 이끌어냈다. 춘추 시대와 전국 시대의 차이는 본격적인 철기 사용에서 비롯되었다. 춘추 시대는 기본적으로 성곽을 중심으로 구성된 도시 국가의 시대였다. 도시 국가의 농경지는 대부분 성곽 주변에만 형성되었고 국가와 국가 사이에는 빈 곳이 많았는데 이런 지역을 야(野) 혹은 비(鄙)라고 했다. 철제 농기구를 사용하여 이렇게 비어 있던 지역을 개

갑골문 봉(封)   갑골문 야(野)   금문 야(野)

간하면서 전국 시대의 영토 국가가 시작되었다.

천자가 제후에게 하사한 영지를 나타내는 갑골문 봉(封) 자는 흙더미 위에 나무를 심어놓은 모습이다. 갑골문과 금문의 野 자는 봉지의 경계로 심은 이런 나무 사이에 버려진 땅을 나타내는 글자였다. 봉건제도라는 문명의 울타리 바깥에 있는 그야말로 야생(野生)의 공간을 표시한 것이다.

그런데 한동안 버려진 땅이었던 이곳이 철기의 도입과 함께 주목받기 시작했다. 철제 농기구를 사용하면 땅을 깊게 파서 생산성을 높일 수 있었다. 이때부터 도성 사이에 버려졌던 야생의 땅을 개간하고 갈아엎어 농토로 만들기 시작했다. 전국 시대란 날카로운 철제 무기를 사용하여 서로의 영토를 빼앗는 전쟁의 시기를 말한다. 영토 확장을 위한 쟁탈전은 서(鋤)와 같은 철제 농기구의 개발로 성곽 도시들 사이의 거친 땅이 개간되면서부터 시작되었다.

한편 성곽 도시 도(都) 사이 빈 교외 지역의 공터를 비(鄙)라고 했다. 도시를 나타내는 都와 주위의 변두리를 나타내는 鄙는 단순한 공간적 배치를 넘어 문화적 수준을 나타내는 글자가 된다. 중심의 都가 세련된 주류 문화를 나타냈다면 변방의 鄙는 속되고 천박한 것을 상징했다. 문화의 수준은 중심에 가까울수록 높고, 멀어질수록 비루(鄙陋)하고 비속(鄙俗)하며 야만(野蠻)에 가까운 것으로 인식되었다.

금문 비(鄙)   금문 도(圖)

공간에 대한 이런 차별적이고 위계적인 의식은 나중에 중심의 중원과 변방의 오랑캐를 구별하는 중화사상에도 반영된다. 이런 鄙 지역을 영토에 포함시켜 그려 넣은 그림을 도(圖)라고 했다.

　유럽의 철기 문화의 시작 단계에서는 철제 쟁기 사용으로 문명의 중심지가 지중해에서 중부 유럽으로 이동했다. 그러나 중국에서는 전국에 산발적으로 흩어졌던 여러 개의 소규모 동심원이 해체되면서, 단일하고 거대한 중심으로 흡수되는 과정이 진행됐다. 철기 문화의 도입으로 거대 제국이 탄생할 공간적 조건이 만들어진 것이다.

　또한 철기 사용은 제국이 발생할 사회적 구조를 만들어냈다. 철제 농구 이용으로 생산량이 증가하면서 자연 발생적인 혈연 집단이었던 농촌 사회가 분해되어갔다. 생산 발전에 따라 개별 세대 가족의 독립이 촉진되어 소농들이 생겨났고, 그들 가운데 소지주도 등장하여 농촌 사회에서 영향력을 갖게 된다. 이런 소농 중심의 농촌 사회는 지금까지도 중국 역사를 규정하는 중요한 사회적 특징이 된다.

철기 문화의 탄생을 보여주는 글자

구리와 주석 등 청동기를 제조할 광석을 구하기는 쉽지 않았다. 그러나 철광은 세계 도처에 널리 분포해 구하기가 어렵지 않았다. 지각 내

함유량으로 보면 구리는 0.0058퍼센트, 주석은 0.00015퍼센트에 불과하지만 철은 5.8퍼센트에 이른다고 한다.[6] 매장량으로 보면 많지만 철광석에서 철을 추출하기란 간단치 않았다. 높은 온도를 낼 용광로가 필요했다. 그래서 철기 시대는 청동기 시대보다 늦게 시작되었다.

구리를 제련하려면 1200도 정도의 온도가 필요했는데 도자기를 굽는 가마에서 이 정도의 온도를 낼 수 있었다. 하지만 철광석에서 순수한 철을 제련하려면 약 1500도가 필요한데 이 정도 화력은 서구에서는 18세기 말이 되어서야 도달 가능한 온도였다. 초기 용광로로는 낼 수 없었다.

초기 용광로에서 철을 녹인 쇳물 덩어리는 아직 액체가 되지 못하고 물렁한 젤리 상태에 머물렀는데 이것을 망치로 두드려 철을 분리해내야 했다. 이 덩어리는 아직 녹지 않은 철, 화학 반응이 일어나지 않은 산소, 불연소된 숯 성분 그리고 철광석에 함유되었던 불순물들이 갇힌 상태였다. 이것을 망치로 두드려주어야 순도가 높고 부드러운 연철을 만들어낼 수 있었다.

고대 대장장이들은 오랜 경험을 통해 숯에 달구어진 덩어리를 반복적으로 두드려주어야 한다는 것을 알았다. 이것을 연철(鍊鐵)이라고 하는데, 불에 달군 쇠붙이를 두드려서 강하게 단련(鍛鍊)시킨다는 鍊(煉) 자를 썼다. 반복적으로 두드려야 숯에 있던 탄소 원자가 철에 녹아들어 철의 강도를 높인다는 사실이 과학적으로 밝혀진 것은 불과 200년 전 일이다. 철의 성질에 대한 과학적 원리를 이해하지 못했던 고대인들은 철과 관련된 단어를 만들 때 재료 자체의 특성이 아닌 사람의 행위를 중심으로 표현할 수밖에 없었다.

고대 중국에서는 높은 화력을 갖춘 고화력 화로인 고로(高爐)가 오래전에 발명되었다는 사실이 문자를 통해 확인된다. 바로 고로

갑골문 복(復)　　　　금문 복(復)

에 바람을 불어 넣어주는 풀무를 표현한 복(復) 자이다. 산소를 공급해주는 송풍 장치인 풀무가 발명되어 고로에서 높은 온도를 낼 수 있었다. 철을 제련할 때는 이렇게 풀무가 달린 고로를 1000도 이상이 될 때까지 충분히 가열한 다음, 철광석과 목탄을 넣고 송풍관을 통해 강하게 바람을 불어 넣는 것부터 시작한다.

　　復 자의 갑골문과 금문은 고로에 바람을 불어 넣어주는 풀무의 모습을 정확히 표현하고 있다. 갑골문 復 자는 가운데 가늘고 긴 형태가 풀무의 몸체이고 위아래로 통풍관이 있으며 아래에는 발판 위에서 풀무를 작동하는 발[지(止)]의 모습이 더해졌다.

　　금문은 보다 개량된 형태의 풀무의 모습이다. 풀무에 바람을 넣을 때는 반복적으로 밀고 당겼기 때문에 여기서 復 자에 반복이라는 의미가 생겨났다. 이처럼 최초의 고로는 전국 시대에 발명되었고, 이로부터 1500년이 지난 11세기에 아랍인들에게 전해졌으며 14세기에는 서아시아를 통해 유럽으로 퍼진다.

　　고로에서 불순물이 제거되고 녹아내린 쇳물을 주철(鑄鐵)이라고 한다. 주철은 단단하지만 부서지기 쉬워서 고대에는 제대로 사용되지 못했다. 틀에 부어 제조하는 방식으로 원하는 형태를 만들 수 있었지만 경도가 낮아 무기로는 부적합하고 주로 농기구를 만드는 데 쓰였다. 그래서 고대 중국인은 철은 수준이 낮은 금속이라는 의미의

악금(惡金)이라고 불렀고, 무기나 제기를 만드는 청동에는 미금(美金)이라는 미칭을 붙여주었다.[7]

이에 비해 전국 시대에 개발된 단철(鍛鐵)은 단단한 성질 때문에 무기를 만들기에 적합했다. 이때부터 검, 창, 방패는 물론 톱 모양의 거(鋸)와 송곳처럼 날카로운 추(錐)와 같은 무기도 철로 만들어냈다. 악금의 환골탈태가 시작되었던 것이다.

철기 가공법을 보여주는 글자

아직 청동기 시대에 머물렀던 갑골문과 금문에는 철과 관련된 문자가 있을 리 없다. 金 자 역시 금문에서 처음으로 나타난다. 대신 갑골문과 금문에는 야(冶) 자가 보이는데 이 글자는 청동기를 녹여서 무엇인가를 만드는 야금(冶金)을 의미한다. 冶는 금속이 얼음처럼 녹는 현상을 표현한 것이다. 『설문해자』에서는 冶 자를 이수변(冫)의 얼음이라는 의미와 이(台)의 발음으로 구성된 형성자로 설명한다.

冫 자를 우리는 보통 이수변으로 읽지만 원래 발음은 빙(冰)으로 얼음을 나타낸다. 얼음을 가리키는 글자를 새로 만들지 않고 물(氵)에서 점 하나를 생략해 얼음을 표시했다. 얼음이란 온전한 물에서 무언가 부족한 불완전한 상태라고 생각했던 것이다.

이수변으로 구성된 글자에는 춥거나 언 것을 표현하는 경우가 많다. 얼음 빙(冰), 액체가 언 응(凝), 땅이 언 동(凍), 초목이 얼어 시든 조(凋), 얼음이 가득한 계절 동(冬), 차가움 랭(冷), 추운 날씨 한(寒) 등은 모두 이수변으로 구성되었다.

그런데 이런 얼음을 나타내는 冫가 금속이 녹는다는 의미의 冶 자에 포함된 이유는 무엇일까? 아마 금속도 평소에는 고체 상태로 단

금문 이수변(冫)

단하지만 적당한 조건이 갖춰지면 녹으므로 얼음과 유사한 속성을 가졌다고 생각했기 때문일 것이다.

고대인에게 금속 가공 과정은 신비로운 마법과 다르지 않았을 것이다. 어떤 특수한 돌을 골라 특정한 조건에서 높은 온도로 가열하면 부드러운 액체로 변한다. 액체 상태의 이 신기한 물질은 자유자재로 모양이 바뀌니 다양한 틀에 부어 넣어 원하는 모양을 만들 수 있었다. 틀에 부어진 액체를 차갑게 식히면 다시 돌보다 단단하면서도 아름다운 광택이 나는 매혹적인 사물이 완성되었다.

그런데 우리가 보통 '야하다'고 말할 때도 이 冶 자를 쓴다. 표준국어대사전에서는 '야하다'를 '천하게 아리땁다'는 의미로 정의한다. 이는 옛날 쇠붙이나 금속 조각을 얇게 펴서 화려한 문양을 만들어 붙이는 금속 공예 작업에서 유래했다. 반짝이는 쇠붙이가 배경과 어울리지 않게 반짝거리는 모습에서 천박하다는 인상이 생긴 것이다. 한문에서도 지나치게 화려하게 화장한 것을 야용(冶容)이라고 한다.

冶 자는 청동기나 철기를 다루는 가장 기본적인 기술을 나타내는 글자이다. 그런데 冶 자는 철기가 본격화되는 전국 시대부터 지역별로 글자의 형태가 달라진다.

청동기 단계에서는 금문 冶 자가 금속을 녹여 주물에 붓는 단순한 과정을 나타냈지만, 철기 단계에서는 같은 글자로 복잡한 금속 제련 기술까지 표현하게 되었다. 지역에 따라 서로 다른 형태의 글자가 사용되었다는 말은 각 지방마다 고유의 제련 기술이 개발되었음을 보여준다.

위에 제시된 각 글자가 표현하는 구체적 내용이나 방법을 정확히 확인할 수는 없다. 아마도 금속을 불 위에서 가열한 다음 단단한 돌이나 모루 위에 올려놓고 망치로 때려서 불순물을 제거하는 각기 다른 제련 기술의 세부 공정을 표현한 것으로 추측된다.

청동기나 철기의 제작 과정을 보여주는 또 다른 글자는 바로 해(害) 자이다. 害는 원래 '나누다'는 의미의 할(割) 자와 뜻이 같았다.

금문 害 자는 구리 용액을 부어 주조시킨 다음 냉각된 주물의 거푸집을 칼로 가르는 모습이다. 이처럼 거푸집이 깨지고 갈라진 모습에서 '해치다'는 의미가 파생된 듯하다. 나중에는 분할(分割)하다는 의미의 割 자가 생겨나 본뜻을 대체하게 되고, 害에는 해치다는 의미만 남았다.

모범(模範)의 模와 範 자는 청동기나 철기를 만들 때 먼저 흙으로 만들었던 모형과 틀을 말한다. 이 기본 틀이 잘 만들어져야 주물로 제대로 된 제품을 만들 수 있었다. 여기에서 지금 우리가 사용하는 제도나 관습의 기준을 나타내는 의미로 발전했다.

전국 시대에는 金을 부수자로 하는 형성자의 수가 크게 증가한

금문 해(害)

금문 금(金)

다. 철기 발달과 함께 금속 기물을 주조하는 다양한 방식이 개발되고 여기서 생산된 기물의 종류가 많아진 결과일 것이다.

금속에 글자를 새기는 전통이 단절되다

전국 시대 중국 동남 지방의 오월 지역은 강철로 제작한 명검과 관련된 고사가 많은 곳이다. 이곳은 청동기보다 강한 철제 무기를 생산하기 위해 제작 공정을 연구하고 재료의 혁신을 선도했던 지역으로 명성이 높았다.

간장(干將)과 막야(莫耶)는 특히 명검을 잘 만들었다고 전해지는 전설의 부부이다. 오나라 왕 합려(闔閭)는 군사력을 강화하기 위해 오자서(伍子胥)와 함께 축성을 하고 군사에게 전술 훈련과 말타기 교육을 시켰다. 하지만 탁월한 무기를 갖추지 못해 간장과 막야에게 명검을 만들게 했다.

간장은 심산의 정기를 받은 철광을 캐고 천지사방의 기운이 서린 구리 광석을 채굴해 와서 천기와 지기의 음양을 조화시켜 쇠를 녹이려고 했으나 좀처럼 방법을 찾을 수 없었다. 석 달이 지나도 방법을 찾지 못하자 간장의 부인 막야가 몸을 정결히 한 다음 스스로 용광로에 뛰어들었다. 이에 간장은 남녀 아이 300명으로 하여금 용광로를 두드리면서 풀무질을 시켰는데 이때 비로소 쇳물이 녹아 두 자루의 명검을 얻을 수 있었다.

쇠를 녹여 칼이나 종을 만드는 데 인신 공양을 한다는 비슷한 이야기는 우리나라에서도 찾아볼 수 있다. 이 고사는 『오월춘추(吳越春秋)』나 『수신기(搜神記)』 등에 기록되어 전해지는데 책에 따라 약간씩 내용이 다르다. 아마도 철기를 처음 생산해내는 과정에서 겪었던 다양한 시행착오와 어려움을 이런 과장된 이야기로 만들었던 것이 아닐까 생각된다.

강소성 소주(蘇州)에 위치한 오왕 합려의 무덤 호구(虎丘)에는 시검석(試劍石)이 있는데 간장과 막야 등 오나라의 명검 제조자들이 검의 강도와 날카로움을 시험했다고 한다. 이곳 호구에는 합려의 명검 3000자루가 묻혔다는 전설도 전해진다. 이 소문을 듣고 진시황이 합려의 무덤을 파고 검을 찾으려 들자 호랑이 한 마리가 나타나 무덤 위에 웅크리고 앉아 도굴을 방해했다고 한다. 여기서 호구라는 이름이 생겼다. 진시황이 파다 만 굴은 그 뒤로 물이 고여 연못이 되었는데 검지(劍池)라고 부른다.

이처럼 전국 시대부터 오월 지방은 철기 제작으로 유명한 곳이었는데 최근에는 이를 실증할 유물들이 속속 발견되고 있다. 이 가운데 청동검의 대표적 유물로는 1965년 호북성 강릉현(江陵縣)에서 발굴된 춘추 시대 말기 월나라의 구천검이 있다. 이 검은 발굴 당시에도 사람을 벨 수 있을 정도로 날이 서 있었다고 한다. 검의 하부에는 '월왕구천자작용검(越王鳩淺自作用劍)'이라는 8자의 명문이 새겨져 있다. 구천은 와신상담의 주인공 월왕 구천(勾踐)과 같은 발음이다. 길이 55.7센티미터의 장검으로 발견 당시 녹슨 곳 없이 어둠 속에서 빛을 발하고 있었다고 한다. 오월 지역이 명검의 산지로 알려져 있긴 했으나 실제로 유물이 발견된 것은 월왕구천검이 처음이다.

그런데 이 검이 발견된 지역은 월나라 지역이 아니라 초나라 수도가 있던 곳으로 이 부근에서는 나중에 구천의 원수였던 오왕 부차(夫差)의 검도 발견된다. 아마도 초가 오와 월을 멸망시키고 가져온 전리품이 오랫동안 무덤에 묻혔다가 발굴된 듯하다. 구천검에는 당시 남쪽 지방에서 사용되던 서체가 새겨졌는데, 필획이 복잡하며 모양이 새의 머리 모양을 닮았다고 해서 조서체(鳥書體)라고 불린다.

현재 발굴된 유물 가운데 철제 무기에 문자가 새겨진 것은 오왕 부차와 월왕 구천의 검뿐이다. 이때 이후로는 더 이상 검이나 철제 무기에 문자를 새기는 전통이 이어지지 않았다. 청동기를 만들 때 점토로 빚은 주물 틀에 글자를 새기는 일은 크게 어렵지 않았다. 그러나 철기를 제련하기 위해서는 고로에서 달군 철을 반복적으로 두드려주어야 했기 때문에 여기에 글자를 새기기란 불가능에 가까웠다. 문자가 새겨진 오월 지방의 철제 검이 천하 명검으로 유명했던 이유는 바로 이런 고난도의 기술을 구현했기 때문이다.

한편 고온에 철을 녹여 주형틀에 부어 제조한 주철은 강도가 낮아 무기를 만들 수는 없고 농기구를 제작하는 데 사용되었다. 평민이 사용하는 이런 일상 용품에 공을 들여 문자를 새기지는 않았을 것이다. 중국 역사에서 청동기나 철기라는 금속 제품에 문자를 새기는 전통은 더 이상 지속되지 못했다.

5장

혁신과 개성의
전국 시대

전국 시대의 시작

춘추 시대는 동방의 제(齊), 북방의 진(晉), 남방의 초(楚)가 순서대로
패자가 되어 주도하던 시대였다. 춘추 말기부터 각 제후국 내에서 대
부들 간의 토지와 재산을 둘러싼 내란이 빈번하게 발생한다. 그때마
다 대부들에게 권력이 집중되면서 힘이 제후들을 능가하게 되었다.
춘추 시대 초기 제후가 주 왕실보다 강력해졌던 것처럼, 춘추 시대 말
기부터는 한 국가 안에서 대부가 제후보다 힘이 커졌다.

이런 사회적 변화를 보여주는 유물이 앞에서 살펴본 후마맹서
이다. 이 맹서는 진(晉)나라의 유력한 대부였던 조씨(趙氏)가 자신의
가신들과 행한 서약문이다. 춘추 시대 제후만의 특권이었던 맹서 의
식을 이제는 대부도 시행할 수 있었던 것이다. 진나라는 결국 유력한
대부들에 의해 나라가 셋으로 쪼개지는데 이때를 전국 시대의 시작으
로 본다. 춘추 시대 첫 번째 패자의 나라였던 동방의 강대국 제나라에
서도 대부 전씨(田氏)가 제후를 몰아내고 새로운 제후가 된다. 남방에

는 춘추 시대의 또 다른 패자였던 초나라가 건재한 가운데 서쪽의 진 (秦)과 동북쪽의 연(燕)이 새로운 강대국으로 성장하면서 전국칠웅 (戰國七雄)이라는 일곱 국가가 서로 전쟁을 통해 세력을 키우는 전국 시대가 본격적으로 막을 올린다.

전국 시대 7대 강국은 모두 자신만의 연대기를 서술했다. 하지만 진시황이 전국을 통일하면서 진나라를 제외한 나머지 육국의 역사는 모두 불태워버렸다. 분서갱유(焚書坑儒)로 알려진 이 사건을 통해 전국 시대의 다양한 역사적 기록물이 사라져버렸다. 사마천은 할 수 없이 진의 연대기에 기초해서 나머지 전국 시대의 역사를 서술해야 했다. 하지만 중국 서쪽 변방에 치우쳤던 진나라에서 동방의 여섯 나라의 사정을 정확히 파악하고 기록하는 데는 한계가 있었다. 결국 진의 관점에서 서술된 전국 시대 역사에는 정확하지 않은 사실과 오류가 남게 된다.[8]

전국 시대가 끝나고 600년이 지난 위진 남북조 시대에 한 도굴꾼이 미상의 무덤에서 죽간 꾸러미를 발견했는데 그중 분서갱유 이후 사라졌던 위(魏)나라의 연대기가 포함되어 있었다. 이 기록은 대나무 죽간에 기록된 연대기라는 의미로 임시로 '죽서기년(竹書紀年)'이라고 불렀는데 지금까지 이 명칭으로 통용되고 있다.

한때 위서라는 주장도 제기되었지만, 『죽서기년』은 『사기』가 근거했던 진나라 중심의 불완전한 전국 시대의 연대기를 수정할 중요한 자료로 인정받았다. 분서갱유 이후 사라졌던 나머지 육국의 역사 공백을 채울 수 있었던 것이다. 전국 시대는 다양한 제자백가가 출현하여 사상의 측면에서는 황금기라고 할 수 있지만, 육국의 구체적 사료가 사라져버린 역사의 암흑기이기도 했다.

북방의 진(晉)과 동방의 제나라는 주나라 건국의 주역들이 세운 나라로 춘추 시대에는 패권국으로서 중원을 호령하기도 했다.

갑골문 晉 자는 아래에 태양이 있고 그 위로 곡식(禾)이 자라는 모습을 표현하고 있다. 갑골문 제(齊) 자 역시 곡식이 가지런하게 자라는 모습이다. 사람들이 가꾸고 관리해주지 않으면 식물은 자연 상태에서는 이렇게 질서 있게 줄을 맞추어 자라지 않는다. 두 나라의 이름에 오랜 농업 문명의 흔적이 반영되어 있는 것이다.

진이 위치한 산서 지역은 황하 중류의 황토 고원 지대이다. 비가 많이 내리지는 않지만 작은 입자로 구성된 황토에서 일어나는 모세관 작용의 도움으로 옛날부터 건조 농법이 발전했다. 제나라가 위치했던 황하 중하류 충적 평원 역시 넓고 비옥한 토지에서 농업이 발달한 지역이었다.

그런데 이런 오랜 전통을 가진 두 나라에 보수적인 봉건 귀족들을 누르고 대부와 사를 중심으로 하는 신흥 세력이 등장한다. 진나라의 권력을 잡은 대부들이 나라를 셋으로 쪼개면서 새로운 전국 시대가 시작되었고, 제나라에서는 신흥 대부 전씨가 왕위를 탈취해 새로운 제나라 전제(田齊)를 세웠다.

이들 신흥 세력은 식객(食客)이라는 이름으로 능력 있는 인재

갑골문 진(晉)

갑골문 제(齊)

들을 초빙하여 자신의 휘하에 두고 세력을 키워갔다. 제나라 왕은 직하학궁(稷下學宮)이라는 왕립 학술원을 세워 전국의 제자백가들을 불러 모았다. 맹자와 순자 등 전국 시대를 대표하는 많은 사상가가 이곳에 모여들어 학문을 연구하고 정책을 토론하였다. 진과 제에서 시작된 우수 인재 모시기 경쟁은 다른 나라에까지 확산되어 전국 시대 역동적인 사상의 발전을 이끌어낸다.

주체적 개인의 탄생

사마천은 전국 시대에 많은 식객을 초빙하여 세력을 키운 신흥 대부 가운데 대표적인 네 명의 이야기를 자세히 기록한다. 나중에는 이들을 전국사군자(戰國四君子)라고 부르는데, 그들은 제나라 맹상군(孟嘗君), 위나라 신릉군(信陵君), 조나라 평원군(平原君), 초나라 춘신군(春申君)이다. 이들은 왕족 가문 출신으로 넓은 영지를 가졌으며 수천 명의 식객을 거느렸다고 전해진다.

조나라 평원군이 한번은 적이 공격한다는 소식을 듣고 초나라에 지원군을 요청하려고 사절단을 구성하였는데 마침 한 명이 부족했다. 이때 모수(毛遂)라는 이가 당당하게 자천했다. 이는 겸손과 절제를 미덕으로 하는 보수적인 봉건 사회에서는 좀처럼 보기 힘든 파격적 행동이었다. 스스로를 천거한 모수는 결국 능력을 십분 발휘하여 조나라를 위기에서 구해내면서 영웅이 된다. 이 유명한 사건에서 모수자천(毛遂自薦)이라는 성어가 생겨났다.

이 이야기는 고대 중국 사회가 혈연 중심의 봉건 사회에서 신분에 구속되지 않고 자유롭게 자신을 내세우는 역동적 사회로 변해가고 있음을 보여준다. 평범한 개인도 자기 능력을 기반으로 주체적 존재로 부각될 수 있음을 드러낸 것이다.

독립적 주체로서 개인이 갖는 가치에 대한 믿음은 보다 파격적인 주장까지 가능케 했다. 맹자는 덕을 갖추지 못한 왕은 단지 평범한 인간에 불과하니 자리에서 물러나야 한다는 주장을 펼쳤다. 그렇다면 덕을 갖춘 개인은 누구나 왕이 될 수도 있는 것이다. 실제로 나중에 한나라를 세운 유방은 왕족이나 귀족이 아니라 평민 출신이었다. 덕과 능력이 있다면 누구나 왕이 될 수 있다는 가설이 실현된 것이다.

전국 시대부터 사람들은 더 이상 저 세상에 있는 조상신에 기대지 않고 자기 자신을 돌아보기 시작했다. 스스로를 가리키는 재귀대명사가 없는 한자에서는 자(自) 자가 이를 대신했다. 갑골문 自 자는 원래 사람의 코를 나타냈다. 콧대와 콧방울을 모두 갖춘 완벽한 코이다. 이 글자가 '자신'을 나타내는 글자로만 사용되면서 나중에 코를 표시하기 위해 비(畀)가 결합된 형성자 비(鼻) 자가 생겨났다.

스웨덴의 중국학자 세실리아 링크비스트(Cecilia Lindqvist)는 『한자왕국』에서 원래 코를 나타내던 自 자가 자아를 나타내는 재귀대명사가 된 이유에 대한 흥미로운 가설을 제기한다.

링크비스트는 어느 날 중국 거리를 걷다가 중국인이 스스로를 지시할 때 무의식적으로 손가락으로 자신의 코를 가리킨다는 사실을 발견했다. 평소 自 자의 유래를 궁금해하던 그는 이런 문화적 습속으

갑골문 자(自)

로 인해 코가 자신을 의미하게 되었다고 생각했다고 한다. 그런데 필자가 수업 시간에 중국인 학생들에게 자신을 지시할 때 코를 가리키는지 물어보면 반은 그렇다고 하고 반은 처음 듣는 이야기라고 한다. 수십 년 사이에 벌써 그 습속이 바뀐 것일까?

그는 코를 그린 갑골문에 대해서도 재미있는 사실을 지적한다. 서양 사람은 코가 높아 코 하면 자연스럽게 측면을 떠올리지만, 중국인은 코가 얼굴에서 그다지 돌출되지 않아 정면이 코의 특징을 가장 잘 나타낸다고 생각했을 것이라는 말이다. 그래서 갑골문 自 자도 코의 정면을 표현하게 되었다는 주장이다. 중국 문화에 대한 호기심과 중국인에 대한 애정 어린 시선이 없었다면 그냥 지나쳤을 모습을 포착해낸 것이다.

봉건제를 벗어나 제국의 기틀을 세우다

진(晉)나라와 제나라가 신흥 대부를 중심으로 혁신을 이루고 인재를 등용할 때 남방 초나라와 동북 연나라, 서쪽 진(秦)나라는 아직 구체제에 머물러 중원에도 영향력을 미치지 못하고 있었다. 그 당시까지도 사회를 유지하는 체계적 법률이 갖춰지지 않아 대부분 관습법을 따랐으며, 간단한 법률 조문을 청동기에 새겨 넣는 수준에 그쳤다.

이때 중원에 자리한 위나라 이회(李悝)는 최초로 성문법을 제정했고, 이를 계승한 상앙(商鞅)은 진(秦)나라로 가서 법에 의한 통치를 제도화하였다. 이때부터 진나라는 제국으로 성장할 여건을 갖추기 시작한다.

진나라가 있던 서쪽 변경은 서주 왕실이 동쪽 낙읍으로 이전한 후로 백성의 수가 줄면서 황폐화되었지만 시간이 지나면서 자연스럽게 북방에서 이민자들이 새로 유입되었다. 귀족이 떠나면서 방치되었던 영토에 이민자들이 이주하게 되자 이제는 국가가 직접 이곳을 통치했다. 중앙정부에서 관리를 파견하여 지방을 다스리는 군현제(郡縣制)가 처음으로 실시되었다. 파견 관리들은 새로 개발된 토지에 군대를 주둔시키고, 그곳의 이주 농민들 사이에서 병사를 징집했다. 이 관리들은 봉급을 받았으며 그들의 관직은 과거 귀족이 지배하던 봉건 영지와 달리 세습할 수 없었다.[9]

진나라는 이렇게 영토를 확장하고 백성의 수를 늘려갔다. 상앙은 중앙정부가 새로 생겨난 경작지와 백성들을 직접 통제할 수 있도록 새로운 토지제도와 호적제도를 도입한다. 그러나 이런 정책은 구귀족 세력의 반감을 불러온다. 결국 상앙은 국외로 도망치다 잡혀 능지처참이라는 참혹한 형벌로 최후를 맞이한다. 상앙은 죽었지만 그가 시행한 정책은 자리를 잡아 진나라 발전의 초석이 되었다. 가장 늦게 출발한 진나라가 결국 다른 여섯 국가를 앞서는 계기가 된 것이다.

이렇게 새로운 군현제는 서쪽 진나라에서 시작되어 점점 다른 나라로 파급되었다. 하지만 중원 국가들은 여전히 과거의 봉건적인 지배 형태를 벗어나지 못했다. 결국 군현제를 기반으로 새로운 시대에 적합한 통치 형태를 갖춘 진나라가 나머지 육국을 멸망시키고 통일을 이룬다.

그런데 이회에서 시작해 상앙이 체계화한 법의 구체적 내용에 대해서는 그동안 알려진 바가 많지 않았다. 1975년 호북성 운몽현(雲夢縣) 수호지(睡虎地)의 진나라 관리 묘에서 죽간이 다수 출토되었는데, 여기에는 진나라에서 시행했던 법률의 상세한 조문과 적용 내용이 기록되어 있었다. 자세한 내용은 5부에서 다루기로 한다.

진(晉)에서 분리된 신흥 호족이 세운 조나라는 북쪽 변경에서 북방 민족과 직접 맞대었기 때문에 강력한 군사력이 필요했다. 조나라 왕은 북방 유목민의 기마 전술을 습득하고 심지어 기마 전술에 유리한 북방 민족의 복식까지 수용하였다.

당시 오랑캐를 구별하는 상징으로 중요한 것이 옷깃의 방향이었다. 중원 사람은 옷깃을 오른쪽으로 여민 우임(右任)으로, 북방 유목민은 좌임(左任)으로 복식을 입었다. 공자 역시 복식 차이로 문화적 우열을 구분했다. 만약 관중(管仲)이 제대로 나라를 세우지 못했다면 우리는 아마도 지금쯤 오랑캐가 입는 왼쪽으로 여민 옷을 입고 있을지도 모른다고 했다.

갑골문과 금문의 의(衣) 자는 우임과 좌임이 모두 나타난다. 고대에는 춘추 전국 시대처럼 중원과 오랑캐의 문명을 명확하게 구별하지 않기 때문일 것이다.

조나라 왕은 또 북방 유목민의 기마 전술을 적극 수용하였다. 춘추 시대 전쟁은 주로 전차전이었다. 전차를 몰 수 있는 숙련된 귀족 전사들의 소규모 전투만으로 전쟁의 승패가 결정되었다. 전쟁의 목적은 적을 살해하기보다 과시적인 모습으로 상대를 압도하여 승리를 쟁취하는 것이었다. 일종의 명예 전쟁이었다. 귀족만 사용하는 청동제

갑골문 의(衣) 좌임

갑골문 의(衣) 우임

무기는 주로 과시용이었다. 일반 병사는 전투에 참여할 수 없었으며 대부분 전쟁 물자를 운송하거나 군사기지를 유지하는 일에 종사했다.

그러나 전국 시대에 오면 전쟁은 상대국 영토를 빼앗기 위한 치열한 살상전으로 전개된다. 대규모 부대로 편성된 보병들은 대량 생산된 철제 무기로 무장하였고, 성을 함락하기 위한 공성전에도 참여하였다. 귀족 간의 과시적인 전차전과는 비교되지 않을 정도로 규모가 커졌을 뿐만 아니라 기간이 일 년이 넘는 장기전도 빈번했다. 이때 말을 탄 채 활을 쏘는[기사(騎射)] 최신 전투 기술은 전쟁의 판도를 바꿔놓기에 충분했다. 이런 기마 궁술을 처음 받아들인 곳이 바로 북방 유목민과 국경을 맞댄 조나라였다.

중국 고대 사회에서 복식의 차이는 문화적 우열을 상징했음에도 조나라 왕은 선진 문물을 받아들이는 데 필요하다면 감수하겠다는 열린 태도를 보여주었다. 나중에 이를 '오랑캐의 옷을 입고 기마 궁술을 받아들이다'는 의미의 호복기사(胡服騎射)라고 부르게 되었다.

전통의 강국 제와 진은 보수적인 봉건 귀족 세력을 누르고 등장한 신흥 대부들에 의해 새로운 나라가 되었다. 그래서 이 당시 능력 있는 인재들이 모여들어 제자백가라는 다양한 사상을 꽃피웠다. 변방의 진나라는 이민족의 유입과 함께 전통적인 봉건제도의 틀을 벗어나 군현제의 기틀을 닦고 전국을 통일할 체제를 갖추었다. 조나라는 문화적 편견을 극복하고 북방 이민족의 문화를 적극적으로 수용하는 실용적인 태도를 보여주었다. 이처럼 전국 시대는 전쟁이 끊이지 않았던 혼돈의 시대였지만 한편으로는 혁신과 개성의 시대이기도 했다.

6장

교육 수단이 된
동방의 문자

문자의 대중화 ― 인본주의를 이끌다

갑골문은 소수 권력자나 성직자만이 다룰 수 있는 문자였다. 이로부
터 약 1000년이 지난 전국 시대에 이르러 제자백가의 활약에 힘입어
이제 문자는 보편적인 의사소통의 수단이 되었다. 특히 순자로 대표
되는 유가 사상가들에 의해 초월적이고 절대적인 신의 존재가 부정되
고 자연의 합리적 법칙에 의거한 세계관이 보편화되면서, 문자는 신
성한 권위를 내려놓고 사람들이 자신의 생각을 표현하고 기록하여 타
인에게 전하는 도구로 자리 잡는다.

문자가 사회 구성원의 의사소통 수단이 아니라 지배층의 우월
한 권위를 보여주기 위해 사용된 사례는 중세 유럽에서도 찾아볼 수
있다. 중세 유럽 사회에서 성경은 대다수 민중이 절대로 접근할 수 없
는 문자인 라틴어로만 작성되었다.

멜빈 브래그(Melvyn Bragg)는 『영이의 힘』에서 중세 유럽 사
회에서 라틴어의 신성한 권위를 이렇게 묘사한다. 성경은 오직 라틴

어로만 기록되어서 소수의 성직자만 읽을 수 있었다. 신자들은 교회에 들어가서도 라틴어로 진행되는 설교의 내용을 하나도 이해하지 못하고 그냥 우두커니 서 있었다. 라틴어로 강독되는 성경은 신자를 계몽하거나 깨달음을 주기 위함이 아니라 단순히 신비로운 분위기를 강조하는 장식에 불과했다. 성직자는 성경을 읽다가 중요한 부분이 나오면 신자에게 알려주기 위해 종을 쳤고, 신자들은 종소리가 들리면 자세를 바로잡고 알아듣는 척했다고 한다.[10]

종교의 시대인 중세 유럽 사회에서 성경은 라틴어로 쓴 것만 인정되었다. 이런 사회적 분위기 때문에 영국에서는 14세기가 되어서야 성경의 영어 번역본이 나왔다. 존 위클리프(John Wycliffe)는 옥스퍼드 대학의 밀실에서 비밀리에 성경을 번역하여 보급하는 데 앞장섰으나 나중에 종교재판에 회부되어 이단으로 판정받아 고문을 당하고 죽었다. 라틴어가 독점해온 신성함에 도전하여 대중이 이해하는 영어로 성경을 제작하려는 시도는 인쇄 혁명의 시작과 더불어 서구 문명의 새로운 도약을 알리는 신호탄이 되었다.

인류 문명의 초기 단계에서 문자는 신과 같은 초월적 존재와 소통한다고 여겨지는 소수에게만 허락되었다. 그들과 신 사이에 어떤 이야기가 오가는지 대부분의 사람은 알 수 없었고 또 알아서도 안 되었다. 그러나 신을 감싸던 신성한 영역은 문자 사용이 늘어나면서 신비함을 잃고 그곳에 투명하고 명확한 의미를 가진 단어가 자리를 잡기 시작했다.

그럼에도 성직자들은 문자가 성역을 빼앗아가는 속도를 조금이라도 늦추기 위해 라틴어처럼 구어에서 멀어진 서면어(書面語)로만 신의 말씀을 기록했다. 살아 있는 사람들의 말과는 거리를 가진 이런 문자는 소수 성직자나 권력을 공유한 학자만이 읽고 해독할 수 있었다. 설령 일반 대중이 몇 글자를 읽는다 할지라도 그것을 해석하는 행위는 엄격하게 금지되었다.

그러나 문자 사용이 보편화되면서 사람들은 점점 신으로부터 독립해 운명이란 스스로 개척하는 것이라는 확신을 갖게 된다. 중국에서는 전국 시대에 순자가 이러한 인본주의적 전통을 확립하였다.

하늘은 사람이 추위를 싫어한다고 하여 겨울을 거두어 가는 법이 없고, 땅은 사람이 먼 길을 싫어한다고 하여 그 넓이를 줄이는 법이 없다. 군자는 소인이 떠든다고 하여 할 일을 그만두는 법이 없다. 하늘에는 변함없는 법칙이 있으며, 땅에는 변함없는 규격이 있으며, 군자에게는 변함없는 도리가 있다. —『순자』「천론(天論)」

추위가 몰려오는 것은 하늘이 명해서가 아니라 자연의 순환으로 그리되었을 뿐이다. 추운 날씨를 멈추어달라고 하늘에게 비는 것은 부질없는 짓이다. 자연은 스스로의 법칙에 의해 움직이며, 사람도 사람 사는 세상의 변함없는 원리에 따라 움직인다. 인세의 원리를 탐구하는 데 하늘에 의지할 필요는 없다. 순자는 이렇게 인간세계 원리는 인간세계 내에서 찾아야 하며 미리 정해진 운명은 없다고 단언한다.

인본주의적 세계관이 확산되면서 조상제도 다른 관점에서 바라보게 된다. 제사란 죽은 뒤에도 존재하는 영적 존재를 의식(意識)하는 행위라기보다는, 살아 있는 사람들의 기억 속에 존중의 대상으로 보존하려는 일종의 의식(儀式)이 되었다. 또한 제사를 통해 사람들은 조상을 기억하고 재생하는 모습을 후손에게 보여줌으로써, 내가 사라진 뒤에도 후손의 기억 속에서 재생될 수 있으리라는 믿음을 갖게 되었다.

동방의 제나라가 있던 산동 지역은 황하 중하류의 충적 평원에 해당한다. 산동 지역이란 현대 중국에서는 산동반도에 한정되지만, 고대 중국에서는 중원을 포함하여 지금보다 훨씬 넓은 지역을 나타내는 지리적 개념이었다. 이곳은 강에 침적된 토양이 쌓여 상류 지역의 황토 고원보다 비옥하지만 결정적으로 홍수에 취약했다. 일 년 중 비는 우기에만 집중되었고 작물이 물을 가장 필요로 하는 생장기에는 오히려 적게 내렸다. 황하 상류로부터 흘러내려오는 눈 녹은 물로 농번기의 관개를 모두 충당하기에는 부족했다. 농작물에 물을 대기 위해서는 소수의 권력자가 소유한 우물에 의존할 수밖에 없었다. 이 지역 사람들은 황하라는 큰 강을 끼고 있지만, 정작 필요할 때는 물이 부족하고 필요하지 않을 때 오히려 물이 넘쳐나는 역설적 환경 속에서 생존해야만 했다. 그래서 이곳에서는 옛날부터 대규모 인원을 동원하여 홍수 방지용 제방 공사를 추진할 막강한 권력자의 출현을 반기는 분위기가 형성되었다. 춘추 시대 최초의 패자 제환공과 진문공이 등장했던 곳이 바로 산동에 위치한 제나라와 진나라였다. 황하를 중심으로 하는 기후 환경적 요소는 이 지역의 정치 구조를 결정하는 데 적지 않은 영향을 주었던 것이다. 한편 이 지역은 문예 수준이 높은 곳으로서 유가를 비롯한 주요 철학이 발원한 곳이기도 했다.

산동 지역 동쪽에 위치한 제나라는 원래 주의 개국공신 강태공이 분봉된 유서 깊은 나라였다. 춘추 시대 환공 때는 관중의 도움으로 첫 번째 패자의 나라가 되었다. 그러나 기원전 387년 대부 출신 전씨가 군주를 폐위시키고 스스로 왕이 되었다. 이때부터 앞선 시대와 구별하기 위해 전제라고 부른다. 전제의 군주들은 신하가 왕위를 찬탈했다는 도덕적인 비난에서 자유로울 수 없었다. 그래서 그들은 대중의 지지를 얻을 새로운 문화정치를 모색하였는데 대표적인 것이 바로 수도에 세운 왕립 학술원 직하학궁이다.[11]

왕실이 주도하여 설립한 학술기관에 초빙된 학자들은 관직은 받을 수 없었고 대신 신분을 보장받으며 학문 연구와 토론에만 집중하였다. 직하학궁이라는 열린 학습 공간에서 자유로운 사상을 펼친 대표적 사람이 맹자이다. 제나라 선왕이 맹자에게 던진 첫 번째 질문은 바로 '신하가 군주를 몰아내고 혁명을 일으키는 것이 과연 타당한가'였다. 맹자는 천자가 천자의 자격을 갖추지 못했다면 그것은 개인에 불과하다며 역성혁명의 당위론에 힘을 실어준다. 천명은 덕을 갖춘 군주에게만 주어지는 것이며, 덕을 잃은 군주에게는 천명이 바뀐다는 혁명론을 제시했다.

혁(革)은 원래 털을 제거한 다음 완전히 새롭게 가공한 동물 가죽을 말한다. 갑골문 革 자는 머리와 몸통 꼬리를 모두 갖춘 동물의 가죽을 펼쳐서 걸어놓은 모습이다. 갑골문을 몰랐던 허신은 革 자에서 어렵사리 30년이라는 글자를 찾아낸다. 30년이면 한 세대가 변하고 도(道) 역시 변하기 때문에 혁이라고 했다는 것이다. 갑골문을 한 번이라도 봤다면 이런 억지 해석을 내놓지는 않았을 것이다.

갑골문 명(命)과 령(令)은 같은 글자였다. 예관을 쓴 사람이 무릎을 꿇고 신의 계시를 받는 모습으로 해석되기도 한다. 금문에서는

갑골문 혁(革)

갑골문 명(命)

금문 명(命)

ㅂ 모양의 축문을 담은 제기가 추가된다. 이것을 입 구(口) 자로 해석할 경우 명령을 내리는 윗사람을 환유한다고 해석된다.

통치권이 세습되는 것을 당연하게 생각했던 주나라 역사에서 맹자의 역성혁명론은 파격적인 주장이었다. 맹자 사후 절대주의 왕권 사회가 2000년이나 지속되었지만, 한 왕조가 혁명에 의해 멸망하고 다음 왕조가 명분을 갖는 현상이 반복되었다. 세습 왕조라는 전통은 변하지 않았지만, 한 왕조의 존재 이유를 반대편에서 부단히 견제하는 또 다른 힘이 존재함을 인정했던 것이다. 제나라라는 열린 사회였기에 이런 혁명적 사상이 가능했다.

직하학궁에서 교장을 맡았던 순자는 제자백가 사상을 집대성했다고 평가받는다. 나중에 진시황은 제나라 직하학궁 출신을 중간급 행정 실무자로 활용하여 천하를 통일한다.

이처럼 전국 시대에 배우고 가르치는 일이 본격화된 까닭은 성전과 궁궐에 갇혀 있던 문자가 보통 사람의 생각을 표현하는 수단으로 사용되기 시작했기 때문이다.

배우고 가르친다는 의미를 나타내는 글자는 갑골문에서부터 사용되었다. 갑골문에서 '배우다'의 학(學) 자와 '가르치다'의 교(敎) 자는 형태적으로 유사하다. 하지만 이 글자가 무엇을 표현한 것인지 아직까지 명확하게 밝혀지지 않았다.

갑골문 學 자의 아래는 건물이고 위는 두 손으로 무엇인가를 잡은 모습이다. 여기서 잡고 있는 물체가 과연 무엇인지에 대해서는 해석이 엇갈린다. 숫자 계산용 산가지라고도 하고, 물고기를 잡는 그물이라고도 한다. 전자를 따르면 학습의 내용은 숫자 셈법이고, 후자라면 그물을 짜는 평범한 기술이 된다.

그렇다면 최초의 學 자는 단순한 숫자 계산법이나 기술 등을

갑골문 학(學)　　　　　金문 학(學)　　　　　갑골문 교(敎)

배우는 일상생활을 담았다고 볼 수 있다. 금문 學 자에는 어린아이
(子)가 추가되었다. 갑골문에는 없던 학습자를 강조한 것이다.

　　그런데 갑골문 용례를 보면 學 자는 '배우다'는 물론 가끔씩
'가르치다'라는 의미로도 사용되었다. 그 후에도 가르치다라는 의미
로 사용되는 경우가 있었는데 이때 음은 효(效)로 읽었다. 가르치다
라는 의미만 나타내는 교(敎) 자는 學 자보다는 나중에 만들어진 것
으로 밝혀졌다.

　　갑골문 敎 자는 學 자에서 X 자로 표시된 배움의 대상과 학습자
인 子를 가져오고 거기에 막대기를 든 손을 추가하였다. 이 글자를 보
고 예나 지금이나 가르칠 때는 회초리가 필요하다는 식의 엉뚱한 상
상을 한다면 그것은 최근의 왜곡된 교육 현실에서 비롯한 선입견 때
문이다. 손에 든 막대기는 체벌 도구라기보다 당시에 가르치는 사람
들이 가졌던 권력과 힘을 상징한다고 해석하는 편이 타당하다.

　　그런데 갑골문 초기에 가르치다라는 의미의 단어가 별도로 존
재하지 않았던 현실은 어쩌면 그 행위가 일상적이지 않았음을 보여주
는 것 아닐까? 셈법이나 그물 짜는 방법 같은 일상 기술을 가르치는
일이라면 특별한 제한이 있지는 않았을 것이다. 하지만 소수의 특정
사람만이 비밀리에 학습하고 전수하는 것이라면 문제가 다르다.

　　어쩌면 나중에 생겨난 敎 자에 이런 의문을 푸는 단서가 있을

지도 모른다. 당시에 소수 권력자들만이 서로 배우고 가르칠 수 있는 유일한 무언가는 아마도 문자였을 것이다. 이 가설이 맞다면 敎 자와 學 자에 공통으로 등장하는 X는 갑골에 나타난 균열이거나 혹은 거기에 칼로 새긴 문자를 상징하는 것일지도 모른다.

그전까지는 소수에 의해 전수되고 특수한 목적으로 사용되었던 문자가 동방의 제나라 직하학궁에서는 본격적으로 배우고 가르치는 수단이 되었다. 한자가 생겨난 지 1000년이 지나서야 신성한 문자가 일반 대중에게 내려온 것이다.

서쪽 변방에 보존된
전통 문자

서주 왕실의 문자

서주 초기 금문은 조상에게 제사를 바치는 내용을 기록했지만 서주 말기에 들어서면서 스스로를 찬미하는 내용이 많아진다. 살아 있는 가계 구성원들은 과거에 대한 흥미를 잃고, 대신 현세의 업적을 보여 줌으로써 권력을 과시하고자 했다. 전국 시대 금문에서는 조상에 대한 찬양과 종족의 화합을 기원하는 내용을 거의 찾아볼 수 없다. 그 대신 청동기 제작 이유를 간략히 기록하거나 국가 차원에서 무기나 도량형을 규격화하면서 신뢰성을 높이기 위해 제작자의 이름을 새긴 것이 대부분이었다. 지금까지 남아 있는 전국 시대 청동기나 철기에 새겨진 문자는 대체로 이런 단편적인 내용이다.

한편 전국 시대부터는 지역별로 문자 형태의 차이가 커진다. 서주 시대 금문은 왕실 주도로 제작되어 단일한 문자형을 유지했다. 그러나 주 왕실의 권위가 약해지고 청동기 제작 기술이 각 제후국에 전파되면서 지방 특색에 맞게 금문이 제작되자 문자 형태가 조금씩 달라진 것이다.

중원 지역 진나라 계열 문자는 난서관(欒書罐)이라는 청동기 술그릇에 새겨진 5행 40자 명문에 남아 있다. 우아하고 아름다운 글씨체로 유명한 이 명문은 서주 청동기처럼 주조되지 않고 상감기법으로 글자의 홈에 금을 입혔다. 동쪽 제나라 문자는 서주 금문에 비해 선이 가늘고 세로로 긴 것이 특징이다. 제나라 문자는 청나라 말기 산서성에서 출토된 제자중강박(齊子中姜鎛)이라는 청동기 종에 새겨진 18행 170자 명문에서 볼 수 있다. 왕으로부터 태사의 벼슬에 임명된 일을 기념하여 만든 종으로 글자 형태는 서주 시대 금문과 큰 차이를 드러낸다. 중원과 동방의 제후국들은 주 왕실과는 다른 독립적인 문자 문화를 발전시키고 있었던 것이다.

주 왕실에서 사용하던 전통 서체는 서북 지역의 고립된 진나라에서 계속 사용되었다. 중원에 비해 문화적으로 낙후되었던 진나라에서 오히려 서주 시기 주 왕실의 전통 서체를 보존했던 것이다. 이는 나중에 진 제국이 천하를 통일하면서 소전체(小篆體)라는 서체로 부활하여 지금 우리가 사용하는 한자 서체의 모체가 된다. 주 왕실의 전통 서체는 중원의 유력한 제후국들의 다양한 신식 서체를 건너뛰고, 보수적인 변방의 진나라에 보존되었다가 통일 제국의 소전체로 계승된 것이다. 만약 세련된 신식 서체를 개발한 중원에 의해 전국이 통일되었다면 지금 우리가 사용하는 한자의 형태는 달라졌을지도 모른다.

전국 시대 진나라 문자 가운데 현재까지 전해지는 것으로 석고문(石鼓文)과 진공궤(秦公簋)가 있다. 특히 진공궤는 진나라가 주 왕실의 금문을 복고적으로 계승했음을 보여주는 중요 유물이다. 진공궤는 1923년 감숙성에서 출토된 춘추 시대 진나라의 청동 제기로 진경공(秦景公) 때 만들어졌다고 알려졌다. 뚜껑 안쪽에 54자, 몸체 내부

진공궤 명문

에 51자 총 105개의 문자가 새겨져 있다.

이 가운데 두 번 이상 사용된 12자의 크기와 형태가 모두 일치하는데, 이는 청동기를 주조할 때 아직 굳지 않은 흙 위로 활자 도장을 사용하여 찍어낸 결과로 보인다. 그래서 진공궤는 중국 최초로 활자가 사용된 것으로 인정받는다. 춘추 시대에 글자를 눌러 찍어낸 것은 진공궤가 유일하다. 전국 시대에는 다량의 무기나 도량형 기구를 제작할 때 글자를 도장으로 찍어내는 기술이 더욱 발전한다. 단정하고 힘이 넘치며 진나라의 강건한 기상을 나타내는 진공궤의 글자는 지금도 많은 서예가의 고문자 교본으로 활용되고 있다.

8장

조충서
─소외된 남방 문자

동서남북의 기원

중국 고대 문명은 남북이 아닌 동서 축을 중심으로 전개되었다. 상나라는 중원의 동쪽에 위치했고 주나라는 중원의 서쪽 변방에서 시작한 나라였다. 춘추 시대 남쪽의 초나라가 잠깐 등장했지만 큰 흐름을 바꾸지는 못했다. 이런 동서 대립은 현대 중국의 하북성, 하남성, 산서성에 이르는 태항산맥을 기준으로 동쪽과 서쪽을 각각 산동과 산서로 나누는 지리적 구분에서 출발한다. 산동과 산서 지역은 황하 유역으로 당시 중국 인구의 대부분을 품은 지역이었다.

전국 시대에는 서쪽 관중(關中) 지역은 진(秦), 산서의 황하 중류 지역은 진(晉)을 계승한 한위조 삼국의 무대가 되었고, 산동의 동쪽 충적 평원은 제나라가 차지하였다. 동서 축을 중심으로 지역 세력이 배치된 것이다.

기원전 343년 동쪽 제나라 위왕(威王)은 손자(孫子)를 군사로 등용하여 마릉(馬陵)에서 위나라에 대승을 거둔다. 연이어 북방 연나

368

라까지 공격하여 중원의 강자로 등장한다. 기원전 330년 서쪽 진나라는 상앙을 등용하고 국력을 키우면서 본격적으로 중원으로 진출한다. 이때부터 위나라를 사이에 두고 서쪽 진나라와 동쪽 제나라가 대립하는 시대가 시작된다. 진과 제라는 동서 강대국의 대립은 전국 시대 말기까지 계속된다.

제나라의 수도 임치는 인구 60만 명을 넘어 당시 중국에서 가장 크고 번화한 도시였다. 임치에서 발굴된 성내의 주요 도로는 폭이 20-30미터나 되었다. 도시계획에 따라 동서남북으로 큰 도로를 내고 그 사이로 건물을 배치하였다. 특히 직하학궁을 중심으로 기원전 4세기 약 70여 년 동안 제자백가의 활동이 절정을 이루었다. 진나라도 상앙의 부국강병책을 도입하여 국력을 키우면서 이곳 직하학궁 출신의 학자를 채용하여 제국으로 도약했다.

진나라는 멀리 있는 강대국 제나라와는 가급적 충돌을 피하면서 우호적 관계를 유지하고, 가까이 있는 나라부터 공략해가는 원교근공(遠交近攻) 정책으로 각 나라를 하나씩 점령했다. 한때 진이 서제(西帝)를 칭하고 제가 동제(東帝)를 칭하는 데 합의하여 잠시나마 평화 관계를 유지하기도 했으나 이 협정은 곧 폐기되었고, 진은 합종연횡(合從連橫)이라는 복잡한 외교술까지 동원하여 제나라를 포함한 육국을 멸망시킨다.

전국 시대 문화의 중심과 표준은 중원의 진나라와 동방의 제나라에 있었다. 이들 선진국에서는 새로운 서체가 개발되었지만 결과적으로는 후대로 계승되지 못했다. 반면 서쪽 변방의 낙후된 진나라는 새로운 서체를 개발하지 못하고 과거 서주 시대 서체를 그대로 답습하였다. 하지만 그 덕분에 진의 통일 이후 전통의 서체가 지금까지 계승될 수 있었다.

그런데 우리는 왜 공간을 동서남북이라는 네 요소로 구분할까? 대부분의 언어에서 공간을 구분하는 단어는 모두 넷이지만 그 기원은 조금씩 다르다.

서양에서는 북반구 북극성을 공간의 기준점으로 삼아 여기에서부터 반대쪽 남, 해가 뜨는 동, 그리고 해가 지는 서 순으로 북남동서라고 부른다. 그 반면 중국에서는 태양의 궤적을 기준으로 했다. 인공 구조물이 없던 시절 광활한 대지에서 공간의 기준점을 찾기란 쉽지 않았을 것이다. 이때 매일같이 똑같은 위치에서 떠오르고 지는 태양은 그 무엇보다 확실한 기준점이었을 것이다. 태양이 뜨고 지는 곳이라는 두 방향과, 태양이 가장 높이 올랐을 때 그림자가 있는 곳과 없는 곳이라는 두 방향을 모아 사방(四方) 동서남북이라고 불렀다.

그런데 方 자는 원래 사각형을 의미했는데 동서남북을 사방이라고 한 이유는 무엇일까? 세라 앨런(Sarah Allan)은 『거북의 비밀, 중국인의 우주와 신화』에서 그 이유를 이렇게 설명한다.

인간의 사유는 위와 아래, 하늘과 땅, 동쪽과 서쪽과 같이 자연스럽게 양자를 대립시켜 생각하는 경향이 있다. 그러나 이원론은 우주론의 관점에서 보면 충분치 못하다. 그래서 사람은 원의 중앙이나 사방의 중심축, 즉 대립점이 존재하지 않는 절대적 위치에 섰을 때 가장 조화로운 느낌을 갖는다. 한자 아(亞) 자에 보이는 중심축이 바로

갑골문 아(亞)

금문 아(亞)

亞형이 보이는 청동기 명문

이런 공간이다. 이곳은 죽은 자가 안식을 얻고 조상의 영혼이 제물을 받는 곳이다. 그래서 상나라의 묘실은 亞형으로 설계되었고 시신은 가운데 안치되었다.

갑골문과 금문에 보이는 亞 자는 4개의 사각형이 붙어 있는 모습이다. 四方이란 4개의 사각형이 동서남북에 있다는 의미였다.

세라 앨런은 상나라 사람은 세상을 4개의 사각형으로 둘러싸인 사각형 형태 즉 亞형으로 간주했다고 본다. 그래서 왕족 묘실도 亞형이고, 청동기 명문의 부족 휘장이나 조상 이름도 亞형 부호가 둘러싸고 있다는 주장이다.

남방 문화에 대한 편견

한자에서 동서남북 네 글자는 모두 처음부터 방향을 지시한 것이 아니었다. 이 가운데 동(東) 자와 서(西) 자의 기원에 대해서는 6부에서 자세히 이야기하기로 한다.

남(南) 자는 원래 상나라 시절 남쪽 지방에 살던 사람들이 사용하던 북을 표현했다. 나중에 이 글자로 그 민족이 사는 남쪽 지역을 가리키게 된 것이다.

갑골문 복사에서는 남(設)이라는 정인의 이름이 자주 등장한

갑골문 남(南)

갑골문 고(鼓)

다. 이 글자는 북을 나타내는 南 자와 북채를 든 손이 결합된 글자로 갑골문 고(鼓) 자와 유사한 구조이다. 아마도 이 정인은 남방 출신이었을 것으로 추측된다. 최근까지도 중국 남방의 깊은 산속에 살던 묘족은 위급 시에 북을 울려 서로에게 위험을 알렸다고 한다.

南 자는 또한 중심에서 벗어난 변방 지역이라는 차별적 의미도 가지고 있었다. 이에 비해, 아(雅) 자는 중원 지역에서 사용되던 악기를 표현한 글자였는데 나중에는 문화의 표준이라는 의미가 된다.

마크 에드워드 루이스(Mark Edward Lewis)는 『하버드 중국사 진·한, 최초의 중화제국』에서 황하 유역과는 다른 기후 환경적 배경을 가진 중국 남방 지역의 지리적 특성과 문화적 성격에 대해 이렇게 설명한다.

이곳은 북방의 평탄한 충적 평야와 대조적으로 고산준령과 그 사이의 습지로 이루어졌다. 남방의 농업은 산악 지대 사이의 계곡과 강 하류의 삼각주 그리고 습지대에서만 가능했다. 남방의 환경적 위협은 가뭄이나 홍수가 아니라 높은 습도였다. 고습 기후로 인해 저지대는 경작에 적합하지 않았고 오히려 질병의 근원지가 되기도 했다. 의학 기술이 발전하지 않은 고대 사회에서 습지와 우림은 역병의 발생지였고 이곳에서는 신비하고 몽환적인 특색의 문화가 발생했다.

중원 역사서에서 남방 지역은 검은 이빨에, 인육으로 제사를 지내고, 몸에 문신을 하고 머리를 기른 야만인이 사는 곳으로 묘사되곤 했다. 진나라 통일 이후 중국에 편입된 뒤에도 여전히 교화되지 않은 야만의 땅으로 간주되었다. 당시 기록에서 남방의 초나라는 주민들이 유약하고 게으르며, 정치는 혼란스럽고, 다스려야 할 영토는 너무나 방대하여 관리할 수 없는 지경이라고 평가하고 있다.

남방을 질병과 죽음의 지대로 묘사하는 것은 한나라 때까지 지속되었다. 마크 에드워드 루이스는 당시 초나라 사람에 대한 과장된 이야기를 이렇게 전한다.

> 태양의 화기가 독을 내뿜는 이 지역에 살고 있는 사람들은 성격이 급하고 다혈질이다. 이 성급한 사람들의 입과 혀는 독을 품고 있으며, 다른 사람과 이야기할 때 그들의 침이 상대에게 튀면, 피부가 부풀어 오르고 종기가 나며 부스럼이 돋기 시작한다. 그곳 주민들이 나무에 저주를 퍼부으면 나무가 시들고 새에게 침을 뱉으면 새가 땅에 떨어져 죽는다.[12]

초나라 출신으로 진나라를 멸망시킨 항우(項羽)는 관중을 버리고 자신의 고향인 팽성(彭城)에 수도를 삼겠다고 고집을 부렸다. 항우의 가신 한생(韓生)이 만류하였으나 끝내 말을 듣지 않았다. 이에 한생이 초나라 출신 항우를 무시하면서 초나라 사람은 관을 쓴 원숭이 같다고 중얼거렸다. 원숭이처럼 조바심을 내면서 무엇에도 집중하지 못하는 열등한 존재라는 비아냥이었다. 이 말을 들은 항우는 한생을 가마솥에 삶아 죽이는 극형에 처했다. 마지막 처리 방식에도 역시 초나라 사람 특유의 다혈질적인 면모가 드러난다. 남방에 대한 이런 부정적 평가는 중원의 주류 문화에 편입하지 못한 지역 문화를 왜곡하고 멸시한 데에서 비롯되었다.

남방의 초나라는 춘추 시대부터 중국 역사에 본격적으로 등장했다. 중원에서 멀리 떨어진 장강 중류의 초나라와 하류에 분포한 오와 월 지역은 대표적 남방 문화권으로 각각 고유한 문화를 지녔다.

초나라는 중원으로 세력을 확대하기 위해 북진을 시도했지만 제환공이 주도한 연합군의 저항에 부딪혀 실패하고 말았다. 그 후로도 몇 번이나 도전했지만 성공하지 못하다가, 두 번째 패자인 진문공이 죽고 권력 공백이 생긴 틈을 타 마침내 중원으로 진출하게 된다. 초나라 장왕은 대군을 이끌고 낙양 부근까지 진출하여 성대한 열병식을 개최하면서 세력을 과시하고는 다시 남쪽으로 내려갔다.

이때부터 장강 중류에서 발생한 남방 초나라가 북방 강대국 진(晉)과 대립하면서 처음으로 남북 대립 구도가 형성되었다. 당시 진나라보다 훨씬 넓은 영토를 가졌던 초나라는 중원을 정복하는 대신 남북의 팽팽한 힘의 균형을 유지하는 쪽을 선택한다.

초나라는 북방에서 망명해 온 귀족이나 지식인을 받아들이면서 중원의 문화를 적극적으로 수용했다. 당시 초에게 가장 위협되는 세력은 중원 지역 나라들이 아니라 장강 하류의 오나라와 월나라였다. 와신상담 고사로 유명한 오월의 복수극은 마침내 초의 승리로 마감되고 중국 남방은 초 문화권으로 통일된다.

남방 초나라 문화의 특징은 이곳 출신 사상가의 모습을 통해 살펴볼 수 있다. 노자와 장자의 사상은 남방 문화를 반영한 것으로 평가된다. 『사기』에 의하면, 노자가 관직을 그만두고 서쪽으로 은둔하러 가는 길에, 가르침을 청한 성문 문지기에게 하룻밤 사이에 써준 것이 『노자』라고 한다. 그런데 이 고사는 초나라 지역 은사(隱士)의 문화를 상징한다고 해석된다. 실제로 『노자』라는 책은 직하로 모여든 남방 출신 학자들이 초나라 은사의 문화를 정리한 것이라고 보는 연구자들도 있다. 장자 역시 남방 지역 출신으로 현실에 구속되지 않는 자유로운 삶을 추구했다.

노자와 장자의 사상은 중원 지역 국가를 중심으로 하는 유교의 현실 세계와 구별되었다. 공자와 맹자의 유교는 도덕을 위주로 하는 이상사회를 지향한다. 하지만 노자와 장자는 도덕을 부정하고 정치적 속박과 법률에 의한 구속을 거부한다는 공통점을 가진다. 그래서 후대인들은 노자와 장자를 묶어 노장사상으로 부른다.

전통적으로 중국의 전통은 국가주의적인 유교와 개인주의적인 노장사상이라는 2개의 큰 사상이 축을 이룬다고 평가된다. 중국 지식인들은 외면으로는 출세를 목표로 하는 유가를 표방하지만, 내면으로는 자유로움과 예술적 상상력을 추구했다. 그렇기 때문에 전통 시기 지식인은 유가 사상가로서 관리가 되어 국가에 봉사하는 것이 소명이었지만, 자유분방한 노장의 예술적 상상력을 겸비하지 않으면 속된 사람으로 천시받기도 했다. 유(有)의 철학으로서 유가와 무(無)의 철학으로서 노장이라는 두 사상이 지식인의 마음속에서 서로 대립하면서도 조화를 이루어야 했다.

남방의 화려한 문자

조충서(鳥蟲書)는 전국 시대 남방에서 사용되던 문자였다. 그러나 제국이 된 진나라가 전국 시대 서쪽 진나라 시절에 사용하던 전통 서체를 그대로 유지하면서 남방의 조충서는 주류 문화에서 밀려나게 된다. 이후 의사소통 수단으로서 문자의 기능을 상실하고 전각이나 와당의 문양 그리고 깃발 표식(旗幟) 등 특수한 용도로만 사용되는 장식용 문자로 남는다.

문자 본래의 기능을 상실하여 한동안 잊혔던 남방의 문자는 월왕구천검에 새겨진 '월왕구천자작용검' 8자 명문을 통해 다시 세상의 주목을 받는다. 이 글자들은 필획이 복잡하며 새의 머리 모양을 도안으로 사용한 조충서의 특징을 보여준다.

그런데 최근 고고학 발굴 결과 북방 진(晉)나라에서도 남방의 조충서와 비슷한 과두문(蝌蚪文)이 사용되었음이 확인되었다. 춘추 시대 말기에 작성된 진나라의 후마맹서는 물론 자작농조존(子作弄鳥尊)이라는 청동기에 과두문이 사용되었던 것이다. 과두문의 존재는 조충서의 영향력이 당시 중국 북방에까지 이르렀음을 드러낸다.

새와 벌레 모습의 글자라는 조충서와 올챙이 머리 모양 글자라는 과두문이라는 이름은 서체 이름으로 사용하기에는 너무 토속적이며 격이 없어 보이는 것이 사실이다. 주류에서 배제된 남방 문화에 대한 문화적 차별이 반영된 결과이다.

과두문이라는 명칭은 오래전 역사 기록에서 비롯되었다. 한나라 때 발굴된 고문상서(古文尙書)와 위진 남북조 시대에 발굴된 죽간 급총서(汲塚書)가 과두문으로 작성된 대표적인 예이다. 급총서의 과두문이 발굴된 극적인 이야기는 다음과 같다.

위진 남북조 시대에 부준(不準)이라는 도굴꾼이 급군(汲郡)에 있는 고대 왕의 무덤을 도굴하면서 다량의 죽간 문서를 발견했다. 부준은 이 대나무 조각들을 별것 아닌 것으로 여겨 관심도 두지 않았고 일부는 불을 밝히기 위해 태워 없애버리기까지 했다. 왕릉이 도굴되었다는 소식을 들은 주변의 관리들이 달려와 부장품을 수습했지만 그들도 다른 진귀한 부장품만 챙기고 죽간은 아무렇게나 담아 회수해 갔다. 왕실에서 이 소식을 듣고 부랴부랴 관리를 보내 확인해보니 이미 다수의 죽간이 불에 타 없어지고 남은 것들도 흩어져 원래 모습을 복원하기 어려웠다.

죽간의 문자는 당시에는 해독할 수 없는 과두문자로 기록되었다. 조정에서는 과두문자를 해독할 대학자를 모두 소집하여 흐트러진 죽간을 정리하고 분류하여 10만여 자가 넘는 방대한 분량의 문서를 정리하였고 이것을 급 지방 무덤에서 나온 문서라는 의미의 급총서라고 불렀다.

죽간을 확인한 결과 무덤은 전국 시대 위나라 양왕(襄王)의 것으로 밝혀졌다. 정리된 죽간 가운데 역사를 연대순으로 정리한 사서가 있었는데, 그것이 바로 앞서 말한 『죽서기년』이다. 그러나 이 책은 전통적인 『사기』와 다른 역사적 기록이 있다는 이유로 주목받지 못하고 세상에서 잊혔다. 이 책이 만약 과두문이라는 남방 계열 문자로 기록되지 않았다면 그 평가가 달라졌을지도 모른다.

조충서의 배경 — 고대 중국의 새 숭배 문화

고대 중국의 남방 문화는 새와 관련된 것이 많다. 남방 문자를 새와 벌레의 문자 조충서라고 불렀던 것은 이런 배경에서 비롯되었다. 새 숭배 문화는 상나라 시기부터 시작되었으며 상나라 후기 청동기에 새겨진 현조부(玄鳥婦)라는 글자는 당시의 새 숭배 문화의 단면을 보여주는 문자로 알려졌다.

금문 玄鳥婦는 오른쪽 위의 검은 새(玄鳥)가 알을 물고 있고 아래에 한 여인(婦)이 두 손으로 그 알을 받는 모습이다. 이는 앞서 살핀

금문 현조부(玄鳥婦)

상나라 건국신화에 나오는 내용의 표현으로 보인다. 상나라 시조 설의 어머니 간적(簡狄)이 세 자매와 함께 목욕하러 갔다가 현조가 알을 떨어뜨리는 것을 보고 그것을 가져다 삼켰는데 잉태하여 설을 낳았다는 것이다. 『시경』「상송(商頌)·현조(玄鳥)」에는 "하늘이 현조에게 명하여 지상 세계로 내려가 상을 낳았다(天命玄鳥, 降而生商)"라고 기록되어 있다.

새와 관련된 이야기는 주나라 건국신화에도 등장한다. 앞서 이야기한 주나라 시조 후직이 숲속에 버려졌을 때 다른 동물은 다 피해 가는데 유독 새들이 날아와 날개로 감싸주었다. 이를 신기하게 여긴 어머니가 다시 데려다가 잘 키웠다고 한다. 버려진 아이 기는 새의 보호 덕분에 살아남았던 것이다.

이처럼 고대 중국의 건국신화는 대부분 새 숭배 문화를 기반으로 한다. 이런 특징은 북쪽 유목 지역에서도 발견된다. 북방 샤머니즘에서 새는 세계수(世界樹)라고 알려진 나무를 통해 하늘과 인간세계를 연결해주는 중개자로 등장한다. 새 깃털로 장식한 샤먼은 신의 목소리를 전달하는 새의 말을 알아듣는다고 여겨졌다.

그런데 이런 새 숭배 문화를 보여주는 유물은 북방보다는 동남방 지역에서 많이 발굴된다. 중원 문화의 기원이라고 할 황하 상류와 중류 지역인 앙소 문화권에서는 새 숭배와 관련된 유적이 발견되지 않았다. 그 반면 기원전 4300년부터 기원전 2500년까지 유지되었던 대문구 문화와 비슷한 시기의 양저 문화는 황하 하류에서 장강 하류에 이르는 중국의 동쪽 해안 지대에 분포해 있었는데, 이곳에서는 새 숭배 관련 유적이 많이 발굴된다.

특히 산동성 일대에서는 옛날부터 소호족(少昊族)의 새 숭배 관련 역사 기록이 전해진다. 『춘추좌전』에 의하면 소호 황제 시절 봉황이 날아들었고, 이로 인해 새를 법도로 삼았고 관직명도 대부분 새의 이름으로 바꾸었다고 한다.

『사기』「오제본기」에 따르면 소호는 황제(黃帝)의 큰아들이며, 그가 태어날 때 봉황이 집 안으로 날아들었다고 한다. 나중에 동이족의 수령이 되었을 때 또다시 봉황이 찾아와 현조를 숭배하게 되었고 여기서도 마찬가지로 부족 이름은 물론 관직명까지 모두 새 이름으로 바꾸었다고 한다. 소호는 금(金) 자로 자신의 정치와 덕을 나타내며 금덕(金德)으로 나라를 다스렸다고 하여 소호 금천씨(金天氏)라고 불리며 우리나라 고대사에서도 자주 언급된다. 고고학 발굴 결과에 의하면 고대 중국의 새 숭배 문화는 주로 동방의 상나라에서 비롯되었음을 알 수 있다.

이런 새 숭배 문화는 한반도 역사에도 등장한다. 『후한서(後漢書)』「동이전(東夷傳)」 부여조(夫餘條)에는 부여의 시조 동명(東明)의 탄생 설화를 이렇게 기록하고 있다.

북이(北夷)의 탁리국(橐離國) 왕이 출행했는데, 왕의 시녀가 후에 임신했다. 왕이 시녀를 죽이려 하자 시녀는 닭처럼 생긴 것이 하늘에서 내려와 자기를 임신시켰다고 말했다. 왕이 시녀를 가두었는데, 뒤에 남자아이를 낳았다. 그 이름을 동명이라 했다. 동명은 부여에 이르러 왕 노릇을 했다. 곧 부여의 시조이다.

한편 광개토대왕비에도 고구려 시조 추모왕(鄒牟王)이 하백의 딸이 잉태한 알에서 태어났다는 전설을 기록하고 있다.

상나라 신화에서 태양이 보낸 검은 새 현조는 고구려의 삼족오(三足烏) 신앙으로 전래되고 나중에는 일본에까지 전해진다. 일본에서는 삼족오를 야타가라스(八咫烏)라고 부른다. 일본의 역사 기록에 의하면 최초의 천황인 진무천황(神武天皇)은 지금의 나라(奈良) 지역인 야마토(大和)를 정벌할 때 삼족오가 길을 알려주어, 이때부터 군대의 깃발에 삼족오를 사용하면서 천황가의 상징으로 삼았다고 한다.

일본 최초의 연호인 슈초(朱鳥. 붉은 새, 태양의 새)나 아스카 시대(飛鳥時代)와 같은 명칭에도 새가 사용되었다. 일본 고유 신앙인 신도(神道)의 사원인 신사(神社) 입구의 대문은 '도리이(鳥居)' 즉 새가 머무는 곳이다. 현재 일본 축구팀 응원전에서 볼 수 있는 축구 협회의 공식 상징은 축구공을 든 삼족오가 태양 안에 선 모습이다. 한국의 붉은 악마는 중원에서 황제와 한바탕 격전을 치렀던 치우천왕(蚩尤天王)의 모습을 상징으로 사용한다. 21세기 국가 대표 대항전에 고대 신화의 상징들이 각축을 벌이는 것이다.

새의 신 — 풍과 봉

풍(風)은 풍속(風俗), 풍모(風貌), 풍격(風格)과 같이 단순히 자연의 바람만을 지칭하지 않는다. 고대 한자의 風 자는 자연에서 불어오는 바람을 가리키기보다 '교육으로 교화하다'는 의미로 더 자주 쓰였다.

風은 원래 자연현상으로서 바람을 나타내는 글자가 아니었다. 갑골문 風 자는 새를 표현한다. 머리에 신(辛) 모양의 장식을 한 깃털이 많은 봉황새이다. 이것은 지금의 봉(鳳) 자와 같은 글자이다.

갑골문 풍(風)

시라카와 시즈카는 갑골문에서 風은 사방의 신을 보좌하는 존재를 표현한 것이라고 한다. 신의 역량이 넓은 지역에 미치려면 이동이 자유로운 새의 모습을 띤 보조 신의 도움이 필요했다는 것이다.

갑골문 기록에 의하면 당시 최고신이었던 세도 풍신을 사자로 삼아 데리고 다녔다. 중국의 고대 신화를 기록한 『산해경』에도 심부름꾼으로 새를 데리고 다니는 신들의 이야기가 등장한다.

이런 풍신 가운데 가장 위계가 높은 존재가 바로 대붕(大鵬)이었다. 대붕은 태풍을 관장하는 신으로 자연의 거대하고 무서운 파괴력을 보여주었다. 『장자』의 첫 장에서 묘사한 거대한 대붕은 태풍과 다르지 않다. 북쪽 바다에 그 크기가 몇천 리가 넘는 곤(鯤)이라는 거대한 물고기가 살았는데 어느 순간 붕이라는 새로 변신한다. 붕새가 한번 날개를 펴면 수천 리가 되고 하늘을 까맣게 덮어버린다. 거대한 붕새는 큰바람이 불어야만 위로 날아오를 수 있었다. 『장자』에서의 대붕은 자연에 인격을 부여한 것이다.

鵬 자는 조(鳥) 자에 붕(朋)이 추가된 것이다. 지금은 친구를 나타내는 의미로 사용되는 朋 자는 원래 조개를 묶은 다발을 표현한 것으로 화폐의 단위를 나타내던 글자였다.

붕새가 한번 날아오르면 수많은 새들이 뒤따르는 모습이 마치 조개 다발과 같다고 해서 붕당(朋黨)이라는 단어가 생겨났다. 이때부

갑골문 붕(朋)

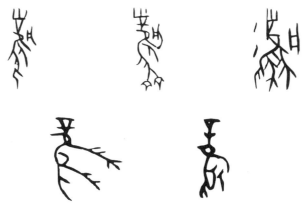

다양한 갑골문 봉(鳳)

터 朋 자는 생각이 서로 비슷한 사람들을 나타내는 단어로 사용되었다. 친구라는 의미는 여기에서 비롯되었다.

　　송나라의 구양수는 『붕당론(朋黨論)』에서 사람들이 붕당을 만드는 행위는 태곳적부터 있었던 자연스러운 일이라고 옹호한다. 다만 붕당 자체가 죄가 되는 것이 아니라 올바른 붕당을 만드는 일이 중요하다고 강조한다. 소인은 자신의 이익을 위해 붕당을 만들고 군자는 도의를 위해 붕당을 만든다는 차이가 있을 뿐이다.

　　생각이 비슷한 사람들끼리 모여 세력을 형성하는 행위야말로 인간 본성에서 비롯됐다는 주장은 조선 사대부들이 마음껏 붕당정치에 몰두할 수 있는 이론적 배경이 되어주었다. 자신들의 붕당은 소인배처럼 이익을 좇기 위함이 아니라 군자의 도의를 위해 뭉친 것이라고 믿었기 때문이다.

　　그런데 언제부턴가 풍신 숭배가 주류 문화에서 밀려나고 대신 중원 지역의 상징인 용이 그 자리를 차지하면서 벌레 충(蟲) 자가 들어간 지금의 風 자가 생겨났다. 風 자에는 鳳 숭배 문화가 소외된 역사가 담긴 것이다. 갑골문에는 다양한 종류의 鳳 자가 등장한다. 그만큼 자주 사용되고 중요한 글자였다는 증거일 것이다.

1986년 사천성(四川省) 광한(廣漢)에서 전 세계 사람들을 놀라게 한 유물이 발굴되었다. 삼성퇴(三星堆)로 불리는 이곳에서는 중국 고대 청동 문명 가운데 독특한 특색을 가진 유물이 발견되었다. 출토된 유물을 분석한 결과 지금부터 대략 4800년 전부터 시작해 2600년 전까지 2200년가량의 역사를 가진 것으로 실증되었다. 상나라는 물론 하나라가 실존했다 하더라도 그보다 더 오래된 역사를 가진 문명의 유적인 것이다.

그런데 삼성퇴의 청동기에는 문자가 기록되지 않았다. 그래서 이 유적의 주인공들이 도대체 어떤 사람들인지 확인할 방법이 없다. 다만 삼성퇴 유적 가운데 주목을 받은 것은 다름 아닌 새를 표현한 다양한 청동기였다.

10장 용의 문자

용은 어떻게 중화 민족의 상징이 되었나

이 책의 도입부에 이야기했듯 언제부턴가 중국 황제들은 자신이 진정한 용의 후손이라고 생각했다. 건물 기둥에 용을 조각하거나, 옷은 물론 기물에까지 용의 명칭을 붙여 용을 독점했다. 용이 황제를 상징하는 것이라고 최초로 기록한 문헌은 한나라 왕충(王充)의 『논형(論衡)』이며, 『설문해자』에도 용에 대해 자세한 기록이 등장한다.

> 조룡(祖龍)이 죽었다는 것은 시황제가 죽었음을 말한다. 조린 사람의 조상이고 용은 임금의 상징이다. ―『논형』
> 용은 비늘 달린 곤충 가운데 으뜸이다. 스스로 어둡고 밝게 할 수도 있었고, 가늘고 굵게, 짧고 길게 형태를 바꿀 수 있었다. 춘분이 되면 하늘로 승천하고 추분이 되면 심연으로 잠수한다. ―『설문해자』

그런데 아득히 먼 옛날부터 용은 이야기로만 전해졌을 뿐 그 실물을 본 사람은 없었다. 근대의 과학적 분석을 통해 생물 종이 분류되고 그 계통도가 명확해지면서 용이 설 자리는 점점 줄어들었다. 용은 상상의 산물에 불과하다는 점을 인정해야만 했다.

1940년대 문일다(聞一多)는 「인수사신상(人首蛇身像)을 통해 본 용과 토템」이라는 논문에서 누구도 선뜻 말하려 하지 않았던 용에 대한 환상을 깨부순다. 용은 생물계에는 존재하지 않는 허구적 생물이며 수많은 토템이 혼합되어 이루어진 일종의 종합체라고 주장했다. 용은 알고 보면 고대 중국의 황제가 여러 부족을 통일하는 과정에서 다양한 부족의 토템을 종합하여 하나의 토템으로 만든 것에 불과하다는 말이다. 그래서 용은 부분적으로는 말과 개 그리고 물고기와 사슴 등 각 동물의 일부 형태를 가지고 있지만 기본 형태는 뱀이다. 고대 사회에 존재했던 무수한 토템 가운데 뱀 토템이 나머지를 병합한 결과가 바로 용이라는 해석이다.

이런 주장은 항일 전쟁 시기 외세에 맞선 민족 단결을 강조해야 하는 시대적 분위기와 맞물려 큰 반향을 일으켰다. 중화 민족이라는 서구적 방식의 민족 개념이 본격화한 때는 청나라 말기이다. 중국의 근대 시기 지식인들이 내세운 중화 민족 개념은 청 왕조의 주류인 만주족을 배제하면서 동시에 중국 영토에 사는 모든 사람을 포괄해야 하는 모순을 해결하기 위한 미봉책에서 비롯되었다. 지금도 중국은 공식적으로 한족과 소수민족을 법적으로 구분한다. 그렇지만 이들은 중화 민족이라는 모호한 범주에서는 동등한 구성원이 된다. 결국 중화 민족이라는 경계선은 동질적인 속성을 가진 내부 구성원들의 집합에서 비롯되는 것이 아니라 외부 세력과의 대비를 통해서만 명확히 규정된다. 이 과정에서 용이라는 상징은 중화 민족이라는 모호한 집합을 단단하게 결속시켜주었다.

용이 중국인을 대표하는 본격적인 상징이 되기 위해서는 또 한 번 외세와의 충돌이라는 사건을 기다려야 했다. 그리고 그 사건은 의외로 중국 대륙이 아니라 대만에서 시작되었다.

1978년 미국은 중국과의 외교 관계를 강화하기 위해 대만과 국교를 단절한다. 여기에 충격을 받은 대만의 허우더젠(候德建)이 「용의 후손(龍的傳人)」이라는 노래를 만들었다. 그런데 그 노래가 어찌나 좋았던지 대만은 물론 중국 대륙에까지 유행하면서 명실공히 중국인의 국민가요로 정착되었다. 이때부터 용은 중국인의 마음속에 중화민족의 별칭이 되었다.

용의 전설

용에 대한 설화는 오래된 역사서에도 등장한다. 『좌전』에는 동부(董父)라는 사람이 용을 좋아했다는 이야기가 기록되어 있다. 그는 용의 기호를 미리 알고 먹이를 주었으니 용들이 그를 좋아하여 몰려들었다. 순임금이 이 이야기를 듣고 그에게 용을 기르는 일을 맡기고 환룡(豢龍)이라고 불렀다. 豢 자는 현재 자주 쓰이는 글자가 아니어서 낯설지만 고대 농경 사회에서는 일상적으로 사용되었다. 『설문해자』에는 이 글자를 두 손으로 곡식(米)을 잡고 돼지를 키우는 모습이라고

『설문해자』환(豢)

설명한다.

『사기』「하본기」에도 용을 키운 사람에 대한 이야기가 좀 더 자세하게 기록되어 있다. 하나라 공갑왕(孔甲王)이 사냥을 나가 생전 처음 보는 동물을 잡아 왔다. 주위 사람에게 물으니 용이라고 했다. 왕이 기뻐하며 전용 건물까지 지어주고 용을 키우게 했다. 유루(劉累)가 환룡에게서 용 기르는 법을 배웠다는 소문을 듣게 되어 그에게 용을 맡겼다. 유루가 용을 잘 기르자 왕이 기뻐하며 그에게 어룡씨(御龍氏)라는 성을 내렸다. 그런데 유루의 실수로 용 한 마리가 죽었고, 겁이 난 유루는 차마 이 사실을 말하지 못했다. 대신 죽은 용을 요리하여 왕에게 바치며 동해에서 잡은 물고기라고 했다. 왕이 먹어 보니 아주 맛이 좋아서 같은 요리를 또 해달라고 했다. 유루는 이제는 더 이상 숨길 수 없음을 알고 멀리 도망쳐버렸다. 정사에도 용에 대한 기록이 존재하는 것이다.

한편 옛날 엽공(葉公)이라는 사람이 있었는데 용을 아주 좋아하여 용과 관련된 물건이라면 가리지 않고 수집하였다. 하늘에 있던 용이 이 소문을 듣고 엽공을 찾아갔다. 그런데 용을 좋아한다던 엽공은 용을 보자마자 두려워 도망쳤다. 이 이야기는 공자의 제자 자장(子張)이 노나라 왕에게 했던 말이라고 전해진다. 엽공호룡(葉公好龍)이라는 고사성어로 불리는 이 이야기는 겉으로는 인재의 등용을 원한다고 말하면서도 실제로 뛰어난 인재가 나타났을 때 오히려 주저하는 태도를 비판할 때 사용되곤 한다. 용은 보일 듯 말 듯 아련하게 저 먼 세상에 존재할 때가 진짜 현실적으로 존재한다고 할 수 있다. 그 용이 구체적인 외양을 갖추고 우리 앞에 나타나면 오히려 비현실적인 것이 되어버리는 역설을 말한다.

이처럼 고대 중국의 기록에 나타난 용과 관련된 이야기는 주로

갑골문 용(龍) 금문 용(龍)

용을 키우거나 길들이는 것이 많다. 용은 아직 가축처럼 순화된 동물
이 아니었지만 그렇다고 다른 야생동물처럼 사냥의 대상만은 아니었
으며 가급적 길들여 사람 곁에 두고 싶은 대상으로 인식되었다. 용을
길들이고 순종시킬 대상으로 생각했다는 것은 문자에서도 그 흔적을
찾아볼 수 있다.

갑골문과 금문의 龍 자의 머리에는 신(辛)이라는 독특한 표시
가 있다. 앞서 밝혔듯 辛 자는 고대 형벌 가운데 얼굴 등에 문신을 새
기는 묵형을 집행할 때 쓰는 날카로운 송곳을 나타낸다. 龍의 머리에
辛이 있음은 길들여 순종케 했다는 의미로 보여진다. 심지어 辛 자는
갑골문 鳳 자에도 나타난다. 갑골문의 시대에는 용과 봉황이 모두 길
들여 순종시키는 존재임을 강조했다.

혹자는 물에 사는 입이 큰 포악한 동물을 龍이라고 불렀다고
추측하기도 한다. 실제로 악어(鱷魚, 鰐魚)의 악(鱷, 鰐) 자는 비교적
후대에 생긴 글자이다. 고대 중국의 북방 지역은 지금과 기후와 환경
이 달라 악어가 살고 있었다.

5부

제국의 한자

— 전서와 예서

1장

권위적인
제국의 탄생

진나라의 탄생

서쪽 변방의 진(秦)나라가 강국이 된 것은 급진적 법가 사상가 상앙이 기원전 356년 무렵 시행했던 일련의 정책 덕분이었다. 이때부터 진은 기존의 봉건적 질서에서 벗어나 새로운 정치조직을 갖춘 제국으로 발전했다. 대규모 종족 조직을 상호 감시가 가능한 소규모 가족 단위로 재조정하고, 위법한 자에게 가혹한 조치를 취했다. 세습적 지위나 특권은 점차 사라졌고 국가에서 인정받은 공로가 있어야만 관직을 받을 수 있었다.

이때 진은 수도를 옹(雍)에서 함양(咸陽)으로 옮겼다. 옹은 진나라 종묘가 있고 귀족들의 전통이 남아 있는 곳이었다. 그러나 함양으로 옮기면서 이런 전통과 단절하고 대신 강과 교통로가 만나는 전략적 위치를 선택하여 수도의 정치적 위상을 높였다.

상앙은 함양에 수도를 건설하면서 기궐(冀闕)이라는 새 궁전을 지었다. 1976년에 기궐 유적이 발굴되었는데, 남으로는 위수를 바

갑골문 관(觀)　　　금문 임(臨)　　　갑골문 감(監)

라보고, 북으로는 경수(涇水)를 넘는 넓은 장소에 궁궐 300여 개가 있는 규모였다.

『사기』에 의하면 기궐은 높은 누대 위에 지어져 아래로 백성들을 내려다볼 수 있었다고 한다. 이때부터 궁궐과 같이 최고 권력을 상징하는 건물 이름에는 '내려다보다'라는 의미의 관(觀) 자가 붙었다.

위에서 내려다보다라는 의미를 나타내는 한자는 觀, 임(臨), 감(監) 자가 있는데 각각 응시하는 대상이 다르다.

갑골문 觀 자는 올빼미가 날카로운 눈빛으로 무언가를 보는 모습이다. 올빼미는 어두운 곳에서도 대상을 식별할 시력을 가지고 있다. 건물 이름에 이 글자를 사용한 까닭은 언제 어디서나 백성을 감시할 수 있는 권력자의 힘을 과시하기 위한 것이다.

금문 臨 자는 큰 눈을 가진 사람이 무언가를 내려다보는 모습이다. 그 대상이 무엇인지 분명하지는 않으나 나중에는 이것이 입 구(口) 자 3개로 변하였다. 『설문해자』에서는 臨은 내려다보며 감독하는 것이라고 설명한다.

비슷한 자세로 무엇인가를 내려다보는 또 다른 글자는 바로 監 자이다. 갑골문 監 자는 한 사람이 차분하게 무릎을 꿇고 앉아서 그릇 안에 담긴 물 위에 비친 자신을 응시하는 모습이다. 고대에도 거울은 있었지만 신성한 물건으로 간주되었고 사람의 얼굴을 비춰 보는 용도로는 사용되지 않았다. 당시 사람들은 자신의 모습을 보기 위해서는 물에 비추는 방법밖에 없었다.

觀이 주로 다른 대상을 관찰하는 모습을 강조한 것이라면, 監은 조용히 자신을 비춰 보며 내면의 성찰을 추구하는 데 사용되었다. 진나라에서 궁궐 이름에 觀 자를 많이 쓴 것은 주나라 왕이 자신의 내적 성찰과 도덕적 각성을 강조했던 모습과 대조된다. 진나라 왕들은 조용히 스스로를 돌아보며 자성하는 모습의 監 자 대신, 올빼미의 눈으로 백성을 감시하는 觀 자로 자기 정체성을 나타냈다.

진시황은 통일 후 함양의 동서로 800리에 걸쳐 궁전과 부속 건물 그리고 누대를 추가로 건설하면서 제국의 수도로서 위용을 갖춘다.『사기』에 의하면 진은 다른 나라를 멸망시킬 때마다 그 궁실을 모방하여 함양의 위수 북쪽 제방에 똑같은 건물을 지었다고 한다. 최근에 함양의 궁전 유적 가장자리에서 이런 복제 건물의 흔적들이 발견되어 사실로 확인되었다.

한편 진시황은 천하의 모든 무기를 함양에 가져와 녹인 다음 청동으로 된 종과 12개의 금인(金人)을 만들었다. 각각 24만 근이나 되는 금인이 6개의 짝을 이루어 두 줄로 궁중에 서 있었다고 한다. 금인의 주조는 하나라 우임금이 구정을 주조했던 일을 떠올리게 한다. 구주 각 지역에서 가져온 청동으로 구정을 주조한 것은 천하가 하나로 통일되었음을 상징했다. 진시황은 여기서 더 나아가 천하의 무기를 모두 거두어 금인을 만들었다. 천하는 하나로 통일되었으며 더 나아가 이제는 전쟁도 없으리라는 뜻을 드러낸 것이다.

기원전 9세기경 주나라 왕실의 말을 사육하는 작은 속지에서 시작한 진나라는 기원전 672년 처음으로 중원으로 쳐들어갔다. 이때부터 조금씩 국가의 틀을 갖추었으며 전국 시대에는 중원의 열국들과 세력을 다투게 되었다.

갑골문 秦 자의 위는 양손으로 절구 공이를 잡은 모습이며, 아래는 곡식 이삭을 나타낸다. 손으로 공이를 쥐고 곡물을 찧는 행위를 표현한 글자로, 이삭을 2개 겹쳐 많음을 표시했다.『설문해자』에서는 秦은 백익(伯益)의 후손이 세운 나라이고 곡식을 심기에 적당한 곳이었다고 설명한다.

진나라가 위치했던 관중 지역은 천혜의 지리적 위치와 환경을 가지고 있었다. 황하의 가장 큰 지류인 위수 유역의 800리 충적 평야를 중심으로, 동쪽 함곡관(函谷關), 서쪽 산관(散關), 남쪽 무관(武關), 북쪽 금쇄관(金鎖關)이 둘러싸고 있다. 비옥한 토지를 가운데 두고 사방으로 천연 장벽이 둘러싼 이 지역을 관중이라고 불렀다. 사방 네 곳의 관문으로 둘러싸인 지역이라는 의미이다.

진이 관중을 중심으로 강대국으로 부상한 것은 기원전 4세기 상앙의 토지개혁에서 비롯되었다. 진효공(秦孝公)은 농업을 기반으로 군사력을 키우기 위해 상앙 주도로 토지개혁을 추진한다. 기득권

갑골문 진(秦)

을 가진 귀족들의 반발이 거셌지만 토지 국유화에 가까운 혁신적 개혁을 시행하여 통일의 기반을 닦았다.

앞서 밝혔듯 서북 변방 지역은 옛날부터 북방 유목민과 활발히 접촉했으며 개척되지 않은 땅이 많았다. 이 땅에 이민자를 이주시키고 국가가 직접 관리를 파견하여 관리하자 세습 봉건 귀족의 영향력은 점차 약해졌다. 또한 이주 농민 가운데 병사를 징집해 군대를 구성했다. 이러한 군현제의 시행은 주나라의 봉건 질서가 무너지고 새로운 제국적 정치체제가 시작되었음을 뜻한다. 진에서 최초로 시도된 토지개혁 정책은 제국의 정치적 지배 구조를 형성하는 데 결정적인 역할을 했다. (자세한 논의는 4부 5장 「봉건제를 벗어나 제국의 기틀을 세우다」를 참고하라.)

2장   문서 행정을 통한
법치의 구현

예의 또 다른 이름 법

진시황은 전국을 통일하는 과정에서 제나라 출신 지식인들을 중용하였는데 대부분 법가로 분류되는 사람들이었다. 이 가운데 한비자와 이사(李斯)는 제나라 직하학궁의 수장 순자의 제자였다.

　　순자는 원래 조나라 출신이었지만 제나라 직하학궁의 최고 학자로 초빙되었다. 그는 어느 날 진나라에 가서 국정을 접하고는 크게 감명을 받았다. 진나라는 천연의 요새에 자리 잡고 있으며, 산물이 풍부하고 백성들은 소박하여 관리의 지도를 잘 따르고 있었다. 관료사회는 규범이 엄격하였는데 이는 당시 중원의 자유주의적이고 개방적인 문화와 비교되었다. 순자는 일사불란한 정부의 통제 아래 근면한 백성들의 모습을 보고 진나라는 실로 훌륭한 나라이지만 유교를 무시하는 것이 가장 큰 단점이라며, 진나라가 대국이 되려면 유교를 채택할 것을 강력히 권고했다.[1] 그러나 진시황은 그의 조언을 따르지 않고 오히려 그의 제자였던 한비자와 이사의 법가 사상을 채택하여 통일 제국을 세운다.

순자는 인간이 다른 동물에 비해 월등한 문명을 갖게 된 것은 집단생활을 할 수 있기 때문이라고 보았다. 인간의 본성은 동물과 크게 다르지 않지만 인위적인 사회제도를 만들기 때문에 함께 모여서 생활할 수 있다는 것이다. 바로 이 사회제도를 순자의 용어로 표현한 것이 예(禮)이다. 본능을 억누르고 통제하는 예라는 제도 덕분에 인간이라는 사회적 존재가 탄생할 수 있다고 보았다. (금문 禮에 얽힌 자세한 이야기는 3부 5장 「예기—무용지물의 청동기」를 참고하라.)

사회집단 가운데 가장 높은 차원의 조직이 국가이며 예는 국가를 구성하는 최고 원리이다. 맹자가 인간 본성 내부에 원래 사회적 존재가 될 자질이 있다고 본 것과 달리, 순자는 외부 제도를 통해 인간 본성을 억눌러야 사회적 존재가 된다고 보았다. 그래서 순자의 유교는 개인의 도덕적 판단보다 외부 제도를 강조하는 객관주의 유교로 분류되기도 한다.

그런데 순자가 말했던 예는 사실 현대적 개념의 법과 크게 다르지 않다. 한비자와 이사가 강조했던 법(法) 역시 순자가 말했던 예의 범주를 벗어나지 않는다. 맹자 학파의 유가가 내면의 도덕적 반성에 기초해 스스로 절제하기를 강조했다면, 순자의 객관주의 유가와 한비자의 법가는 외부 제도를 통해 개인의 본능을 억제해야만 사회적 존재가 될 수 있다고 보았다. 순자는 이런 외적 제도를 예라고, 법가는 법이라고 불렀을 뿐 기본적인 개념은 유사하다.

공자는 사람이나 국가, 사회가 반드시 지켜야 하는 법도로서 예의 위상을 제시했는데 이때까지는 추상적인 원리에 가까웠다. 순자는 인간 본성을 통제하고 사회적 존재가 될 수 있도록 해주는 객관적 제도로서 예의 구체적 원리를 제시했다. 직하학궁에서 제자백가의 이론을 집대성하고 예를 국가 통치 원리로 격상시킨 순자의 정치철학이 그의 제자인 한비자와 이사를 통해 계승되면서 진나라의 통일 제국을 완성시켰다.

사실 법가와 유가라는 명칭은 후대에 이들의 사상을 구별하기 위해 만든 것에 불과하다. 법가와 유가 사이의 연속선상에 있던 순자의 정치철학의 영향력은 거의 주목받지 못했다. 심지어 한나라 때 유교가 국교로 격상되면서 외재적 통치 원리로서 법의 성격을 갖춘 순자의 예는 이단으로 배척되기도 했다. 하지만 진 제국의 통치 근간이 되었던 법은 공자에서 시작해 순자에서 완성된 예의 연장선에서 살펴봐야 한다.

법의 기원

중국 최초의 성문법은 위나라의 이회가 저술한 『법경(法經)』이다. 원본은 전해지지 않지만 이것을 기반으로 진나라 법률이 제정되었다고 전해진다. 진효공이 등용한 위나라의 망명 귀족 상앙은 『법경』에 기반해 법률을 제정하고 시행했다.

법(法)이라는 글자는 금문에 처음 등장한다. 상나라 때는 아직 법 개념이 생겨나지 않았기에 관련 개념을 나타내는 글자가 없었던 듯하다. 그런데 法 자의 원래 글자는 처음부터 추상적인 법률과 제도를 나타낸 것은 아니었다.

금문에서 처음으로 등장하는 法 자는 다소 당혹스러운 내용을 담고 있다. 法 자의 원래 글자는 복잡한 형태의 법(灋) 자로 해치[치(廌)]라는 동물이 죄를 지은 사람을 들이받는 모습을 표현한 것이다. 현재의 法 자는 원래 글자에서 해치가 사라지고 물 수(水) 자와 제거

금문 법(法)

할 거(去) 자만 남은 것이다. 어떤 사람들은 法 자에 담긴 이 두 가지 요소를 조합하여 법의 의미를 그럴듯하게 해석하기도 한다. 법이란 물과 같이 공평하고 사회의 불공평한 죄악을 제거한다는 두 의미가 합해진 회의자라는 것이다. 글자의 어원과는 상관없는 편리한 해석일 뿐이다.

허신이 『설문해자』를 저술할 당시에도 지금의 法 자는 없었기 때문에 고문자 灋 자로 글자의 의미를 풀이한다. 여기에서 灋 자는 형벌의 공평함이 물처럼 균등하다는 의미와 더불어, 해치가 정직하지 않은 사람을 뿔로 들이받는 모습을 동시에 표현한다고 설명된다. 최근 발견된 한나라 판관의 묘지 입구에는 고개를 수그리고 앞으로 돌진하는 한 쌍의 해치가 그려져 있다. 법이 해치와 관계 있다는 믿음이 당시에는 보편적이었음을 보여준다.

廌는 해치 혹은 해태라는 전설의 동물이다. 사슴처럼 생겼으며 뿔이 하나인 짐승으로 『신이경(神異經)』에 의하면 사람들이 싸울 때는 정직하지 않은 사람을, 논쟁할 때는 거짓말하는 사람을 들이받는다고 한다.

갑골문과 금문의 廌 자는 뿔이 2개 달린 모습이지만, 시간이 지나면서 외뿔 모양으로 변했다. 한나라 때 廌 자의 독음이 해치(獬豸)라는 두 글자로 표기되는데, 문자학자 허진웅(許進雄)은 이것은 廌 자

갑골문 치(廌)

가 원래 두 음절로 발음되었음을 보여준다고 주장한다. 한자는 한 글
자에 한 음절이 대응하지만 고대 한자의 경우 두 음절로 발음되는 것
도 있었다는 말이다. 그는 또한 廌는 고대 중국의 화북 지방에서 실존
했던 동물이었다고 강조한다. 갑골문에 노란색 털이 달린 이 동물을
실제로 포획했다는 기록이 보이며, 나중에 화북 지방의 기온이 내려
가면서 남쪽으로 이동했지만 결국에는 멸종되어 신령스러운 전설의
동물이 되었다고 한다.

廌가 실존했는지 아니면 전설상 동물인지는 알 수 없다. 다만
이 글자는 우리가 일상생활에서 자주 사용하는 法, 천(薦), 경(慶) 자
와 같은 글자에 흔적을 남겼다.

廌 자에 풀[초(艸)]이 추가된 글자 薦 자는 이 동물이 먹는 풀을
의미하던 글자였다.『설문해자』에는 이 글자와 관련된 흥미로운 이야
기가 기록되어 있다. 옛날 어느 신인(神人)이 廌를 잡아 황제(黃帝)에
게 바쳤는데 황제가 이 동물은 무엇을 먹고 사느냐고 물었다. 그러자
廌라는 놈은 薦이라는 좋은 풀을 먹으며, 여름에는 연못에서 살고 겨
울에는 송백(松柏) 아래에 산다고 답했다. 이처럼 무언가 특별히 좋은
것을 薦이라 했는데, 여기에서 좋은 것을 추천(推薦)한다는 의미가 비
롯되었다.

廌 자에 마음 심(心)이 추가된 글자 慶 자는 소송에서 이긴 해

금문 천(薦)

갑골문 경(慶)

치의 가슴에 心 자 형체를 표시해 경사로운 마음을 표현한 것이다. 역시 해치라는 동물과 관련된 이야기에서 비롯된 글자이다.

　法 자가 동물의 움직임으로 표현되었다는 것은 당시 사회가 아직 성문화된 법률 체계를 갖추지 못했다는 뜻이다. 죄인을 구별하는 데 특정한 동물의 힘을 빌리고, 그를 들이받게 해서 벌한다는 것은 아직 원초적인 법 감정에서 벗어나지 못했음을 드러낸다.

문서 행정으로 법치를 구현하다

진나라가 체계적 법률 시스템을 갖춘 최초의 국가였다는 사실은 최근 발굴된 죽간의 문자 기록으로 확인되었다. 이 죽간들을 통해 진나라의 법률[진율(秦律)]은 물론 이것을 기반으로 완성된 한나라의 법률[한율(漢律)]에 대해서도 자세히 알 수 있게 되었다.

　1975년 호북성 운몽현 수호지 진나라 묘에서 발굴된 1100여 매의 법률관계 죽간을 운몽진간(雲夢秦簡) 혹은 수호진간(睡虎秦簡)이라고 한다. 여기에는 진나라 법률 조문의 구체적 내용과 적용 사례가 자세히 기록되어 있다.

　운몽에서 출토된 법률 문서는 대부분 군주가 관리를 통제하는 데 초점을 맞추고 있다. 관리의 직무 규정, 문서 기록 원칙, 관리 임용 절차 등을 상세하게 규정하고 관리가 법조문을 해석하는 데 도움이 되는 용어 풀이도 포함되어 있다.

이 가운데 "관리가 되는 길[위리지도(爲吏之道)]"이라는 제목의 문서는 법을 집행하는 관리의 이상을 묘사한다. 관리는 지방 현실을 그대로 보고하고, 조정의 결정에 대해 자기 해석을 개입하지 않고 지방에 전하는 충실한 전달자가 되어야 한다. 이 법률 문서와 함께 묻힌 사람은 아마도 이런 원칙을 잘 지킨 모범 관리였을 것이다.[2]

1983년 호북성 강릉 장가산(張家山)에서 발굴된 한나라 초기 목간에는 한나라 시대 법률과 재판 관계 문서가 포함되었다. 한나라 법률인 한율을 기록한 목간의 내용을 살펴보면 그 수준이 당나라 시대 법률과 크게 차이가 없다고 한다. 예를 들어, 살인범에게 법을 적용할 때 그 행위가 벌어진 다양한 상황을 고려하고, 살인자와 피해자의 친속 관계 등을 반영한다. 기존 역사서는 법률의 세부적인 조항과 집행 상황을 자세하게 기록하지 않았다. 출토 죽간을 통해 진한 시기에 이미 상당한 수준의 법률 시스템이 체계적으로 구성되었음을 확인하게 된 것이다.

이처럼 죽간에 법률과 집행 내역을 직접 문자로 기록하여 남겼다는 말은 문서가 가지는 위력을 인식하고 있었다는 뜻이다. 진나라 정치의 근간은 문서 행정이었다. 최상위 권력자부터 가장 말단의 하급 관리에 이르기까지 모든 행정 절차는 문서로 진행되었다.

운몽진간에는 문서 행정의 기본 원칙이 반복적으로 기록되어 있다. 보고해야 할 일이 있으면 반드시 문서로 해야 하고, 구두로 하거나 타인을 대신해서 청할 수 없었다. 구두로 진행하는 행정 절차는 사적 청탁이 개입되고 관리의 순간적 감정이나 주관적 판단에 좌우되기 쉽다. 이렇게 되면 법과 원칙에 근거하는, 예측 가능한 판결을 기대할 수 없다는 사실을 그들은 알고 있었던 것이다.

진시황이 얼마나 문서를 강조했는지는 『사기』에도 기록되었다. 천하의 일은 크고 작음을 가리지 않고 모두 시황제가 직접 결정했다. 황제는 문서를 저울로 달아 매일 정해진 양의 문서를 처리했다. 신하는 반드시 문서로 보고해야 했고, 황제는 이를 근거로 다시 문서로 명령을 내렸다.

진시황은 자신의 권력이 어디에서 비롯되었으며 어떻게 해야 그것을 유지할 수 있는지 알고 있었다. 서쪽 변방국에 불과한 진나라 왕족의 세습 혈통이라는 명분만으로는 다양한 제후국 백성을 복종시키기에 불충분했다. 그렇다고 유가의 인과 덕에 근거한 왕도 정치를 실현할 생각도 없었다. 그가 선택한 길은 결국 황제로부터 말단 관리에까지 일사불란하게 연결되는 중앙 집권 국가 체제의 확립이었다. 변방의 하급 군사에까지 황명을 왜곡 없이 전달할 가장 좋은 방법은 문서 행정 시스템을 구축하는 것이었다. 이렇게 첫 번째 제국 진나라는 시작부터 문자의 왕국이 되었다.

우리가 아는 진한 시기 문자 기록들은 유가 경전과 제자백가의 사상서 그리고 역사서 등이다. 이것들은 처음에는 죽간에 기록되었지만 나중에 종이에 필사되고 시간이 지나면서 인쇄본으로 지금까지 전해졌다. 그러나 그 당시 국가 전체의 방대한 영역에서 기록되고 유통되었던 다량의 행정 문서는 보존되지 못하고 사라져버렸다. 이런 법률 관련 기록이 당시 문자 기록의 대부분을 차지했지만, 이런 사실은 20세기에 죽간들이 우연히 발굴되기 전까지는 모두가 잊고 있었다. 소전과 예서와 같이 간략한 형태의 한자 역시 행정 문서 작성의 편의성과 효율성을 추구하려는 배경에서 탄생했다.

3장

소전
—제국 문자의 탄생

행정 문서 작성용 간체자

진나라가 전국을 통일하고 관료 중심의 통치 체제를 갖추면서 막대한 양의 문서가 생산되기 시작했다. 그런데 전국 시대부터 각 지역 문화권별로 서로 다른 문자가 사용되면서 나중에는 서로 통용되기 어려울 정도로 차이가 커졌다. 통일 제국이 체계적 행정 시스템을 갖추기 위해서는 지역별 문자 차이를 반드시 극복해야 했다. 진시황은 전국의 모든 행정 문서에 공통으로 사용할 통일된 서체를 개발하도록 명령했다. 승상 이사는 진나라에서 사용하던 주문(籀文)이라는 글자체를 기준으로 좀 더 간략해진 문자인 소전(小篆)을 만들었다. 이렇게 만들어진 간단한 형태의 소전과 구별하기 위해 원래부터 사용하던 서체 주문은 대전(大篆)이라고 불렀다.

전국 시대 언어는 소리를 달리하고, 문자는 형태를 달리했다. 진시황이 처음으로 천하를 통일하자 승상 이사가 문자를 통일하여 진나라 문자와 합치되지 않는 것은 없애기를 상주(上奏)했다. 이사는 『창힐편』을 짓고 (…) 모두 사주(史籒)의 대전에서 취해 형태를 간략히 하고 획수를 줄였으니, 이른바 소전이라는 것이다. —『설문해자』「서」

소전체는 한나라 초기까지 행정용 문서체로 사용되다가 나중에는 예서로 대체되면서 어느 순간부터 실용적인 용도로는 사용되지 않게 된다. 그러나 소전체는 서체가 가지는 아름다운 형태와 고전적인 분위기 때문에 지금까지도 많은 서예가에게 사랑을 받는다.

특히 소전체는 형태가 복잡하고 각 글자마다 고유의 특수한 형태를 지녀서 아무나 쉽게 위조할 수 없었다. 이런 위조 방지 효과 덕분에 소전체는 오늘날까지 공적인 관인은 물론 개인용 도장의 전각(篆刻) 문자로 사용된다. 전각은 말 그대로 소전(篆)을 새긴다(刻)는 의미이다.

소전의 자형은 세로로 길쭉하고 모서리가 부드러우며 필획 두께가 일정하다. 또한 글자가 모두 균등한 크기로 질서 있게 배열되었다. 소전을 쓸 때는 모필의 한가운데 힘을 준 상태로 처음부터 끝까지 균등한 두께로 획을 긋는 중봉(中鋒) 기법을 사용한다. 이처럼 각 획의 일정한 두께 덕분에도 도장을 새길 때 편리했다.

이와 비슷하게 알파벳의 고딕체 혹은 산세리프(sans serif) 글

소전체 사(史)

소전체 화(花)

소전체 육(六)

꼴 역시 각 획의 두께가 일정하다는 특징을 가진다. 산세리프란 각 필획 끝에 독특하게 돌출된 세리프라는 장식이 없다는 의미인데, 글자를 구성하는 모든 선의 폭이 일정하여 안정감을 준다.

소전체는 상하좌우의 대칭미를 추구하는데, 이런 유려한 서체의 특징은 후대 전각 예술에 최적의 조건을 제공하였다. 앞에 제시된 소전체 글자들을 보면 좌우대칭 구조로 이루어져 안정감을 주고, 부드러운 곡선으로 구성된 획은 미적 효과를 낸다. 그런데 붓을 잡은 손에 처음부터 끝까지 같은 힘을 주어야 하는 중봉 기법은 많은 양의 문자를 쓸 때는 오히려 방해가 되었다. 그래서 소전체 다음에 생겨난 예서체에는 다량의 문자를 쓰기 쉽도록 붓을 좀 더 자유롭게 쥐고 편하게 쓰는 필법이 적용되었다.

상급 관리의 우아한 서체

소전의 소(小)란 줄이고 간략화했음을 뜻한다. 즉 소전은 진시황 때 만들어진 일종의 간체자(簡體字)였다는 말이다. 간체자란 현대 중국에서 기존 한자의 복잡한 자형을 간단하게 줄인 서체를 가리킨다. 간(簡) 자는 고대에 글자를 쓰는 대나무나 나무 조각을 말했지만, '간략하다'는 의미로도 사용되었다. 간략이란 외형은 간단해 보이지만 사실 핵심만 남긴 것이다. 즉 죽간에 문자를 쓰는 행위는 핵심만 추려 기록한다는 뜻이다. 간은 기록이고, 기록이란 핵심만 남긴다는 뜻이기에, 간략하다는 의미가 되었다.

현재 전해지는 진나라 소전체는 진시황이 천하를 통일한 후 전국을 유람하면서 남긴 각석에 남아 있다. 또한 동한의 허신은 『설문해자』에 기본 표제자로 소전 9000여 자를 남겼다. 이 글자들은 진나라 초기의 형태와 조금 달라지기는 했지만 소전의 본모습에 가장 가깝다고 평가받는다. 소전은 진나라 도량형 표준기, 황제의 조서 그리고 기념비적인 각석에 주로 쓰였다. 진시황과 승상 이사는 소전을 표준 서체로 널리 보급하기 위해 『창힐편』과 같은 문자 학습서를 발간하기도 했다.

진시황은 서동문(書同文)이라는 문자 통일 정책을 시행하여 육국의 문자를 폐지하고 진나라가 원래 사용하던 주문을 기본으로 간단한 소전체를 만들어 보급했다. 최초로 행정 문서 기록을 위한 관 주도의 규범화된 서체가 등장한 것이다. 하지만 소전으로는 감당하기 어려울 정도로 새로운 체제에 맞추어 군사 및 행정 관련 문서가 크게 늘어났다. 이에 보다 간단한 예서라는 서체가 개발되어 사용되기 시작했다.

그런데 전서(대전과 소전)와 예서라는 서체 이름은 이보다 훨씬 후대인 후한 시대 반고(班固)와 허신이 처음 사용한 것이었다. 그 전까지는 전(篆) 자는 서체 이름으로 사용되지 않았다. 원래 篆 자는 수레바퀴 등에 그려진 문양이나 장식을 나타내는 글자였다.

『설문해자』에서는 "篆 자는 인서(引書)이다"라고 풀이한다. 引 書가 무슨 의미인지 명확하지 않지만 역대 학자들의 주장을 종합하면, 篆이란 가늘고 긴 형태를 특징으로 하며, 마치 바퀴 문양처럼 부드러운 곡선을 강조하는 것이다. 이 구절은 소전체가 상급 관리가 사용하는 우아한 형태의 서체임을 나타낸 것으로 보인다.

곽말약은 전서라는 명칭은 예서 때문에 붙여졌다고 말한다. 진시황이 문자를 개혁하면서 예서를 채택했는데, 획수를 줄이고 형태를 간단하게 하여 하급 관원들이 쉽게 사용할 수 있게 했다는 것이다. 하급 관원용 문자가 예서였고 보다 상급의 관리가 사용한 서체에는 전

『설문해자』 소전체 전(篆)

서라는 이름을 붙였는데, 篆은 문서 관리를 담당하는 관리를 나타내는 연(掾) 자의 의미였다고 한다.

도필리 — 칼과 붓을 함께 지니다

최근 진나라 시절 문서를 담당하는 관리의 모습을 보여주는 유물이 발굴되었다. 진시황 능묘 근처 부장 갱에서 진나라의 신하를 사실적으로 표현한 문관용(文官俑)이 발견된 것이다. 문관용은 소맷자락 안에 두 손을 맞잡은 자세로 섰는데, 허리에는 작은 칼과 칼을 가는 도구로 추정되는 부싯돌을 차고 있다. 왼쪽 어깨에는 죽통과 죽간을 끼워 넣는 작은 구멍도 나 있다. 문자를 기록하는 관리는 붓을 머리에 꽂고 있었다. 상관이 지시하면 바로 기록할 자세를 갖춘 것이다. 글씨를 잘못 쓰면 차고 있는 칼로 죽간을 벗겨내고 다시 썼다. 행정 현장에서 신속하게 문서를 기록하고 또 효율적으로 수정할 수 있도록 준비했던 것이다.[3]

사마천은 이들이 칼과 붓을 함께 가지고 다닌다고 해서 도필리(刀筆吏)라고 불렀다. 예나 지금이나 결정을 하고 명령을 내리는 높은 지위의 사람이 직접 문서를 작성하는 경우는 많지 않다. 신속하게 문서를 작성하는 일은 주로 아랫사람이 담당했다. 그래서 도필리는 사

진나라 문관용

소한 업무에 종사하는 하급 관리를 비하하는 표현으로 사용되었다.

도필리는 진한 시대 관료 체계에서 핵심적 역할을 담당했는데, 사마천은 특히 이들 가운데 가혹한 관리[혹리(酷吏)]만을 따로 도필리라고 부르기도 했다. 사마천은 이들이 정책의 큰 틀이나 방향도 알지 못한 상태에서 법을 각박하고 엄혹하게 적용했다고 비판했다. 도필리에게는 정치를 맡기면 안 된다는 이야기는 여기에서 비롯된 것으로 지금까지도 마치 진리처럼 전해진다.

『사기』에는 가혹한 관리를 다룬 「혹리열전(酷吏列傳)」과 반대로 너그러운 관리를 다룬 「순리열전(循吏列傳)」이 있다. 혹리의 대표적 인물은 장탕(張湯)이다. 그는 가난한 집안에서 태어나 어사대부(御史大夫)라는 높은 관직에까지 오른 입지전적 인물이다. 그의 신분이 이렇게 수직 상승할 수 있었던 배경은 법 체제를 정비하고 이를 엄격하게 집행했기 때문이었다. 이에 비해, 순리의 대표적 인물은 급암

(汲黯)이다. 그는 장탕과 같은 혹리의 득세가 민심을 각박하게 만든다고 탄식한다. 급암은 도필리에게 정치를 맡기면 안 된다는 이야기는 바로 장탕을 두고 하는 말이라고 강조한다. 결국 장탕은 모함을 당해 자신이 설정한 엄격한 법 집행의 대상이 되고 말았다. 결백을 밝히려 노력했으나 나중에는 체념하고 스스로 목숨을 끊었다.

도필리에 대한 이런 부정적 평가는 유가 전통을 내세우는 상급 관료의 입장을 반영한 것이다. 진나라부터 시작된 관료 체계에서 문서 행정의 요직을 담당하는 도필리 역할은 아주 중요했고 그 수 또한 늘어나 방대한 조직을 갖추게 되었다. 그러나 그들은 정책을 결정하는 위치에 오르지 못했고 하급 집행자의 역할을 벗어나지 못했다. 유가 경전을 학습한 상급 관리들이 펼치는 덕에 기초한 너그러운 정치를 돋보이게 하기 위해서는, 각박하게 원칙만 고집하면서 법을 집행하는 하급 관리의 경직된 모습을 강조해야만 했을지도 모른다.

도량형의 통일

전국 시대에는 각 나라마다 무게와 양의 기준이 달랐다. 모두 근이라는 단위를 사용했지만 나라에 따라 그 무게에 차이가 났다. 국경을 넘는 상업자본의 힘을 빌려 천하를 제패한 진시황은 도량형을 통일하여 무역 장벽을 없애야 했다. 그는 진에서 사용하던 도량형을 기준으로 체계를 정비했다. 길이의 단위는 도(度), 부피의 단위는 양(量), 무게의 단위는 권(權)과 형(衡)으로 정했다. 진시황은 도량형을 통일하면서 무게와 부피의 단위를 통일한 표준기를 만들어 배포하였는데 여기에 소전체로 그 의미를 새겨 넣게 했다.

무게의 기준을 통일하기 위해 권이라는 저울추를 제작하여 배

진권(秦權)의 탁본

청동제 진양(秦量)

갑골문 양(量)

포했다. 權 자는 저울추를 나타낸다. 저울대(衡) 반대쪽에 권을 달고 좌우로 옮기면서 중심을 잡아 사물의 무게를 쟀고, 여기서 힘의 중심을 뜻하는 권력(權力)이라는 의미가 파생되었다.

지금까지 남아 있는 권들의 무게를 측정해보면 시간이 흘러 마모되거나 녹슬어 손상된 것을 감안하더라도 대체로 1근이 250그램 정도로 하나도 빠짐없이 모두 일정한 무게를 보여준다.

한편 일관된 부피 기준을 통일하기 위해 청동이나 도자기로 만든 측정용 그릇인 양을 전국에 배포했다. 현대에 量 자는 물건의 많고 적음, 길이, 무게, 부피 등 거의 모든 단위를 측량(測量)한다는 의미로 사용된다. 그러나 당시에는 부피 측정에만 사용되었다.

갑골문 量 자는 아랫부분의 자루와 그 안의 물건을 측정하는 데 사용한 네모난 도구가 합해진 글자이다. 자루 안에 담긴 곡식과 같은 물건을 측정하는 데 사용했던 되와 같은 도구였으리라 추정된다.

시황제는 승상과 관리에게 조서를 내려, 법도와 측량을 하나로 하지 않은 것을 모두 찾아내어 통일하도록 명령했다. 그리고 모든 도량형 표준기의 표면에 자신이 전국을 통일한 업적을 자랑하는 문구와 도량형 통일을 명한 조서를 직접 새기거나 인장으로 만들어 기록하도록 했다.

도량형 표준을 공증할 목적으로 새긴 조문은 각 표준기의 외면에 새겼다. 과거에 금문이 청동기 안쪽에 새겨진 것과 달리, 청동으로 만든 권과 양은 주나라의 제조 방식으로 만들어 바깥 표면에 글자를 새겨 넣었다. 표준기에 사용한 문자는 이사가 만들었다고 전해지는 진나라의 행정용 표준 서체 소전체였다.

저울추처럼 무게가 나가는 표준기는 청동이나 철기로 만들었지만, 부피를 나타내는 표준기는 도기로 만들어 대량으로 배포했다. 도기로 만들어진 양은 그 본체에 글자를 새겼는데, 도기를 굽기 전에 부드러운 표면에 각각 10자를 새긴 도장 4개를 찍어 40자의 조칙을 새겨 넣었다. 이때 하나하나 글자를 쓰기보다는 도장을 미리 만들어 찍어내면 다량을 제작할 수 있다는 사실을 알게 된다. 앞서 전국 시대 진나라에서 만들어진 진공궤에서도 비슷하게 도장으로 찍어낸 글자들이 있었다. 이는 인쇄술의 기원이라 할 수 있다. 도장으로 문자를 다량 찍어내는 방식은 당시 건축에 사용한 벽돌에도 활용되었다.

(秦 왕조가 천하를 통일하니) 온 천하 사람들이 다 秦의 신민이다. 국가

벽돌에 새겨진 소전(海內皆臣, 歲登成熟, 道無飢人).[4]

가 강성해지고 국고가 충실하니, 길거리에 굶주리는 사람이 없다(海內 皆臣, 歲登成熟, 道無飢人).

다량으로 찍어내는 문자에는 상급 관리가 사용하던 우아하고 예술적인 소전체를 썼다. 통일된 도량형 표준을 가급적 많은 사람에게 보여주기 위한 용도로 제작된 각종 표준기에 소전체를 홍보용 서체로 사용했던 것이다.

4장

예서
―또 한 번의 간략화

권력자가 통일시킨 한자 자형

진나라는 한자의 역사에 중요한 획을 두 번이나 그었다. 고대 한자 서체 가운데 가장 대표적인 소전과 예서를 개발한 것이다. 예서 개발에 얽힌 이야기는 앞선 소전의 그것과 비슷한 점이 많다. 강력한 권력을 가진 누군가가 주도하여 의도적으로 자형을 통일시키거나 간략화했다. 소전이 각 지역에서 사용하던 글자 형태를 정리하고 중앙의 표준 자형으로 통일했다면, 예서는 그 통일된 자형을 좀 더 간략화했다. 한자 서체가 이처럼 소수 권력자들의 인위적 개입으로 변화한 것은, 그 전까지 문자가 장구한 세월 동안 서서히 변해온 경우와는 확연히 달랐다.

이러한 경험은 이후 역사에서도 반복된다. 가장 최근 사례로는 지금부터 70여 년 전 중국 정부가 한자의 자형을 간략하게 만든 간체자 사용을 일방적으로 선포한 것이다. 이번에도 그 명분은 2000년 전 소전과 예서를 만들 당시와 크게 다르지 않았다. 다만 이번에는 번잡한 획수와 복잡한 자형 때문에 한자를 익히기 어려워하는 인민들의 처지를 고려했다는 친절한 설명이 추가되었을 뿐이다.

예서라는 명칭이 처음 보이는 기록은 『한서(漢書)』의 고대 문헌 정보를 수록한 『예문지(藝文志)』이다. 감옥에 송사가 많아졌으나 소전은 복잡하고 사용하기 어려웠기에 좀 더 간단하고 쉬운 문자를 개발하여 노예들의 일을 다루는 데 썼다고 기록되어 있다. 『설문해자』에도 관청에서 송사가 많아지자 간략하고 쓰기 편한 예서를 개발하여 일을 신속하게 처리했다고 나온다. 하지만 예서는 글자를 간단하게 만드는 데만 치중하였기 때문에 고문자와의 형태적 연결성이 단절되는 계기가 되기도 한다. 형태를 단순화하면서 실용성을 높인 대가로 전통 글자의 형태와 단절되는 기회비용을 치른 것이다.

예서에 얽힌 다양한 전설

민간에서는 예서의 탄생과 관련해 이보다 훨씬 다양하고 드라마틱한 설화가 전해진다. 예서라는 명칭이 한나라 때부터 사용된 것은 분명해 보이는데, 이름에 평범치 않은 노예 예(隸) 자가 들어간 데에서부터 여러 흥미진진한 에피소드가 나올 것임을 암시하고 있다.

일설에는 진시황이 정막(程邈)이라는 사람에게 예서를 만들게 했다고 한다. 우리나라에도 진시황 때 서예가 정막이 옥중에서 예서를 개발했다고 알려졌다. 그러나 이 당시는 서예라는 예술 장르가 생겨나기 전이다. 그가 옥중에서 글자를 만들었다는 것도 앞뒤 맥락이 생략된 채 전해지는데 아마도 상상의 소산일 가능성이 높다.

이 밖에도 예와 관련된 설은 다양하다. 진나라 때 죄를 지어 관노가 되거나 노역에 종사하는 직위가 낮은 사람들을 예인이라고 불렀는데, 그들이 사용하는 행정 사무용 문자를 낮추어 표현한 것이라는 주장도 있다. 최근에는 예서가 공식 서체인 소전을 보조하는 좌서(佐書)였다고 해석하기도 한다. 소전에 종속된 격이 낮은 서체라는 의미의 예라는 것이다.

공문서는 양식과 서체를 일상 기록과 달리하여 문서에 권위를 부여하고 행정을 효과적으로 수행한다. 오늘날에도 임명장이나 졸업장 등 대외 공표용 공식 문서의 서명란에는 소전으로 도장을 새겨 장엄함을 드러낸다. 소전은 탄생 순간부터 지금까지 격조 있는 글자체로 존중받는 것이다.

비슷한 시기 탄생한 예서의 운명은 이와는 달랐다. 예서는 소전에 비해 격이 낮다고 간주되어 영구적으로 보존할 목적인 금석문이나 비문에는 새기지 않았다. 이는 당시 예서의 사회적 위상을 고스란히 보여준다. 진나라 소전은 태산 각석 등 산천 바위나 청동기 등에 새겨져 이미 오래전부터 그 모습이 알려졌다. 그러나 진나라와 한나라 초기에 쓰인 예서는 최근 고고학 발굴을 통해 드러난 출토 죽간에서 처음으로 그 모습을 드러냈다.

이처럼 공식 기록은 물론 전해지는 이야기들을 종합해볼 때, 초기 예서가 비주류 문화의 서체였다는 점은 분명해 보인다. 서체 이름에 어울리지 않는 隸 자가 들어간 이유도 이런 부정적인 사회적 시선이 누적된 결과일 것이다.

지금까지 기록과 구전에 근거한 예서의 탄생 이야기를 살펴보았지만, 과연 한두 명의 영웅이나 상부 권력자의 지시에 의해 완성된 서체가 바로 생겨날 수 있는 것일까? 1975년에 발굴된 운몽 수호지 죽간의 글자는 전국 시대 초나라부터 진시황 때까지 사용된 것인데 여기에는 이미 전서와 예서가 섞여 있다. 또한 나중에 초나라의 묘에서 출토된 죽간에서도 예서의 초기 형태가 보인다. 즉 이미 춘추 시대 말기부터 예서와 가까운 서체가 만들어지기 시작했고 전국 시대에는 많은 글자에서 예서의 틀이 갖추어져 사용됐음을 확인할 수 있다. 결국 예서는 글자체의 점진적 변화가 누적되어 한나라 때 최종 형태가 완성되었다고 봐야 한다. 어느 날 갑자기 누군가 만든 것이 아니라 사실은 오랜 세월 여러 사람의 손을 거쳐 다듬어진 결과라는 말이다.

현대 한자 형태의 기원

예서는 시기적으로 소전 다음으로 알려졌기에, 소전보다 발전된 서체로 평가되었다. 하지만 이는 나중의 것이 더 좋다는 진화론에 대한 믿음에서 비롯된 편견이다.

소전과 예서는 서로 다른 경로로 간략화된 서체로서 각각 고유의 형태적 특징을 가진다. 소전이 세로로 긴 직사각형 형태라면 예서는 옆으로 퍼져 가로로 넓은 직사각형 형태이다. 소전의 글자 모서리가 둥글다면 예서는 곧게 펴진다. 소전이 글자 전체를 감싸는 필세로 구성되었다면 예서는 글자의 마지막 부분이 독립적으로 갈라져 날아갈 듯한 파책이라는 독특한 삐침 양상을 보인다.

전서체 대(大) 자는 모든 필획이 동일한 두께이다. 그러나 예

전서체 대(大)

예서체 대(大)

서체 大 자는 필획의 두께가 일정하지 않다. 특히 오른쪽 아랫부분의 필획이 파책이라는 기법으로 강조되었다. 상나라 때부터 사용되었던 붓의 모필이 가진 입체적이고 역동적인 필력이 드디어 서체에 반영되기 시작한 것이다.

현재 우리가 사용하는 한자의 형태적 특징은 예서에서 비롯되었다. 회화적 요소가 남아 있던 소전 자형에서 벗어나 예서에서 처음으로 현대 한자와 같은 기호적 형태로 변화했다. 동일한 크기의 사각형 안에 모든 모양을 갖춘 현대 한자 자형의 원형이 예서에서 본격적으로 구현된 것이다. 일정한 크기로 규격화된 예서는 행정 문서에 사용되는 데 적합한 실용성을 갖추게 된다. 그러나 자형을 너무 간략화했기 때문에 예서 형태에서 고대 한자의 어원을 추론하는 것이 쉽지 않게 되었으며, 또한 모든 획을 사각형 안의 직선으로 구성하여 한자에 원형 획이 사라져버렸다.

예서의 발전 과정

한나라 때 소전체는 예서체의 영향으로 점점 사각형 형태로 변해간다. 이처럼 전서 계통의 고문자가 예서 등 금문자 계통으로 발전하는 서체의 변천 과정을 예변(隸變)이라고 한다.

2002년 호남성 용산현 리야(里耶)의 우물에서 진나라 시대 죽간이 다량으로 발굴된다. 예서로 작성된 총 3만 6000매의 지방 관청 공문서로 진나라의 정치 사회 문화 다방면을 기록하고 있다. 이 죽간에서는 전서에서 예서로, 고문자에서 금문자로 변화하는 시기의 예변을 생생하게 볼 수 있다.

전서와 예서 두 서체는 시간이 지나면서 각각 용도가 분명해진다. 전서는 주로 전각이나 예술적 용도로 사용되는 데 특화되고 예서는 일상적인 서사용 서체가 되었다. 초기 예서는 주로 진나라 관리가 행정 업무에 사용하던 것으로 진예(秦隷)라고 하고, 한나라 때 사용되어 현대 한자의 형태적 모체가 된 것을 한예(漢隷)라고 한다. 전자를 고예(古隷), 후자를 금예(今隷)라고도 부른다. 서기 414년 장수왕(長壽王)이 광개토왕(廣開土王)의 업적을 기록하여 세운 광개토대왕비는 고예로 작성되었다.

한자 서체 발전 과정에서 예서는 주요한 역사적 분기점이 되어서 예서 이전의 서체를 고문자, 예서 이후의 서체를 금문자라고 한다. 우리에게는 낯선 갑골문과 금문 그리고 육국 문자와 소전까지의 고문자 역사는 예서에서 마감된다. 동시에 현재 우리가 사용하는 한자의 형태인 해서, 행서(行書), 초서(草書), 간체 등의 금문자는 예서에서부터 시작된다.

팔분체 — 예서의 완성

후한 시기에 완성된 예서를 팔분체(八分體)라고 한다. 팔분체는 후한의 채옹(蔡邕)이 만들었다고 전해지는데, 한나라 예서라고 해서 한예라고도 한다. 한예는 전서의 요소를 완전히 탈피하여 예서의 형태를 완성시킨 것으로 평가된다. 한예는 당나라 때 해서체가 공식 서체로 등장할 때까지 중앙정부의 대표 서체로 사용되었다.

팔분이라는 명칭의 유래에 대해서는 여러 가지 설이 전해진다. 글자의 모양이 八 자처럼 좌우로 흩어진 모양을 한 팔자분배(八字分背)에서 유래했다는 설이 있지만, 글자의 높이가 소전체의 팔할(八割) 정도의 네모 형태를 띤다는 자방팔분(字方八分)에서 유래한다는

팔분체

설이 보편적으로 인정받는다.

　　팔분체는 자형이 옆으로 납작한 직사각형 모양이며 가로획은 수평으로 하고 오른쪽 끝의 파책을 특별히 강조한다. 물결치는 필세를 갖추었으며 특히 오른쪽으로 삐친 글자를 길게 늘이는 파책과 내리긋는 획의 끝을 바늘처럼 뾰족하게 하는 현침(懸針)이라는 예술적인 필법을 특징으로 한다.

　　가로획의 마지막 부분을 누르고 힘차게 삐치는 파책이라는 장식미를 강조한 팔분체는 고예에서 해서로 넘어가는 과도기적 단계의 서체로 간주되기도 한다. 당나라 때는 한나라 예서를 모두 팔분이라고 불렀고, 예서는 오히려 당대에 생겨난 해서를 지칭하기도 했다. 이런 용어의 혼란은 조선에까지 전해져 해서를 예서라고 했고, 예서를 팔분이라고 했다. 한국의 고문헌에서 팔분이라고 지칭하는 것은 거의 대부분 예서를 가리킨다고 봐도 틀림이 없다.

붓의 특성을 최대로 활용하다

예서의 특징은 잠두연미(蠶頭燕尾)와 일파삼절(一波三折)이라는 용어로 요약할 수 있다.

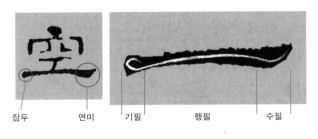

잠두연미와 일파삼절

일파삼절이란 예서에서 획을 쓸 때 붓의 방향을 세 번 꺾는 필법을 말한다. 글씨를 쓸 때 붓을 처음 대고 한 획을 개시하는 부분을 기필(起筆)이라고 하는데 이때 붓의 방향을 글자의 반대 방향으로 움직여 시작하는 것을 역입(逆入)이라고 한다. 시작 부분에 힘을 주기 위한 방법이다.

이처럼 글자의 머리에서 목까지 기필에서 첫 번째 꺾임이 있고, 목에서 다리에 이르기까지 오른쪽을 향하여 기운차게 붓이 흘러가는 부분을 행필(行筆)이라고 한다. 행필에서는 붓을 세우고 힘을 조절해가면서 글씨를 쓰기 때문에 글자의 폭이 일정하지 않고 쓰는 사람에 따라 개성적인 모양이 나온다. 마지막에 붓을 점점 들어가면서 끝마침을 하는 부분을 수필(收筆)이라고 한다. 오른쪽 위쪽 방향으로 진행되는 마지막 수필에서도 최소한 두 번 이상 붓을 세우면서 필획의 강약과 농담을 조절한다. 일파삼절이라는 용어는 왕희지(王羲之)가 처음 사용했다고 알려졌는데, 현대 중국에서 이 성어는 문장의 내용이 다양하게 변화하는 것을 비유하는 데 쓰기도 한다.

잠두연미는 일파삼절에 의해 만들어진 일(一) 자의 모습이 왼쪽의 첫 부분은 누에의 머리를 닮고 오른쪽 마지막 끝은 제비 꼬리를 닮았다 해서 붙여진 명칭이다. 그런데 제비 꼬리는 자세히 관찰해보면 끝이 두 갈래로 갈라져 있다고 한다. 그래서 일부 사람들은 이것이 제비 꼬리가 아닌 기러기 꼬리를 닮았으니 잠두안미(蠶頭雁尾)라고 불러야 한다고 주장하기도 한다. 하지만 제비는 날아갈 때는 꼬리 끝이 양 갈래로 갈라지지만 가만히 앉아 있을 때는 위를 향해 치켜 올라간 다른 모습이다. 잠두연미라는 표현은 새 그림을 잘 그렸던 북송 휘종(徽宗)이 만든 용어라고 전해진다. 그는 나뭇가지에 앉아 있는 새를 즐겨 그려서 그의 그림 속 제비의 꼬리는 모두 위로 치켜 올라가 있다. 지금도 한자 서예를 배우기 시작하면 선생은 학생에게 한동안 一 자만 쓰게 한다. 一 자 한 획에 담긴 일파삼절과 잠두연미와 같은 예서의 미학적 특징을 깨우치도록 하는 것이다.

초서는 이런 예서를 간략화한 것으로 한나라 때는 초예(草隷)라고 부르기도 했다. 『설문해자』에서도 한나라가 번성하여 초서가 생겨났다고 설명하고 있다. 한나라 때 초서가 얼마나 유행했는지, 후한 영제(靈帝) 때는 조일(趙壹)이 '초서를 비난하다'는 의미의 「비초서(非草書)」라는 글을 발표하기도 한다. 그는 여기에서 간략화된 서체인 초서를 아름답고 정중하게 쓰는 것은 잘못이라고 비판한다. 실용적인 목적으로 생겨난 초서에 지나치게 예술적인 완성도를 요구하는 상황은 틀렸다는 것이다. 당시 초서가 보편적으로 사용되었다는 사실을 확인할 수 있다.

예서와 초서는 모두 문자를 빨리 쓰기 위해 간략해졌지만 여기에서도 미적 아름다움을 추구하려는 사람들의 욕망을 막을 수는 없었다. 이후 한자 자형의 발전은 글자를 빨리 쓰도록 자획을 간단하게 하면서 동시에 예술적 아름다움도 추구하려고 한다. 속필화와 예술화 사이를 오가는 긴장감을 잃지 않았다.

5장

예서에서 해서로
―예술이 된 문자

예서의 대표 작품 ― 을영비, 조전비, 석문송

예서 작품을 감상하기 위해서는 잠두연미와 일파삼절 등의 기법을 참고로 하여 하나하나의 필획이 다양하고 개성적으로 표현되는 모습을 살펴봐야 한다.

예서를 대표하는 서예 작품 가운데 을영비(乙瑛碑)가 있다. 후한의 을영비는 팔분예서의 모범으로 공자의 고향인 곡부(曲阜)의 공자 사당에 자리했던 것이다. 을영이 상소를 올려 공자 사당에 제사를 주관하는 관리를 파견할 것과 제사 비용을 왕가에서 부담할 것을 요청한 내용을 기록했다. 을영비 탁본은 역대로 많은 금석학 관련 저록에 수록되어 서예가들이 예서를 배우는 모범으로 활용되었다.

곡부의 공자 사당에 있는 을영비와 예기비(禮器碑), 그리고 사신비(史晨碑)를 공묘 3대 석비라고 한다. 전한 시기 동중서(董仲舒)의 건의로 한무제 때 유학이 국교로 승격되었고, 후한 시기에는 황제가 직접 곡부에 와서 공자에 대한 제사를 올리기도 했다. 이처럼 공자

을영비 탁본

를 존숭하고 유학을 강조하는 분위기에 편승하여 공자의 사당을 관리하던 곡부의 관리들은 앞다투어 제사를 규범화해야 한다고 상소를 올렸다. 이런 전후 과정을 새긴 것이 곡부의 3대 석비이다. 공자의 사당이라는 신성한 장소에 세워졌기에 이 석비들은 오랜 기간 보존되었고 그 서체 역시 권위를 인정받을 수 있었다.

예서 가운데 가장 유명한 서체는 조전비(曹全碑)에 새겨진 글자이다. 조전비는 후한 중평(中平) 2년(185년)에 합양(郃陽)의 장관조전의 덕을 송덕하여 만들어진 것으로 한예 성숙기의 대표작으로 평가된다. 조전비는 땅속에 묻혔다가 명나라 때 섬서성 합양현에서 온전한 비면 형태로 출토되었지만, 청나라 때 태풍에 나무가 비석 위로 쓰러져 가운데에 균열이 생겨 몇 자가 훼손되었다. 현재는 석비 전문 박물관인 중국 서안비림박물관에 소장되어 있다.

내용은 조전에 대한 송덕비로 비의 뒷면에는 기부자들의 이름과 금액까지 기록되어 있다. 송덕비가 만들어진 직후 조전이 실각하

조전비 탁본

였고 그와 연루되는 것을 두려워한 기부자들이 비를 땅에 묻었을 가
능성도 있다. 사서의 기록에 의하면 비를 세운 해에 당쟁이 발생하여
조전은 벼슬을 버리고 7년간 숨어 지냈다고 하니, 송덕비가 오랜 세
월 동안 땅속에 있게 된 배경을 짐작할 수 있다. 이 덕분에 글자의 보
존 상태가 좋아서, 비교적 선명한 한나라 글자를 확인할 수 있는 희귀
한 자료가 되었다.

조전비는 최고 완성도를 가진 세련된 예서로 평가되며 그 탁본
은 예서의 교과서로 불린다. 단정하고 우아한 글씨체는 많은 서예가
의 임모(臨摸)의 대상이 되고 있으며, 2004년 중국에서 발간된 중국
서법 기념 우표 가운데 예서를 대표하는 글자로 수록되기도 했다.

석문송(石門頌)은 후한 시대 절벽에 새겨진 것으로 한예의 대
표적 걸작으로 평가된다. 원래 이름은 한사예교위건위양군송(漢司隷
校尉犍爲楊君頌)이며 양맹문송(楊孟文頌)이라고도 부른다. 사예교위
양맹문은 한중(漢中) 지역의 지세가 험난하고 교통이 불편하니 바위
를 뚫어 길을 낼 것을 황제에게 요청했다. 몇 차례 상소를 올려 결국

황제가 승낙하였고 석문이라는 길이 완성되었다. 한중의 태수 왕승(王升)이 이를 송덕하기 위하여 직접 문장을 짓고 바위에 글자를 새겼다. 모두 655자의 글자가 22행으로 가지런히 새겨졌는데, 한나라 마애석각(摩崖石刻) 가운데 최고작으로 평가된다. 1967년 댐 공사가 진행되면서 한중박물관으로 옮겨졌다.

석문송은 조전비와 달리 소박한 기풍으로 법도에 얽매이지 않는 자연스러운 서체로 평가된다. 웅혼하고 자유분방한 기운이 넘쳐 담력이 약한 사람은 감히 배울 수 없고 필력이 약한 자는 엄두도 낼 수 없다는 평도 있다. 중국 최대 백과사전인 『사해(辭海)』의 초판본 표지 제목 글자는 석문송에서 취한 것이다.

한자는 다른 문자와 달리 오래전부터 글자를 쓰는 행위는 물론 쓰인 글씨의 형태를 예술의 영역으로 간주하였다. 서예를 예술의 관점에서 체계적 이론으로 정리하기 시작한 때는 동한 시대로, 채옹의 『필론(筆論)』과 최원(崔瑗)의 『초서세(草書勢)』에서 그 흔적을 찾을 수 있다.

석문송 탁본

『사해』 초판본

채옹은 '글씨에 대해 논하다'라는 의미의 『필론』에서 서예를 작가의 사상과 감정을 표현하는 예술 활동으로 정의한다. 또한 서예를 할 때는 말없이 앉아서 생각을 차분하게 가다듬고 자신의 마음이 움직이는 대로 붓이 따라가야 한다고 하면서, 엄숙한 자세로 글을 써야 할 것을 강조했다. 또한 서예로 구현된 글자들의 다양한 모습을 생동감 있게 표현한다. 글자가 때로는 누워 있는 듯 앉아 있는 듯, 고통스러운 듯 기뻐하는 듯하며, 때로는 벌레가 나뭇잎을 갉아 먹은 모습 같기도 하고, 날카로운 칼이나 창처럼 예리하기도 하며, 강한 활이나 화살처럼 뻣뻣하다고 묘사했다. 지금부터 이미 2000년 전에 서예에 대한 정의, 서예에 임하는 태도, 서예로 구현된 글자의 특징들을 체계적으로 정리하였다.

해서의 시작

해서는 우리에게 가장 익숙한 한자 서체이다. 그래서 표준이라는 의미의 진서(眞書), 정서(正書)라고도 부른다. 해서를 처음 개발했다고 알려진 동한 말기의 서예가 종요(鍾繇)는 조조(曹操)의 위나라 문신이다. 종요는 어려서부터 특별히 글씨 쓰기를 좋아했다고 한다. 그가 포독산(抱犢山)이라는 곳에서 글씨를 연습했을 때 온 산의 돌과 나무가 온통 먹으로 물들었다고 한다. 그는 다른 사람의 필법에도 관심이 많았다. 어느 날 위탄(韋誕)이라는 사람의 집에 채옹의 『필론』이 있는 것을 보고 기쁜 나머지 빌려달라고 했지만 끝내 허락받지 못했다. 얼마나 분하고 답답했는지 3일 동안 내내 주먹으로 가슴을 쳐대 퍼런 멍이 들고 피를 토할 지경이었다고 한다.

이를 안타깝게 여긴 조조가 약을 내려주어 가까스로 죽음을 면하게 되었다. 회복된 다음 위탄에게 다시 간절히 구했지만 끝내 허락을 얻지 못했다. 할 수 없이 위탄이 죽기만을 기다리다가, 그가 죽자 몰래 사람을 보내 무덤을 파헤쳐 『필론』을 손에 넣었다고 한다. 이후 임종할 무렵 깊숙이 숨겨둔 『필론』을 꺼내 아들에게 전해주며 자신이 이 책을 보면서 얼마나 열심히 글씨를 연습했는지 이야기해주었다. 누워서도 글씨를 연습하여 이불을 뚫었을 정도였으며, 화장실에 가서도 하루 종일 나오지 않고 책을 보면서 글씨 연습을 했다고 한다.

그러나 이 이야기는 세상 사람들이 만든 허구에 불과하다. 역사 기록에 의하면 위탄이 죽었을 때는 종요가 죽은 지 이미 21년이나 지난 뒤였기 때문이다. 해서를 처음으로 만들어 본격적인 서예 예술의 시작을 열었다고 알려진 종요이니 이런 이야기를 지어낸 듯하다.

독립된 문자 예술, 서예
— 왕희지의 영자팔법과 「난정서」

영자팔법이란 해서를 쓸 때 사용되는 여덟 가지 운필법이 영(永) 자한 글자에 표현되었다는 뜻이다. 후한 채옹이 처음 고안했다고 이야기가 전해지지만 확인되지 않았다.

해서는 영자팔법 가운데 8번 파책이라는 '파임'의 운필법이 강조된 것이다. 해서의 파책은 처음에 붓을 역방향으로 틀었다가, 다시 붓털을 편 상태로 오른쪽 아래로 서서히 흐르면서 진행하고, 끝에 와서는 붓을 서서히 들면서 거두어 세우는 방법이다. 설명하기는 쉽지만 실제로 쓸 때 가장 중요한 부분으로 운필이 어렵다. 이 한 획 속에 가는 부분과 굵은 부분이 함께 섞여 있어서 강약의 조화가 잘 어우러져야 하는데 해서의 마무리이자 최종 성패가 달린 부분으로 평가

영자팔법

된다. 이에 반해 예서의 파책은 마지막 부분에 붓을 눌러 힘을 주면서 강조한다는 점에서 붓을 서서히 들면서 거두어 세우는 해서의 마무리와 차이가 난다.

해서의 가장 큰 특징은 파책으로 구현된다. 가로획의 오른쪽 끝이 위로 치켜 올라간 것이다. 세로획은 예서와 큰 차이가 없다. 예서는 좌우대칭을 원칙으로 하지만 해서는 오른쪽 파책을 강조하기 때문에 대칭이 무너진다. 전서와 예서는 붓을 곧추세우고 붓의 중심이 선획의 중심을 통과하는 중봉이라는 서법을 유지하지만, 예서에서는 가로획을 쓸 때는 파책을 강조하여 중봉이 흐트러지고 붓을 옆으로 대고 모나게 꺾는 기법으로 잠두연미를 만들어낸다. 해서는 가로획의 오른쪽 끝을 오른쪽 위로 치켜 긋는 것을 원칙으로 하기 때문에 잠두연미로 표현되는 예서의 오른쪽 끝부분과 차이가 난다.

송나라 기록에 의하면 왕희지는 어릴 때 서예를 연마하는 15년 동안 永 자만 파고들었다고 한다. 永 자를 쓸 때 사용하는 여덟 가지 필법의 기세를 다른 모든 글자에 적용할 수 있기 때문이다.

서예가 독립된 예술 장르로 인정받게 되는 데 이정표가 된 것은 왕희지의 「난정서(蘭亭序)」이다. 동진 시대 왕희지가 당대 명사들을 회계(會稽)의 산음(山陰)이라는 곳의 별장에 초대하여 풍류를 즐기며 지었던 시들을 기록한 시문집의 서문을 말한다. 그런데 왕희지가 직접 썼다는 「난정서」 원본은 확인할 수 없다. 지금까지 전해진 것은 당나라 때 서예가들이 원본을 보고 만든 모사본이다.

「난정서」는 서예가 단순히 글자의 외형만을 추구하는 것이 아니라, 글자 전체의 구조적 배치, 내용과의 심미적 연관성 등을 구현해야 한다는 것을 보여준 최초의 작품으로 평가된다. 「난정서」의 글자들은 각각이 모두 생동하는 듯 변화가 다양했는데 그 가운데 7개의 不자와 20개의 之 자는 모두 그 형태를 각기 달리하여 획일적인 단조로움을 피하면서 다양한 변주를 시도한 것으로 유명하다. 글자가 단순한 기록 수단이나 장식적인 부산물의 수준을 넘어 작가 개인의 개성을 드러내고 작품의 내용을 조화롭게 드러내는 종합 예술의 수단으로 승격된 것이다.

왕희지의 글씨는 이후 많은 사람에게 서예가 줄 수 있는 예술적 감동과 영감을 제공했다. 특히 당태종(唐太宗) 이세민(李世民)은 왕희지의 글씨를 좋아하여 그의 글씨를 수집하는 데 열정적이었다. 그러나 황제였던 그조차 「난정서」 진본을 구하기란 쉽지 않았다. 나중에 우여곡절 끝에 진본을 손에 넣은 당태종은 너무나 기뻐하여 임종 시 자신의 무덤에 「난정서」를 함께 묻어달라고 유언했다고 한다.

실제로 원본이 그의 묘인 소릉(昭陵)에 묻혔는지는 확인할 방법이 없지만, 지금까지 전해지는 것들이 모두 당나라 때 모사본뿐이라는 사실에서 가능성이 없는 이야기는 아닌 듯하다. 일설에는 태종은 당시 유명한 서예가들에게 진본을 보여주고 그 자리에서 모사본을 제작하게 했다고 한다. 그 이유가 무엇일까? 위대한 예술 작품을 혼자만 숨겨두고 감상하자니 무언가 부족하다고 느꼈을지도 모른다. 위대한 작품은 많은 사람의 칭찬과 감탄 속에서 빛을 발하지 않던가. 사후 세계에서 외로이 진품을 보고 감상할 자신에게, 모사본을 보고 감탄하는 세속의 소리가 묘지 벽 너머로 들려오기를 바랐을까?

한편 또 다른 일설에는 태종이 죽은 뒤 그의 누이가 가짜로 바꿔치기하여 진본을 세상에 남겨두었다고도 한다. 사후 세계에서 가짜를 앞에 두고 탄식하는 당태종의 한숨이 들려올지도 모르겠다. 아무튼 「난정서」는 그 유명세만큼 세인 사이에 전해지는 드라마틱한 이야기가 아주 다양하다.

현존하는 「난정서」의 모본은 우세남(虞世南), 풍승소(馮承素), 구양순(歐陽詢) 세 사람의 작품이 있는데 각각 그 특징이 다르다. 이 가운데 구양순이 돌에 새긴 모본이 대표격으로 인정받는다.

「난정서」 진본과 모사본에 대한 논쟁은 최근까지도 이어졌는데 20세기 후반에 시작된 난정논쟁(蘭亭論爭)이 대표적이다. 1965년 남경의 위진 시대 성곽 유적에서 왕희지의 사촌동생인 왕흥지(王興之) 부부의 묘비가 출토되었다. 곽말약은 이 묘비를 보고 장문의 글을 발표하였는데, 이 묘비의 문장을 자세히 분석해본 결과 「난정서」는 왕희지 작품이 아니라 그의 7대손 지영(智永)의 작품이라는 내용이었다. 왕희지의 생존 시기와 가깝다고 확인된 묘비명 서체의 특징이 「난정서」와 다르고 오히려 그의 후손인 지영이 살던 시대의 것과 비슷하다는 주장이다.

이 주장은 중국 사회에 큰 반향을 일으켰으며 앞뒤로 많은 전문가가 참여하여 치열한 논쟁이 이어졌다. 그러나 시간이 흐르며 논쟁은 흐지부지되었고 「난정서」가 왕희지의 작품임을 의심하는 사람은 줄어들었다. 혹자는 논란의 발단을 제공했던 곽말약의 주장 배후에는 전통문화를 구습이라고 비판하던 문화대혁명이라는 시대적 분위기가 깔렸다고 말하기도 한다. 우연히 발견된 비석이 중국의 전통 문화를 대표하는 「난정서」의 권위를 깎아내리는 데 적절하게 동원되었다는 말이다. 하지만 이 역시 「난정서」가 1000년이 지난 현재까지도 세간의 주목에서 멀어지지 않았음을 방증하는 것이라고도 할 수 있다.

6장

돌과 바위에 새긴
문자

뼈, 쇠, 돌의 의미

돌에 새긴 문자는 움직일 수 없다. 그 내용은 동시대 사람을 향한 것
이 아니라 다른 세상의 초월적 존재에게 보내는 메시지였다. 단단하
고 거친 돌 표면에 견고하게 파인 기호나 문자는 고대인의 신념과 희
망의 강도를 보여준다. 오랜 세월 시간의 마모를 견뎌내며 보존되기
를 바라는 염원을 담은 것이다.

그러나 이렇게 단단한 돌에 새긴 부호는 이동에 취약하다. 문
자를 보기 위해서는 직접 그 돌 앞에 가야 한다. 이런 불편함과 비효
율성은 돌에 새겨진 부호나 문자가 인간의 의사소통을 위해 개발된
수단이 아니었음을 확인케 한다. 정해진 신성한 공간에서 신만을 바
라보는 행위의 결과였던 것이다.

갑골문 역시 동물 뼈라는 단단하고 내구성이 있는 매체를 기록
수단으로 삼았다. 동물의 육체 가운데 가장 오랫동안 부패하지 않고
지속되는 부분이 바로 뼈이다. 그만큼 그 기록이 존속되었으면 하는

바람이 컸던 것이다. 돌에 새긴 문자보다는 이동성이 뛰어나고 기록법 역시 수월했다. 그러나 죽음이나 소멸과 관련된 매체에 문자를 기록한 현실은 이 역시 당대 문자가 향한 곳이 저 멀리 초월적 존재였다는 점을 깨닫게 한다.

금문은 청동기라는 육중한 사물에 주물이라는 단 한 번의 작업으로 문자를 각인한 것이다. 청동기는 주로 의례용으로 사용되었기 때문에 이동이 자유롭지 않았다. 또한 수정할 수 없다는 사실은 그곳에 썬 문자를 더욱 신성하고 권위를 가진 것으로 보이게 했다. 게다가 문자를 보기 위해선 청동기가 있는 공간에 직접 가야만 했다는 측면에서 여전히 문자가 한정된 사람을 위한 것이었음을 알려준다.

물론 갑골문과 금문의 특성이 기록 매체에 의해서만 결정된 것은 아니다. 하지만 후대의 문자 기록과 비교했을 때 이런 뼈와 청동기의 고정성과 내구성은 당시 문자의 주요 쓰임이 무엇이었는가를 분명히 드러낸다고 하겠다.

서쪽에서 전래된 석각 전통

진시황은 처음으로 명산의 바위에 글자를 새겼다. 후대 황제들도 그를 따라 글자를 새겼으며, 나중에는 일반인들도 산속 평평한 바위를 그냥 두지 않았다. 고대 중국인은 돌을 좋아하지 않았다. 그런데 진나라 이후부터 갑자기 돌에 글자를 새기기 시작한 이유는 무엇일까?

중국의 초기 문명은 중원 지역의 황토지대에서 시작되었는데, 당시 그곳에는 나무가 풍부한 반면 돌은 드물었다. 그래서 고대 중국에서는 석조 건물을 거의 짓지 않았다. 그러나 농지를 개간하고 건축용 자재를 얻기 위해 산림을 남벌하면서 환경이 변해갔고 급격한 기후변화까지 맞물려 다시는 옛날의 무성한 숲이 회복되지 못했다.

미술사학자 우흥은 『순간과 영원』에서 진한 시기부터 건축은 물론 묘지 구성에 돌을 사용한 이유가 단순히 환경 변화 때문은 아니었다고 주장한다. 돌이 상징하는 영원성을 사후 세계를 상상하는 무덤 예술에 적용한 것으로 이는 고대 인도인에게서 배웠다는 것이다.[5]

고대 중국인의 마음속 동쪽 세계 끝에는 불사(不死)의 장소가 있었다. 진시황은 방사(方士)들을 시켜 동쪽 끝 봉래(蓬萊)섬을 찾아 불사의 약을 구해 오게 했다. 갑골문이 발견되기 전까지 동(東) 자는 이런 불사의 신선이 사는 신비의 장소와 관련된 상상이 반영된 글자로 해석되었다. 나무 사이에 걸린 해의 모습으로 東 자를 풀이했던 것이다. 방향을 설명하는 데 나무라는 요소를 배치한 것은 당시 유행했던 신화의 영향을 받은 듯하다. 해가 떠오르는 동쪽 끝에는 부상(扶桑)이라는 신비한 나무가 있는데, 태양은 그 나무 아래에서 쉬다가 아침이면 위로 솟아오른다고 한다.

그런데 한나라 때부터는 불사의 장소가 서쪽으로 바뀐다. 한무제 때 흉노와의 대립 속에서 서쪽으로 눈을 돌리기 시작했고, 이때 우리가 실크로드라고 부르는 동서 교류의 길이 개척된다. 소문으로 들려오는 신비로운 서쪽 끝 이야기는 당시 사람들의 상상력을 자극하기에 충분했다.

『사기』에는 장건(張騫)이 개척한 서쪽 세계에 대한 이야기가 자세히 기록되어 있는데 서쪽으로 멀리 갈수록 상상의 요소가 많아진다. 『사기』 「대완열전(大宛列傳)」에서는 안식국(安息國) 장로들의 입을 빌려 서쪽 수천 리에 아직 아무도 가본 적이 없는 조지(條枝)라는 곳에 익수(弱水)와 서왕모(西王母)가 있다고 전한다. 이때부터 불사와 관련된 다양한 연상과 허구는 이 서방과 관련되기 시작한다. 모호한 정보에 상상과 환상이 가미되어 서방은 더욱 신비한 곳이 된다.

우홍은 서방에서 전래된 불교에 대한 한나라 사람들의 인식이 아주 초보적이었다고 분석한다. 수 세기 불사의 세계를 추구해온 그들에게 천산(天山) 너머 인도 땅은 신선이 사는 또 하나의 낙원으로 다가왔다. 니르바나(nirvāṇa)라는 개념을 열반(涅槃)으로 번역하면서 사후 삶에 대한 영역으로 이해했고, 부처 사리에 대한 숭배와 탑돌이 의식 등을 그들에게 익숙한 장례 의식으로 해석했다. 서쪽 인도에서는 돌로 신전을 세우고 조각을 만든다는 것을 알게 되자, 자연히 이것들을 불사와 영원과 연관시켰다. 한나라 사람들은 조상신을 모시는 종묘나 사당은 나무로 만들었지만, 불사와 영혼과 관련된 것은 돌로 만들기 시작했다. 나중에는 묘실만이 아니라 지상에 세워지는 여러 능묘의 기념비를 만들 때도 돌을 사용했다.

후한 시대 무덤과 사당에 사용되었던 화상석(畫像石)은 무덤 건축에서 돌이 유행했었다는 사실을 알려준다. 한나라 이전에는 무덤에 돌로 만든 비석이나 조각상이 없었다. 진시황이 야심 차게 조성한 무덤도 토용과 청동 마차로 가득 찼지 돌로 된 것은 없었다. 그러나 후한 시대인 1세기부터 다양한 기념비를 돌로 제작했다. 이 돌에는 기념비를 만드는 데 비용을 출연했던 사람들이 비석을 만든 과정을 간략하게 새겼다.

돌의 자연적 특성은 강하고 평평하고 내구성이 강하다는 점이다. 이것은 영원이나 불사를 의미했으며 상대적으로 약하고 부서질 듯한 나무는 일시적이고 유한한 존재를 연상케 했다. 목조 건축은 살아 있는 사람이 사용하였고, 석조 건축은 죽은 자와 신, 영혼에게 바쳐졌다. 돌이 죽음과 불사라는 두 가지 의미를 지녔기에 사후 세계를 상상하고 만들어내는 무덤 예술에 주로 사용된 것이다.

우홍은 이처럼 한나라 때 돌을 발견한 사건은 선사 시대에 옥을, 하상주 삼대에 청동기를 발견한 것만큼이나 의미 있는 일이었다고 평가한다. 석비 전통은 일반 귀족에게까지 확산되어 묘지명을 돌에 새겨 남기게 된다. 한편 권력과 부를 갖지 못했던 일반인도 산에 널린 너른 바위에 글을 새겨 자신의 존재가 영원히 지속되기를 염원하기 시작한다.

처음으로 돌에 글자를 새긴 진나라

전국 시대 진나라 유물 가운데 유명한 것으로 석고(石鼓)라는 돌덩이가 있다. 높이 90센티미터 지름 약 60센티미터의 큰 북처럼 생긴 돌에 1구 4자의 시가 한 편씩 새겨졌고, 지금까지 모두 10개가 남아 있다. 이는 후대에 유행한 석비의 기원이 된다. 화강암질 돌의 상부는 평평하고 둥글다. 이처럼 직사각형 모양의 비(碑)와 달리 상부가 원형으로 둥근 것을 碣(갈)이라고 한다. 석고에 새겨진 내용은 대부분 수렵과 관련되어서 당시에는 엽갈(獵碣)이라고 불렀다.

석고는 서기 627년 섬서성 보계시의 들판에서 발견되었는데, 사람들은 이것을 신비의 고대 문자로 여겨 원석을 장안의 공자묘에 보관했다. 역대로 많은 사람이 석고의 탁본을 소장하고 싶어 했으며, 두보(杜甫), 한유(韓愈), 소식 등은 탁본의 글자를 보고 감동한 사연을 별도의 시로 남기기도 했다.

청동기 금문이 본격적으로 발굴된 것은 송나라 때이다. 당나라 때까지는 청동기가 발견되지 않았고 금문의 탁본도 거의 없었다. 이런 상황에서 우연히 발견된 석고는 당시 사람에게는 처음 보는 신비의 고대 문자였고 거의 유일한 선진 시대의 옛 글자였다. 당나라 때

고문운동(古文運動)이라는 복고적 글쓰기가 유행하던 시절, 문인과 지식인은 석고의 탁본을 임모하면서 옛 글자를 감상하고 고대 황금시대에 대한 향수에 빠지기도 했다.

석고는 현재 북경 고궁박물원에 소장되어 있다. 글자는 원래 640여 자였는데 그 가운데 식별 가능한 것은 460자 정도이다. 그나마 송나라 때 탁본을 통해 확인할 수 있는 것이 대부분이다. 현재 글자 형태가 온전한 것은 200여 자 정도에 그친다. 남아 있는 석고 가운데 글자가 완전히 지워진 것도 있는데, 세월의 영향뿐 아니라 당나라 때 발굴된 이후 1000년 동안 무수히 탁본되면서 닳아 없어진 것도 적지 않다. 지금도 많은 서예가들이 최초의 고대 각석 문자라는 의미로 석각지조(石刻之祖)라고 부르기도 한다.

그런데 전국 시대 진나라 외 국가의 석각 문자는 지금까지 발견되지 않았다. 진나라는 통일 이후에도 각 지역 암석에 글자를 새기는 전통을 이어갔다. 돌에 글자를 새기는 전통이 처음 시작되고 지속된 데에는 아마도 진나라가 가장 서쪽에 위치하여 서역의 전통을 빨리 받아들인 일과도 무관하지 않을 것이다.

명산 바위의 글자

기원전 221년 진시황은 천하를 통일한 다음 여러 차례 전국을 순행(巡幸)한다. 주나라 시절부터 천자가 제후국을 시찰하는 것을 순이라 했고, 천자의 행차를 행이라고 했다. 진시황은 기원전 219년부터 기원전 210년까지 전국을 순행하면서 각 지역에 진 제국 성립을 기념하는 비문을 세웠다.

『사기』에 의하면 시황제는 동쪽 지방을 순행하던 중 산동성 역산에 올라 비석을 세우고 노나라 지역 유생들과 상의하여 진의 공덕을 노래하는 내용을 비석에 새겼다. 이어서 동해 바다가 보이는 낭야산 정상에 대를 짓고 비석을 세워 진의 공덕을 기념했다. 그는 역산(嶧山), 태산(泰山), 낭야(琅邪), 지부(之罘), 동관(東觀), 갈석(碣石), 회계(會稽) 등 모두 일곱 곳에 공덕비를 세웠다. 이러한 각석을 진각석이라고 통칭한다.

진각석은 시간이 지나면서 대부분 사라졌고, 태산각석과 낭야각석의 일부 잔석만 남았다. 어떤 각석은 후대인이 모사하거나 탁본한 것으로 전해지기도 하지만, 실물은 태산각석과 낭야각석 둘뿐이다.

태산각석은 현재 10자만 남았고, 낭야각석은 48자가 남았지만 글자의 형태를 확인하기 어려울 정도로 마모되었다. 각석의 글자는 모두 소전체 개발자 승상 이사의 친필이라고 알려졌지만, 태산각석과 낭야각석의 서체는 약간의 차이를 보인다. 각석 글자를 모두 승상 이사가 썼다고 보기는 더욱이나 어렵다.

후대 사람들이 모사했거나 탁본한 각석 자료 가운데, 역산각석의 탁본은 송나라 때 정문보(鄭文寶)라는 사람이 모각한 각석을 탁본한 것이다. 모방품을 탁본한 것이 과연 얼마나 원본에 가까운지 확인할 방법은 없지만, 각석의 전체 모습을 확인하는 데는 귀중한 자료가 되고 있다. 역산각석의 탁본은 거의 모든 글자가 식별이 가능해서 지금도 서예가들이 진의 소전체를 임서할 때 활용한다. 『사기』에는 6개 각석의 비문 내용이 수록되었는데, 탁본과 대조하면 일부 내용이 다르다. 아마도 모본을 만드는 과정에서 원본 글자를 오해하여 잘못 새겼기 때문인 것이다.

각석의 문장은 대부분 글자 수가 일정한 사언체 운문으로 작성되었다. 아마도 각석을 세우면서 산의 신령에게 제사를 올리며 소리

내어 읽는 축사로 사용했기 때문일 것으로 추측된다.

태산각석 — 각석의 대표작

기원전 219년 진시황은 태산에 올라 봉선(封禪)이라는 하늘에 대한 제사를 올렸다. 봉은 태산에 흙단을 세우고 천신에게 올리는 제사이고, 선이란 태산 아래 양보산(梁父山)에서 땅의 신에게 올리는 제사이다. 봉선은 하늘이 허락한 왕만이 할 수 있다고 알려졌다. 진시황은 이런 영광스러운 제사를 마치고 감동을 이기지 못하여 태산에 비석을 세워 진의 위대함과 자신의 공적을 자랑하는 내용을 새겼다.

태산에 새긴 144자는 거의 마모됐지만, 다행히 각석의 내용은 『사기』에 기록되어 그 전모를 알 수 있다.

> 황제가 제위에 오른 뒤 제도를 만들고 법을 밝히자, 신하들이 그것을 삼가 실행한 지 스물여섯 해가 되었다. 처음으로 천하를 병합하니 조공을 바치고 복속하지 않은 나라가 없었다. 이에 친히 먼 지방의 백성을 돌아보고, 이 태산에 올라 동쪽 끝까지 두루 관람하였다.
> ─『사기』「진시황본기」

태산각석 원석은 진나라 멸망 후 1000년 넘게 땅에 묻혀 있다가 송나라 때 발견되었는데, 이미 상당히 훼손된 상태여서 끝부분에 2세 황제가 덧붙인 79자 가운데 29자 정도만 겨우 남아 있었다고 한다. 그 뒤로도 비석을 보존하던 누각이 화재로 소실되면서 다시 분실되었다가 극적으로 회수되기도 했고, 도둑을 맞기도 했다.

청나라 때 태산각석에 지대한 관심을 가졌던 태안 현령이 백방

태산각석

으로 수소문하여 마침내 옥녀지(玉女池)라는 연못 속에서 잔석을 찾
아냈는데, 안타깝게도 겨우 10자 정도만 남아 있었다. 비록 10자에 불
과하지만, 전서를 만든 이사의 친필로 알려진 터라 '태산십자(泰山十
字)'라고 불리며 지금도 문자의 역사에서 진귀한 유물로 인정받는다.
제국을 세운 진시황의 자부심 넘치는 문장은 세월의 풍상에 떠돌다가
현재는 태산의 산신을 모신 대묘에 보존되어 있다.

　진시황이 죽고 2세 황제도 전국을 순행하면서 시황제가 세운
각석 측면에 자신의 글을 추가로 새겨 넣었는데, 제사용 축사가 아니
라 세상 사람을 향해 이야기하는 형식으로 자신의 공적을 자랑했다.
각석의 성격이 변화한 것이다. 이런 형식의 비문은 나중에 개인이 세
우는 송덕비의 원형이 된다.

갑골문, 금문, 각석은 각각 기록된 매체가 신성함과 영속성을 보여준다. 그 가운데 각석은 자연 자체인 암석이나, 자연을 배경으로 선 비석에 글자를 새겨 영원성을 더욱 강조했다. 돌에 글자를 새기는 일은 진나라에서 시작되었지만, 석비가 널리 보급되어 활발히 세워진 시기는 후한 때이다. 진각석이 만들어진 바로 다음 시기인 전한 시대에는 대중화되지 않고 후한 시대에 들어와서야 석비가 유행한 이유는 무엇일까? 여기에는 당시 유교적 예교주의에 입각한 독특한 관리 임용 방식과 관련된 이야기가 숨어 있다.

유교는 전한 무제 때 유가 경전을 가르치는 박사관(博士官)이 설치되면서 관학의 지위를 갖는다. 후한 시대에는 유학이 정착되면서 예교주의적 태도가 일상화되었고 관리의 임용 방법도 그 영향을 받았다. 당시 지방장관은 유능한 인재를 중앙정부에 추천할 수 있었는데, 효성스러운 자식이나 청렴한 관리라는 유교의 덕성을 갖춘 사람으로 한정했다. 특히 부모에게 효도한 사람을 추천하는 효렴(孝廉)이라는 추천 방식으로 발탁된 후보자는 추천자의 영향력에서 자유롭지 못했다. 효성스럽다는 데에는 절대적 기준이 있을 수 없으니 추천자의 주관적 판단이 개입될 여지가 많았던 것이다.

이렇게 추천된 관리는 추천자와 사적 유대 관계로 엮이고 나중에는 정치적 파벌로까지 발전한다. 자신을 추천한 선배 관료가 퇴임할 때는 그의 공적을 기리기 위해 송덕비를 건립하여 서로의 연대감을 다시 확인했다.

한편 관리가 되고자 했던 사람들은 효렴에 추천되기 위해 평소에도 예를 실천하는 의식적인 노력을 게을리할 수 없었다. 예의 실천을 가장 효과적으로 보여줄 행사는 장례였다. 이렇게 절차와 형식을 갖춘 장례 의식이 강조되면서 석비 제작도 늘어났다. 석비에 조상의 은덕을 새기는 행위가 진심 어린 효심에서 비롯되기도 했겠지만, 효렴을 염두에 둔 실리를 목적으로 한 경우도 없지 않았을 것이다.

송덕비와 석비는 갈수록 화려해지고 규모도 커졌다. 후한 왕조가 저물던 시기, 이처럼 사치스러운 장례 풍조에 분노하여 입비를 금지하는 명령을 내린 사람이 있었으니 바로 조조였다. 조조는 한나라 이후 묘장이 지나치게 화려해진 것이 천하를 쇠락하게 만드는 요인이라고 비판했다.

> 한나라 이후 천하의 장례식과 묘장이 지나치게 사치스러워 대부분의 사람이 석실(石室), 석수(石獸), 비명(碑銘)을 만든다. 건안(建安) 10년 위나라 무제 조조는 이를 천하를 쇠락하게 하는 요인이라 여겨, 후장(厚葬)을 못 하게 하고 입비를 금하였다. —『송서(宋書)』「예지(禮志)」

조조가 특별히 금지령을 내릴 정도로 후한 시대에는 석비 세우기가 사회적으로 유행했다. 그중 가장 많은 것은 개인의 공적을 기념하는 송덕비였다. 이런 송덕비는 사료가 채워주지 않는 미세한 사실을 전하는 자료가 되기도 한다. 역사서의 중요 사건과 더불어 문장을 쓴 연도가 석비에 기록되어 있어서 역사적 사건이 발생한 정확한 연도를 판별하는 기준을 제시해주기도 한다.

사후 세계와 묘지명

단단한 매체에 이름을 남기고 싶은 욕망은 신분을 가리지 않았다. 최근 발굴된 진나라 시대의 묘에서는 이름이 새겨진 벽돌인 형도전(刑

徒博)이 발견되었다. 사망자의 이름과 사망 날짜 그리고 신분을 기록해 시체 옆에 둔 것이다. 형도전은 강제 노역형으로 묘지 건설 토목공사에 종사하다가 죽은 자를 매장할 때 새긴 것으로, 주변 벽돌을 되는대로 사용했다. 즉 신분이 높지 않은 사람들도 묘지에 자신의 흔적을 문자로 남긴 것이다. 이는 나중에 생겨난 묘지명의 원초적 형태로서, 한 사람의 생애를 돌에 새기는 석각 전통이 이때부터 시작되었다.

그런데 오랫동안 땅속에 묻혀 있던 이 평범한 벽돌 형도전은 우리에게 중요한 몇 가지 사실을 알려준다.

첫 번째는 일반 서민도 자신의 성을 가졌다는 점이다. 그전까지는 왕과 귀족을 포함한 일부 상층 계급을 제외하면 보통 백성은 성이 없었다. 그런데 진나라 때 모든 사람이 성을 갖게 되었다. 여기에는 특별한 목적이 있었다. 세금 징수와 군사력 동원의 효율성을 높이기 위해 진나라는 중국 역사상 처음으로 전 국민을 대상으로 호구조사를 실시했고, 이 과정에서 모든 백성에게 성을 부여했다. 성씨를 기준으로 국민을 분류하고 관리하며, 동시에 백성에게 국가의 정식 구성원이 되었다는 소속감을 갖게 하려는 목적이었다. 처음으로 온전한 이름을 갖게 된 사람들이 죽어서도 자기의 흔적을 남기고 싶어 벽돌에 이름을 쓴 것은 아니었을까? 마치 글자를 처음 배운 아이들이 여백이 있는 곳마다 자기 이름으로 도배하듯이 말이나.

두 번째는 진나라 때부터 사회 모든 계층이 문자를 사용했다는 점이다. 형벌로 끌려가 노역에 종사하다 타지에서 외롭게 죽어간 사람이 자신의 성명과 생애를 문자로 새겨 함께 묻어달라고 할 정도였다면, 일부 지식인과 관료에 한정되었던 문자의 사용이 확대되어 간략한 형태로라도 대부분의 사람이 쓸 수 있었음을 뜻한다.

물론 이렇게 하층계급 사람의 이름을 새긴 경우를 좀 더 냉정한 관점에서 바라봐야 한다는 주장도 있다. 관리자 입장에서 형도전에 죄수의 이름을 남길 필요가 있었기 때문이라는 것이다. 노역형으로 끌려와 사망한 사람이 죄수였음을 저세상에 알리고, 사후 세계에 그가 주인을 위해 노역해야 한다는 사실을 밝힘으로써 주인은 편안하게 눈감을 수 있는 것이다.

후한 시대 비석 세우기가 유행처럼 퍼져 나가 사회적으로 폐해가 확산되자 조조는 송덕비나 묘비의 입비 금지령을 내렸다. 하지만 이런 금지령도 이름을 영원히 남기고 싶은 욕망을 막지는 못했다. 비석 대신 묘 안에 매장자의 이름과 이력, 사망 연월일 등 생애 기본 정보를 돌에 새긴 묘지(墓誌)를 몰래 부장하기 시작했다.

묘지는 5세기 북위 시대부터 급격히 늘어 당나라 때 그 수가 절정에 이르렀는데 지금도 당나라 시대의 공동묘지에서 상당한 양이 발견되고 있다. 묘지에는 때로 묘주의 생애 외에 묘지를 구입할 때 받은 매매증서를 벽돌이나 돌에 새겨 매장하는 경우도 있었다. 매지권(買地券)이라고 불리는 이런 모조 문서는 실제 매매문서의 내용을 그대로 새겨 넣은 것이었다. 이렇게 묘에 문자로 기록한 것들을 부장했던 이유는 문자가 현실 세계는 물론 사후 세계에도 통용된다고 생각했기 때문이다.

전한 시대에는 사후 세계란 생전의 연장으로 동질적이고 평온한 곳으로 간주되었다. 하지만 후한 시대부터 그곳은 현실 세계로부터 격리되어야 할 공포의 장소로 인식되었다. 전한 시대에 묘에 부장품을 매장하는 것은 생전의 삶을 동질적으로 연장하는 것이었다. 사자가 지하 세계에서 생전처럼 그대로 생활한다는 전제에서 많은 부장품을 넣었다. 하지만 후한 시대 매지권을 매장한 것은 예측 불가능한 사후 세계에서 그나마 의지할 만한 유효한 문서를 확보하고 싶은 불안한 마음 때문이었다. 곧 매지권은 묘지가 망자의 소유임을 저세상 누군가에게 보이기 위한 증명서였다.

자신에 대한 기록을 문자로 오랫동안 남기고 싶은 욕망에 황제는 높은 산에 각석을 만들었고, 귀족은 송덕비나 비석을 세웠으며, 백성은 돌에 이름을 새겨 묘에 부장했다. 그러나 영원함을 꿈꾸며 돌에 새겼던 각석, 송덕비, 묘지의 문자들은 각각 서로 다른 대상을 향한 것이었다. 높은 산에 세운 각석은 천상의 신에게 자랑하는 것이었고, 송덕비는 현세의 인간들을 향한 것이었으며, 지하의 묘지석은 저세상에 존재할지도 모르는 누군가를 대상으로 한 것이었다.

돌에 새긴 경전

전한 무제는 동중서의 건의를 받아들여 제자백가 가운데 유학만을 존숭하는 독존유술(獨尊儒術)을 채택한다. 이렇게 유학은 관학이 되었고 경전을 전문적으로 연구하는 오경박사(五經博士)까지 설치했지만 표준 경전을 정하는 데 어려움이 있었다. 동한 시기 표준 경전을 선별하여 죽간에 새긴 다음 옻칠을 하여 난대라는 곳에 보관하였으니, 이것을 난대칠서(蘭臺漆書)라고 불렀다.

당시 유생 가운데 박사 시험에 응시하여 성적이 좋은 사람은 관리로 임용되었다. 그러나 유생들이 접하는 경전은 난대의 경전과 내용에 차이가 나는 경우가 적지 않았다. 또한 태학에서 유학 경전을 강의하던 오경박사들은 자기 학파의 합격률을 높이기 위해 시험에 출제되는 경서의 본문을 자신들의 학설에 맞게 고치도록 난대의 관리에게 압력을 넣거나 심지어는 뇌물을 주기도 했다. 이렇게 암암리에 고쳐진 경전의 문구 가운데 나중에 박사관 학자들마저 진위를 판별하지

희평석경 원석(原石)

못하는 경우도 있었다고 한다.

　후한의 대학자 채옹은 이런 상황이 계속되면 문자의 오류가 누적되어 경전의 권위가 사라지고, 후학에게도 잘못된 것을 물려주게 된다고 걱정하였다. 이에 경서의 문장을 돌에 새겨 태학 앞에 세울 것을 건의했다. 그는 황제의 허가를 받고 장장 8년 동안 자신이 직접 돌에 붉은 먹으로 경전 내용을 쓰고 석공에게 새기게 했다. 희평(熹平) 4년(175년)에 제작을 시작하여 육경의 유가 경전을 모두 돌에 새겼는데 이것을 희평석경(熹平石經)이라고 한다. 희평석경은 모두 46개의 석경에 20만여 자의 글자가 새겨졌다고 한다. 전쟁 통에 땅에 묻히고 말았는데, 북송 시대부터 하나씩 출토된 것이 금석학자들의 탁본으로 전해지다가, 1920년 낙양 남쪽의 후한 시대 태학의 유지에서 100여 개의 석경 조각으로 그 전모를 드러냈다. 지금은 중국 서안비림박물관에 전시되고 있다.

　희평석경은 후대에 삼체석경(三體石經)과 개성석경(開成石經)과 같은 유사한 석경이 제작되는 계기가 된다. 그러나 경전이 돌에 새겨졌다는 말은 경학이 경직되고 있다는 징후이기도 했다. 당시 학자들은 경전의 전체적 의미를 파악하기보다 과거 시험용 해답지에만 관심이 있었다. 경전이란 과거의 성인이 직접 기록한 원본이 확실하게 존재하지 않는 이상, 완벽한 정본이란 존재하지 않는 것일지도 모른다. 후한 시기에 들어서면서 경직화된 경학은 단순한 문구 암송을 통한 시험 수단이 되어버렸다. 심지어 돌에 새겨 이견이 없도록 고정하고 나니 더 이상의 창의적 해석을 용납하지 않게 되었다. 수정이나 논의가 불가하다는 선언과 같았다.

　레너드 쉴레인은 『알파벳과 여신』에서 문자가 돌에 기록되면서 갖게 된 견고한 권위에 대해 이야기한다. 고대 바빌로니아에서는 성문법을 돌에 새겨 왕국 전체에 전파했다. 이때부터 법이라는 추상적 관념은 권력자가 없는 곳에서도 효력을 발휘하여 그 자체로 생명을 지니게 되었다. 그것은 법을 제정한 사람보다 오래 살아남으면서 일반인은 함부로 손댈 수 없는 권위를 가졌고 오류가 존재할 수 없는 규칙으로 격상되었다. 단단한 돌에 새겨진 문자는 그만큼 견고한 것으로 간주되었다.

7장

죽간
─대나무 조각에 쓴 문자

사막에 보존된 문자 기록

20세기 초부터 중국의 서북 지역 사막에서 목간이 출토되었다. 건조한 사막의 기후가 목간이 썩지 않도록 도왔다. 또한 습지에 둘러싸인 장강 유역의 고묘에서도 완벽하게 밀봉되어 잘 보존된 목간이 다량으로 발견되었다. 이렇게 사막과 묘에서 출토된 죽간에 기록된 텍스트를 출토 문헌이라고 한다. 출토 문헌은 지난 2000년 동안 책 형태로 전해지기 이전의 텍스트의 원형을 보존한 것으로 주목받고 있다.

20세기 목간의 발견은 외국인 탐험가에서 의해 시작되었다. 1901년 영국의 탐험가 아우렐 스타인(Aurel Stein)이 중국 서북 지역 타림분지의 니야(尼雅) 유적에서 위진 남북조 시대의 목간 50매를 발견한 것이 처음이었다. 한 달 뒤 스웨덴의 스벤 헤딘(Swen A. Hedin)이 말라버린 신비의 호수 로프노르의 서쪽에서 누란 왕국의 유적을 발굴하고 그곳에서 진나라의 목간 120여 매를 찾아냈다.

1907년 스타인은 하서회랑(河西回廊)의 돈황 부근에 산재한 여러 봉수대 유적에서 700여 매의 한나라 시대 목간을 발견했으니, 이를 돈황한간(敦煌漢簡)이라고 한다. 스타인이 발굴한 돈황한간은 모두 영국으로 옮겨졌고, 이것을 처음으로 해독하고 체계적으로 분석한 사람은 중국인이 아니라 에두아르 샤반(Édouard Chavannes)이라는 프랑스 학자였다. 그는 1907년 발굴된 돈황한간을 해독하여 1913년 옥스퍼드대학교 출판부에서 "스타인이 동투르키스탄의 사막에서 발견한 한문 문서"라는 제목으로 출간하였다. 돈황은 현재는 중국 감숙성 서쪽 끝의 도시이지만, 샤반의 책에서는 발견된 지역을 동투르키스탄이라고 쓰고 있다. 이곳은 현재 중국의 신강 위구르 자치구를 둘러싼 민감한 정치적 이슈가 발생하고 있는 지역이기도 하다.

죽간과 목간을 합쳐 간독(簡牘)이라고 한다. 폭이 좁은 대나무나 나무 조각을 간(簡)이라고 하고, 긴 문장을 적을 때 사용하는 폭이 넓은 나무 조각을 독(牘)이라고 한다. 발견 당시 간독이라는 형태는 중국학자들에게는 아직 낯선 것이었다. 종이에 인쇄된 정본 경전으로 학습해온 전통 사대부에게 2000년 전 나무 조각에 쓰인 거친 필사체 글자의 갑작스러운 등장은 놀라움과 당혹감을 주기에 충분했다.

실크로드에서 발굴된 문서는 대부분 유럽 탐험가들에 의해 발견되었고, 그것을 처음으로 해석한 것도 유럽인이었다. 이런 사실을 알게 된 나진옥은 샤반에게 편지를 보내 돈황한간 도판 자료를 달라고 부탁했다. 샤반에게서 자료를 기증받은 나진옥은 왕국유와 함께 자료를 정리하여 1914년에 '사막에 흩어진 간독'이라는 낭만적인 뜻의 『유사추간(流沙墜簡)』이라는 책을 일본에서 출판한다.

그들은 돈황한간의 실물을 보지 못한 상태에서도 자료를 분류하고 해석하여 후대 간독 연구에 선구적인 이정표를 세운다. 왕국유는 여기서 문헌 사료와 출토 문헌 사료를 상호 비교하면서 보완하는 이중 증거법이라는 방법론을 정립했는데, 이 책의 출간은 당시 중국 지식인 사회에 큰 충격을 주었다. 전수된 문헌의 세계만 전부로 알던 그들에게 갑자기 2000년 전부터 존재했던 또 다른 문헌 증거가 나타난 것이다.

한편 샤반은 유럽 학자로는 처음으로 중국 길림성(吉林省) 집안(集安)의 고구려 유적을 탐사하고 "한국의 고대 왕국 고구려 유적에 관한 보고서"라는 제목의 보고서를 작성한 것으로도 유명하다. 그는 고구려 벽화도 처음으로 발견해 기록했으며, 광개토대왕비 탁본을 유럽에 소개하고 비문을 프랑스어로 완역했지만 이런 사실은 우리에게 잘 알려져 있지 않다.

돈황 일대에서는 1979년 추가 발굴을 통해 수만 점의 죽간이 발견되었다. 2008년 북경올림픽 휘장에 사용된 'Beijing 2008'의 글씨체는 알파벳과 아라비아숫자를 돈황한간의 필체로 만든 것으로 유명하다.

1930년 스웨덴의 고고학자 폴케 베리만(Folke Bergman)과 중국의 서북과학고사단이 어지나강(額濟納江) 유역 거연의 봉수대에서 한나라 시대의 목간들을 발견했으니, 이것을 거연한간(居延漢簡)이라고 한다. 초기에 발굴된 거연한간은 중일전쟁으로 분석 작업이 중단됐다가 나중에 사천성으로 옮긴 중앙인구원에서 노간(勞幹)이 정리와 분석을 진행했다. 거연한간은 후에 미국으로 옮겨진다. 1960년대 문화대혁명 시기에 목간에 대한 실증 연구가 정체된 동안 일본 교토대학교를 중심으로 거연한간 연구가 진행되었다.

그런데 20세기 후반에도 거연 지역의 봉수대 유적에서 추가 발굴이 계속되어 지금까지 발견된 목간의 수가 총 3만 매에 달한다. 돈황한간과 거연한간은 주로 봉수대라는 군사시설에서 발견된 것으로 그 내용은 둔전(屯田)에서의 활동과 관련된 것이었다.

한나라는 돈황과 거연 지역에 성벽을 쌓고, 성벽을 따라 수백 미터마다 망루를 설치했다. 망루와 망루 사이에는 일정한 크기의 땅에 모래를 고르게 퍼놓은 천전(天田)이라는 곳을 만들었는데, 병사들은 매일 그곳을 순찰하면서 발자국의 유무에 따라 침입자가 있는지를 확인했다. 문서를 담당하는 병사는 천전을 순찰한 결과를 하루도 빠짐없이 정해진 규격의 문서로 작성하여 상부에 보고했다. 이곳 변경 지역에는 대나무가 자라지 않았기 때문에 문서 담당 병사들은 날마다 나무를 깎아 그 위에 글씨를 써서 제출했다. 발굴된 목간 가운데는 병사들이 글씨를 연습한 흔적이 그대로 남아 있는 것도 있다.

또한 이곳에서는 『창힐편』이나 『급취편(急就篇)』과 같은 글자 학습용 교과서도 발견되었다. 『급취편』은 한나라 초기에 보급되기 시작하여 송나라 때까지 약 1000년 동안 가장 널리 사용된 한자 학습서였다. 급취란 빨리 배워 곧바로 적용할 수 있다는 의미다. 즉 문자 습득용 속성 교본이었다. 이 책에서는 실생활에서 사용하는 상용자를 중심으로 글자를 쉽게 익히면서 동시에 관련 지식을 습득할 수 있도록 하였다. 후대에 천자문이 널리 사용되기 전까지는 『급취편』이 가장 대표적인 한자 학습서로 사용되었다.

척박한 변경 지역에서 거칠게 다듬은 나무 조각 위에 매일같이 비슷한 내용을 기록했던 글씨들은 예술적 측면에서 보자면 서툴고 수준이 떨어진다. 그러나 변경의 이름 없는 병사의 거친 필체는 당시 사람들이 일상에서 문자를 어떻게 썼는지를 생생하게 보여주는 살아 있는 화석이라고 할 수 있다.

20세기 중반부터는 중국 내지의 고묘에서 죽간과 목간이 출토되었다. 대표적 고묘 출토 간독으로는 운몽진간, 곽점초간(郭店楚簡), 리야진간(里耶秦簡), 상박초간(上博楚簡)이 있다.

고묘 간독 가운데 최초로 출토된 것은 1951년 장사의 초나라 죽간이며, 1974년 산동 은작산(銀雀山)에서 죽간 5000여 매가 발굴되었다. 여기에는 지금까지 알려지지 않은 전국 시대의 새로운 『손자병법(孫子兵法)』 관련 자료가 포함되어 있었다.

운몽진간은 1975년 호북성 운몽현에 있는 수호지의 묘에서 발견된 1100여 매의 죽간이다. 이 죽간을 통해 진시황 시대의 상세한 법률의 조문과 구체적 적용 내용이 밝혀진다. 그런데 운몽진간에 쓰인 서체가 발견자들을 놀라게 했다. 통일 제국 진나라의 지방 관리들이 법률 문서를 작성할 때 이미 예서를 사용했다는 증거가 출현한 것이다. 이는 소전으로 문자를 통일했다는 기존 역사 기록과 달랐다. 진시황의 문자 통일에 관한 이야기에는 신뢰하기 어려운 점이 없지 않았다. 이사라는 한 사람이 소전을 만들었고, 정막이라는 하층계급 죄수가 예서를 만들었다는 이야기에는 비현실적 요소가 많았다.

그렇다면 진시황이 시행했다는 서동문, 즉 문자의 통일이란 정확히 이야기하자면 행정 문서에 통일된 서체를 사용하라는 규정이었다고 봐야 한다. 한나라 때도 문서 종류에 따라 전서를 쓸 것인지 예서를 쓸 것인지 각각 분명히 명시했다는 사실이 이를 방증한다.

운몽진간과 같은 출토 문헌을 통해 예서는 전국 시대부터 민간에서 사용되었고 진나라 때 특정 법률 문서에도 쓰였음이 밝혀졌다. 또한 소전이나 예서와 같은 서체는 어느 한 개인의 발명품이 아니라 오랜 시간 많은 사람이 사용하면서 서서히 다듬어진 결과물이었음을 알게 되었다.

곽점초간은 중국 호북성 형문시(荊門市) 곽점 1호 초묘(楚墓)에서 출토된 초나라 시대 죽간이다. 1993년 큰 구멍이 뚫린 상태로 부장품이 파손되고 어지럽게 흩어진 무덤이 발견되었다는 소식이 호북성 형문시박물관에 전해졌다. 박물관에서 급히 정식 발굴을 시작하여 전국 시대 중기의 각종 부장품과 함께 초나라 죽간 804매를 발견했다. 나중에 곽점초간이라고 이름 붙여진 이 죽간들이 작성된 시기는 전국 시대 제자백가의 활동이 가장 활발했던 때였다. 이 죽간 속에서 지금까지 알려지지 않은 새로운 저작들이 발견되어 학계에 큰 충격을 주었다.

곽점초간은 주로 도가와 유가 계통의 문헌으로 구성되었는데, 유가 경전인 육경에 『역경』이 포함되어 있었다. 발견 당시까지는 『역경』이 경전으로 성립된 때가 진한 시대라고 알려졌다. 그런데 필사 연대로 볼 때 전국 시대 중기 이전에 작성되었다고 확인된 곽점초간에 『역경』이 포함되었던 것이다. 경전 성립의 역사를 뒤집는 증거였다.

그런데 곽점초간이 세상을 놀라게 한 이유는 이뿐만이 아니었다. 지금까지 알려진 바와 다른 가장 오래된 『노자』 판본이 포함되어 있었다. 곽점초간 죽간에 쓰인 『노자』는 총 2046자로 기존 통행본이 약 5000자로 구성된 데 비하면 글자 수가 약 40퍼센트에 불과하다. 그동안 저자의 진위 여부, 텍스트 성립 시기, 형성 과정 등이 분명하지 않았는데 실물 텍스트가 발견되면서 논쟁이 촉발되었다.

또한 곽점초간에는 동방의 제와 노에서 제작돼 남방의 초로 유입된 서책이 적지 않게 포함돼 있었다. 여기에서는 필사하는 과정에서 초나라 문자의 특성이 반영되어 서체가 변형된 사실을 확인할 수 있었다. 전국 시대 문자의 지역별 차이를 확인할 중요 자료의 등장이었다. 중국의 경학은 주로 텍스트의 통시적 변화에 주목했다. 하지만 곽점초간의 발견은 그 관심을 공시적으로 확장하는 계기가 되었다.

리야진간은 2002년 호남성 용산현 리야 고성의 우물에서 발견된 진한 시대 목간이다. 우물 안에 진흙과 함께 목간들이 모두 17층으로 쌓여 있었는데, 맨 위 1층부터 4층까지는 한나라 초기, 5층부터 16층까지는 진나라 말기, 그리고 가장 아래의 17층은 전국 시대 진나라의 것으로 확인되었다. 한 장소에서 이렇게 오랜 기간 누적된 목간이 발견되면서 문자의 변천 과정을 한눈에 볼 수 있게 되었다. 특히 예서의 변화 과정인 예변의 실물 증거가 한 장소에서 발견된 것이었다.

리야진간은 죽간보다 가로 폭이 넓은 목간에 붓으로 쓴 것이 많았다. 또한 기록 내용과 분량 차이에 따라 너비가 다른 목재를 사용했다. 총 3만 8000매의 다량의 목간 가운데 파손된 것도 있지만 본래 재질과 형태를 잘 보존한 것도 많았다. 먹으로 쓴 흔적이 그대로 남아 가독성이 높은 것들도 있었다. 대부분 행정 문서이지만 다른 진나라 간독에서는 볼 수 없었던 진나라의 다양한 사회 문화적 내용이 담겨 있었다.

상박초간은 초나라 죽간 모음으로 1994년 홍콩의 문물(文物) 시장에서 도굴된 채 발견되었다. 나중에 상해박물관이 입수한 다음 『상해박물관전국초죽서(上海博物館戰國楚竹書)』라는 책으로 발간하였고, 이를 줄여 상박초간이라고 부른다.

약 120년 전 처음 등장한 이후 지금까지 발견된 간독의 정확한 수량은 대략 20만 편을 넘어선다. 글자를 썼던 부분을 수정하거나 다시 쓰기 위해 잘라낸 나무 조각을 폐(柹)라고 하는데, 여기에 새겨진 것까지 포함하면 그 수는 훨씬 많다. 이렇게 간독에 쓰인 문자들은 지금 우리가 사용하는 한자가 변해온 과정에서 어느 한 순간 정지된 상태의 모습을 그대로 보여준다.

갑골문과 금문, 죽간과 같은 출토 문헌과 전래 문헌의 비교를 통해 기존의 중국 고대 철학사에 대한 새로운 접근이 필요하다는 것이 확인되었다. 특히 초간은 전국 시대 중기 제자백가가 활발하게 활동하던 시대에 직접 필사된 기록이고, 진간은 진나라의 법적 통치의 자세한 내막을 보여주는 기록이다.

죽간 제작 과정

죽간과 목간 중에서 글씨를 쓰는 데 먼저 쓰인 매체는 죽간이었을 것이다. 만약 처음부터 목간을 사용하였다면 1행이나 2행 정도밖에 쓸 수 없는 좁은 크기를 고집할 이유는 없었을 것이다. 처음에는 죽간을 사용하고 나중에 대용품으로 목간이 사용되었다. 이후 죽간은 서책 등 보편적 용도로, 목간은 특수 용도로 활용되면서 역할이 나뉘었다.

간독은 종이책이 등장하기 전까지 약 2000년 동안 주 서사 재료였다. 나중에 비단과 종이가 새로운 서사 재료로 등장하면서 서서히 사라졌다. 종이를 사용하던 초기에도 간독 형식을 따라 두루마리 형태를 유지하다가 송나라 때 지금과 같은 종이책이 되었다.

간독의 실물 자료는 20세기에 들어서야 세상에 나타났다. 간독이 서사 재료로 쓰인 사실은 사료에도 기록되었고 앞서 살펴본 고대 갑골문에도 흔적이 남아 있다. 하지만 오랫동안 간독이라는 실제 사물이 사라진 상태였고, 20세기 고고학 발굴을 통해 다시 역사의 무대에 '등장'했다. 당시에 간독은 갑골이나 청동기처럼 내구성이 없어서 이용 후 얼마 지나지 않아 부식되거나, 종이라는 새로운 재료의 쓰임이 확대되면서 자취를 감추었다.

서양에서도 죽간과 같이 나무 조각에 문자를 새기는 전통이 있었다. 고대 게르만 민족은 너도밤나무(beech)의 두꺼운 껍질을 벗겨 그 안쪽에 칼이나 송곳처럼 뾰족한 도구를 사용하여 문자를 새겼다. 책을 의미하는 book은 beech가 변형된 것으로 추측된다. 현대 영어의 library의 어원인 라틴어 liber는 책이라는 의미였는데, 이 단어는 원래 나무껍질을 뜻했다고 한다. 고대 로마인들도 글씨를 나무껍질에 써서 보관했던 것이다. 한자 책(冊)이라는 글자에 나무 조각의 흔적이 있듯이 영어 book과 library에도 나무 조각이 숨겨져 있다.

한편 영어로 경전을 의미하는 Bible은 책을 뜻하는 그리스어 biblion에서 왔다. 고대 지중해 문명의 중요한 필사 재료였던 파피루스는 주로 레바논의 항구도시인 비블로스(Byblos)를 통해 공급되었다. 나중에 파피루스를 떠올리게 하는 비블로스라는 도시 이름이 그리스어 biblion으로 바뀌었고, 처음에는 단순히 종이를 뜻하다가 시간이 지나면서 경전을 의미하게 되었다. 한자 전(典)에 필사 재료인 나무 조각 형태가 남았듯이 영어 Bible에도 필사 재료인 파피루스의 흔적이 남았다.

중국 고대 기록에는 '문자를 죽간을 편철(編綴)한 것에 썼다'는 표현이 등장한다. 죽간이라는 말은 자주 사용되지만 목간이라는 단어는 보이지 않는다. 춘추 전국 시대에는 글씨를 쓴다는 뜻으로 '죽백(竹帛)에 쓴다'는 표현이 사용된 것으로 보아 이 당시에도 목간보다는 죽간이 보편적으로 사용되었음을 알 수 있다.

죽간은 대나무에 살청(殺靑)이라는 처리 과정을 거친 다음 문자를 쓴다. 대나무를 죽간으로 사용하기 위해서는 가급적 좁게 잘라내야 했다. 대나무를 쪼개더라도 여전히 둥근 형태가 남아 있어 글씨를 쓰기에 불편했기 때문이다. 나중에는 쪼갠 대나무 조각을 불 위에 올려놓고 평평하게 펴기도 했다. 대나무 조각을 불 위에 올리고 수분을 제거하면 겉면 푸른 부분의 유막이 사라져 먹이 잘 흡수되어 글씨를 쓸 수 있었다. 이 과정을 푸른색을 없앤다고 하여 살청이라고 표현했다. 또한 불을 쪼이면 유분이 제거되면서 죽간의 내구성이 높아지고 해충을 방지하는 효과도 있었다. 살청은 나중에 작품을 완성했다는 의미로 사용된다. 이 단어가 보편적으로 사용되었다는 것은 목간보다 죽간의 사용 빈도가 높았다는 뜻이다.

문서를 나타내는 글자들 가운데, 죽간 묶음을 나타내는 책(策), 죽간을 묶는 가죽끈을 나타내는 편(篇), 문서를 두 조각으로 쪼개 서로 맞춰보는 부(符)와 같은 글자에는 모두 대나무 죽(竹)이 들어가 있다.

간독의 구성과 특징

청동기와 석각은 특수한 서사 재료였다. 이에 비해 간독은 종이가 상용화되기 전까지 보편적인 서사 재료였다. 서적, 문서, 장부, 증명서 등 모든 문자 기록은 목간과 죽간을 사용하였는데, 출토 자료를 통해 다양한 간독의 종류와 구체적 사용법이 확인되었다.

좁고 긴 형태의 대나무 혹은 나무 조각인 찰(札) 위에 붓으로 필기하는 간독은 여러 개의 찰을 연결해서 묶은 편철간(編綴簡)과 하나만 사용하는 단독간으로 구분된다. 편(編) 자는 죽간 다발을 실로 묶은 모습을 표현한 글자이다.

단독간 가운데 목간의 입체적 다면체 구조를 활용한 것도 있었다. 고(觚)라는 목간은 나무 하나의 4면에서 8면까지 활용하기도 했다. 팔각형 연필의 각 면에 글자를 쓴 것이라 생각하면 된다. 이런 특

갑골문 편(編)

수한 형태의 간은 글자 수가 많고 일상생활에서 흔히 사용하는 간지
표나 글자 학습서 등을 기록하는 데 사용되었다.

　　상급 기관에서 하급 기관으로 보내는 행정 명령서인 격(檄)은
측면에 수취인 이름을 기록하거나 봉니(封泥)를 위한 구멍을 새겼다.
창고나 문서고에 보관된 물품 표식으로 사용된 찰이라는 간독의 측면
에도 물품명이나 관련 장부명 등의 정보가 기록되었다. 지금도 물건
에 붙이는 이름표를 표찰(標札)이라고 한다.

　　문서를 봉함하여 아무나 열어보지 못하도록 별도로 묶어놓은
목간을 검(檢)이라고 했다. 檢은 금(禁)의 의미로 열어서 드러나지 않
도록 하는 것이다. 죽간 다발 위에 검을 올려놓고 그것을 끈으로 묶은
다음 끈의 이음매 위에 점토를 바른다. 점토가 아직 굳기 전에 인장을
찍어 봉인한다. 점토가 마르면 봉인된 글자는 볼록하게 도드라진다.
문서를 받는 사람은 봉인된 글자로 발신자를 알아볼뿐더러, 봉인 상태
로 문서가 도중에 열람되었는지를 확인할 수 있었다. 이 봉인이 봉니
이다. 도장에 붉은 인주를 찍어 봉인(封印)하는 것은 훗날 종이가 보
급되고 난 뒤에 생겨났다. 사서 기록에 의하면 6세기 북조 시대부터는
종이로 된 행정 문서에 도장을 날인하는 것이 보편화되었다. 즉 검이
란 문서의 표지에 해당하면서 동시에 문서의 보안을 유지하는 장치
였다. 죽간에 쓴 주요 문서들은 서낭(書囊)이라는 주머니로 포장하고

그 입구에 검을 매달고 봉인하였다. 지금도 서류나 물건을 검사한 표시로 찍는 도장을 검인(檢印)이라고 한다.

한편 다양한 형식의 단독간이 사용되었는데, 자기 이름을 써서 상대에게 보여주는 명함과 같은 알(謁)과 여행자가 휴대하는 신분증명서나 여권에 해당하는 전(傳)이 있었다. 부(符)는 간독 표면에 문자를 기록하고 둘로 쪼갠 다음 서로 나누어 별도로 지니다가 필요할 때 맞추어 상대를 확인하는 데 이용하였다. 통행증이나 계약서를 작성할 때 부의 위조나 내용 변조를 막기 위해 중앙에 백(百) 자를 새긴 다음 글자의 가운데 부분을 수직으로 잘라 좌우 한쪽씩 소지하여 증거로 삼기도 했다. 간독은 종이가 사용되기 전까지 2000년 가까이 사용되었기 때문에 문서의 종류와 성격에 따라 그 형태 역시 다양했다.

간독은 나무라는 소재의 특성을 적극 활용했다. 나무 조각의 표면은 물론 측면에까지 글씨를 쓰는 입체적 활용이라든가 2개의 간에 서로 맞물리는 각치(刻齒)를 새겨 문서의 상호 신뢰성을 높이는 이러한 방법은 나무라는 재료로만 구현할 수 있었다.

한편 죽간에는 할 수 없고 목간이어야 가능한 세공이 있었다. 죽간은 편철해서 책을 만드는 데 주로 사용했고, 목간은 단독간을 만드는 데 사용했다. 서사 내용과 용도에 따라 각각 죽간과 목간이라는 서로 다른 재료를 사용했던 것이다. 간혹 대나무가 자라지 않는 서북 변경 지역에서는 서적으로 편철했던 목간이 발견되기도 한다. 원래는 죽간을 사용해야 했지만 재료를 구하기 어려웠기 때문에 어쩔 수 없는 선택이었을 것이다. 나중에 종이가 보편화되면서 이런 간독의 기능들은 사라지거나 다른 재료로 대체되었다.[6]

8장

책의 등장
—생각의 방식을 바꾸다

편철 — 책의 집필 방식을 결정하다

죽간을 끈으로 묶은 편철간이 갑골문 시대부터 사용된 사실은 앞서 살펴본 책(冊) 자와 전(典) 자를 통해 알 수 있었다. 한나라 때 편철간에 사용한 간의 길이는 문서의 용도에 따라 달랐다. 표준간은 약 23센티미터인 1척(尺)이었으며, 황제가 사용하는 간은 1척 1촌(寸. 척의 10분의 1), 유교 경전은 2척 4촌을 사용하도록 정해졌다. 한나라 때 기록에는 경전을 '2척 4촌'이라고 부르기도 하는데, 최근에 발굴된 한간의 경전 간독의 길이를 재보니 약 55센티미터였다. 즉 문서의 권위를 간독의 길이로 표현했다.

서적은 편철해서 묶는 경우가 대부분이었다. 간독을 묶는 부분에는 편철의 끈을 걸기 쉽도록 조그맣게 잘라낸 곳이 있다. 이는 편철의 내구성을 강하게 해주는 장정법 중 하나였다. 간독은 종이로 제본한 서적과 마찬가지로 오른쪽에서 시작한다. 맨 오른쪽 간을 제1간이라고 하며, 제1간의 뒷면에 책 제목을 기록했다. 책의 끝인 맨 왼쪽 간부터 시작해 오른쪽으로 말아 넣으면 마지막에 표면으로 오는 것이 제1간의 뒷면이 되기 때문이다. 말려진 간독을 읽을 때는 전부를 펼칠 필요 없이 차례대로 펴면 제1간부터 읽게 된다.

끈을 묶을 때는 맨 왼쪽 간에서부터 시작해 제1간을 향해 간다. 끝에는 제1간 옆에 끈이 남게 되는데 이 끈으로 간독 두루마리 전체를 묶어서 고정했다. 그런데 어떤 죽간은 끈을 묶는 방향이 반대이기도 하다. 이는 간을 추가할 경우 계속해서 덧붙여 묶을 수 있도록 배려한 것이다. 처음부터 분량이 정해진 책과 달리, 이런 편철 방식은 대부분 장부나 송장처럼 자료가 계속 추가되는 경우에 적용되었다.

이렇게 추가로 편철하는 방식은 책을 집필하고 편집하는 방식에 영향을 주었다. 춘추 전국 시대 제자백가의 책은 여러 사람이 긴 시간 동안 참여하여 내용을 덧붙여간 것이 많다. 공자의 언행을 기록한 『논어』는 여러 제자의 기록을 나중에 합친 것이며, 『장자』, 『노자』, 『순자』, 『한비자』 등도 한 사람이 서문부터 마지막 장까지 일정 기간 내에 기록한 것이 아니었다. 추가 파일을 계속 누적하면서 묶는 간독의 장정 방법이 이런 서술 방식을 가능하게 했다. 죽간으로 엮어낸 당시의 책은 파편화된 생각 단편들의 모음집이라고도 할 수 있다.

전국 시대 작성된 책은 대체로 각 장별로 독립된 내용이 병렬되는 형식이다. 『논어』를 비롯한 제자백가의 책 대부분은 1장부터 읽지 않아도 무방하다. 각 장은 사실상 독립적이고 완결적인 구조를 갖추었으며, 장절의 배열 순서는 논지의 심화나 발전과는 상관없는 우연적 나열이다. 이로 인해 제자백가의 저술 가운데 일부는 저자의 사상과 맞지 않는 이질적 내용이 훗날 누군가에 의해 잘못 편입되었다는 의심을 사기도 한다. 마왕퇴(馬王堆) 유적에서 발견된 『백서 노자』의 목차는 지금까지 알려진 바와 달라서 사람들을 당혹스럽게 했다.

종이가 발명되면서 간독을 대체했지만 책의 구성 방식은 왼쪽에서 오른쪽으로 말아 넣는 두루마리 형태를 유지했다. 여전히 간독의 제본 방식을 따른 것이다. 최초의 종이책은 동서양 모두 두루마리 형태였다. 영어에서 두루마리형 책을 가리키는 volume은 파피루스 두루마리를 의미하는 voluminum에서 유래했다. 동양에서 책을 세는 단위인 권(卷) 또한 '두루마리를 말다'는 뜻에서 왔다.

낱장을 넘기는 현대의 책 형태는 송나라 때 제작되었다. 종이를 장정한 책은 시작과 마무리가 모두 완성된 상태에서 제본된 것이다. 논지의 발전에 맞추어 순서대로 목차를 구성하는 형식도 이때부터 시작되었다. 지금과 같은 형태의 책이 생겨난 것은 1000년도 되지 않은 셈이다.

서양에서도 그리 오래되지 않았는데, 이렇게 늦어진 이유는 서사 재료의 특성 때문이기도 했다. 고대 서양 문명의 주요 필기 재료는 파피루스와 양피지였다. 파피루스는 값싸고 풍부한 데 비해 양피지는 제작 비용이 많이 들고 그 재료도 한정되었다. 파피루스는 양피지보다 훨씬 먼저 개발되었고 보편적으로 사용되었지만 파손되기 쉽고 오랫동안 보존하기 어렵다는 약점이 있었다. 양피지는 파피루스 최대 결점인 약한 내구성을 해결해주었다. 기원전 500년경 최초로 사용된 양피지는 서기 4세기에는 가공 기술의 발달로 유럽의 서사 재료를 독점하게 된다. 8세기에는 양피지 수요가 늘어나 가격이 오르자 예전에 기록된 문서의 내용을 지우고 그 위에 다시 쓰는 이중 사본이 성행하기도 했다. 13세기에 양피지는 유럽의 보편적인 서사 재료가 되었으나 이후 중국에서 전래된 종이가 유럽 전역으로 확대되면서 책의 제본이나 장식에만 주로 활용되었다.

양피지의 보편화가 불러온 가장 큰 변화는 책의 성격을 바꾸어 놓았다는 점이다. 파피루스는 재료의 특성상 두루마리형으로 제작되었다. 그러나 양피지는 책을 현대 도서처럼 낱장을 묶어 한 장씩 넘겨보는 코덱스(codex) 형태로 전환시키는 결정적 계기가 되었다. 즉 책의 구성 방식이 두루마리 형태의 볼륨에서 코덱스로 변한 것이다.

코덱스는 두루마리처럼 다 읽기 위해 매번 전체를 펼치고 감는 동작을 할 필요가 없다. 코덱스를 읽을 때 독자는 원한다면 다른 페이지로 불규칙적으로 건너뛸 수도 있다. 책을 쉽게 여닫는 형식이 이런 불연속적인 참조를 가능하게 해주었다. 이때부터 개인은 혼자서도 독서할 수 있게 되었다. 두루마리 형태의 볼륨은 한번 펼치면 처음부터 끝까지 순서를 바꿀 수 없었지만, 코덱스는 연속적 독서가 아닌 선택적 독서가 가능했다.[7]

이 과정에서 독자 스스로 텍스트 내용을 판단하고 해석하게 된다. 독서란 쭉 읽어 나가다가 언제든 다시 앞으로 돌아가는 과정을 통해 자신만의 사고를 진행하는 행위이다. 코덱스 형태의 책이 탄생하면서 비로소 개인적 사고가 발생했다. 코덱스 형태의 책은 단순한 정보 전달에 그치지 않고 인류에게 개인적 사유를 가능하게 해주었다는 점에서 인쇄술과 디지털 코드의 발명에 버금가는 기술적 성과로 평가된다.

한편 코덱스의 도입으로 더 이상 소리 내어 책을 읽을 필요가 없어진다. 이제 텍스트는 말과 그 리듬으로부터 분리된다. 과거 볼륨으로 구성된 문서는 시간 순서대로 구술된 내용을 기록한 것이었다. 그러나 선택적 독서가 가능해진 코덱스부터는 말과 분리된 글 고유의 문법이 적용된다. 텍스트의 세계는 이전의 구술적 기록이 가진 음악적이고 생동감 있는 특징이 모두 사라지고, 추상적이고 논리적인 사유만 앙상하게 남은 곳으로 바뀐다.

코덱스를 통한 문자 기록은 인간의 사유 형성에 큰 영향을 주었다고 평가된다. 문자에 의해 선형(線形)으로 구성된 합리적 세계관이 형성되며, 일련의 논리적 일관성을 강조하게 되었다는 뜻이다. 결국 근대 개인주의 사유 방식의 탄생은 읽기의 내면화를 통해 시작되었다고 할 수 있다.

한자로 기록된 텍스트도 처음에는 간독을 두루마리로 엮은 볼륨 형태에서 시작했다. 종이가 발명되고 본격적으로 보급되면서 코덱스 형태로 장정된 책이 만들어진다. 그러나 낱장을 엮은 책에도 간독의 형식적 요소는 그대로 남아 있었다. 오른쪽 위에서 시작하는 간독의 세로쓰기가 유지되고, 띄어쓰기나 문장부호와 같은 글말 고유의 문법도 도입되지 않았다.

이렇게 구성된 한문 서책은 책의 내용을 알고 있는 사람이 옆에서 읽어주지 않으면 글자의 독음이나 문단의 끊어 읽기를 알 수 없는 구조이다. 글말의 문법이 개발되지 않고 여전히 구술적인 발화 맥락에 의존한 것이다. 그래서 과거 한문 서당의 대표적 학습법은 선생이 먼저 읽고 학생이 따라 읽는 것이었다. 이는 묵독으로 개인 사유를 발전시킨 서구의 지성과는 다른 사유 방식이 출현하는 배경이 되었다.

9장

백서
─비단에 쓴 문자

비단에 쓴 문자

우리가 보통 실이라고 알고 있는 사(絲) 자는 원래 고치에서 뽑아낸 비단을 의미했고, 일반적인 실을 나타내는 글자는 멱(糸) 자였다. 『설문해자』에서는 糸은 가는 실이고, 絲는 누에가 토한 실이라고 설명한다. 糸 자는 실로써 서로 연결한다는 의미의 계(系) 자 계열의 글자를 만드는 데 사용된다. 하얀색 실인 소(素), 실의 한쪽 끝 단서인 색(索), 선으로 서로 당겨 연결하는 긴(緊)과 같은 글자는 모두 糸 자를 부수로 한다.

絲 자는 갑골문에서부터 비단을 나타낸 글자였다. 현대 중국어에서도 비단을 사주(絲綢)라고 한다. 갑골문 絲 자는 2개의 고치실을 꼬아서 실을 만드는 모습이다. 실제로 은허에서는 청동기 표면에 비단 조각이 붙은 청동기가 발견되기도 했다. 상나라 때부터 이미 단색의 흰색 비단을 짰다는 증거가 출토된 것이다.

비단은 한나라 때 로마까지 전해졌다. 고대 로마에서는 중국을

갑골문 멱(糸)

갑골문 사(絲)

갑골문 상(桑)

소전체 상(桑)

비단의 나라 세레스(Seres)라고 불렀다. 영어로 비단을 뜻하는 silk는 고대 중국어 絲의 음에서 유래했다.

비단을 만드는 원료인 누에를 키우기 위해서는 뽕나무[상(桑)]가 필수적이다. 桑 자도 갑골문에서부터 보이는 글자이다. 갑골문 桑 자는 세 줄기에서 자라는 무성한 잎을 강조한다. 그런데 소전체에서는 이 잎이 나무 위 3개의 손으로 바뀐다. 누에는 밤낮으로 뽕잎을 먹어치우므로 양잠할 때에는 그만큼 분주하게 손을 놀려야 한다는 의미의 표현이다. 갑골문이 뽕나무의 형태를 표현했다면, 소전체는 비단 생산을 위한 인간의 노동을 강조했다.

비단에 쓰인 글자를 통칭하여 백서(帛書)라고 한다. 帛 자는 비단으로 만든 천을 총칭한다. 이 글자를 『설문해자』에서는 백(白)은 발음을, 건(巾)은 의미를 나타내는 형성자라고 설명한다.

비단은 원래 옷감이었으며 간혹 화폐의 대용으로도 사용되었

갑골문 백(帛)

다. 상나라 시대에는 비단에 글자를 썼다는 기록이 없다. 이러한 기록은 춘추 시대부터 보인다.

『논어』에는 제자 자장(子張)이 공자의 칭찬에 감동하여 그것을 신(紳)에 썼다는 기록이 있다. 紳이란 남자가 허리에 두르는 폭 넓은 띠를 말한다. 신에 글자를 썼다는 이야기는 공자의 말씀을 잊지 않기 위해 늘 몸에 지녔음을 의미한다. 고대에는 높은 관직의 남성만이 이 비단 띠를 두를 수 있었다. 그래서 나중에는 지방의 권세 있는 집안 사람이나 높은 지위의 관리를 신사(紳士)라고 부르게 되었다.

춘추 시대 저작인 『묵자』에도 '글자를 죽백에 써서 후손에게 전한다'는 표현이 나온다. 죽은 죽간이고 백은 비단을 총칭하니, 당시에 죽간과 비단에 글자를 쓰는 행위가 보편화되었음을 알 수 있다.

비단에 글씨를 쓰는 것은 죽간에 비해 몇 가지 장점을 가진다. 일단 무게가 가볍고 말거나 접으면 부피가 작아져 문서의 보관과 휴대가 편리하다. 또한 크기와 너비를 자유롭게 정할 수 있다. 특히 지도나 그림을 그릴 때 너비의 제약이 큰 목간보다 훨씬 편리했다. 비단의 색깔은 순수한 흰색에 가까워 그림이나 글씨를 돋보이게 하는 훌륭한 배경을 제공해주었고, 먹을 잘 흡수해서 좀 더 선명하고 아름다운 붓놀림을 표현할 수 있게 해주었다.

그러나 한번 쓴 글자는 수정할 수 없다는 단점이 있었다. 또한 일상적인 서사 재료로 사용하기에는 값이 너무 비쌌다. 즉 백서는 매우 중요한 서적이나 문서였음을 알 수 있다. 초고 단계에서는 고쳐 쓰기가 자유로운 죽간이나 목간을 이용하였고, 완성본을 작성할 때에 비단을 썼을 것이다.

백서는 먼 곳으로 보내는 문서나 편지에도 활용되었다. 한나라 때 황제가 사냥을 나가 기러기를 쏘았는데, 기러기 다리에 흉노의 땅에 잡혀 있는 한나라 장군이 비단에 쓴 편지가 묶여 있었다는 이야기가 전해진다. 돈황에서는 스타인이 비단에 쓴 한나라 때 편지를 발견했다. 서북 변경에 근무하던 병사가 고향 친구에게 안부를 묻는 내용이었다. 무슨 이유에서인지 편지를 부치지 못하고 남겨두었다가 2000년이 지난 후에 발견된 것이다.

초증서

지금까지의 백서 가운데 가장 오래된 것은 1942년 호남성 장사의 초나라 묘에서 발견된 것이다. 여기에 사용된 비단은 재질이나 직조 방법에 따라 증(繪)이라고 분류되는 것으로 이 백서를 초증서(楚繪書)라고도 부른다. 전국 시대 초나라 문자가 기록된 현존 유일의 백서로, 도굴당하여 현재는 뉴욕 메트로폴리탄미술관에 소장되어 있다. 국보에 해당하는 전국 시대 유일한 백서가 어쩌다 미국까지 흘러갔을까? 지금도 중국인은 이 소중한 유물을 직접 볼 수 없음을 안타까워한다. 그 내막은 이렇다.

호남성 장사의 주민들은 석탄에 황토를 섞어 사용하는 풍습이 있었다. 이런 수요에 맞추어 양질의 황토를 퍼다가 판매하는 토부자(土夫子)라는 직업이 생겼다. 토부자들은 황토 가운데 가장 양질의 제품은 옛날 묘에 관을 밀봉할 때 이용한 오래된 흙이라는 사실을 알게 되었다. 그리하여 많은 토부자들이 고묘의 흙을 파냈고, 이 과정에서 희귀한 유물을 찾아내 비싼 값에 팔기도 하였다. 그들은 이제 황토보다 유물에 관심을 가지는 도굴꾼이 되었다. 고고학자들은 토부자에 의한 호남성 일대 전국 시대 무덤의 도굴이 극심하여 유물 등의 통계를 낼 수조차 없다고 한탄했다. 참고로 1972년 마왕퇴 유적의 발굴도

초증서

당시 가장 노련한 토부자의 주도하에 진행되었다.

　　그보다 30년 전인 1942년 장사 일대의 유명한 토부자들이 모여 옛 무덤을 파내고 있었다. 봉토를 걷어내고 목곽이 보이는 순간 알 수 없는 기체가 새어 나왔다. 그들은 기체를 불로 태웠다. 잠시 화염이 솟아오른 묘 안을 살펴보니 몇 가지 유물과 나무 관밖에 보이지 않았다. 관 속에는 글자가 적힌 비단 천이 들어 있었다. 그들은 도굴한 다른 유물들을 팔면서 이 비단 조각을 선물로 함께 넘겨버렸다. 이것이 바로 현존 최고의 백서인 초증서였다. 아무도 주목하지 않은 이 누더기 비단 조각은 골동품 상인의 손을 전전하다가 항일 전쟁 시기 소란스러운 틈에 미국인 손에 들어갔고, 지금에 이르게 되었다.

　　초증서는 발굴 이후 외부 공기와 접촉하면서 표면이 짙은 갈색으로 변하고 글자와 그림이 차츰 희미해져 알아보기 어렵게 되었다. 한때 이 백서를 구입해 소장하던 상해의 한 골동품 상인이 유물의 가치를 깨닫고 아들에게 모사본을 만들게 했다. 현재 미국에 있는 원본은 색깔이 변해 식별할 수 없게 되었으나, 모사본을 토대로 과학적인 처리를 해서 원본의 모습을 재현해놓았다고 한다.

이 백서는 가로 47센티미터, 세로 38.7센티미터의 직사각형 모양의 비단에 붓으로 쓴 약 1000여 자가 기록되어 있다. 글씨체는 동시대 죽간과 거의 유사하다. 특히 글자 주위로 기괴한 모양의 신화적 도상이 그려진 것으로 유명하다. 도상에는 설명문이 붙었는데, 열두 달에 각각 할당된 초나라 신의 모습이다. 초나라 고유의 종교적 의식을 담당했던 무당들이 자연신에게 제사를 행할 때 사용했던 것으로 추측된다.

마왕퇴백서

호남성 장사시 부근에 마왕퇴라는 무덤이 있었다. 10세기 무렵 그곳을 다스렸던 마은(馬殷)의 무덤으로 알려져 마왕의 무덤이라는 이름으로 불렸다. 그런데 1972년 방공호 공사를 하다가 우연히 이 무덤을 발굴하게 되었고, 확인 결과 한나라 초기 장사국(長沙國)의 승상이었던 이창(利蒼) 일가의 묘로 확인되었다. 이곳에서 매장 당시 모습을 거의 그대로 보존한 미라가 발견되어 세계를 놀라게 했다. 문화대혁명이 절정으로 치닫는 시대에 발굴된 유물들은 갖가지 정치적 사건과 얽히면서 사라질 뻔한 위기를 겪기도 했다.

다양한 유물과 함께 한나라 초기에 작성된 책과 비단에 쓴 문자 자료가 발굴되었다. 그 가운데 마왕퇴 3호묘에서 발굴된 백서는 한나라 초기 문자로 밝혀졌다. 당대 사상과 문화 전반을 기록한 내용으로 마왕퇴백서라고 부른다. 옻칠한 상자 속에 보관되었다가 발견된 백서의 수량은 2000점에 달한다.

백서는 대부분 너비 48센티미터의 천에 쓰였는데, 장방형으로 접어서 갠 상태로 발견되었다. 오랫동안 천이 포개진 상태로 달라붙어 있었던 터라 복원이 쉽지 않았지만 해내었고, 모두 28종의 문헌으로 밝혀졌다. 놀랍게도 대부분은 그동안 전혀 알려지지 않았던 것들이었다.

여기서 발굴된 백서 문서 가운데 가장 유명한 것은 두 종류의 백서에 쓰인 고사본 『노자』이다. 갑본과 을본으로 명명된 이 『백서 노자』는 지금까지 전해진 기존의 『노자』와 본문 구성은 물론 문장에도 차이가 있다. 현재의 『노자』는 상편 「도경」과 하편 「덕경」으로 구성되어 『도덕경』이라고 부른다. 그러나 마왕퇴 유적의 『백서 노자』는 상하편 순서가 반대이며 각 장의 순서 역시 현재의 책과 다르다. 우리가 그동안 읽던 『노자』보다 몇백 년 앞선 자료로서 그만큼 『노자』의 원형에 가까운 것이라고 평가된다.

이 문서들은 진나라 말기와 한나라 초기의 것으로 확인되었다. 이런 시대적 차이를 구분할 수 있는 것은 황제의 이름 글자를 피해 다른 글자를 사용하는 피휘 덕분이었다. 『백서 노자』 갑본은 한나라 고조 유방의 이름인 방(邦) 자가 그대로 사용된 것으로 보아 고조 재위 전의 문헌이고, 을본은 邦 자는 피휘했으나 다음 황제인 혜제(惠帝)와 문제(文帝)의 이름 영(盈) 자와 항(恒) 자가 아직 피휘되지 않았으니, 고조의 재위 시절에 작성된 문헌으로 보는 것이다.

한편 여기에서 발견된 『백서 주역』 역시 현재까지 문헌으로 전해진 『주역』보다 앞선 시대에 편찬된 것이다. 마왕퇴 유적의 『백서 주역』은 현재 전해지는 『주역』과 다른 부분이 적지 않다. 현재 『주역』은 유가 경전에 속하지만, 전국 시대 말기까지만 해도 점치는 데 쓰는 실용서로 간주되어 진시황의 분서 때도 살아남았다. 이후 한나라 때까지 꾸준히 전승되었고 그만큼 다양한 주석이 추가되었다. 그 가운데 「십익」이라는 주석본은 공자의 저술로서 지금까지 전해진다.

한나라 초기 묘인 마왕퇴 유적의 『백서 주역』에는 「십익」을 비롯한 몇 가지 주석본이 보이지 않는다. 어떻게 된 것일까? 즉 「십익」은 공자 사후 한나라 초기까지도 존재하지 않았다는 뜻이다. 공자가 주석을 달았다는 이야기는 아마도 분서를 모면하고 가까스로 살아남은 유일한 경전에 권위를 덧붙이기 위해 나중에 만들어낸 듯 보인다. 마왕퇴에서 발견된 백서가 유학 발전사에 중요한 문헌 증거를 제공해 준 것이다.

백서의 문헌 자료 대부분은 점술과 의술에 관련한 내용인데, 현대적 관점에서 본다면 과학사적 자료에 해당한다고 할 수 있다. 그리고 이 자료들을 통해 한자의 자형 변천 과정도 구체적으로 확인할 수 있다. 백서에 사용된 서체는 소전에서 예서로 발전하는 과도기 단계의 특성을 띠어, 이것을 흘린 전서라는 의미의 초전(草篆)이라고 부르기도 한다.

10장 　　　　　 종이에 쓴 문자
　　　　　　　 ―법의 진화를 이끌다

종이의 사용

『후한서』「채륜전(蔡倫傳)」에는 종이를 발명한 채륜의 이야기가 기록
되어 있다.

> 옛날부터 문자는 죽간을 편철한 것에 기록했다. 비단에 글씨를 쓰기도
> 했지만, 비단은 비싸고 간은 무거워 둘 다 사용하기에 불편했다. 이에
> 채륜이 나무껍질과 마 조각 그리고 오래된 직물과 어망 등을 이용하여
> 종이를 만들었다. 그는 원흥(元興) 원년(105년)에 종이를 만들어 황제
> 에게 헌상했다. 황제는 그의 능력을 높이 평가하여 칭송했고 사람들은
> 이때부터 종이를 사용하게 되었다. ―『후한서』「채륜전」

　『후한서』라는 정사의 기록에 근거해 종이는 채륜이 발명했다
고 전해졌다. 그런데 20세기 들어서 최근에 채륜이 살았던 시대보다
훨씬 이전에 만들어진 종이가 등장했다. 1933년 스웨덴의 탐험가 스

벤 헤딘을 대장으로 하는 서북과학고사단의 대원들이 로프노르 언덕 한나라 시대의 봉수대 유적에서 종잇조각을 발견했다. 로프노르지로 불리는 이 오래된 종이는 전한 시대의 것으로 추정된다. 그러나 안타깝게도 중일전쟁 와중에 잿더미로 변해버려서 그것이 식물섬유로 만든 종이의 정의에 부합하는지는 확인할 길이 없게 되었다.

하지만 오래된 종이는 그 후로도 계속 출토되었다. 1957년 서안 부근 묘지에서 전한 시대 종이가 출토되었고, 1974년에는 한나라 봉수대 유적에서 종이 파편들이 발견되었다. 1991년에는 하서회랑의 전한 시대 역참의 유적에서 2만 점의 간독과 함께 500매의 종이 뭉치가 발견되었다.

이로써 채륜 이전에 종이가 존재했음이 부정할 수 없는 사실이 되었다. 종이는 적어도 채륜보다 150년 전에 제조되었다. 그러니 채륜은 종이를 개량했다는 표현이 정확하겠다. 다만 채륜 이전의 종이는 서사 재료로는 사용되지 않고 의복 제작이나 포장 용도로만 쓰였던 듯하다. 당시의 종이 제작 원리와 똑같이 닥나무 껍질을 얇게 두드려 옷을 만드는 전통은 지금까지도 이어진다.

채륜이 종이를 개량하기 5년 전에 완성된 『설문해자』에도 종이를 나타내는 글자 지(紙)가 등장하는데 "지는 서의 일점이다(紙, 絮一苫也)"라는 간단한 설명만 있다. 絮는 누에고치에 물을 적신 다음 두드려서 만든 부드러운 비단이고, 苫은 이 비단을 거르는 대자리이다. 글자의 구성 요소로 추측한다면 처음의 종이는 물속에서 천을 두드리고 휘저은 다음 여기서 나온 실을 구멍 뚫린 발 위에 놓고 말려서 만들었을 것이다.

특정한 나무껍질이나 천을 물에 불려 두드리면 그 안에 섬유소를 지탱해주는 리그닌이 약화된다. 그다음 물에 불린 상태로 발 위에 올려두면 약화된 섬유소 사이로 물이 빠지면서 얇은 층이 남는다. 이 섬유질 층은 건조 작업을 마치면 종잇장 형태로 얇게 떼어낼 수 있다. 이후 먹이 잘 스며들도록 표면을 디딤고 풀을 먹이면 모든 과정이 끝난다.

채륜이 종이를 개량했다는 말은 다른 용도로 사용되던 종이를 처음으로 글을 쓰는 데 최적화된 서사 재료로 실용화했다는 뜻인 듯하다. 이렇게 서사용으로 개량하는 제지 기술이 외부 세계로 전해진 것은 약 650년이 지난 후였다. 751년 지금의 키르기스스탄 지역의 탈라스강 유역에서 이슬람 제국 아바스 왕조와 서역 진출을 노리는 당나라 사이에 전투가 벌어졌다. 이때 포로로 잡혀간 중국인 제지 기술자에 의해 종이 제작 기술이 이슬람 세계로 전해진다. 10세기 무렵에는 이슬람 세계에서 양피지가 종이로 완전히 대체되었다. 하지만 종이 제작 기술이 본격적으로 유럽에 확대된 것은 13세기 후반, 러시아를 넘어 독일 국경까지 나아간 몽고의 유럽 진출 과정에서 인쇄용 목판 기술과 함께 제지술이 전해졌을 때이다.

종이는 쉽게 훼손되거나 찢어지는 서사 재료였다. 이제부터는 이런 불완전한 기록 매체 자체보다 그 위에 기록된 텍스트의 내용이 한층 더 주목받게 된다. 사람들은 종이에 쓰인 개별 문자 하나가 가지는 신비함에 주목하기보다 문자로 구성된 문장의 의미에 관심을 가졌다. 또한 종이에 기록된 문자는 영원하지 아니하고, 가변적인 것이라 생각하게 된다. 이때부터 문자는 우리 마음속에서 자꾸만 바뀌고 변하는 생각을 표현하는 수단이 되었다. 종이라는 새로운 기록 매체의 등장은 문자의 위상을 혁명적으로 변화시켰다.

종이가 처음 발명되었을 때부터 기록용으로 사용된 것은 아니었다. 발명 이후 200년 동안은 여전히 간독이 주요 서사 재료였다. 종이 자체가 희귀했기 때문이 아니라 2000년 동안 죽간을 사용하던 문화가 갑자기 바뀔 수 없었기 때문이다.

가장 먼저 죽간에서 종이로 대체된 것은 문자 정보만 가진 책과 편지였다. 그러나 단독간이 가지던 다양한 입체적 특성을 대체하기까지는 더 많은 시간이 필요했다. 나무 조각 측면에 글씨를 쓰거나 2개의 간에 맞물리는 각치를 새기는 등의 기능을 종이에 구현하기는 쉽지 않았다.

하지만 대체로는 과거 간독에 적용되었던 많은 특징이 종이에 계승되었다. 간독에 기록된 천자의 조서는 파란색 보자기로 포장했었는데, 나중에 종이에 기록할 때에는 파란색 종이에 썼다. 서사 재료가 종이로 변경되었지만 간독이 가졌던 일정한 형식을 이어받은 것이다.

간독에서 종이로 변화하는 과정은 고대 중국의 법률 체계에 결정적 변화를 가져온다. 율령(律令)이란 기본법 율과 황제의 조칙에 따라 수시로 개정되고 보완되는 령을 말한다. 현재 기준으로 보자면 율은 형사법에, 령은 행정법에 가깝다고 할 수 있다.

갑골문 律 자는 붓(聿)을 잡은 사람이 살림길에 신 모습이다. 문서로 기록된 체계적인 법률 조항에 근거한다는 점을 강조하고 있다. 갑골문 令 자는 한 사람이 공손하게 무릎을 꿇고 앉아 하늘에서 내려오는 신의 목소리를 경청하는 모습이다. 예관을 쓴 사람이 무릎을 꿇고 신의 계시를 받는 갑골문 명(命) 자와 같다. 그래서 令 자는 주로 상위의 존재가 내리는 명령(命令)을 나타내는 데 사용되었다. 율령을 갖추었다는 말은 성문법에 근거한 법률 조항과 상급자가 전달하는 행

갑골문 율(律)   갑골문 령(令)

정 명령이 체계적으로 구성되었음을 나타낸다.

　고대 중국에서 율령이 정립되기 시작한 때는 진한 시대이지만 체계적인 성문법의 형태로 완성된 때는 당나라 시대이다. 당나라의 정치체제는 율령 제도에 근거했다. 율과 령이라는 기본법에, 수시로 보완되는 내용을 추가한 격(格), 그리고 시행세칙에 해당하는 식(式)으로 구성된 율령격식이라는 제도가 완성되었다. 우리나라도 당나라의 영향을 받아 삼국 시대에 고구려와 신라에서 율령을 반포했다고 전해진다. 율령의 반포는 단순히 법체계를 갖추었다는 데에 그치지 않고, 문자를 사용한 법률과 행정 체계가 완비되었음을 의미한다.

　출토 문헌을 통해 진한 시대에도 진율과 한율이라는 성문법이 사용되었음이 확인되었다. 그러나 이 당시에도 령은 아직 법체계를 갖추지 못했다. 황제가 내리는 명령을 그때그때 상황에 맞게 적용한 것이었다. 법에 해당하는 율은 성문법 형태로 체계화되었지만 령은 황제의 명령으로 대치되었다. 특정 사안이 발생하면 신하가 상소를 올리고 황제는 그에 답하는 형식으로 령을 반포했다.

　이렇게 령을 내리는 것을 제조(制詔)라고 한다. 제조는 신하의 상주문을 앞에 기록하고, 제왈가(制曰可)라는 표현부터 황제의 명령을 기록했다. 이렇게 발표된 제조는 번호를 부여하여 보관하였다. 황제의 제조는 시간이 지나면서 하나씩 누적되어갔다.[8] 그것은 서문부터 결론까지 수미일관하게 완성된 법전의 닫힌 체계가 아니라 언제든 새로운 조항이 추가되는 열린 체계의 파일 모음이었다. 이런 형식은 계속해서 새로운 파일을 추가할 수 있는 편철간의 구성 방식을 따른 것이었다. 죽간이라는 서사 재료의 특성이 문서의 성격은 물론 법체계에도 영향을 준 것이다.

그러나 서사 재료로 종이가 보편화되면서 이런 열린 구조의 파일 집적 방식에 변화가 생긴다. 황제의 령은 종이에 기록되었고, 종이에 기록된 명령은 과거의 간독처럼 차례차례 추가로 편철되기 어려웠다. 서사 재료의 특성이 문서의 수록 양상과 성격에까지 영향을 미친 것이다. 책으로 제본되기 위해서 령은 이제 더 이상 수시로 추가될 수 없는 닫힌 체계가 되어야 했다. 그때그때 상황에 맞추어 상급자가 내려주던 행정 명령의 문서철이 아니라 시작부터 마무리까지 완결된 체계를 갖추어야 했다.

당나라 시대에 율령이 완성된 것은 종이가 서사 재료로 보편화된 결과와 무관하지 않다. 간독의 시대에서 종이의 시대로 이행하면서 율령국가라는 새로운 정치 행정의 시대가 도래했다.

6부

최초의 한자 사전

— 『설문해자』

1장

『설문해자』의
탄생

한자 사전의 역사

우리는 보통 모르는 한자가 나오면 한자 옥편(玉篇)을 찾는다고 한다. 옥편이 한자 사전을 대표하는 용어로 사용되는 것이다. 옥편은 위진 남북조 시기 양(梁)나라의 고야왕(顧野王)이 만든 자전의 이름이다. 한자로 구성된 단어의 의미를 풀이한 사전을 사전(辭典)이라고 하고, 중국에서는 사전(詞典)이라고 한다. 한자 낱글자의 의미를 풀이한 사전은 자전(字典)이라고 한다.

한자 낱글자의 의미를 풀이한 최초의 사전은 지금부터 약 2000년 전 한나라 때 만들어진 『설문해자』이다. 그 이전에도 『이아』나 『방언(方言)』과 같이 글자의 뜻을 해석한 책이 있었다. 하지만 이런 책들은 한 단어를 설명하기 위해 그와 유사한 부류의 다른 글자들을 나열하는 방식으로 구성되었다.

『이아』는 '가까운 것을 통해 바른 의미를 이해한다'는 뜻이다. 일종의 동의어 사전이었다. 책의 편집도 문자 자체의 구성 방식에 따른 것이 아니라 그 문자가 표현하는 사물들을 몇 가지 범주로 나누는 방식이었다. 『이아』는 19편으로, 『방언』은 13권으로 사물의 큰 부류에 따라 글자를 분류하였다.

한자를 부수로 분류하여 사전의 체계를 처음 세운 것은 『설문해자』였다. 이어 『자림(字林)』, 『옥편』과 같은 사전에서 부수가 540부로 늘어났다가 『자휘(字彙)』와 『강희자전(康熙字典)』에서는 214부의 부수로 병합 정리되어 지금까지 이어진다.

사전의 제작은 문자를 읽을 수 있는 사람이 어느 정도 존재한다는 것을 전제로 한다. 갑골문과 금문처럼 문자가 소수 지배층 사이에 비밀로 전수되었다면, 굳이 사전이라는 공개된 형태의 문자 해설서를 만들지 않았을 것이다. 스승이 도제 혹은 제자에게 현장에서 직접 구술의 형태로 전수하면 오히려 풍부하고 생생하게 전달할 수 있었을 것이다. 곧 사전이 문자 기록으로 등장한 현상은 이미 문자를 사용하는 사람의 수가 적지 않았다는 사실을 알려준다.

왕망의 화천 — 잘못된 문자 해석

최초의 한자 사전 『설문해자』는 후한 시대에 작성되었다. 그런데 전한이 멸망하고 후한 왕조가 들어서는 과정에서 신구 세력 간 다툼에 한자 자형의 해석 문제가 자주 등장한다.

왕망(王莽)이 전한 왕조를 멸망시키고 세운 신(新) 왕조는 17년 동안 유지되었다. 전한 성제(成帝)의 모친 왕정군(王政君)은 황제가 후사를 남기지 않고 사망하자 자신의 조카 왕망을 섭정으로 임명하여 막대한 권한을 주었다. 왕망은 스스로를 가황제(假皇帝)라 칭하고 기원후 9년에는 한나라 왕실의 기운이 다했다고 선언하면서 한나라 왕을 퇴위시키고 신 왕조를 세웠다.

『주례』와 같은 유교 경전에 심취했던 왕망은 주나라의 이상적인 제도를 되살리는 복고 정책을 시행했다. 『맹자』와 같은 유교 경전에서 이상적인 토지제도로 묘사했던 정전제(井田制)를 부활시키려는 원대한 계획을 세우고 모든 토지를 몰수하여 공평하게 재분배했고, 노비제와 소작제도 폐지하였다.

왕망은 『주례』에 근거한 이상 국가를 세우기 위해 개혁 정책을 시행했다. 그는 자신의 야망을 실현하기 위해 몇 차례 화폐개혁을 시행하지만 모두 성과를 내지 못했다. 기원후 14년에 시행한 네 번째 화폐개혁은 화천(貨泉)과 화포(貨布)라는 두 가지 화폐를 발행한 것이었다. 화천은 문자 그대로 재물이 샘처럼 솟는다는 의미다. 화천은 왕망의 신 왕조 시절에만 주조되었기 때문에 후대에 고고학적 연대를 판정하는 지표 유물로 사용되기도 한다.

화천이라는 단어는 당시 예서체에 근거한 잘못된 한자 의미 분석의 대표적 예로 회자되기도 한다. 새로운 왕조 신을 건국한 왕망은 당시 통용되던 화폐인 도전(刀錢)에 자신이 멸망시킨 한나라의 성씨 유(劉) 자의 일부가 들어가는 것은 바람직하지 않다며 폐지하고, 화천이라는 새로운 화폐를 제조하였다. 劉 자를 예서로 풀면 묘(卯), 금(金), 도(刀)로 분해가 가능하다. 지금도 유씨 성을 가진 사람들이 자신들의 성씨를 표현할 때 글자의 의미와 상관없는 파자에 근거해 묘금도 유씨라고 부르기도 한다. 『설문해자』에서 劉 자는 '죽이다'라는 의미라고 설명한다. 『설문해자주』에서는 글자의 요소에 칼 刀 자가 포함되었기 때문에 이런 의미가 파생되었다고 풀이한다.

그러나 소전체 劉를 보면 글자의 구조가 예서체와는 다르다. 소전체를 보면 卯 자가 아니라 유(酉) 자의 고자(古字)인 유(丣) 자로

소전체 유(劉)　　　　소전체 유(丣)　　　　소전체 묘(卯)

서, 발음을 나타내는 성부였다. 소전체 劉 자는 의미를 나타내는 金과 소리를 나타내는 丣로 구성된 형성자이다. 소전의 卯 자는 丣 자와 그 모양이 매우 비슷하나 엄연히 다른 글자였다. 『설문해자』에 의하면 卯는 만물이 땅을 뚫고 나온다는 의미를 문을 여는 모습으로 표현한 것이다. 丣는 酉의 옛 글자로 술잔을 나타냈다. 이 미세한 차이를 알지 못했던 왕망은 劉 자를 묘금도로 파자했던 것이다. 劉를 묘금도 유라고 부르는 것은 왕망의 무지에서 비롯되었다.

　　자신의 성씨를 묘금도라는 다소 엉뚱한 발음으로 표현하는 사람들이 이 허무한 내막을 알게 되면 어떤 생각이 들지 궁금하다. 왕망은 문자를 연구하는 학자도 아니었기에 그가 卯 자와 丣 자를 구별하지 못했던 것을 크게 나무랄 수는 없다. 사실 왕망이 살던 시절에는 제대로 배운 학자들 가운데에도 소전을 정확히 아는 사람이 많지 않았다. 이미 예서가 통용된 지 200년이 넘는 세월이 흘러 소전 자형은 극소수 사람만이 알았다.

　　이미 통용되지 않는 옛날 글자를 모른다고 해서 일상생활에 큰 지장을 주지는 않는다. 그러나 지금 사용하는 글자를 분해하고 재조립한 다음 거기에 자기에게 유리한 심오한 의미를 억지로 부여하기 시작하면 문제가 생긴다. 왕망의 묘금도 사건과 비슷한 파자를 통한 참위설은 이후에도 또 있었다.

왕망이 묘금도 유씨를 미워하여 기존 화폐를 폐지하고 새로 만든 화천은 서기 7년에서 23년 사이 짧은 기간 동안 네 차례에 걸쳐 모두 37종이 발행되었다. 후한 광무제(光武帝) 때 오수전(五銖錢)이라는 화폐가 부활할 때까지 정식으로 유통되었으나 그 뒤로도 상당 기간 통용된 것으로 보인다.

화폐개혁을 포함한 몇 가지 왕망의 개혁 정책은 강한 저항에 부딪혀 폐기되었다. 동부 지역 유력한 가문의 지주들은 농민들을 자극하여 왕망에게 저항하도록 부추겼고, 유씨 왕가의 먼 친척 가운데 한 명이 새로운 한나라의 황제로 등극하도록 일조하였다. 이렇게 들어선 후한 왕조는 서한과는 전혀 다른 지배 구조를 가지게 되었다. 지방 유력 가문들이 권력의 핵심으로 올라섰던 것이다. 후한의 광무제는 지주 집안 출신이었다. 그는 서한을 세운 유방이 개국공신을 철저하게 견제했던 것과는 달리 지방 세력과의 동반 성장을 약속하였다. 수도 역시 관중의 장안에서 함곡관 동쪽의 낙양으로 옮긴다. 그래서 동한이라고도 부른다.

후한을 세운 광무제 유수(劉秀)는 백수향(白水鄕)이라는 곳에서 군사를 일으켰는데 그를 '백수진인(白水眞人)'으로 예언하는 소문이 등장하였다. 그런데 왕망이 유통시킨 화폐 貨泉을 예서로 풀면 白水眞人으로 분리된다는 이야기가 떠돌았다. 예서체 貨 자는 眞 자와 人 자가 결합된 것으로 보이고, 泉 자는 위아래로 白과 水로 분리할 수 있었다. 왕망이 만든 화천에 공교롭게도 미래의 군왕이 되는 白水眞人이라는 글자가 들어 있었다는 것이다.

하지만 소전체로 보면 이렇게 분해하는 것 또한 터무니없는 이야기임을 알 수 있다. 소전체 貨 자는 의미부의 재물을 의미하는 패(貝) 자와 발음을 나타내는 화(化) 자로 구성된 형성자이며, 泉 자는

예서체 화(貨)   예서체 천(泉)   소전체 화(貨)   소전체 천(泉)

수원에서 물이 흘러나오는 모습이다.

왕망은 이전 왕조의 성씨도 용납하지 못하는 결벽증 때문에 새로운 화폐까지 만들었다. 그런데 자신이 만든 화폐에 새로운 왕조의 출현을 예언하는 글자가 들어 있다는 소문이 돌게 될 줄은 상상도 하지 못했을 것이다. 자기에게 유리한 방식으로 마음대로 문자를 풀이하던 일이 결국에는 자신의 발목을 잡은 것이다.

이 모든 문제의 발단은 오래된 자형인 소전체에 대해 무지한 상태에서 당시 통용되는 예서체 글자를 분해하고 조립하면서 자신이 원하는 내용을 끼워 맞춘 것이다. 이런 문자 왜곡은 단순한 오락에 그치지 않고 한 사회의 정서에 해악을 끼쳤다.

이런 사회적 분위기에서 문제를 바로잡고자 등장한 사람이 허신이다. 허신은 『설문해자』 서문에서 자신이 이 사전을 집필한 동기가 바로 이런 잘못된 문자 유희의 확산을 막고 고대 한자의 자형을 정리하여 불필요한 지적 낭비를 방지하며 참위설이 유행하는 사회 풍조를 비판하기 위한 것이라는 점을 분명히 밝힌다.

문자 왜곡의 또 다른 예

허신은 『설문해자』 서문에서 고문자를 참고하지 않고 예서의 형태만

492

마왕퇴백서 예서체 장(長)　　『설문해자』 소전체 장(長)

보고 문자를 왜곡하는 몇 가지 사례를 제시한다. 그 가운데 대표적 글자가 장(長) 자이다. 고문자를 모르는 당시 사람들은 이 글자를 '말 머리에 사람을 더해 장이 되었다(馬頭人爲長)'고 풀이했다. 예서체 馬 자의 머리 부분을 취하고 그 아래에 사람 人 자를 합한 것이 長이라는 것이다. 2개의 의미가 합해져 새로운 의미가 만들어지는 회의자로 풀이한 것인데, 어떻게 말 머리와 사람이 조합되어 '길다'는 의미가 생겨났는지에 대한 설명은 해석하는 사람마다 제각각이다.

　長 자는 시간적으로 오래된 것을 나타냄과 동시에 공간적으로 멀리 있는 것도 나타낸다. 우리말에서도 시간도 '길고', 거리도 '길다'. 영어의 long 역시 시공간적 거리를 모두 표시한다. 사람들은 일상생활에서도 자주 쓰이는 이 글자가 어떻게 이런 의미를 가지게 되었는지 관심이 많았다.

　『설문해자』에서는 長 자를 소전체에 근거해 올(兀) 자와 비(匕) 자가 결합된 회의자로 본다. 그런데 어떻게 '길다'나 '오래되다'는 의미가 생겼는지 자세한 설명이 없다. 『설문해자주』에서는 兀 자는 꼭대기가 평평한 높은 지형을 나타내며, 匕 자는 변화를 의미하는 화(化)의 뜻으로 설명한다. 이와 같은 의미들이 결합해 오랫동안 풍화되어 산꼭대기가 평평하게 변해버린 모습을 나타낸다고 풀이한다. 하지만 이 역시 무언가 부족한 해석이다. 허신 스스로도 이 글자의 의

갑골문 장(長)　　　　　갑골문 로(老)

미 구성에 확신이 없었기 때문에 설명을 덧붙이지 않았을 것이다.

長 자에 대한 의문은 갑골문이 발견되면서 의외로 쉽게 풀렸다. 갑골문 長 자는 손으로 지팡이를 짚은 사람의 모습으로 갑골문 로(老) 자와 비슷하다. 老 자 역시 머리가 긴 사람이 지팡이를 짚고 선 모습이다. 두 글자 모두 나이가 많은 사람을 표시할 때 지팡이와 머리를 길게 기른 모습을 특징으로 내세운다.

농경 사회에서 경험은 무엇보다 중요한 자산이었다. 나이 많은 사람을 존중하는 문화는 오랜 기간 농사에 대한 다양한 정보를 쌓아 온 사람이 존중받는 사회적 분위기에서 비롯되었을 것이다.

갑골문 長 자는 '머리가 길다'는 물리적 특징으로 '나이가 많다'는 시간적 의미를 표현한 것이다. 고대 중국 사회에서 사람들은 특별한 이유가 없으면 머리를 자르지 않았다. 그래서 머리카락 길이는 곧 그만큼의 나이를 나타내었다. 연장자임을 드러내는 가장 두드러진 특징이 긴머리였던 것이다.

앞서 살펴본 長 자 해석의 역사 가운데 말 머리 이야기 같은 경우는 허신이 『설문해자』 서문에서 밝힌 내용이다. 고문자를 모르는 상태에서 당시 통용되는 글자 자형만 보고 해석할 경우 견강부회식 억지 해석이 발생하는 전형적 사례로서 제시하였다. 지금도 문자의 기원을 무시하고 현재의 글자 형태만 보고 풀이하는 사람을 마두인

(馬頭人)이라고 한다.

하지만 허신은 갑골문과 금문이라는 보다 오래된 원형의 존재를 몰랐다. 가장 오래된 글자라고 생각했던 소전체도 사실은 긴 세월 동안 원형으로부터 변형된 글자임을 알지 못했던 것이다.

금문파와 고문파의 대립

한나라는 유교를 국교화하면서 유교 경전을 다시 수집 정리하기 시작했다. 한무제는 국립학교인 태학에 박사관을 설치하여 경전을 배우도록 했다. 이를 위해서는 진시황 때 소실된 유가 경전을 다시 찾아내야 했다.

유가 경전의 수집은 진나라 시절부터 당시까지 생존한 노유학자를 만나 그들의 암송을 통해 경전을 복구하는 것에서 시작되었다. 이때 가장 유명했던 학자는 산동 지역의 복생(伏生)이라는 사람이었다. 황제는 직접 복생의 구술을 듣고자 오라고 했으나 나이 90이 넘은 노학자는 움직일 수 없었다. 이에 황제는 관리를 보내 배워 오도록 했다. 복생은 분서 사건이 일어날 때 벽 속에 『상서』를 숨겼다. 그 후 전쟁 기간 동안 세상을 떠돌다가 한나라가 세워지자 집에 돌아와 숨겨두었던 『상서』를 찾았는데, 수십 편이 사라지고 29편만 남아 있었다고 한다.

복생이 이 책으로 제와 노 지역에서 유학을 가르쳤는데 이때부터 그 지역 학자들이 『상서』에 정통하게 되었다. 당시 파견된 관리들이 복생의 구술에 기반하여 당대 사용되던 예서로 『상서』를 기록했으니, 이것을 당시 서체로 썼다는 의미의 금문(今文)이라는 수식을 붙여 『금문상서』라고 한다. 이 이야기대로라면 우리가 지금 읽는 유가의 주요 경전 가운데 적지 않은 부분은 복생이라는 한 천재의 기억에 의해 복원된 것이다. 복생이 구술로 경전을 전수하는 이런 극적인 장면은 많은 화가들이「복생수경도(伏生授經圖)」라는 그림으로 재현하기도 했다.

그런데 유교가 국교로 정해지던 시점에 유가 경전과 관련하여 또다시 극적인 사건이 발생한다. 복생의 구술을 받아적은 경전과는 다른 경로로 노벽(魯壁)이라는 곳에서 새로운 유가 경전이 발견되었다. 공자의 9대 후손 공부(孔鮒)가 진시황의 분서갱유를 피해 공자의 고향인 곡부의 공자 사당 벽에 경서를 숨겨두었는데, 한무제 때 노나라 공왕(恭王)이 이 사당을 수리하다가 벽에 숨겨진『논어』,『효경』,『상서』등을 발견하게 된다. 이 경전은 전국 시대의 고문자로 작성된 것이었기 때문에『고문경서』라고 부른다.『한서』는 이 사건을 직접 목격한 듯이 생생하게 전한다.

> 노 공왕은 궁실을 수리하기를 좋아했는데, 공자의 구택을 무너뜨리고 궁실을 확장하려 하자, 종소리와 음악 소리가 들려와서 감히 담장을 무너뜨릴 수 없었다. 이때 그 벽 안에서 고문 경전을 얻을 수 있었다.
> ─『한서』「경십삼왕전(景十三王傳)」

『한서』는 역사적 사실을 기록한 정사이지만, 공자의 경전이 발견된 순간의 신성함을 강조하기 위해 천상에서 음악 소리가 들려왔다는 신화를 그대로 수록하고 있다.

이처럼 한나라 시대에는 서로 다른 경로에서 기록되고 발견된 금문과 고문 두 종류의 경서가 존재했다. 무제가 유학을 부흥하기 위해 세운 태학의 박사관에서는『금문경서』가 유일한 경전으로 인정받으며 관학의 지위를 갖게 되었다. 그러나 금문은 순수한 학문에서 멀어져 점점 매관의 수단으로 전락하게 된다. 태학의 유생들도 경전을 지적인 호기심의 대상이 아니라 출세의 수단이라고 생각하는 경향이 강했다. 이런 금문파의 세속적인 행태에 염증을 느끼던 학자들은 마침 세상에 등장한 『고문경서』를 주목한다. 더구나 『고문경서』에는 옛 글자로 기록된 새로운 유가 해석이 갖추어져 있어서 배우려는 사람들이 더욱 늘어났다. 이때부터 금문파와 고문파는 경학의 정통성을 둘러싸고 격렬하게 대립하게 된다.[1]

오래된 글자에서 기원을 파악하라

허신은 『설문해자』의 집필 동기가 바로 공자 사당의 벽에서 발견된 벽중서(壁中書)에서부터 시작되었다고 이야기한다.

> 한대에 이르러 공자의 고택에서 고문으로 쓰인 벽중서가 출현하여 고대 문자 연구가 가능해졌다. 그럼에도 불구하고 금문학파 사람들은 고대 문자를 부정하거나 비방하면서 진대의 예서가 한자를 처음 만든 창힐 시대의 문자와 같다고 주장한다. 그들은 고대 문자란 세상을 어지럽히기 위해 일부러 조작해낸 것이라고 하면서 예서를 가지고 엉터리로 자의를 설명하고 있으니 실로 개탄스러운 일이라 하겠다. 세속의 학자와 너절한 비부들이 자신들이 배운 것만을 가지고 뽐내면서 올바른 학문에 통달한 이들을 보려고도 하지 않는 것은 참으로 문제라 하겠다.
> — 『설문해자』「서」

이 서문을 부연하자면 이렇다. 벽중서 경전들은 모두 당시에는 사용되지 않는 고서체로 작성되었는데, 전국 각 지역에서 가끔씩 발견되던 청동기에 새겨진 글자들과 비슷하게 생겼다. 이런 옛 글자를 연구하다 보면 그 전모를 완벽하게 파악할 수는 없지만 대략이나마 그 특징이 드러날 것이다. 그런데 이 벽중서가 실제 옛것이 아닌 가짜라고 주장하는 사람들이 있다. 기이한 것을 좋아하는 사람들이 일부러 이상한 문자로 쓴 다음 공자의 사당 벽 안에 감추어두었다는 것이다. 이들은 『고문경서』도 후대 사람들이 조작한 것이라고 한다. 그리고 진나라 때 예서야말로 창힐이 처음 한자를 만들 때 모습과 같다고 주장한다. 고대 문자라는 것은 세상을 혼란케 하려는 사람들이 조작해낸 이야기에 불과하다는 것이다.

사실 『고문경서』 위조설은 최근까지도 계속 제기되고 있다. 청말 변법 운동가 강유위(康有爲)는 『신학위경고(新學僞經考)』에서 서한 시대 경학에서 이야기하는 고문은 사실은 존재하지 않으며 유흠(劉歆)이 이야기를 꾸며내 위작한 것이라고 주장한다. 또한 진나라 분서의 피해는 육경에까지 미치지 않아 경전들은 온전히 보존되었으며, 유흠이 『고문경서』를 위작한 이유는 신을 건국한 왕망의 왕위 찬탈을 합리화하기 위한 것이었다고 말한다. 강유위의 이런 파격적인 주장은 이후 의고파로 계승되어 중국 고대 사회에 대한 실증주의적 접근의 신호탄이 되기도 했다.

이런 『고문경서』 조작 논란은 전한 시기에 시작된 금문파와 고문파의 경전 해석 차이에서 비롯했다. 『금문경서』를 통해 이미 기득권을 확보한 금문파의 입장에서는 갑자기 나타난 새로운 경서의 권위를 인정하기 쉽지 않았을 것이다. 이러한 관점의 차이가 결국 위서 논란으로까지 확대된 것이다.

허신은 이런 세태를 비판하면서 경전에 대한 올바른 해석은 글자에 대한 정확한 이해에서 시작되어야 하고, 그러려면 오래된 글자에서 그 기원을 파악해야 한다고 강조한다.

> 문자는 학문의 근본이며 군왕의 통치의 기초이기도 하다. 앞 시대 사람들이 후세에 모범을 끼치는 도구이자, 동시에 후세 사람들이 앞 시대를 배우는 도구이기도 하다. 그래서 『논어』에서도 "근본이 정해짐으로써 비로소 도가 생겨난다"라고 했다. ㅡ『설문해자』「서」

경서는 인간으로서 살아가기 위한 규범이며 궁극적으로 문자에 의해 구축된 것이다. 허신은 당시 고문을 부정하고 예서로 문자의 의미를 왜곡하는 실태에 문제를 제기하고, 금고문 논쟁 과정을 통해 경서 해석에 기초적 방법론이 필요하다는 인식에서 『설문해자』라는 책을 저술하기로 했다.

이처럼 『설문해자』라는 최초의 사전이 만들어진 배경은 한자라는 문자의 구성 원리에 대한 순수한 호기심에서 비롯한 것이 아니었다. 한자로 작성된 경서 텍스트를 둘러싼 사회적 환경에서 발원했다. 허신이 서문에서 밝히고 있는 저술 동기는 대부분 경학의 관점을 바탕으로 한다.

2장

『설문해자』의
구성과 내용

허신은 누구인가

『설문해자』를 집필한 허신은 동한 시대 사람이다. 동한 시대 정사인 『후한서』는 그를 독립된 열전으로 기록하지 않았다.

허신의 생애는 『후한서』 「유림전」에 간단하게 나오지만 정확한 출생과 사망 시점은 기록되지 않았다. 『후한서』의 다른 부분에 허신 이야기가 등장한 데에서 생졸 연도를 간접적으로 추측할 수밖에 없다. 동한 광무제 건무(建武) 31년(55년)에 태어나 안제(安帝) 연광(延光) 4년(125년)에 향년 70세 전후로 세상을 뜬 것으로 보이지만 정확하게 실증할 수는 없다. 그의 생졸 연도에 대해 다양한 의견이 있지만 대체로 1세기 중순에서 2세기 초순까지 생존했다는 데 대해서는 견해가 일치한다.

허신은 한나라의 효렴이라는 제도로 천거되어 관직에 진출했다. 앞서 말했듯 효렴이란 순박한 성품과 덕성을 갖춘 자를 지방관이 추천하는 제도이다. 그는 나중에 태위좨주(太尉祭酒)라는 관직을 하사받았는데, 이 관직에는 덕행이 높고 지조가 있으며 청렴결백한 사람을 선발하여 임명했다. 허신은 이 관직을 자랑스럽게 생각하여『설문해자』표지에도 자신의 이름 앞에 이 관직명을 적었다.

좨주란 연회 때 신에게 술을 따르는 역할을 담당하는 관직인데, 청나라 말기에 갑골문을 발견했던 왕의영도 국자감 좨주 출신이었다. 관직명으로 부를 때 제(祭) 자는 보통 좨라고 읽는다. 최초의 한자 사전을 만든 사람과 처음으로 갑골문을 확인한 사람이 모두 좨주 출신이었다. 허신은 또 동관(東觀)에서 경서와 제자서를 교정하는 오경박사를 역임하였다. 이때 고전을 정리하고 교정하는 작업을 하면서 고대 문자에 대한 지식을 넓혀갔을 것이다.

허신은 서기 100년에『설문해자』초고를 완성했지만 바로 출간하지 않고 20년 동안 추가로 자료를 수집하고 교정하면서 책의 완성도를 높였다. 121년 허신의 아들 허충(許沖)이 완성본『설문해자』를 조정에 헌상하면서 올린 글이 전해진다. 이 글에서 허충은 부친이 다양한 학자와 교류하면서 영향을 받았지만 특히 가규(賈逵)라는 스승의 영향이 컸다고 기록한다. 가규 역시 황제의 명을 받고 옛 문장을 정리하는 학자로 명망 높은 사람이었다. 책이 귀하던 시절 스승의 영향력은 절대적이었다. 스스로 책을 찾아 읽으면서 학습할 환경이 갖추어지기 전이라 어느 스승에게 배우는가에 따라 학문의 성격과 내용이 결정되었던 것이다.

부수법으로 배열하다

『설문해자』라는 제목을 그대로 풀이하면 '文을 설명하고 字를 해설한다'는 의미이다. 여기서 이야기하는 文과 字는 일반적 의미와는 다른 특수한 의미로 사용되었다. 여기서 文은 창힐이 처음 문자를 만들 당시의 기본 원리에 따른 글자를 말한다. 하나의 의미 요소에 의해서 만들어진 글자라서 독체자(獨體字)라고 부르기도 한다. 상형과 지사가 이에 해당한다. 字는 독립적인 독체자 文을 조합한 것으로 합체자(合體字)라고도 한다. 형성과 회의가 이에 해당한다.

독체자는 대체로 한자가 처음 발명될 당시 하나의 사물이나 현상에 대응하여 만들어졌다. 그런데 세상 모든 사물과 현상에 일대일로 새로운 문자가 생길 수는 없다. 그래서 기존 문자를 조합하고 재배치하여 의미를 만들어내는 원리가 바로 형성과 회의이다.

『설문해자』는 본문 14편과 서문 1편으로 구성되었으며, 기본 표제 글자는 9353자이다. 『설문해자』는 최초로 한자를 '부수법(部首法)'에 의해 분류 배열하고, 자형의 구조를 '육서법(六書法)'에 근거해 해설한다. 부수란 글자들을 의미를 기준으로 분류하는 것이라고 할 수 있으며, 『설문해자』에는 총 540개의 부수가 실려 있다.

첫 번째 부수는 一로 시작한다. 획수를 기준으로 한자를 검색하기 위한 용도로 개발된 현재의 부수법도 一로 시작한다. 그런데 『설문해자』는 단순히 획수만으로 부수를 배열하지 않았다. 자형이 비슷하거나 같은 범주에 포함되는 부수를 연이어 배열하기도 했다. 이 때문에 획수로 부수를 검색하기는 쉽지 않았다.

3장 『설문해자』의
한계와 운명

『설문해자』 해석의 한계

20세기 초에 발견된 갑골문은 그동안 금문을 토대로 연구되어온 고문자학에 새로운 자료를 제공해주었다. 갑골문 자료는 『설문해자』의 해석에도 한계가 있음을 밝히는 동시에, 해석되지 못한 부분을 해결하는 데 단서를 제공해주었다.

허신은 갑골문과 금문의 존재를 몰랐기 때문에 소전체라는 후대 글자 자형을 근거로 해석하면서 가끔 무리하게 풀이하기도 했다. 대표적 경우가 有 자의 해석이다.

갑골문 유(有)　　　　금문 유(有)　　　『설문해자』 소전체 유(有)

갑골문 有 자는 소머리 혹은 막 돋아난 풀의 모습이다. 이 글자가 어떻게 '있다', '가지다'는 의미를 띠게 됐는지는 확실하지 않다. 다만 고대인에게 목초지에 돋아난 풀이나 그 위에서 한가로이 풀을 뜯는 소의 모습은 무언가 풍요로움을 느끼게 해주었는지도 모른다.

금문 有 자는 손으로 고기를 잡은 모습으로 그 형태가 비교적 분명하다. 먹을 수 있는 고기를 손에 쥐었다는 구체적인 육신의 감각을 빌려 '가지다'는 추상적 의미를 표현했다. 금문부터 소전체까지는 이 형태가 계속 유지된다.

그런데 『설문해자』에는 有란 '원래 있어서는 안 되는 일이 생긴 것'이라고 모호하게 설명한다. 후대 학자들은 이 구절을 명확하게 이해하지 못한 상태에서 더 어려운 해석을 추가한다. 『설문해자』의 대표적인 주석가 단옥재(段玉裁)는 허신의 설명을 이렇게 풀이한다. 해가 달에게 먹히는 일식과 같은 현상은 원래 있어서는 안 되는 일인데 발생한다. 여기에서 보편적인 '있다'라는 의미가 파생되었다. 『춘추』에서 사용된 有 자는 있어서는 안 되는 일이 생겼을 때를 나타낸 것이다. 허신은 有 자의 아래에 있는 것이 달 월(月)이 아니라 고기 육(肉) 자임을 몰랐다. 肉 자를 몰라서 억지로 만들어낸 고육지책(苦肉之策)이 아닐 수 없다.

소전체에 근거하여 어원을 무리하게 해석했던 또 다른 예는 동(東) 자에서 찾아볼 수 있다. 『설문해자』에는 東 자를 "東은 動이다. 木의 의미를 따른다. 해가 나무 가운데 있음을 따른다"라고 설명한다. 방향을 나타내는 東 자를 '움직이다'는 의미의 동(動) 자로 해석하는 방식은 유사한 발음의 글자로 풀이하는 성훈법을 따른 것이다.

그런데 허신이 근거한 자형은 소전체였다. 소전체 東 자를 보면 분명히 나무 한가운데 해가 걸려 있다. 이와 비슷한 구조의 글자로

『설문해자』소전체 동(東)　　　소전체 고(杲)　　　소전체 묘(杳)

는 해가 떠올라 밝은 모습을 표현한 밝을 고(杲) 자, 해가 나무 아래로
사라지는 순간의 어두움을 표현한 어두울 묘(杳) 자가 있다.

　『설문해자』의 이런 어원 분석법은 당시 유행하던 오행설의 영
향이기도 하다. 東은 오행 가운데 木에 해당하며 만물이 생동하는 곳
이다. 動과 木이라는 『설문해자』 설명과 부합한다. 한편 동쪽 해 뜨는
곳에 있다는 부상 나무 전설도 이 해석에 영향을 준 것으로 보인다.

> 해는 양곡(陽谷)에서 나와 함지(咸池)에서 목욕하고 부상에 이른다. 이
> 것을 새벽이라 한다. 부상에 올라가 거기부터 운행을 시작한다. 이를 일
> 출이라 한다. —『회남자』「천문훈(天文訓)」

　이런 이야기가 전해지면서 동쪽 바다 끝 부상 나무가 있는 곳
이 바로 일본이라고 믿는 사람들도 나타났다. 이 전설은 나중에 일본
으로 전해져 상상력이 가미된 다양한 이야기로 확장되기도 한다. 허
신의 어원 해석은 이처럼 신화적 상상력의 영향을 적지 않게 받았다.
갑골학자 호후선은 갑골문의 발견과 연구에 의해 『설문해자』 가운데
적어도 20-30퍼센트가 정정되어야 한다는 사실을 알게 되었다고 밝
혔다. 허신의 책에는 종교적 미신의 색채와 철학적 주관에 의한 견해
가 가득 차 있으니 과학적 저술이라고 하기에는 부족하다는 말이다.

다양한 갑골문 동(東)

갑골문이 발견되면서 東 자는 이런 신화와 전혀 다른 어원을 가졌다는 사실이 밝혀졌다. 자형은 약간씩 다르지만 갑골문 東 자는 옛날의 탁(橐)이란 글자이다. 물건을 담는 천 주머니 가운데 바닥이 없이 양쪽으로 열리는 것을 橐이라 하고, 한쪽에 바닥이 있는 것을 낭(囊)이라 했다. 둘 모두 물건을 채우고 한쪽 혹은 양 끝을 묶는 것이었다. 東의 갑골문은 이 주머니를 상형한 것이다. 橐은 물건을 저장하는 것이다. 현대 중국어에서 東西는 방향을 나타내기도 하지만 물건을 통칭하는 단어로 더 자주 사용된다.

주머니를 표현한 글자 東은 다른 글자에도 남아 있다. 금문 중(重) 자는 물건이 가득 든 주머니를 힘들게 걸친 모습으로 무거움을 표현했다. 사람의 등에 있는 것은 누가 보더라도 갑골문 東 자의 주머니와 같다.

그렇다면 주머니를 표현한 글자가 어떻게 동쪽 방향을 표시하

금문 중(重)

다양한 금문 동(東)

게 되었을까? 학자들은 당시 동쪽을 표현하던 단어의 발음과 東 자의 발음이 유사하여 이 글자를 빌려 온 것이라고 한다. 가차의 전형적 예라는 것이다.

금문에서는 주머니의 위아래 결속 부분이 분리되면서 나중에 등장하는 소전체처럼 東 자가 나무에 걸린 해의 모습으로 변해간다. 갑골문에서 소전체로 글자가 변하는 과정을 알지 못했던 허신은 자신이 아는 가장 오래된 형태인 소전체 자형에 당시 유행했던 전설을 가미하여 東 자 해석을 완성했다. 그는 가장 권위적인 한자 사전을 편찬했지만, 가장 많이 사용되는 글자 有 자와 東 자의 해석에는 상상력을 지나치게 발휘했다고 할 수 있다.

『설문해자』의 운명

『설문해자』는 당나라 때 과거 시험의 필수과목으로 채택되면서 많은 학자에게 가치를 인정받았다. 그러나 그 원본은 언제부턴가 사라져 전해지지 않게 되었으며 송나라 때부터 약 800년 동안 잊히고 만다. 그러다가 청나라 때 실사구시(實事求是) 학풍을 강조하는 고증학파에 의해 문자학의 연구 대상으로 부각되면서 다시 세상의 주목을 받는다.

고증학파는 그동안 여러 문헌에 흩어져 전해오던 내용을 주석과 함께 다시 정리했다. 지금 우리가 보는 『설문해자』는 청나라 단옥재가 주를 단 『설문해자주』라는 이름으로 전해진 것이다. 그러나 청나라 말기 서구와 대립하는 역사적 환경에서 유교의 가치가 폄하되고 경전 연구도 경시되는 분위기 속에서 『설문해자』는 다시 관심의 대상에서 멀어진다.

『설문해자』는 고려 시대에 우리나라에 전해져 과거 시험에서 채택된 덕분에 관리가 되기 위한 필독서로서 인식되었다. 조선 시대에는 『설문해자』 관련 서적이 발간되었지만 크게 주목받지 못한 것으로 보인다. 성리학의 시대에는 한자의 기원에 대한 관심보다는 경전을 이해하는 데 실용적인 도움을 줄 『옥편』과 같은 사전이 더 중시되었다. 조선 후기에 접어들어 청나라에서 고증학이 발전하면서 그 영향으로 『설문해자』에 대한 관심이 높아졌고, 조선에서도 점차 다양한 연구 성과들이 나왔다.

1부　바위와 도기에 새긴 글자―원시 한자의 탄생

1　메소포타미아, 이집트, 유대, 그리스, 로마에서도 종교적 상징으로 물고기는 한 번도 등장한 적이 없었다. 한동안 물고기 문양이 기독교의 상징으로 사용되기도 했지만 그것은 물고기를 의미하는 그리스어 익튀스가 '하느님의 아들 구세주 예수 그리스도'라는 말의 첫 글자와 일치한다는 우연 때문이었다. 레너드 쉴레인, 윤영삼·조윤정 옮김, 『알파벳과 여신』, 콘체르토, 2018, 380쪽.

2　이성규, 「인류가 동굴벽화를 그린 진짜 이유는?」, 사이언스타임즈, 2021년 2월 23일.

3　오문수, 「유목민들은 왜 무덤 앞에 이 돌을 세웠을까」, 오마이뉴스, 2019년 7월 29일.

4　강석기, 「한때 언어 유전자로 불렸던 FOXP2 이야기」, 동아사이언스, 2018년 9월 11일.

5　가라타니 고진, 조영일 옮김, 『철학의 기원』, 도서출판b, 2015, 119-120쪽.

6　루이스 다트넬, 이충호 옮김, 『오리진』, 흐름, 2020, 90-93쪽.

7　제임스 C. 스콧, 전경훈 옮김, 『농경의 배신』, 책과함께, 2019, 158쪽.

8　고이즈미 마키오, 홍경수 옮김, 『어원은 인문학이다』, 사람in, 2018, 118쪽.

9　제임스 C. 스콧, 같은 책, 155쪽.

10　하랄트 하르만, 이수영 옮김, 『문명은 왜 사라지는가』, 돌베개, 2021, 131쪽.

11　스타니슬라스 드앤, 이광오 외 옮김, 『글 읽는 뇌』, 학지사, 2017, 21-23쪽. 뇌의 가소성을 활용한 문자 상자의 역할에 대한 논의는 스타니슬라스 드앤의 주장을 근거로 하였다.

12　헨리 로저스, 이용 외 옮김, 『언어학으로 풀어 본 문자의 세계』, 역락, 2018, 6-7쪽.

13　스타니슬라스 드앤, 같은 책, 243-245쪽.

2부   뼈에 새긴 글자— 한자의 완성 갑골문

1   손예철, 『갑골학 연구』, 박이정, 2016, 37쪽에서 재인용. 이 글은 『화북일보』에서
     간행한 『화북화간(華北畵刊)』이라는 잡지의 1931년 제89집에 수록된 석용
     (汐翁)의 「귀갑문(龜甲文)」이라는 논문을 바탕으로 쓰였다.
2   손예철, 같은 책, 201-202쪽 내용을 요약 재인용. 원출처: 동작빈(董作賓),
     『갑골학육십년(甲骨學六十年)』, 예문인서관(藝文印書館), 1965.
3   손예철의 『갑골학연구』의 탁월한 연구 성과는 이 장을 서술하는 데 큰 도움을
     주었다.
4   오종우, 『예술적 상상력』, 어크로스, 2019, 155쪽.
5   더글러스 호프스태터·에마뉘엘 상데, 김태훈 옮김, 『사고의 본질』, 아르테,
     2017, 22-23쪽.

3부   청동기에 새긴 글자 —고대 국가의 한자 금문

1   가라타니 고진, 같은 책, 134-135쪽.
2   우흥, 김병준 옮김, 『순간과 영원』, 아카넷, 2001, 46쪽.
3   우흥, 같은 책, 54쪽.
4   우흥, 같은 책, 257쪽.
5   우흥, 같은 책, 167-169쪽에서 요약 재인용.

4부   기축 시대의 한자—육국고문

1   마이클 스콧, 홍지영 옮김, 『기원 전후 천년사, 인간 문명의 방향을 설계하다』,
     사계절, 2018, 68쪽.
2   가이즈카 시게키·이토 미치하루, 배진영·임대희 옮김, 『중국의 역사』, 혜안,
     2011, 285쪽.
3   김영민, 『중국정치사상사』, 사회평론아카데미, 2021, 119-120쪽에서 재인용.
4   우흥, 같은 책, 175쪽.
5   루이스 다트넬, 같은 책, 231쪽.
6   스티븐 L. 사스, 배상규 옮김, 『문명과 물질』, 위즈덤하우스, 2021, 70쪽.
7   우흥, 같은 책, 186쪽.
8   가이즈카 시게키·이토 미치하루, 같은 책, 316쪽.

9 　가이스카 시게키·이토 미치하루, 같은 책, 340쪽.

10 　멜빈 브래그, 김명숙·문안나 옮김, 『영어의 힘』, 사이, 134-135쪽.

11 　가이스카 시게키·이토 미치하루, 같은 책, 381쪽.

12 　마크 에드워드 루이스, 김우영 옮김, 『하버드 중국사 진·한, 최초의 중화제국』, 너머북스, 2020, 42쪽.

5부 　제국의 한자─전서와 예서

1 　가이스카 시게키·이토 미치하루, 같은 책, 403쪽.

2 　마크 에드워드 루이스, 같은 책, 421쪽.

3 　리링 외 지음, 정호준 옮김, 『중국고고학, 위대한 문명의 현장』, 역사산책, 2021, 205쪽.

4 　마지막 네 글자는 만년 동안 이를 실천하자(踐此萬歲)라는 뜻으로 한나라 때 추가되어 16자 벽돌이 사용되었다. 진나라 때에는 이 글자 없이 12자 벽돌이 사용되었다.

5 　우훙, 같은 책, 56쪽.

6 　7장의 간독의 발견과 종류에 관한 내용은 도미야 이타루의 『목간과 죽간으로 본 중국 고대 문화사』(사계절, 2005)의 제2장 「목간과 죽간의 발견」을 주로 참고하여 정리하였다.

7 　장 클로드 슈미트 외 지음, 『서양의 문자 문명과 매체』, 한국문화사, 2020, 7쪽.

8 　도미야 이타루, 임병덕 옮김, 『목간과 죽간으로 본 중국 고대 문화사』, 사계절, 2005, 263쪽.

6부 　최초의 한자 사전─『설문해자』

1 　아쓰지 데쓰지, 김언종·박재양 옮김, 『한자의 역사』, 학민사, 1999, 147-149쪽.

도판 출처

25쪽 　 바이두백과(百度百科)

32쪽 　 이형림(李荆林), 『여서여사전도문연구(女书与史前陶文研究)』,
주해출판사(珠海出版社), 1995.

33쪽 　 중국 거주박물관(莒州博物館)

36쪽 　 우홍, 김병준 옮김, 『순간과 영원』, 아카넷, 2001.

38쪽 　 중국 산동대학박물관(山東大学博物館)

45쪽 　 중국 성도박물관(成都博物館)

119쪽 　 중국 중국국가박물관(中國國家博物館)

170쪽 　 바이두백과

243쪽 　 바이두백과

246쪽 　 위키미디어 공용

250쪽 　 바이두백과

282쪽 　 하구영(何九盈), 호쌍보(胡雙寶), 장맹(張猛) 편,
『중국한자문화대관(中國漢字文化大觀)』,
북경대학출판사(北京大學出版社), 1995.

288쪽 　 위키미디어 공용

293쪽 　 위키미디어 공용

295쪽 　 위키미디어 공용

297쪽 　 한전(漢典)

302쪽 　 하구영, 호쌍보, 장맹 편,
『중국한자문화대관』, 북경대학출판사, 1995.

333쪽 　 바이두백과

367쪽 　 중국대백과전서(中國大百科全書)

411쪽 　 중국 진시황제릉박물원(秦始皇帝陵博物院)

413쪽 　 바이두백과

415쪽 　 바이두백과

424쪽 　 필자 제작

427쪽 　 중국 고궁박물원(故宮博物院)

428쪽 　 위키미디어 공용

―이외에 이 책에 쓰인 갑골문과 금문 등 고문자는 한전(漢典) http://www.zdic.net에서 가져왔다. 이곳은 위키미디어를 기반으로 다양한 자료를 축적한 곳으로, 한자 관련 연구자들에게 유용한 정보를 제공한다.

참고 문헌

가라타니 고진, 조영일 옮김, 『철학의 기원』, 도서출판b, 2015.

가이즈카 시게키 · 이토 미치하루, 배진영 · 임대희 옮김, 『중국의 역사』, 혜안, 2011.

강윤옥 외, 『한자의 역사』, 역락, 2020.

고이즈미 마키오, 홍경수 옮김, 『어원은 인문학이다』, 사람in, 2018.

구석규, 이홍진 옮김, 『중국문자학의 이해』, 신아사, 2010.

김영민, 『중국정치사상사』, 사회평론아카데미, 2021.

김종성, 『춤추는 뇌』, 사이언스북스, 2005.

대니얼 J. 레비틴, 김성훈 옮김, 『정리하는 뇌』, 와이즈베리, 2015.

더글러스 호프스태터 · 에마뉘엘 상데, 김태훈 옮김, 『사고의 본질』, 아르테, 2017.

데이비드 이글먼 · 앤서니 브란트, 엄성수 옮김, 『창조하는 뇌』, 쌤앤파커스, 2019.

도미야 이타루, 임대희 · 임병덕 옮김, 『유골의 증언』, 서경문화사, 1999.

도미야 이타루, 임병덕 옮김, 『목간과 죽간으로 본 중국 고대 문화사』, 사계절, 2005.

레너드 쉴레인, 윤영삼 · 조윤정 옮김, 『알파벳과 여신』, 콘체르토, 2018.

루이스 다트넬, 이충호 옮김, 『오리진』, 흐름, 2020.

류홍균, 최환 외 옮김, 『한자의 구조와 그 문화적 함의』, 영남대학교출판부, 2018.

리링 외 지음, 정호준 옮김, 『중국고고학, 위대한 문명의 현장』, 역사산책, 2021.

마르크 알랭 우아크냉, 김용석 · 변광배 옮김, 『알파벳의 신비』, 살림, 2008.

마이클 스콧, 홍지영 옮김, 『기원 전후 천년사, 인간 문명의 방향을 설계하다』, 사계절, 2018.

마크 에드워드 루이스, 김우영 옮김, 『하버드 중국사 진 · 한, 최초의 중화제국』, 너머북스, 2020.

마크 엘빈, 정철웅 옮김, 『코끼리의 후퇴』, 사계절, 2011.

매리언 울프, 이희수 옮김, 『책 읽는 뇌』, 살림, 2009.

멜빈 브래그, 김명숙 · 문안나 옮김, 『영어의 힘』, 사이, 2019.

세라 앨런, 오만종 옮김, 『거북의 비밀, 중국인의 우주와 신화』, 예문서원, 2002.

세실리아 링크비스트, 김하림 · 하영삼 옮김, 『한자왕국』, 청년사, 2002.

소스타인 베블런, 박홍규 옮김, 『유한계급론』, 문예출판사, 2019.

손예철, 『갑골학 연구』, 박이정, 2016.

수전 손태그, 이재원 옮김, 『은유로서의 질병』, 이후, 2002.

스타니슬라스 드앤, 이광호 외 옮김, 『글 읽는 뇌』, 학지사, 2017.

스티븐 L. 사스, 배상규 옮김, 『문명과 물질』, 위즈덤하우스, 2021.

시라카와 시즈카, 심경호 옮김, 『한자 백 가지 이야기』, 황소자리, 2005.

시라카와 시즈카, 윤철규 옮김, 『한자의 기원』, 이다미디어, 2009.

시라카와 시즈카·우메하라 다케시, 이경덕 옮김, 『주술의 사상』, 사계절, 2008.

심경호, 『한학 입문』, 황소자리, 2007.

아쓰지 데쓰지, 김언종·박재양 옮김, 『한자의 역사』, 학민사, 1999.

아쓰지 데쓰지, 심경호 옮김, 『한자학』, 보고사, 2008.

에릭 클라인, 류형식 옮김, 『고대 지중해 세계사』, 소와당, 2017.

오시마 쇼지, 장원철 옮김, 『한자에 도전한 중국』, 산처럼, 2003.

오종우, 『예술적 상상력』, 어크로스, 2019.

우훙, 김병준 옮김, 『순간과 영원』, 아카넷, 2001.

월터 J. 옹, 이기우·임명진 옮김, 『구술문화와 문자문화』, 문예출판사, 1995.

이돈주, 『중국 고대문화』, 태학사, 2006.

이정모, 『달력과 권력』, 부키, 2000.

이중생, 임채우 옮김, 『언어의 금기로 읽는 중국문화』, 동과서, 1999.

제임스 C. 스콧, 전경훈 옮김, 『농경의 배신』, 책과함께, 2019.

존 맨, 남경태 옮김, 『세상을 바꾼 문자, 알파벳』, 예지, 2003.

천난, 유카 옮김, 『한자의 유혹』, 안그라픽스, 2019.

탕누어, 김태성 옮김, 『한자의 탄생』, 김영사, 2015.

피터 터친, 이경남 옮김, 『초협력사회』, 생각의힘, 2018.

하랄트 하르만, 이수영 옮김, 『문명은 왜 사라지는가』, 돌베개, 2021.

하영삼, 『한자와 에크리튀르』, 아카넷, 2011.

허진웅, 영남대학교 중국문학연구실 옮김, 『중국고대사회』, 지식산업사, 1993.

허진웅, 조용준 옮김, 『중국 문자학 강의』, 고려대학교출판부, 2012.

헨리 로저스, 이용 외 옮김, 『문자의 세계』, 역락, 2018.

한자의 풍경

2023년 5월 20일	지은이	이승훈
1판 2쇄	편집	이진 이창연 홍보람
	디자인	신종식
	제작	박흥기
	마케팅	이병규 이민정 최다은 강효원
	홍보	조민희
	인쇄	천일문화사
	제책	J&D바인텍

	펴낸이	강맑실
	펴낸곳	(주)사계절출판사
	등록	제406-2003-034호
	주소	(우)10881 경기도 파주시 회동길 252
	전화	031)955-8588, 8558
	전송	마케팅부 031)955-8595, 편집부 031)955-8596
	홈페이지	www.sakyejul.net
	전자우편	skj@sakyejul.com
	블로그	blog.naver.com/skjmail
	페이스북	facebook.com/sakyejul
	트위터	twitter.com/sakyejul
	인스타그램	instagram.com/sakyejul

ISBN 979-11-6981-132-3 03700